BAEDEKER

S

SCHOTTLAND

»

Licht beherrscht alles in dieser Landschaft.

«

Eric Linklater

baedeker.com

DAS IST SCHOTTLAND

TOUREN

ZIELE VON A BIS Z

LEGENDE

Baedeker Wissen
● Textspecial, Infografik & 3D

Baedeker-Sterneziele
★★ Top-Reiseziele
★ Herausragende Reiseziele

HINTERGRUND

ERLEBEN & GENIESSEN

PRAKTISCHE INFORMATIONEN

ANHANG

PREISKATEGORIEN

Restaurants
Preiskategorien
für ein Hauptgericht

€€€€	über £ 50
€€€	£ 25 – 50
€€	£ 12 – 25
€	bis £ 12

Hotels
Preiskategorien
für ein DZ mit Frühstück

€€€€	über £ 250
€€€	£ 150 – 200
€€	£ 90 – 150
€	bis £ 90

MAGISCHE MOMENTE

ÜBERRASCHENDES

Kurze Tour mit tollem Ausblick: Wandern Sie auf Skye zum Leuchtturm am Neist Point.

D
DAS IST ...

Schottland

Die fünf großen Themen
rund um das Land jenseits des Tweed.
Lassen Sie sich inspirieren!

Stolz, wild und wunderschön: Schottlands Nationaltier ist das unzähmbare Einhorn. ▶

GANZ GROSSES KINO

Heide, nackter Fels und eine Handvoll Häuser, die sich weiß gekalkt der Weite entgegenstellen – nicht nur Wanderer und Gipfelstürmer, auch Filmproduzenten wissen die dramatische Bergwelt der Highlands zu schätzen.

◄ Oscarreif: Im Tal Glencoe wurde für James Bond, Braveheart und Outlander gedreht.

»
Meilen und Meilen lavendelfarbener Einsamkeit
«

notierte Virginia Woolf in ihr Tagebuch, als sie 1938 das Hochland bereiste.

MENSCHENLEER, windumtost, voller Regen, Nebel und Spuk sind die Highlands vielleicht nicht jedermanns Sache. Aber wenn die Sonne durchbricht, malt die Natur die schönsten Bilder. Zwischen baumlosen Bergen glitzern tiefblaue Lochs, wie die Schotten ihre Seen und Fjorde nennen. Am Ufer zerfallen einsame Burgruinen, grasen genügsame Schafe und zottelige Hochlandrinder, lässt Heidekraut die Hänge lila leuchten. Das ist so umwerfend schön, dass Sie nach jeder Kurve anhalten möchten. Loch Torridon, Loch Maree, Loch Assynt – immer wieder die beste Aussicht. Entrückte Stille, schwingende Weite, großartige Verlassenheit. Auch der Himmel scheint im Hochland größer als zu Hause. Die Sonne steht flacher und taucht die Landschaften in fantastische Farben. Mit jeder Wolke ändert sich das Licht. Keine Minute gleicht der anderen.

Zwischen gestern und morgen

Die einsamste Region Europas ist allerdings nicht naturgegeben, sondern ein Erbe der **Highland Clearances**. Überall im Hochland erinnern verwitterte Häuserruinen daran, dass die Landbevölkerung ab Mitte des 18. Jh.s zugunsten einer profitableren Schafzucht vertrieben wurde. Fast zwei Drittel der ansässigen Pächter und Kleinbauern wurden »umgesiedelt«. Ganze Dörfer mussten weichen. Wer nicht freiwillig ging, bekam brachiale Gewalt zu spüren. Vielen blieb nur die Auswanderung nach Übersee – in Kanada verdankt eine ganze Provinz dem Räumungsdesaster seine Entstehung: Nova Scotia, Neuschottland. Arbeitssuche und Abwanderung haben ihr Übriges getan. Heute leben weniger als 20 Prozent der Schotten in den Highlands, auch wenn Tourismus und Zukunftstechnologien für neue Jobs sorgen. Schafzucht und Fischfang haben enorm von Geldern aus Brüssel profitiert. Der Brexit, aber auch die Corona-Pandemie waren und sind für die Highlands eine große Herausforderung.

BAEDEKER DAS IST ...

NORTH COAST 500

Schottlands Antwort auf Amerikas Route 66 ist kein endloser Highway, sondern ein fantastischer Roadtrip mit **500 kurvenreichen Meilen** wundervoller Natur, mit Burgen und Schlössern, hohen Pässen und einsamen Stränden, der von Inverness aus den gesamten Norden der Highlands umrundet. Lassen Sie sich nicht vom Linksverkehr abschrecken. Nach dem zweiten Kreisverkehr haben Sie sich daran gewöhnt. Im Hochland haben viele Straßen nur eine Fahrspur. Es gibt genug Ausweichstellen und da die höflichen Schotten eher defensiv fahren und wenig Verkehr herrscht, werden Sie hier keine Probleme, sondern erstaunlich viele nette Begegnungen haben, ► S. 277.

OBEN: Mitten im Hochland bewacht Kilchurn Castle das Ufer des Loch Awe. UNTEN LINKS: Pflichtprogramm für Gipfelstürmer ist der Ben Nevis, Großbritanniens höchster Berg. UNTEN RECHTS: Nichts als Natur verspricht die Traumwanderung durch das grüne Tal Glen Nevis.

SUMMER IN THE CITY

Edinburgh vibriert vor Leben, besonders im August, wenn Fringe und International Festival die Hauptstadt aus den Fugen geraten lassen. Aber auch den Rest des Jahres wird in »Edinburra« gern gefeiert.

This way to
THE HUB
Tattoo Ticket Holders
The Court Curio Shop

MIT 527 000 Einwohnern ist **Edinburgh** zwar kleiner als **Glasgow**, gibt aber trotzdem meist den Ton an. Und das nicht nur als Festivalhochburg und im preisgekrönten Parlamentsgebäude, wo Nicola Sturgeon und die Scottish National Party 2016 erneut als Wahlsieger einzogen. Keine 80 Kilometer trennen die beiden größten Städte Schottlands, die unterschiedlicher nicht sein könnten. Es heißt, in Glasgow werde produziert, in Edinburgh gehandelt. Glasgow gilt als Trendcity mit lässigem Lifestyle und viel Herz. Und manchmal fehlenden Manieren. Edinburgh pflegt wohlhabendes Bürgertum und Traditionen, lebt die Historie, perfekt und posh, mitunter arrogant und kühl. Die Wahrheit liegt wie meist vermutlich irgendwo dazwischen. Jenseits aller Klischees setzen beide Städte auf Veränderung. Glasgow blieb nach dem industriellen Niedergang keine Wahl. In Edinburgh ist es ein Balanceakt zwischen Aufbruch und UNESCO-Auflagen.

Feiern Sie mit!

Drei Wochen im August wird die Hauptstadt zur Bühne, begeistert das **weltgrößte Künstlerfestival** mit dem unglaublichsten Angebot an Kultur, das Sie sich vorstellen können. Begonnen hatte alles zwei Jahre nach Ende des Zweiten Weltkriegs, als englische und schottische Philantropen nach einem Ort suchten, an dem das zerstörte Europa kulturell wieder zusammenfinden sollte. Zuschauermagneten sind heute das hochkarätige **Edinburgh International Festival**, mit dem 1947 alles begann, das weltberühmte **Military Tattoo** und das bunte **Fringe Festival**. Die bezwingende Idee des Fringe Festival ist seine Offenheit. Hier wird weder ausgewählt noch kuratiert. Jeder, der etwas einstudiert hat, darf sich anmelden, und solange er eine der mehr als 300 »Bühnen« buchen kann, steht seinem Auftritt nichts im Weg. Jede Show verfügt über eigene Helfer, die auf der Straße werben oder vor dem Veranstaltungsort stehen und die Passanten mit Witz oder wenigstens mit Leidenschaft zum Eintreten auffordern. Parallel laufen zudem ein renommiertes Buch- sowie ein Filmfestival. Der Festivalsommer ist schlicht einzigartig! Der Rest des Jahres bietet weitere erstklassige Kulturevents. Und an Silvester (»Hogmanay«) verwandelt sich die Stadt zur Partymeile mit einem Riesenfeuerwerk.

BAEDEKER DAS IST ...

ROYAL EDINBURGH MILITARY TATTOO

Höhepunkt des Sommerfestivals ist die tägliche Militärparade auf der Esplanade vor der beleuchteten Burg. Mehr als 1000 Dudelsackspieler, Trommler, Sänger und Tänzer aus aller Welt treten hier an, um in aufwendigen Choreografien bekannte Melodien zu spielen. Emotionalster Moment ist der Lone Piper hoch oben auf der Burgmauer, der zum Gedenken an die Gefallenen bläst, bevor Feuerwerk, die britische Hymne »God Save the Queen« und Burns schottische Weise »Auld Lang Syne« den Vorhang schließen (www.edintattoo.co.uk).

Im Sommer rufen Pipes & Drums zum Military Tattoo nach Edinburgh.

TARTAN, PLAID UND KILT

Symbol für Schottland ist der Tartan. Geschichte, Mythen und Legenden sind mit dem berühmten Karomuster verwoben. Das älteste Tartantuch ist fast 1800 Jahre alt. Aber erst als Sir Walter Scott im 19. Jh. alles Schottische wieder populär machte und Königin Victoria ihre Liebe zu den Highlands entdeckte, wurde der Tartan trendy, vor allem als Kilt.

Nicht nur für Hochzeiten und Hogmanay bietet Geoffrey in Edinburgh den richtigen Kilt. ▶

STAFF
TARTAN
WEAVING
MILL

»NICHTS hat mehr Sex-Appeal und wirkt männlicher als ein anständig hergestellter **Schottenrock**«, meint Alison Roß, Kiltmaker der Firma McPherson in Edinburgh. Getragen wird er vor allem zu großen Anlässen wie Hochzeiten und Hogmanay an Silvester, zu Festivals und Fußballspielen. Schwere Wollstoffe sorgen für den richtigen Schwung und messerscharfen Faltenwurf. Natürlich kam Sean Connery im Kilt zum Ritterschlag. Tennisstar Andy Murray heiratete seine Kim im Schottenrock und auch Sam Heughan und Ewan McGregor gehen gern im karierten Outfit zu ihren Filmpremieren. Sogar die Anhänger der schottischen Fußball-Nationalelf treten im Kilt an und nennen sich stolz die »**Tartan Army**«.

Nach der Niederlage von Culloden 1746 wurden Tartan, Dudelsack und Gälisch verboten, und vieles geriet in Vergessenheit. Ihre große Renaissance erlebten **Kilt und Tartan** ab 1822, als Sir Walter Scott den Besuch von King George IV. in Edinburgh organisierte. »Let every man wear his tartan!«, forderte Scott, und selbst der König hüllte sich in Schottenrock und Karomuster. Als Queen Victoria die Gemächer von Schloss Balmoral im roten Tartan der Royal Stuarts ausführen ließ, herrschte Hochkonjunktur in den schottischen Webereien. Ganze Regimenter wurden mit Kilt und Tartanhosen ausgestattet. Der Siegeszug des Schottenkaros war nicht mehr aufzuhalten und der karierte Stoff wurde zum **nationalen Markenzeichen**.

Kilt wird Kult

Während es bei heutigen Trendlabeln wie Vivienne Westwood, Stella McCartney oder Zara um das schönste Webmuster geht, gab die Farbabfolge der Schottenkaros ursprünglich Aufschluss über Heimatregion, Clanzugehörigkeit oder den sozialen Status des Trägers. Dafür wurde die Wolle mit regionaltypischen Pflanzenfarben eingefärbt, wie eine Art Postleitzahl. Weberinnen kerbten die genaue Abfolge der Fäden in ein Stück Holz, um das Tartanmuster für kommende Generationen festzuhalten. Decke, Regenschutz und Wollumhang zugleich war jahrhundertelang das aufwendig gefaltete »**Plaid**«. Der Wickelrock der Hochländer bestand aus zwei fünf Meter langen Stoffbahnen, die über die Schulter geworfen und mit einem Gürtel befestigt wurden. Der gewickelte knielange Kilt, wie man ihn heute kennt, ist erst eine praktische Erfindung des 18. Jahrhunderts.

Für alle Anlässe

Längst haben auch Lifestyle, Kitsch und Kunst das schottische Webmuster als **gefragtes Design** entdeckt. Günstig ist ein handgefertigter Kilt allerdings nicht. Für ein »Prince Charlie Outfit« mit Schottenrock, Jacke, Schuhen, Strümpfen und Sporran-Beutel muss man £ 700 – 2000 bezahlen. Kilts für sie und ihn, von klassisch bis ausgeflippt, finden Sie an der Royal Mile in Edinburgh bei Geoffrey und John Morrison. Auf einen alltagstauglichen, lässigen Look mit Wickelrock, Wollsocken und Stiefeln schwört der Edinburgher Kiltmaker Howie Nicholsby. Denim, Leder oder Leinen – in seinem winzigen Atelier »**21st Century Kilts**« beweist Howie mit viel Zeit und noch mehr Fantasie, dass der klassische Kilt ganz neu interpretiert werden kann. Der Aufwand hat seinen Preis. Aber waschechte Schotten lieben ihren Kilt – und tragen darunter häufig mehr als viele denken.

MADE TO BE WORN

Kiltmaker Howie Nicholsby nimmt Maß.
(Duntarvie Castle, West Lothian, nach Voranmeldung auch in Edinburgh, Tel. 07774 757 22, http://21stcenturykilts.com)

DAS WASSER DES LEBENS

Jedes »wee dram«, jedes winzige Schlückchen Scotch Whisky, ist prall gefüllt mit Aromen und Assoziationen von schottischen Landschaften, Legenden und Traditionen. Moore mit Torfstich, salzige Seeluft und würzige Heidekräuter scheinen sich im Glas zu spiegeln.

Cadenhead's in Edinburghs Royal Mile verkauft eigene Fassabfüllungen in signierten Flaschen. ▶

WHISKY SHOP
Initial
CADENHEAD'S
SCOTLAND'S
OLDEST INDEPENDENT BOTTLER
· ESTD 1842 ·
MONDAY to
SATURDAY
10.30am to
5.30pm

GEBRANNT wird das schottische Nationalgetränk bereits seit mehr als 500 Jahren. Als nach der britischen Union von 1707 englische Zöllner den Scotch drastisch besteuerten, blühten Schwarzbrennerei und Schmuggel. Allein 1782 wurden über 1000 Schwarzbrenner verhaftet, aber die Öffentlichkeit gab den »sma' stills« moralischen Rückhalt. Jeder zweite Schluck Scotch war illegal gebrannt, bevor **Brennlizenzen ab 1823** erschwinglich wurden. Als Ende des 19. Jh.s die Reblaus in den Weinbergen Europas für eine dramatische Verknappung des Brandy sorgte, schlug die Stunde der Whiskybarone, die ein Vermögen verdienten. Heute liefert Schottland gut ein Drittel des globalen Bedarfs.

»Auf Flaschen gezogenes Sonnenlicht« ...

nannte George Bernard Shaw den bernsteinfarbenen **Spirit of Scotland**. Seine wichtigste Komponente ist neben einer qualitativ hochwertigen Gerste die besondere Wasserqualität der entlegenen Quellen im niederschlagsreichen Hochland. Auch das von Laien nachzuschnuppernde würzige Aroma durch die Torffeuer zum Trocknen der gemälzten Gerste verleiht den Destillaten eine eigene Note, die auf Besichtigungstouren probiert werden kann. Jede der Brennereien empfängt, riecht und entlässt anders, mindestens aber mit dem obligatorischen Gläschen Malt. Heimat für über die Hälfte der **130 aktiven Destillerien** ist der Speyside, wo komplexe Whiskys mit wenig Torfaroma wie The Glenlivet, Glenfiddich und Macallan produziert werden. Highland Whiskys wie The Dalwhinnie oder Royal Lochnagar übezeugen mit mild-malzig-süßem Charakter. Je näher die Brennereien an der Küste liegen, umso mehr mischen sich maritime Akzente in die Aromen wie beim Clynelish oder Old Pultenay. Die torfigsten und markantesten Malts kommen von der Whiskyinsel Islay.

Blended oder Single Malt?

Die meisten Malts gehen an Blender, deren Kunst darin besteht, aus mehreren Whiskys einen unverwechselbaren Markenblend zu mixen. Früher eher eine Spezialität, haben sich die teuren Single Malts, die immer nur aus einer Brennerei stammen, längst zum Modegetränk entwickelt und sind auf jedem Flughafen im Duty Free Shop erhältlich. Mit Muße, Zeit und eventuell etwas Wasser werden Sie beim Tasting wunderbare Aromen entdecken – Slàinte!

MALT WHISKY TRAIL

Schilder mit den Kilns, den pagodenförmigen Darretürmen der Destillerien, führen rund ums Jahr im Speyside zu Traditionsbrennereien, darunter Cardhu als einzige Brennerei, die je von einer Frau geführt wurde – Elizabeth Cumming –, die historische Dallas Dhu Distillery, Glenfiddich, The Glenlivet mit kostenloser Tour, Glen Grant und Strathisly, die älterste Brennerei Schottlands, die seit 1786 in Betrieb ist, www.maltwhiskytrail.com, ►S. 266.

OBEN: Mehr als 350 Single Malts stehen in der Bar des Hochlandhotels Torridon zur Auswahl. UNTEN LINKS: Die Lagerung erfolgt in gebrauchten Bourbon-, Sherry- oder Portweinfässern, die dem Whisky seinen Charakter verleihen. UNTEN RECHTS: Wird nur in der gleichnamigen Jahreszeit gebrannt: Dalwhinnie Winter's Gold.

HOCHLAND-OLYMPIADE

Tartanberockte Muskelmänner, die Steine wuchten, Hammer schleudern und Baumstämme in 12-Uhr-Position werfen, Dudelsackbands, Tauziehen und Tanz – an mehr als 100 Orten werden von Mai bis September die berühmten Highland Games ausgetragen. Frauen sind selbstverständlich mit von der Partie, und das nicht nur beim Stepptanzwettbewerb des Highland Fling.

Es ist diese Stimmung, die das Braemar Gathering zum beliebtesten in ganz Schottland macht. ▶

SUMMIT

WER immer noch daran zweifelt, dass Schotten anders sind als der Rest der Menschheit, sollte zum Braemar Gathering anreisen. Es klingt ein bisschen wie ein Zischen, dabei wäre ein Urschrei irgendwie passender. Nein, hier werden keine normalen Speere oder Eisenkugeln geschleudert wie in der Leichtathletik. Bei den **Highland Games** dürfen es große Steinbrocken, sperrige Kiefernstämme oder Stahlkugeln mit ganz viel Gewicht sein. Letztere nimmt man zum Hammerwerfen, wobei der Hammer 19 Kilo wiegt – in der Leichtathletik sind es mit 7,26 Kilo nicht mal die Hälfte.

Schon im Mittelalter musste der Nachwuchs bei den »Heavy Events« seine Fähigkeiten unter Beweis stellen. Malcolm III. suchte im 11. Jh. einen neuen Kurier und erfand dafür einen Wettlauf, der von Braemar auf den Creag Choinnich hinaufführte. Der Sieger erhielt neben einer kostbaren Gürtelschnalle den königlichen Job als Schnellläufer. Unten in Braemar übte man sich derweil im Baumstammwerfen, Steinewuchten und Hammerwurf, alles natürlich im Kilt und mit dröhnender Dudelsackuntermalung. Die Rekrutierungswettkämpfe der Clanchefs mauserten sich schnell zu populären Dorffesten mit Sport, Musik und Tanz. Was heute Teilnehmer und Besucher aus aller Welt anzieht, hat seinen Ursprung allerdings eher im 19. Jh., als durch Sir Walter Scotts romantische Romane für die vielerorts vergessene Hochlandolympiade eine wahre Renaissance einsetzte.

Als Queen Victoria 1848 das **Braemar Highland Gathering** besuchte und ihm ihre königlichen Weihen gab, wurden die Spiele fester Bestandteil des schottischen Festkalenders. Victoria hatte eine Schwäche für Schottland und setzte sich sehr für die Wiederbelebung alter Bräuche ein. 1889 sah Baron Pierre de Coubertin die Highland Games bei der Pariser Weltausstellung. Sie inspirierten ihn nicht nur in seinem Bemühen um die Wiederbelebung der Olympischen Spiele, sondern auch zur Aufnahme von Hammerwurf, Kugelstoßen und Stabhochsprung als olympische Disziplin.

Schwere Jungs

Die Stars des folkloristischen Spektakels, das **kernig, laut und farbenprächtig** unterhält, sind ohne Frage die tartan-berockten Muskelmänner – unter 90 Kilo ist man ein Leichtgewicht. Wer nur Kraft und keine Technik besitzt, hat allerdings wenig Chancen. Beim Steinwurf beispielweise muss der Trümmer rückwärts über den Kopf geschleudert werden. Das sollte sitzen, damit der Felsbrocken nicht aufs unbehelmte Haupt fällt. Vielen bleiben die Massed Bands am besten im Gedächtnis: Hunderte von Dudelsackspielern und Trommlern kommen aus ganz Schottland zusammen, um gemeinsam zu musizieren und zu marschieren.

Alle Royals ...

... sind aus dem nahen Schloss **Balmoral** zur Stelle, wenn der Braemar Caber geworfen wird. Schon das Balancieren des sechs Meter langen und 66 Kilo schweren Baumstamms erfordert höchste Kraft und Geschicklichkeit. Dann der schnelle, präzise Anlauf, abrupter Stopp und ein perfekter, gradliniger Überschlag des Stamms in 12-Uhr-Position – wem das gelingt, dem ist tosender Beifall sicher. Seit Queen Victoria kommt die königliche Familie zu jedem Hochlandspiel nach Braemar, nur einen Hammerwurf von Balmoral entfernt.

OBEN: Auch Queen Elizabeth II. zeigte sich bei den Braemar Hochlandspielen »amused«.
UNTEN: Männer dürfen bei den Highland Games noch die echten Kerle geben wie hier beim Hammerwurf.

BAEDEKER DAS IST ...

BRAEMAR ROYAL HIGHLANDGATHERING

Strenge Schiedsrichter beurteilen fast 30 Disziplinen für Männer und Frauen. Es gibt auch einen Markt, jede Menge schottischer Spezialitäten und Schäfer, die mit ihrem Border Collie vorführen, was so ein Hütehund alles draufhat – immer am ersten Septemberwochenende.
www.braemargathering.org
https://braemarscotland.co.uk
▶S. 115

T

TOUREN

Durchdacht, inspirierend, entspannt

Mit unseren Tourenvorschlägen lernen Sie Schottlands beste Seiten kennen.

Hotspot für Nessiefans sind die Ruinen des mittelalterlichen Urquhart Castle direkt am Ufer von Loch Ness. ►

UNTERWEGS IN SCHOTTLAND

Um Schottland richtig kennenzulernen, brauchen Sie Zeit. Schon die Reise vom Festland auf die Inseln ist je nach Entfernung nicht nur ein Tagestrip und sollte gut geplant sein – auch wegen der Fähren. Es genügen aber schon ein paar Tage, um einen Eindruck von der wildromantischen Natur des Nordlandes, den charmanten Städten, der lebendigen Kulturszene und der Gastfreundschaft der Menschen zu bekommen. Egal, auf welcher Tour Sie sich befinden, an Burgen, Bergen, Schafen, Whisky und viel Wasser werden Sie bestimmt vorbeikommen.

Stressfreier Verkehr

Die meisten Urlauber bereisen Schottland im eigenen Auto oder im Mietwagen, da viele attraktive Ziele, besonders in den Highlands und auf den Inseln, nur im Pkw gut zu erreichen sind. Haben Sie sich erst einmal daran gewöhnt, **rechts im Auto** und **links auf der Straße** zu fahren, ist es ein Kinderspiel. Wie die Straßenschilder zeigt auch der Tacho das Tempo in Meilen an – mph x 1,6 = Km. Inzwischen stehen an allen Hauptverbindungsstrecken jede Menge **Blitzkisten**, also achten Sie auf Ihre Geschwindigkeit! Auf entlegenen Strecken und Wegen durch die Berge gibt es oft nur einspurige Straßen, **Single Track**

Plädoyer für eine gelassene Fahrweise

Roads, die um »passing places« rechts und links erweitert sind. Hier ist höfliche Zuvorkommenheit die Regel. Schotten drängeln nicht und bedanken sich mit netten Handzeichen, warten in den kleinen Verkehrsbuchten und lassen Entgegenkommende auf der Straße passieren oder Einheimische, die es eilig haben, überholen. Genießen Sie den angenehm entschleunigten Verkehr ohne Stress, Aufregung oder Rechthaberei – Welcome to Scotland!

SCHOTTLAND ENTDECKEN

Start und Ziel: Glasgow | **Länge:** 1700 km | **Dauer:** 3 Wochen

Tour 1

Für die große Rundfahrt benötigen Sie drei Wochen Urlaub – und es wird Ihnen gefallen, versprochen! Durch fast ganz Schottland führt die Tour, bei der Sie die Highlands und Inseln der Hebriden, aber auch die spannende Trendcity Glasgow und die wunderschöne Hauptstadt Edinburgh kennenlernen. Wer nur zwei Wochen Zeit hat, kann direkt zur Insel Skye fahren, dann durch die Northwest Highlands und von Inverness zurück über Pitlochry, Dundee und St. Andrews nach Edinburgh.

Trendcity, Schottlands schönster See und ein Saurier

Ausgangspunkt ist ❶★★**Glasgow** mit lässigem Lifestyle, tollen Shoppingmeilen, Jugendstilarchitektur und spannender Musikszene. Wie die Berliner an den Wannsee, so fahren die Glaswegians gern an den ❷★★**Loch Lomond**, der zusammen mit den Trossachs zum Nationalpark erklärt wurde. Am Trossachs Pier legt der Raddampfer »Sir Walter Scott« zu Rundfahrten über den Loch Katrine ab. Den herrlichen Uferweg nach Stronachlacher sollten Sie per Rad erkunden. Oder nehmen Sie Ihr Fahrrad mit an Bord und radeln Sie zurück. Nächster Stopp ist das prachtvolle ❸★**Inveraray Castle**. Über Loch Awe, an dessen Nordende die fotogene Ruine von Kilchurn Castle aufragt, geht es zum lebhaften Hafenstädtchen ❹★**Oban**, das Sie nicht ohne Shoppingtour und eine stärkende Fischmahlzeit am Pier verlassen sollten. Oban ist Sprungbrett zu den Hebriden – Staffatours kombiniert die Inseln Mull, Iona und Staffa. Dramatisch wirkt schon der Eingang zum ❺★**Glencoe** mit engen Passkurven und bizarren Gipfeln. So düster das Hochlandtal bei dicken Wolken erscheinen mag, bei Sonne eröffnet sich eine Traumkulisse, die jedem in Erinnerung bleibt. Vielleicht nehmen Sie sich einen Tag Auszeit, um den Abschnitt des West Highland Way zwischen King's House Hotel und Kinlochleven über den Devil's Staircase zu laufen.

Entschleunigt und entspannt durch atemberaubende Landschaften schippern, können Sie bei einer Bootstour auf dem ❻★★**Caledonian Canal**. Grandios ist bei Fort William das Alpenglühen am kahlen ★**Ben Nevis,** Großbritanniens höchstem Berg. Der Aufstieg ist nicht zu unterschätzen, besonders im letzten Drittel gibt es ausgedehnte Geröllfelder. Touristischer Rummel erwartet Besucher in den Monstershows von Drumnadrochit am ★**Loch Ness**, der legendären Heimat eines Seeungeheuers. Beste Location für Nessie-Spotting ist das mittelalterliche ★**Urquhart Castle** am Seeufer – am besten halten Sie die Kamera bereit, man kann nie wissen, was geschieht …

Dunnet Heat
★John o'Groats
★Durness
17
Thurso
Duncansby Heat
Melvich
Bettyhill 148
Castletown
18
Roadside
Port of Ness
★Handa Island
57
Tongue
Westerdale
Mybster
Wick
16
Laxford Bridge
9
★★Standing Stones of Callanish
Barvas
North Tolsta
Dalvina Lodge
Lewis
Scourie
Kylesku
15
Glutt Lodge
Portnaguran
Newton
Altnaharra
Latheron
Callanish
Stornoway
51
Skiag Bridge
Loch Choire Lodge
Kinbrace
Lochinver
14
110
Achmore
Brenish
★Loch Assynt
Duchally
Loch Shin
Helmsdale
63
Reiff
Lairg
Pittentrail
Hushinish
Lemreway
★Inverewe Gardens
43
Invercassley
Culnacraig
Golspie
19
★★Dunrobin Castle
Inveran
Taransay
Tarbert
Loch Ewe
★Ullapool
Bonar Bridge
29
9
Harris und Lewis
13
★Tain
Harris
Grosebay
Cove
12
80
Deanich Lodge
20
Portmahomack
10
★★Loch Maree
Balintore
Lossiemouth
Rodel
Gairloch
11
Loch Fannich
Alness
Balnapaling
Burghead
Buckie
Cullen
Banf
Evanton
Gorstan
★Cromarty
Elgin
98
Staffin
Kinlochewe
21
Lochmaddy
Conon Bridge
58
Forres
Fochabers
Trumpan
Uig
Keith
Aberchirder
Dunvegan Head
87
★★Skye
Shieldaig
128
Achnasheen
Fortrose
96
Nairn
74
Dallas
Rothes
Scardroy
Loch Moner
Muir of Ord
22
Culloden
96
Dunvegan
8
Brove
Ardarroch
Inverness
Huntly
Raasay
Toscaig
Strathcarron
★Loch Ness
82
Daviot
Grantown-on-Spey
Dufftown
23
Ramasaig
Bracadale
Stromeferry
★Eilean Donan Castle
Cannich
9
★★Malt Whisky Trail
Duthil
95
Scalpay
7
Invermoriston
53
Shiel Bridge
51
Tomintou
Broadford
107
87
82
Cognafearn Lodge
Alford
Elgol
Arnisdale
Fort Augustus
★★Cairngorm Mountains
Aboyne
Torphins
Armadale
87
9
Invergarry
Loch Lochy
Drumgask
Kingussie
93
Rum
Aird of Sleat
Mallaig
Loch Quoich
Braemar
Ballater
Banchory
82
★★Caledonian Canal
Eigg
86
6
Spean Bridge
Ben Alder Lodge
Blair Castle
★Pitlochry
Clova
92
Edzell
90
30
Rannoch Station
24
★★Glamis Castle
Brechin
Kilchoan
Strontian
93
Salen
5
Loch Rannoch
Kirriemuir
25
Forfar
Montrose
Coll
Tobermory
54
★Glencoe
Rattray
9
Portnacroish
Aberfeldy
94
21
Arbroath
Salen
Lochaline
Gualachulain
Dunkeld
Coupar Angus
★★Dundee
Tiree
Craignure
Loch Etive
Killin
Loch Tay
Bankfoot
84
Connel
Methven
90
26
22
Mull
85
Tyndrum
Dalmally
85
Lochearnhead
Grieff
85
4
Newburgh
★Oban
Fionnphort
Kilninver
60
★Inveraray Castle
Comrie
Perth
92
27
Loch Katrine
Callander
90
★★St. Andrews
Toberonochy
Kilmelfort
3
82
Aberfoyle
Doune
Glenrothes
25 km
©BAEDEKER
Scarba
83
Strachur
62
9
Cowdenbeath
St. Monans
Crinan
Newton
Garelochhead
★★Loch Lomond
Stirling
91
Dunfermline
101
Buckhaven
Colonsay
Lochgilphead
Larbert
Alloa
Kirkcaldy
North Berwick
Ardlussa
Helensburgh
2
Bo'ness
Inverkeithing
Gourock
Falkirk
9
Musselburgh
Dun
Colintraive
Linlithgow
28
Jura
Tarbert
31
Greenock
82
Airdrie
74
Livingston
Dalkeith
Haddington
Portavadle
78
Port Glasgow
1
Bargeddie
8
Whitburn
★★Edinburgh
Bridgend
83
Largs
Johnstone
Paisley
Islay
Beith
★★Glasgow
Stoneypath
Lauder
Gigha
Stewarton
Blyth Bridge
Innerleithen
Greenlaw
Portnahaven
Ardrossan
77
Carstairs
Galashiels
Arran
Kilmarnock
Strathaven
Lagavulin
Irvine
Traquair House
Biggar
Douglas
74
Selkirk
St. Boswells
39
Entfernungsangaben in km
Rosemount
Cumnock
Abington
Tweedsmuir
Mountbenger
Ayr
Hawick
Campbeltown
Dunure

Nächster Halt ist das Highlander-Schloss 7★**Eilean Donan Castle**, wo Sie auf Zeitreise gehen. Eine Brücke stellt die Verbindung zur 8★★**Isle of Skye** her – allein dort könnte man Wochen verbringen! Wandern Sie über die Trotternish-Halbinsel zum Old Man of Storr oder am Nordwestzipfel der Insel zum Neist Point Lighthouse über der schäumenden See. Dort einfach mal hinsetzen und mit windrosa Wangen dem Meer lauschen. Mit etwas Glück lassen sich Kegelrobben, Schweinswale und sogar Orcas sichten.

Ausflug zu den Western Isles

Wer genug Zeit mitbringt, sollte von Uig/Skye auf die Äußeren Hebriden rüberfahren. Beim Fährhafen Tarbert sind 9 **Harris und Lewis** zusammengewachsen. Authentischen Brit-Look in bester Qualität bekommen Sie bei der ★**Harris Tweed Company** in Grosebay. Wie Bauern und Fischer früher in reetgedeckten Cottages lebten, lässt sich im **Hebridendorf Gearrannan** nachvollziehen. Die fast 5 m hohen Stelen der ★★**Standing Stones of Callanish** sind Wahrzeichen der Western Isles. Die steinzeitliche Kultstätte war vermutlich eine Art Kalender, mit dem die Sommer- und die Wintersonnenwende vorausgesagt werden konnten – kommen Sie zum Sonnenaufgang.

Atemberaubende Northwest Highlands

Begleitet von majestätischen Gipfeln und schimmernden Lochs folgt die Route von Skye aus dem ★★**North Coast 500**, einem fantastischen Roadtrip, der von Inverness aus die gesamten Northwest Highlands umrundet (►Das ist Schottland S. 10). Ab **Shieldaig** können Sie im Motorboot die Torridon-Bucht erkunden und Seeadler beobachten. Definitiv zwei der schönsten Wanderungen beginnen am Parkplatz 3 km hinter dem Besucherzentrum des ★★**Beinn Eighe National Nature Reserve** mit einem unvergesslichen Blick auf 10 ★★**Loch Maree.** Von 11 **Gairloch** können Sie im Schnellboot für drei bis vier Stunden in den North Minch rausfahren, um ★**Delfine, Seehunde und Orcas** zu beobachten – beste Sichtungszeit ist April bis Oktober. Dank des Golfstroms gedeihen in den 12★**Inverewe Gardens** am Loch Ewe üppige subtropische Pflanzen. Im Fährhafen 13★**Ullapool** reihen sich an der Uferpromenade weiß verputzte Häuschen mit kleinen Läden, Cafés und gemütlichen Pubs aneinander. Bei schlechtem Wetter ist **The Ceilidh Place** ein wunderbarer Ort zum Aufwärmen.
In der einsamen Bergwelt um den 14★**Loch Assynt** können Wanderer Zwölfendern, Wildkatzen und Ottern begegnen. Vom Weiler 15 **Kylesku**, wo Sie bestes Seafood speisen, fahren zwischen April und September täglich Boote den Loch Glencoul hinauf zu Großbritanniens höchstem Wasserfall: Die **Eas a Chual Aluinn Falls** stürzen sich 200 m tief in den Fjord. Vogelfreunde können von Tarbert nach 16★**Handa Island** übersetzen, wo Hunderttausende von Skuas, Lummen, Papageitauchern, Tordalken und Eissturmvögeln nisten. Bei 17★**Durness** können Sie im **Balnakeil Craft Village** Kunsthandwerkern bei der Arbeit zusehen. Die weitere Strecke entlang der Nord-

OBEN: Wandern Sie auf der Isle of Skye zum Old Man of Storr. UNTEN LINKS: Im House auf Bruar bekommen Sie das passende Hochlandoutfit. UNTEN RECHTS: Für Schottlands Hauptstadt Edinburgh sollten Sie genug Zeit einplanen.

küste führt schließlich zum nördlichsten Festlandpunkt Schottlands bei ★**Dunnet Head** und den spektakulären Felsnadeln von **Duncansby Head** bei ⑱★**John o'Groats**.
Als Königin Victoria 1832 ⑲★★**Dunrobin Castle** bei Golspie besuchte, soll sie ihr eigenes Schloss Balmoral als einfaches Haus gegenüber dem prachtvollen Stammsitz der Sutherlands empfunden haben. Über das Küstenstädtchen Dornoch – Golfer sollten eine Runde auf dem Royal Dornoch Golf Course einlegen – erreichen Sie den Badeort ⑳★**Tain**. Der milde Malt seiner **Glenmorangie Distillery** wird in den höchsten Brennblasen Schottlands produziert. Mit formschöner Keramik, Tweedtaschen und Möbeln aus heimischen Hölzern liefern die jungen Designer von **Anta** den perfekten Countrystyle. Am Hafen von ㉑★**Cromarty** starten zweistündige Bootstouren in den **Moray Firth**, wo bei einlaufender Flut Delfine in der Strömung spielen.

Malts, Märchenschlösser und die schottische Hauptstadt

Keine 10 km trennen **Inverness** vom Schlachtfeld von ㉒**Culloden**, wo am 14. April 1746 das Schicksal der Stuarts in Schottland besiegelt wurde. Tausende kommen jeden Sommer, um das nahe Shakespeare-Schlösschen ★**Cawdor** und seinen entzückenden Garten zu sehen. Südöstlich am ㉓★★**Malt Whisky Trail** im Speyside finden Scotchfreunde so berühmte Brennereien wie Glenfiddich, Macallan und Cardhu. Durch die ★★**Cairngorm Mountains**, Schottlands zweiten Nationalpark, erreichen Sie das Hochlanddörfchen ㉔★**Pitlochry**, schon zu Queen Victorias Zeiten ein beliebter Ferienort. Durch eine Gunst der Königin darf das benachbarte ★**Blair Castle** als Einziges in Großbritannien eine private Armee unterhalten, die Atholl Highlanders. Um die Ecke finden Sie im ★**House of Bruar** feinste Wollwaren und schicke Tweedkostüme, wetterfeste Outdoorkleidung und das passende Golfequipment. Auf ㉕★★**Glamis Castle** verbrachten Königin Elisabeth II., ihre Schwester Margaret und Queen Mom ihre Kindheit. Wie ein riesiges Schiff aus kantigem Stein ragt in ㉖★★**Dundee** das 2018 eröffnete Museum ★★**V & A Dundee** aus der neuen Hafenpromenade. Daneben liegen mit Einhorn am Bug die letzte britische Fregatte aus Holz und die »Discovery« des Polarforschers Scott.
Highlights der bezaubernden Halbinsel Fife sind das schnuckelige Unistädtchen ㉗★★**St. Andrews**, wo Prinz William seine Frau Kate kennenlernte und die Wiege des Golfsports ist, und das Bilderbuchstädtchen ★**Culross** – einer der Drehorte der »Outlander«-Saga-Serie. Drei gigantische ★**Forth Bridges** stellen schließlich die Verbindung zur Hauptstadt ㉘★★**Edinburgh** her, seit mehr als einem halben Jahrtausend der kulturelle Mittelpunkt Schottlands. »Edinburra«, wie die Einheimischen sagen, hat Stil, Geschichte und Größe, ist Weltkulturerbe, Festivalhochburg und Heimat der besten Köche und Kiltmaker. Über die Autobahn M 8 ist man in Kürze (45 mi/75 km) wieder zurück in ★★**Glasgow**.

BURGEN UND WHISKY

Start und Ziel: Aberdeen | **Länge:** 320 km | **Dauer:** 3–4 Tage

Tour 2

Aberdeenshire besitzt mehr wehrhafte Trutzburgen und elegante Prunkschlösser als jede andere Grafschaft Großbritanniens. Die zweite Tour kombiniert die schönsten Anwesen am Castle Trail mit berühmten Brennereien des Malt Whisky Trail im Speyside, wo Schottlands Nationalgetränk ausgiebig erschnuppert und probiert werden kann.

Wie aus dem Bilderbuch

Startpunkt ist die »Silver City« ❶★**Aberdeen.** Mit seinen verspielten Ecktürmchen und Runderkern hat ❷★**Crathes Castle** 28 km westlich im Dee Valley etwas echt Märchenhaftes. Kuriosum ist ein Thompson-Stuhl mit der typischen kleinen Holzmaus, die alle Arbeiten des Möbeldesigners kennzeichnete. Den herrlichen Park versah die berühmte Gartenarchitektin Gertrude Jekyll mit Eibenhecken, Magnolien-, Oleander- und Rosengärten. Wie Crathes stammt auch ❸★★**Craigievar Castle,** 28 km nordwestlich, aus dem 16. Jahrhundert. Im ganzen Land werden von Mai bis September die Highland Games ausgetragen, wo bärenstarke Männer im Kilt Steine schleudern oder sperrige Kiefern in 12-Uhr-Position werfen. Die berühm-

testen aber sind in ④★**Braemar** (►Das ist Schottland S. 24). Selbst Königin Elizabeth II. ließ es sich nicht nehmen, aus dem nahen **Balmoral Castle** als Schirmherrin zur Stelle zu sein.

Whisky to go

Knapp 70 km nördlich steht die frühviktorianische ⑤★★**The Glenlivet Distillery**, die 1823 als Erste eine Brennlizenz erhielt. Am Ende der Tour wird ein junger Founder's Reserve, ein 15 oder ein 18 Jahre gereifter Single Malt angeboten. Elizabeth Cumming, eine der wenigen führenden Frauen der Whiskyindustrie, verlegte 1872 die ⑥★**Cardhu Distillery** ihres Vaters nach Knockando. Ihr Sohn wurde Direktor bei Johnnie Walker, der den malzig-süßen Whisky bis heute als Kern seiner Blends verwendet. Bereits in der fünften Generation brennt die ⑦★★**Glenfiddich Distillery**, wo am Heiligen Abend 1887 von William Grant der erste Malt für die markanten Dreiecksflaschen produziert wurde. In der Dufftown Road des benachbarten Craigellachie können Sie den Küfern der ⑧★**Speyside Cooperage** bei der Arbeit zusehen. Eine der ältesten Brennereien der Welt ist die 1786 gegründete ⑨★**Strathisla Distillery** in Keith, die Chivas Brothers gehört, sodass Sie außer dem kräftigen Strathisla Single Malt auch den blended Chivas Regal probieren können. Fünf Familien haben die Geschichte des prachtvollen ⑩★★**Fyvie Castle** geschrieben, das Sir Alexander Seton Ende des 16. Jh.s mit Ecktürmchen und Kegeldächern versehen ließ. Er legte auch den Grundstein für den barocken **Pitmedden Garden** unweit nordwestlich von ★**Aberdeen**.

AUF DEN SPUREN VON BURNS UND SCOTT

Start: Edinburgh | **Ziel:** Ayr | **Länge:** 390 km | **Dauer:** 4 – 5 Tage

Tour 3

Wer meint, das wahre Schottland beginne erst in den Highlands, kennt die Borders nicht. Südlich von Edinburgh liegen samtgrüne Hügel, verwunschene Abteiruinen und Abbotsford House, das Traumdomizil von Sir Walter Scott. Auch Dumfries and Galloway hat mit Robert Burns einen Nationaldichter aufzuweisen.

Grenzlandabteien und Ritterburgen in Scott's Country

Alle vier Grenzlandabteien südlich von ①★★**Edinburgh** lohnen den Besuch, aber ②★**Melrose Abbey** ist laut Theodor Fontane »überhaupt unter allen Ruinen die schönste und fesselndste«. Der Nachbarort **Kelso** besitzt mit dem prunkvollen ③★★**Floors Castle** das größte noch bewohnte Schloss Schottlands, das um 1721 von William

Adam im georgianischen Stil für den ersten Herzog von Roxburghe erbaut wurde. Herzstück von Scott's Country ist ❹★★**Abbotsford House**, das sich der Bestsellerautor Sir Walter Scott am Ufer des Tweed errichten ließ. Kuschelige Wollpullover und Tweedstoffe bekommen Sie bei **Lochcarron of Scotland** in Selkirk, eine der letzten Mühlen, die noch produziert. Das Haupttor des eleganten ❺★**Traquair House** wurde 1745 hinter Bonnie Prince Charlie mit dem Schwur geschlossen, es erst wieder zu öffnen, wenn ein Stuart den Thron besteigt – so heißt es warten. Kosten Sie unbedingt das süffige Ale der Hausbrauerei. Auch Tagesgäste empfängt bei Peebles die preisgekrönte Wellnessoase ❻★**Stobo Castle** – zum »So Tranquil Day« gehören Spa, Massage und Lunch.

Welterbe, Schlösser und Burns Trail

Auf einer Multimedia-Zeitreise führt Robert Owens viktorianische Mustersiedlung ❼★**New Lanark** durch die Blütezeit der Baumwollspinnerei, die fast unverändert am Ufer des River Clyde erhalten blieb – zum großen Erstaunen der Konkurrenz war das sozialistische Utopia um 1900 sogar ein wirtschaftlicher Erfolg. Mit Strickwaren

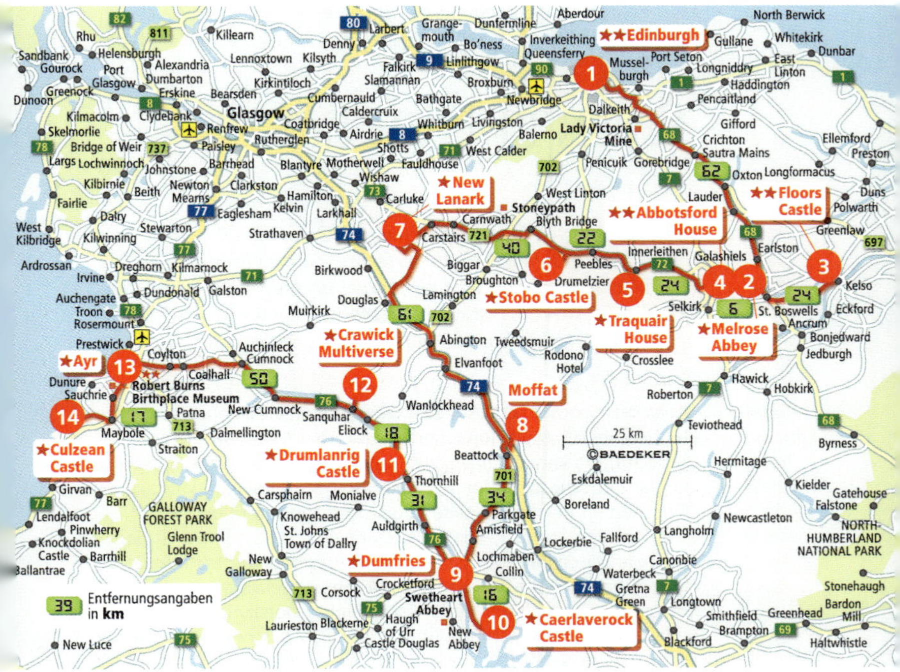

und Sternenhimmel punktet 8 **Moffat,** die erste Dark Sky Town Europas. 9 ★**Dumfries** ist Endpunkt der literarischen Wallfahrtsroute auf den Spuren von Robert Burns, der hier seine letzten Lebensjahre verbrachte. Das Wohnhaus des Nationalbarden ist jetzt Museum. Für ein Picknick eignet sich die mittelalterliche Wasserburg 10★**Caerlaverock Castle** am Solway Firth. Eine buchengesäumte Auffahrt führt nördlich von Moniaive zum Renaissanceschloss 11★**Drumlanrig Castle**. Hier könnten Sie allein im herrlichen Park den ganzen Tag verbringen. Begrünte Hügel und Steinsetzungen in Form von Kometen, Galaxien und unserer Milchstraße laden im 12★**Crawick Multiverse** zu fantastischen Spaziergängen für die ganze Familie ein. Highlights des Sommers sind die Sonnenwendfeier und das D & G Arts Festival. In 13★ **Ayr** am Firth of Clyde, wo Burns seine Karriere begann, steht im Vorort **Alloway** sein reetgedecktes Geburtshaus, das sein Vater selbst erbaute. Das ★**Robert Burns Birthplace Museum** erzählt über Leben, Werk und Zeit des Nationalbarden. Schönster Platz, um seine viel zitierten Verse im Original zu lesen, ist 14★**Culzean Castle** hoch über den Klippen am Meer. In dem Schloss vereinte Robert Adam Ende des 18. Jh.s meisterhaft Architektur und Natur, georgianische Strenge und romantische Akzente.

ABENTEUER INSEL

Start und Ziel: Oban

Tour 4

Islandhopping ist immer spannend, und das hübsche Oban an der wilden Westküste eignet sich perfekt als Sprungbrett, um zu den Hebriden zu kommen. Wer nicht das Flugzeug nimmt, braucht Zeit für die Anreise. Diese Tour erschließt von Oban aus die gut per Schiff erreichbaren Inseln Mull, Iona, Staffa, Islay und Jura.

Inselhüpfen durch die Inneren Hebriden

Staffatours kombiniert von 1★**Oban** aus in einem Tagesausflug die Hebrideninseln Mull, Iona und Staffa (www.staffatours.com). Die Fähre steuert von Oban aus auf Mull den Hauptort 2★**Tobermory** an. Der hübscheste Hafen der Hebriden ist mit seinen kunterbunten Häuschen an der Promenade Touristenmagnet und beliebter Seglertreff. Am Pier starten Whale-Watching-Bootstrips, im An Tober Arts Centre arbeiten junge Künstler, gibt es Ausstellungen und ein Café. Ab Fionnphort wird die Druideninsel 3 **Iona** angelaufen, wo der hl. Columban im 6. Jh. mit der Christianisierung Schottlands begann. Im Benediktinerkloster entstand um das Jahr 800 das berühmte »Book of Kells« – heute schmückt das kunstvoll verzierte Weltdokumentenerbe

das Trinity College von Dublin. Mehr als 60 schottische, irische und norwegische Herrscher fanden auf dem Friedhof von Iona ihre letzte Ruhe. Nur bei gutem Wetter fahren Boote die sechs Seemeilen zur kleinen Insel ❹★**Staffa**, eine Wunderwelt aus schwarzem Basalt mit der Fingal-Höhle, die Felix Mendelssohn-Bartholdy im Sommer 1829 zu seiner Hebriden-Ouvertüre inspirierte.

Per Flugzeug oder Fähre lässt sich von Oban das Eiland ❺**Coll** erreichen mit dem preisgekrönten Gannet Restaurant im **Coll Hotel** und tollem Blick zu den Treshnish Isles. Probieren Sie Grahams Krabbensuppe, den fangfrischen Hummer und natürlich das selbst gemachte Eis.

Gut 3,5 Stunden brauchen die Fähren von Oban über **Colonsay** bis zur Whiskyinsel ❻★**Islay**. Die südlichste Insel der Inneren Hebriden ist Hochburg des Scotch und Heimat von neun Brennereien – als jüngste eröffnete 2018 Ardnahoe. Für 2023 ist die Wiedereröffnung der Destille in Port Ellen geplant. Produziert werden auf Islay kräftig torfige, mächtige Malts mit maritimen, aber auch honigsüße Noten, unter ihnen so klangvolle Namen wie Bowmore, Caol Isla, Ardbeg, Laphroaig und Lagavulin.

Im einsamen Barnhill Farmhouse auf der Nachbarinsel ❼**Jura** verfasste George Orwell seinen düsteren Zukunftsroman »1984« vom totalitären Überwachungsstaat – im Zeitalter von Facebook, Google und Datenmissbrauch aktueller denn je.

Im schmalen Sund zwischen Jura und Scarba befindet sich mit dem ★**Corryvreckan Whirlpool** der drittstärkste Meeresstrudel der Welt. 25 km südlich von Oban starten in Ardfern Bootstouren zum berüchtigten Wasserwirbel. Unterwegs lassen sich Delfine, Seehunde und Seevögel beobachten (https://whirlpool-scotland.co.uk).

Von Port Askaig stellen Fähren die Verbindung nach Kennacraig auf der Halbinsel Kintyre her, 90 km südlich von ★**Oban**, wo sich jede Menge Geschäfte, Hotels und Restaurants um den Gezeitenhafen drängen. Essen Sie am Pier zum Abschluss fangfrische Austern und Langusten und probieren Sie ein Dram des 14-jährigen Single Malt der Oban Destillery – ein Whisky mit tollem Küstencharakter.

Z
ZIELE

Magisch, aufregend, einfach schön

Alle Reiseziele sind alphabetisch geordnet. Sie haben die Freiheit der Reiseplanung

Ein Stück Schottland: Der Sporran wird traditionell als Tasche zum Kilt getragen. ▶

NTS und HES

Viele der berühmten Burgen, Schlösser und historischen Stätten Schottlands stehen unter Schirmherrschaft des **National Trust for Scotland** oder von **Historic Environment Scotland**. Objekte dieser Organisationen sind deshalb bei den Reisezielen mit NTS bzw. HES gekennzeichnet (www.nts.org.uk, www.historicenvironment.scot). Mit dem Explorer Pass sowie der NTS Membership haben Sie freien Eintritt (►S. 461).

★ ABERDEEN

Council Area: Aberdeen City | **Einwohnerzahl:** 229000

Europas Ölhauptstadt hat eindeutig Stil. Wie aus einem Guss wirken die granitenen grauen Fassaden. Sind sie regennass, glänzt der Glimmer im heimischen Granit der »Silver City«. Noch sprudelt das schwarze Gold in der Nordsee, doch erneuerbare Energien sind längst erklärtes Ziel der Politik.

Oil-City mit Vision

St. Machar legte mit einer keltischen Kapelle im 6. Jh. den Grundstein, Alexander I. machte Aberdeen im 11. Jh. zur Residenz und Wilhelm »der Löwe« gab den Bürgern 1179 die Rechte einer freien Hanse. Als die Aberdonians zu Beginn des 14. Jh.s Robert the Bruce unterstützten, erhielten sie vom König Jagdreviere und das Stadtwappen mit dem Motto »Bon Accord« – für die »gute Übereinstimmung«. Während der industriellen Revolution entstanden große Textilfabriken und Papiermühlen. Auf den **Werften** von Footdee liefen die schnellsten Segelschiffe vom Stapel, mit dem Bau von Dampfschiffen wurden mächtige Trawlerflotten für den Fang von Hering, Dorsch und Schellfisch aufgestellt. Seit Anfang der 1970er wurden zahlreiche **Öl- und Gasfelder** vor der Küste erschlossen, was viele neue Arbeitsplätze brachte. Die Offshore-Metropole gilt als Wirtschaftsmotor mit hochqualifizierten Jobs in der Forschung. Die aus Klimaschutzgründen wichtige Dekarbonisierung bringt für die maritime Industrie einen Strukturwandel in Richtung **Offshore-Windparks**. In Bucksburn eröffnete 2019 das neue Kongresszentrum **P&J Live**. Bis 2022 wurde die City zwischen Marischal College, Union Street und Union Terrace neu gestaltet. Außerdem erfolgte die große Hafenerweiterung »South Harbour«.

Wohin in Aberdeen?

Die Köpfe der Stuart-Royals

Castle Gate

Die Stadt lässt sich gut zu Fuß erkunden. Am besten beginnt man am Castle Gate, wo das **Mercat Cross** mit dem schottischen Einhorn

Aberdeens Hafen bietet auch Hochseeschiffen genügend Tiefgang.

mittelalterliches Marktrecht symbolisiert. Die Porträtmedaillons auf dem 1686 errichteten Stadtkreuz zeigen die Stuartmonarchen von James I. bis zu Maria Stuart. Zeitgenössische Kunst findet man bei **Peacock Visual Arts** in der Castle Street 11 und 21. Über Hexen, Diebe und die berüchtigte »Maiden« – Schottlands Variante der Guillotine – wird ausführlich im früheren Stadtgefängnis, dem **Tolboothturm** des viktorianischen Rathauses in der Castle Street, erzählt.

Peacock Visual Arts: Di. – Fr. 9.30 – 17.30 Uhr | Eintritt frei
https://peacock-studio | **Tolbooth Museum:** derzeit geschlossen
www.aberdeencity.gov.uk/AAGM

Interaktiv ist Trumpf

Aberdeen Science Centre

»Do it yourself« heißt es im **Technologiemuseum** an der Constitution Street 179, wo man Gesetze der Physik selbst ausprobieren kann. Die relativ kleine Fläche wurde bis Ende 2019 verdoppelt und attraktiver gestaltet.

Mo., Mi. – Fr. 10 – 16, Di. 10 – 15, Sa., So. 10 – 17 Uhr
Erw. £ 6.50, Kinder £ 5 | http://aberdeensciencecentre.org

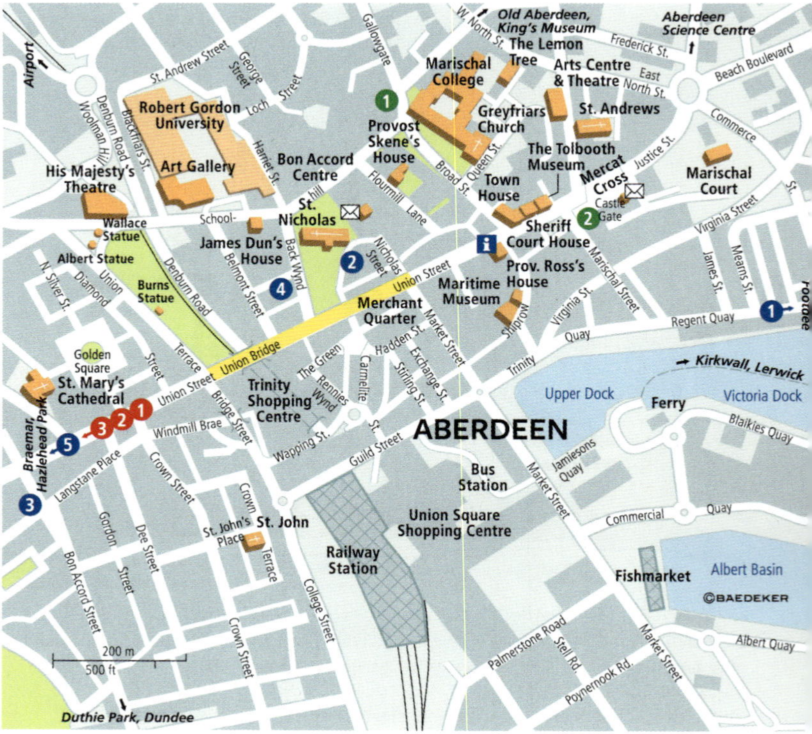

1 Silver Darling
2 Moonfish Cafe
3 Soul
4 Poldino's
5 Travancore

1 The Marcliffe Hotel & Spa
2 Malmaison
3 3rd House Guest House

1 BrewDog
2 Old Blackfriars

Fußgängerzone

Die »Silver City« will weiter glänzen

New City Central

Beachtliche Granitbauten säumen die geschäftige **Union Street** und ihre Seitenstraßen. Das majestätische, bereits 1593 gegründete **Marischal College** an der Broad Street sollte ein protestantisches Gegengewicht zum katholischen King's College in Old Aberdeen schaffen. Baubeginn der heutigen Anlage mit dem 72 m hohen Mitchell Tower war 1837. Die Pläne für den vierflügeligen Bau lieferte der im 19. Jh. federführende Stadtplaner Archibald Simpson. Heute nutzt die Stadtverwaltung das nach Madrids Escorial zweitgrößte Granitgebäu-

de der Welt (►Abb. S. 50). Rund um den **Marischal Square** zeigt Aberdeen ein neues Gesicht, entstand bis 2022 im Herzen der Stadt ein postmoderner, weitgehend für den Verkehr gesperrter Multifunktionsbereich mit Cafés, stylischen Restaurants, Eispalast und jungen Boutiquen. Das auf 1545 datierte **Provost Skene's House** am Platz ist nach einem reichen Kaufmann benannt, der durch den Ostseehandel mit Danzig ein Vermögen machte und 1676 Bürgermeister wurde. Heute informiert die **Hall of Heroes** über lokale Größen aus Wissenschaft, Politik, Sport und Kultur, die über Aberdeen hinaus bekannt wurden, wie die beiden Musikerinnen Annie Lennox und Emile Sandé.
Mo.–Sa. 10–17, So. 11–16 Uhr | Eintritt frei | www.aagm.co.uk

Auf hoher See

Maritime Museum

Südlich der Union Street zweigt die Shiprow zum 1593 erbauten Provost Ross's House ab. Spannend aufbereitet erfahren Sie hier alles vom harten Leben der Walfänger und Heringsfischer, vom Nordseehandel und den legendären Aberdeener Klippern, mit denen sich amerikanische Reeder einst das Monopol für den Chinateehandel sicherten. Nostalgische Kompasse und Sextanten zeigen, wie man früher ohne GPS navigierte. Dokumentiert ist auch die Ölförderung in der Nordsee, u. a. mit einem Modell der Murchison-Bohrinsel.
Mo. - Sa. 10 - 17, So. 11 - 15 Uhr | Eintritt frei | www.aagm.co.uk

Junges Trendviertel

★ Merchant Quarter

Bummeln Sie durch die verwinkelten mittelalterlichen Gassen der City südlich der Union Street zwischen Shiprow und Bridge Street. Das **angesagte Viertel** verspricht einen bunten Mix aus jungen Boutiquen und Bistros, Szenebars, Livemusik und Lifestyle. Tipp für Romantiker, Fischfreunde und Ginfans: das **Moonfish Café** (►S. 49).

Kunst von Weltrang

★ Aberdeen Art Gallery

Auf der Nordseite des Schoolhill präsentiert sich die neoklassizistische Kunstgalerie seit ihrem Umbau 2019 in einem völlig neuen Gewand nun nach Themen geordnet. Unter Impressionen werden französische Impressionisten wie Renoir und Monet schottischen Künstlern gegenübergestellt. Im Balmoral-Saal stehen die königliche Familie und die Balmoral- und Highland-Romantik des viktorianischen 19. Jh.s im Fokus, beim Empowerment ist die Frauenbewegung künstlerisch aufgearbeitet - ein anspruchsvolles Konzept.
Mo.–Sa. 10–17, So. 11–16 Uhr | Eintritt frei | www.aagm.co.uk

Jede Menge Tiefgang

Hafen

Die Market Street führt hinunter zum sehr geschäftigen Hafen, der bis zum Victoria und Upper Dock auch großen Überseeschiffen genügend Tiefgang bietet. Am Ostende der Dockanlagen signalisieren riesige Tanks den wirtschaftlichen Stellenwert des Nordseeöls. Ab hier ver-

ABERDEEN ERLEBEN KARTE S. 46

ABERDEEN I-CENTRE
23 Union Street
Tel. 01224 26 91 80
www.visitabdn.com
www.visitscotland.com

Aberdeen International Airport, 10 km nordwestl. in Dyce, wird tgl. von Lufthansa ab Frankfurt/M., Hamburg und Berlin angeflogen. Transfer in die Stadt ab 4.30 Uhr, ab £ 4. Northlink-Fähren zu den ►Orkneys und ►Shetlands ab Jamieson Quay (www.northlinkferries.co.uk). Züge aus Edinburgh (Fahrzeit 2 Std. 30 Min.) kommen am Bahnhof beim Union Square an. Das Grasshopper Day Ticket erlaubt die Benutzung aller Busse im Stadtbereich für einen Tag (ab £ 4,45, www.firstbus.co.uk).

Union und George Street und vor allem die Malls wie Bon Accord und Union Square am Bahnhof laden zum Bummeln ein.

Ballett, Oper und Theater bietet His Majesty's Theatre am Rosemount Viaduct. Das Scottish National Orchestra gibt Konzerte in der Music Hall an der Union Street. Im Lemon Tree in der West North Street ist Musik von Rock bis Folk zu hören. Musical & Dance wird im Beach Ballroom an der Seafront gegeben, Klassik in der Cowdray Hall am Schoolhill. Das Nuart Aberdeen bringt im Frühjahr frischen Kulturwind in die Silver City mit Veranstaltungen, Führungen und zeitgenössischer Kunst.
www.whatsoninaberdeen.com
www.aberdeenperformingarts.com

1 BREWDOG
Trashy Blonde, Zeitgeist und Punk IPA – süffige Biere der inzwischen größten unabhängigen Brauerei des Landes
17 Gallowgate
Tel. 01224 63 12 23
www.brewdog.com

2 OLD BLACKFRIARS
Jeden Donnerstag ab 21.30 Uhr treffen sich hier die Folkies.
52 Castle St., Tel. 01224 58 19 22
www.oldblackfriars-aberdeen.co.uk

1 SILVER DARLING €€€
Didier Dejean komponiert seine Menüs aus lokalen Fischspezialitäten mit französischem Flair und der ein oder anderen fernöstlichen Note.
Pocra Quay, North Pier
Tel. 01224 57 62 29
http://thesilverdarling.co.uk

2 MOONFISH CAFE €€
Ausgezeichnete Fischgerichte und eine eindrucksvolle Ginauswahl unterhalb der St. Nicholas Kirk. Zu Recht von Michelin mit dem Bib Gourmand prämiert.
9 Correction Wynd, Tel. 01224 64 41 66, So., Mo. Ruhetag
www.moonfishcafe.co.uk

3 SOUL €€
Kirche mal anders: In der edel gestylten ehemaligen Langstane

Church gibt es leckeres Essen, tolle Gerichte für Kinder, glutenfreie Menüs und coole Cocktails.
333 Union St., Tel. 01224 21 11 50
www.soulaberdeen.co.uk

4 POLDINO'S €€/€
Solider Italiener im Gastroviertel zwischen Union Street und Aberdeen Art Gallery. Schon zum Lunch immer gut gefüllt.
7 Little Belmont Street
Tel. 01224 64 77 77
www.poldinos.co.uk

5 TRAVANCORE €€/€
Südindische Spezialitäten aus der Region Kerala am Westende der Union Street – auch hervorragende vegetarische Gerichte. Mit Take-Away.
11 Holburn Street
Tel. 01224 58 89 09, www.travancorerestaurant.co.uk

1 THE MARCLIFFE HOTEL & SPA €€€
Einen legendären Ruf besitzt die im 19. Jh. erbaute elegante Villa mit Wellness-Oase. Prinz Charles, Rod Stewart und Michail Gorbatschow haben hier genächtigt. In zwei Kaminen prasseln Holzfeuer vor geschmackvollen Sitzgruppen, die Küche zaubert aus besten Zutaten der Region die Gaumenfreuden, für die das Marcliffe bekannt ist. Die Atmosphäre ist so freundlich und mit persönlicher Note, dass man sich wohlfühlen muss.
North Deeside Road, Pitfodels
Aberdeen AB15 9YA
Tel. 01224 86 10 00
www.marcliffe.com

2 MALMAISON €€€/€€
Gehobenes Boutique-Hotel im schicken Westend. Vor dem Haus gibt es eine überdachte Terrasse für die Küche oder einen Drink.
49–53 Queen's Road, AB15 4YP
Tel. 01224 50 70 97, www.malmaison.com/aberdeen

3 3RD HOUSE GUEST HOUSE €
Graeme und Teresa heißen ihre Gäste in ihrem freundlichen B & B mit drei hellen geschmackvollen Zimmern willkommen – tolles Frühstück mit frischen Früchten.
406 Great Western Rd, Aberdeen AB10 6NR, Tel. 01224 31 08 42
www.3rdhouse.co.uk

kehren auch die Fähren nach ►Shetland und ►Orkney. In der Hafeneinfahrt und Dee-Mündung tummeln sich oft Delfine. Mittlerweile heißt der alte Hafen **North Harbour**, weil 2022 südlich der Dee-Mündung der neue **South Harbour** für größere Schiffe mit noch mehr Tiefgang seinen Betrieb aufnahm.

Fischerdörfchen an der Dee-Mündung

Footdee (Fittie)

In den Fenstern der Fischersiedlung sieht man Buddelschiffe, den Eingang der Häuschen beleuchtet nicht selten eine Navigationslampe. Die Anfang des 19. Jh.s erbauten Cottages von Footdee, aberdonisch »Fittie«, liefern ein nettes Abbild vergangener Zeiten. An der langen **Strandpromenade** von Footdee an der Dee-Mündung im Süden bis zur Don-Mündung im Norden befindet sich im mittleren Abschnitt der für britische Seebäder typische Funpark mit einigen Cafés.

Spiegelbild reicher Vergangenheit: das prachtvolle Marischal College in der City

Joggen am Stadtrand

Hazlehead Park

Aberdeens größte Grünanlage an der Groats Road hat einiges zu bieten: Neben Azaleen und Rhododendren findet man einen Rosengarten von Queen Mum, einen kleinen Zoo, den Piper Alpha Memorial Garden, einen Irrgarten und gleich zwei Golfplätze.

Hier könnte man sich niederlassen

★ Old Aberdeen

Zwischen viel Grün, der Universität, dem kleinen **Botanischen Garten** und dem stattlichen Golfplatz direkt am Strand verläuft ein herrlicher 3-km-Spaziergang. Der Weg vom Maritime Museum am Dee gen Norden zum Seaton Park am Ufer des Don startet in der kopfsteingepflasterten Altstadt, dann bitte um den Golfplatz herum und zurück über die Esplande am Meer. In dem unter Denkmalschutz stehenden Viertel mit Gebäuden des 16. Jh.s bevölkern Studenten die gemütlichen Pubs um die Uni. Gegründet wurde die nach James IV. benannte Bildungsschmiede **King's College** 1495 von Bischof William Elphinstone. 1860 erfolgte die Vereinigung mit dem protestantischen Marischal College. Während Letzteres die Naturwissenschaften beherbergte, war King's College Sitz der Geisteswissenschaften. Das eichene Chorgestühl und die Holzdecke der Kapelle aus dem 16. Jh. sind im Original erhalten. Wie auf dem **Mercat Cross** im Zentrum sind hier Porträts der Stuartmonarchen zu sehen, diesmal in Holz geschnitzt.

Botanic Gardens: April – Sept. tgl. 9 – 19, Okt. – April bis 16.30 Uhr www.abdn.ac.uk/botanic-garden | **King's Chapel:** Mo. – Fr. 10 – 15.30 Uhr | Eintritt frei | www.abdn.ac.uk

Wo alles begann

St. Machar's Cathedral

Die Kathedrale entstand Mitte des 12. Jh.s an der Stelle eines keltischen Kirchleins, das der **hl. Machar** im 6. Jh. gegründet haben soll. Auffallend sind die beiden Westtürme mit Sandsteinspitzen, um 1530 unter Bischof Dunbar angefertigt. Er gab auch die Eichendecke im Hauptschiff mit den Wappen europäischer Könige in Auftrag.

Poesie des Sommers

Brig o' Balgownie

Durch den Seaton Park gelangt man zur **mittelalterlichen Brücke** über den Don, 1320 auf Befehl von Robert the Bruce errichtet. Bis ins 19. Jh. war sie der einzige nördliche Zugang zur Stadt. Verträumte Augenblicke auf ihr hat Lord Byron, der in Aberdeen einige Zeit zur Schule ging, im zehnten Gesang seines »Don Juan« festgehalten.

Von Aberdeen nach Arbroath

Nächtliches Bad

Stonehaven

Der idyllische Gezeitenhafen wird heute vor allem von Freizeitskippern genutzt. Bei Sonnenschein kommen viele Tagesgäste für ein leckeres Essen oder einen geselligen Drink runter zum Hafen. Ein Muss im Juli und August ist das **beheizte Meerwasserfreibad** an der Uferpromenade von Stonehaven. Der zur Jahrtausendwende liebevoll restaurierte Jugendstilbau von 1934 hat olympische Maße. Sommerhit ist das Bad unter Sternen bei Flutlicht, immer mittwochs zwischen 22 Uhr und Mitternacht.

www.stonehavenopenairpool.co.uk

Ältester Renaissancegarten

Edzell Castle and Garden

Ruinen aus rotem Sandstein, ein perfekt manikürter Renaissance-Garten und die obligatorischen Übernachtungen von Maria Stuart – wundervoll. Sir David Lindsay ließ 1604 den Garten mit Badehaus anlegen. Im Sommer leuchten bunte Blüten in den Farben des Lindsay-Wappens am roten Mauerwerk der Umfriedung.

HES| derzeit geschlossen

Meisterwerk von William Adam

★ House of Dun

Zauberhaft gelegen auf einer Anhöhe oberhalb der Montrose Bay und umgeben von viktorianischen Gärten begeistert das georgiani-

DUNNOTTAR CASTLE

Man könnte stundenlang die Silhouette bestaunen, wenn die Morgensonne daraus den Scherenschnitt einer Idealruine macht, das Abendlicht hingegen ein blutrotes Echo vergangenen Schlachtenlärms. Dunnottar Castle präsentiert sich dramatisch wie eine Filmkulisse überm Meer. Sollte Ihnen mal wieder Hamlet in den Sinn kommen, liegen Sie richtig – Franco Zefirelli verfilmte die Tragödie hier 1990 mit Mel Gibson, Glen Close und Alan Bates.

Lage: 2,5 km südlich von Stonehaven
Öffnungszeiten: tgl. März/Okt. 10 – 17
April – Sept. 9 – 18, Nov. – Feb. 10 – 15 Uhr
bzw. bis Sonnenuntergang
Eintritt Erw. £ 9,50, Familienkarte £ 22,50
►Abb. S. 55
www.dunnottarcastle.co.uk

Die an drei Seiten vom Wasser, an der Landseite durch eine Kluft in den Hauptklippen geschützte Festung galt lange als uneinnehmbar. Ein Bild ihrer einstigen Größe geben die Überreste des massiven Torhauses und des vierflügeligen Palastes mit Türmchen, einem vollständig restaurierten Salon, Kapellen und dem berüchtigten Whig's Vault. Beachtlich sind auch die Küchengewölbe, das Backhaus und die Stallungen.
Im Jahr 1652 belagerten Oliver Cromwells Truppen acht Monate lang die nur über einen schmalen Pfad zugängliche Burg und letzte Bastion des katholischen Königs Dunnottar. Als man schließlich mit schwerer Artillerie an die Kronjuwelen gelangen wollte, waren sie schon hinausgeschmuggelt worden: Eine Pfarrersfrau, die von den Engländern die Erlaubnis zum Besuch der Burg erhalten hatte, versteckte die heute im Edinburgh Castle aufbewahrten königlichen Insignien unter ihrer Schürze und brachte sie in Sicherheit. Zu den dunkelsten Kapiteln in der Burggeschichte gehört 1685 die Einkerkerung von 167 Covenanters, davon 45 Frauen, die im Verließ zu Märtyrern ihres presbyterianischen Glaubenbekenntnisses wurden – die Überlebenden starben in den britischen Kolonien.

❶ Bowling Green
Jetzt ein weiter, offener Platz, fanden hier wahrscheinlich einst Feste statt.

❷ »The Priest's House«
Mit privaten Räumen und einer großen Halle ausgestattet, diente der auch »Waterton's Lodging« genannte Bau wohl dem Sohn der Familie und seiner Braut als Wohnstätte.

❸ Kapelle
An die Wohnhäuser schließt sich die Kapelle aus dem 16. Jh. an. Schon in piktischer Zeit baute St. Ninian hier eine Kapelle. Später brannte William Wallace diese samt der damals noch aus Holz gebauten Burg nieder.

❹ Viereckiger Innenhof
Der Hof mit Brunnen wurde von dem eigentlichen Wohnkomplex umgeben. Zu diesem gehörten Keller, Küche, Backstube, Speisesaal und Schlafgemächer.

❺ »Whigs Vault«
Unter dem einstigen Schlafgemach von Charles II., »The King's Chamber«, wurden im Jahr 1685 die Covenanter eingekerkert, weil sie die oberste Gewalt des Königs in Glaubensfragen ablehnten. 20 von ihnen konnten entfliehen, aber 15 wurden schon bald wieder eingefangen und gefoltert. Die übrigen deportierte man wahrscheinlich zu den Westindischen Inseln.

6 Kirchhof
Der dem Bowling Green gegenüberliegende Kirchhof war Grabstätte der Burgbewohner.

7 Ställe
Am Klippenrand gelegen, boten die Ställe Platz für annähernd ein Dutzend Pferde.

8 Schmiede
Heute nur Ruine, hatte die Schmiede unter einem Gewölbe einst eine große Feuerstelle.

9 Bergfried
Auch wenn ihm heute das Dach fehlt, hat der Bergfried (keep) seine ursprüngliche Struktur beibehalten. Er ist immer noch fast 50 Fuß/15,2 m hoch wie zur Bauzeit im 14. Jahrhundert. Seine Mauern sind über 5 Fuß/1,5 m dick und aus Schutt gebaut. Er wurde als Vorratsspeicher, Munitionsdepot und Schlafraum genutzt.

©BAEDEKER

sche Landhaus, das Stararchitekt William Adam 1743 im Auftrag der Familie Erskine vollendete. Entworfen wurde der palladianische Bau nach dem Vorbild des Château d'Issy bei Paris. Der allegorische Stuck im Großen Salon zeigt den schottischen Löwen und Mars, Bezug nehmend auf die Earls of Mar, Schwertträger des Königs. Sie bewachen die schottischen Regalien, flankiert von nationalen Hoheitszeichen als Symbole der »Auld Alliance« mit Frankreich und der Vereinigung der Krone mit England 1603. Am Montrose Basin lassen sich Enten, Fischadler und Eisvögel beobachten. In den ehemaligen Stallungen aus dem 18. Jh. können zwei schöne Ferienwohnungen gebucht werden.
NTS | Gärten: Sonnenauf- bis Sonnenuntergang, Haus: März, Nov., Dez. Fr. – Mo. 10.30 – 16.30, April – Mitte Sept. tgl., Mitte Sept. – Okt. Do. – Mo. im Rahmen einer 75-Minuten-Führung | Erw. £ 13.50

Ganz dem Meer zugewandt

Montrose

Raus aus dem Auto für einen Strandspaziergang: Der kilometerlange Sandstrand **Lunan Bay** südlich von Montrose ist durch Dünen geschützt und mittig von einer Ruine bewacht. Über die Stadtgeschichte informiert das **Museum** am Panmure Place. Dem Fliegen widmet sich das **Montrose Air Station Heritage Centre** an der Waldron Road.
Montrose Museum: April – Okt. Mo. – Sa. 10 – 16 Uhr
Eintritt frei | www.angus.gov.uk | **MASHC:** Mi. – Sa. 10 – 16, So. ab 12 Uhr | Erw. £ 6.60 | www.rafmontrose.org.uk

Schellfisch und Schottlands Unabhängigkeitserklärung

Arbroath

Nicht die Nase rümpfen, sondern die »**Arbroath Smokies**« probieren. Über die Entstehung des Rezepts für geräucherten Schellfisch gibt es unterschiedliche Meinungen. Möglicherweise stammt es von skandinavischen Siedlern. Schöner ist eine andere Geschichte, nach der es zu einem Großbrand kam, bei dem in Salz gelagerter Schellfisch in Holzfässern sozusagen geräuchert wurde – und sich als Delikatesse rausstellte. Am Hafen steht der elegante **Signal Tower**, den Robert Stevenson, der Großvater des »Schatzinsel«-Autors, 1813 erbaute. Vom Nordende der Hafenpromenade führt ein aussichtsreicher Nature Trail zu **Schmugglerhöhlen** in den Klippen. Die bereits 1178 von Wilhelm dem Löwen in Arbroath erbaute Benediktinerabtei war Schauplatz der Geschichte: 1320 unterzeichneten Adel und Klerus, sechs Jahre nach der Entscheidungsschlacht von ▶Bannockburn, im Turm des Torhauses einen Brief an Papst Johannes XXII. Es war die schottische Unabhängigkeitserklärung, die **Declaration of Arbroath**, die Robert the Bruce als König bestätigte. Die 2022 renovierte Abteiruine besitzt ein reich verziertes romanisches Westportal. Im seewärts gerichteten Rosettenfenster signalisierten während des Mittelalters nächtliche Leuchtfeuer den Schiffen ihren Weg auf See.
Arbroath Abbey: HES | April – Sept. tgl. 10 – 17, Okt. – März 10 –16 Uhr | Erw. £ 6, Kinder £ 3.60

Die dramatische Lage war Fluch und Segen der Naturfestung Dunnottar Castle.

★ ARRAN

Council Area: North Ayrshire | **Einwohner:** 4600

Das Juwel im Firth of Clyde vor den Toren ▸Glasgows punktet mit dramatischen Gipfeln, geschützten Stränden und viertägigem Folkfestival im Juni. Auch unter Gourmets, Golfern und Seglern hat sich die Isle of Arran längst einen Namen gemacht.

Schottland im Kleinen

Die Insel liegt so weit südlich, dass sie die Grenze zwischen Highlands und Lowlands nachvollziehbar durchschneidet. Weshalb das Werbeticket »Schottland im Kleinen« stimmig ist. Geschichtlich auch, wie Steinkreis-Relikte ausweisen: Im Norden gibt es neben steilen Gebirgszügen aus Granit und rotem Sandstein tiefe Täler und weite Moor- und Heideflächen. Im Süden breitet sich fruchtbares Farmland in einer hübschen Hügellandschaft aus. Durch den Golfstrom klimatisch begünstigt, gedeihen auf Arran Azaleen, Fuchsien, Rhododendren und Palmen. Passionierte Angler treffen sich in der Drumadoon Bay. Wanderer begegnen nicht selten Steinadler und Hirsch, Golfer haben die Wahl zwischen sieben Plätzen. Paddler können sogar ein

OBEN: Beim Parkplatz an der North Sannox Bridge/A841 beginnt eine moderate, zweistündige Wanderung in das wilde Tal North Glen Sannox.
UNTEN: Vergessen Sie nicht, das Fernglas einzupacken. Auf der Insel können Sie häufig Hirsche und Rehe beobachten.

Eiland mit buddhistischem Zentrum ansteuern. Die 80 km lange Ringstraße lädt zum Umradeln ein. Beim Arran Malt and Music Festival im Juni und in der Brennerei können Sie den edlen Arran Malt probieren. An der Südspitze in Lagg steht als Erweiterung eine zweite Destille.

Arran Distillery: Lochranza, Tour 10.15, 12.30, 14.30 Uhr | Tour £ 12
www.arranwhisky.com | ►Baedeker Wissen S. 268

Hauptort und Fährhafen

Brodick

Das **Arran Heritage Museum** widmet sich in einem Bauernhaus des 18. Jh.s der Inselgeschichte. Arran Blue, Camembert und Crowdie – wie der berühmte Käse der Insel hergestellt wird, zeigt der **Arran's Cheese Shop** eine Meile nördlich im Home Farm Visitors Centre. Im Juni findet in Brodick und Umgebung das **Arran Folk Festival** statt.

Arran's Cheese Shop: www.arranscheeseshop.co.uk
Arran Heritage Museum: tgl. 10.30 – 16.30 Uhr | Erw. £ 4, Kinder £ 3
schöner Garten und Café | www.arranmuseum.co.uk

Spaziergang durch Schloss und Park

★ Brodick Castle

Das im 13. Jh. begonnene Brodick Castle an der Bucht oberhalb von Brodick war einst Stammsitz der Dukes of Hamilton. Die viktorianische Eingangshalle schmücken Gemälde von James Pollard, und in den Gemächern mit Stilmöbeln, Silber-, Porzellan- und Elfenbeinarbeiten hängen Skizzen und Porträts von Thomas Gainsborough, Landschaftsimpressionen von William Turner und zwei Bilder von Antoine Watteau. Den herrlichen Schlosspark zieren farbenprächtige Rhododendronbüsche, Magnolien und seltene Baumarten.

NTS | Castle: April – Okt. tgl. 10.30 – 17 | Schlosspark: tgl. 10 – 17 Uhr
Erw. £ 14.50 (nur Park £ 8), inkl. Autofährticket ab Ardrossan £ 20

Welch ein Höhepunkt

★ Goatfell

Gut fünf Stunden dauert der Aufstieg von Brodick auf den 874 m hohen Goatfell, der **höchste Gipfel der Insel** und Lebensraum des Alpenschneehuhns. Der Name stammt aus dem Altnorwegischen und bedeutet in der Tat »Berg der Ziegen«.

Sport und Meditation

Lamlash

Der zweitgrößte Ort an der Ostküste besitzt schöne Sandstrände und ein gutes **Outdoorzentrum**, das Felsklettern, Segeln, Mountainbiking und Seekajaktouren anbietet. Das vorgelagerte **Holy Isle** ist ein tibetisch-buddhistisches Meditationzentrum für Weltfrieden und Gesundheit. Es ist auch offen für Tagesbesucher, die mit einer kleinen Fähre zur Insel übersetzen können. Laut Legende soll hier St. Molaise, ein Schüler des hl. Columba, gelebt haben. Die im Westen gelegene Höhle des Heiligen besitzt große Runenzeichen.

Holy Isle: Fähre: Tel. 01770 60 11 10 | www.holyisle.org
Outdoor-Aktiv: Tel. 01770 60 05 32 | www.arranoutdoor.com

Mystische Megalithen

Machrie Moor

Sechs bronzezeitliche Steinsetzungen stehen auf der Hochebene von Machrie Moor. Die bis zu 5 m hohen Granitmonolithe wurden auf 1600 v. Chr. datiert. Bemerkenswerte prähistorische Zeugnisse liefert auch 4 km nördlich der Steinkreis der **Auchagallon Standing Stones** aus 15 roten Sandsteinblöcken.

Die Herren der Inseln

Lochranza

Beim Fährhafen Lochranza im wilderen Inselnorden steht ganz wunderbar pittoresk die Ruine jenes Jagdschlösschens, das Sir Walter Scott in seinem »Lord of the Isles« zitiert. Von hier pendeln Fähren nach Claonaig auf der Halbinsel ►Kintyre. Außerdem gibt es einen schönen 18-Loch-Golfplatz und günstige Quartiere.

Golfplatz: www.lochranzagolf.com

A Ride on the Wild Side

★ Corrie

Auch Corrie an der Ostküste besitzt einen Golfplatz und ein **Pony Trekking Centre**, das herrliche Ausritte für Anfänger wie passionierte Reiter verspricht. Hier zweigt das **Glen Sannox** ins Landesinnere ab, wohl das wildeste unter den Tälern von Arran (►Abb. S. 56).

Pony Trekking Centre: www.sannoxponytrekking.co.uk

ARRAN ERLEBEN

BRODICK I-CENTRE

The Pier, Brodick, Tel. 01770 30 37 74, www.visitarran.com
www.ayrshire-arran.org
www.visitscotland.com

A TASTE OF ARRAN

Mit fischem Hummer, Austern, Wild, Lamm, Forelle oder Lachs, Ziegenkäse, Bier und Whisky von Arran verwöhnen die Inselrestaurants.
www.taste-of-arran.co.uk

Eine knappe Stunde brauchen die Autofähren für die Überfahrt von Ardrossan nach Brodick. April bis Okt. pendeln auch Autofähren zwischen Claonaig/Kintyre und Lochranza.
www.calmac.co.uk

AUCHRANNIE RESORT €€€€/€€

Schicke Ferienanlage mit Hotel, Stellplätzen für Wohnmobile, anspruchsvollem Restaurant und Spa-Bereich
Auchrannie Rd, Brodick, KA27 8BZ, Tel. 01770 30 22 34
www.auchrannie.co.uk

GLENISLE €€€

Mit Liebe eingerichtetes Landhotel am Meer mit ausgezeichnetem Restaurant
Shore Road, Lamlash KA27 8LY
Tel. 01770 60 05 59
www.glenislehotel.com

ROSABURN LODGE €

Hübsche Villa am Ufer des River Rosa, neben dem Arran Heritage Museum
Brodick KA27 8DP, Tel. 01770 30 23 83, www.rosaburnlodge.co.uk

FEEL GOOD

Sie heißen »Lavender & Lemongrass«, »Just Grapefruit« oder »After the Rain«, sind aus rein pflanzlichen Biorohstoffen und zaubern den Duft von Urlaub auf die Haut. Die Seifen, Badezusätze und Lotionen, die Familie Russell in ihrer Farm auf Arran herstellt, sind unter dem Label »Arran - Sense of Scotland« in vielen Hotels und Shops zu finden und längst ein Synonym für Schottland (Home Farm, Brodick, tgl. 9.30 – 17 Uhr, https://arran.com).

★ AYR

Council Area: South Ayrshire | **Einwohner:** 47 000

Weltweit feiern die Schotten Ende Januar ihren Volksdichter Robert Burns. Im ländlichen Ayrshire am Firth of Clyde beginnt Burns Country. Der schönste Platz, um seine viel zitierten Verse im Original zu lesen, ist Culzean Castle hoch über der Küste.

Wer sich auf die Spuren von **Robert Burns** (▶Interessante Menschen) begeben will, findet schnell Gelegenheit – ein Denkmal am Bahnhof, Tam o'Shanter Inn und Rabbie's Bar. Der **Burns Heritage**

Burns Country

Trail führt von Ayr als literarische Wallfahrtsroute bis nach ►Dumfries. Ende Mai setzt das **Festival Burns an' a' that** kulturelle Akzente mit Straßentheater, Konzerten, Lichtershow in Alloway sowie einem spektakulären Konzert mit Feuerwerk auf Culzean Castle.
www.burnsfestival.com

★ Robert Burns Birthplace Museum

Zu Ehren des Barden

Alloway

Im südlichen Vorort Alloway steht das reetgedeckte **Geburtshaus des Nationaldichters**, der hier die ersten sieben Jahre seines kurzen Lebens verbrachte. Es ist Teil des **Robert Burns Birthplace Museum** zu Leben und Werk des Nationalbarden. Das moderne Museumsgebäude südlich des historischen Cottage am Murdoch's Lone ist das Herzstück des weitläufigen Museumsareals. Vom neoklassizistischen **Burns Monument** ihm zu Ehren blicken Sie auf die mittelalterliche Steinbrücke **Brig o' Doon** über den Ayr, auf der sich Tam o' Shanter vor den Hexen in Sicherheit gebracht haben soll. In der gleichnamigen Ballade von Burns erinnert sich der Titelheld, dass Hexen kein fließendes Gewässer überqueren dürfen, und so blieb nur der Schweif seines Pferdes in den Händen der Verfolgerinnen zurück. Die lebensgroßen Figuren von Burns und seinen Freunden schuf im 19. Jh. James Thom. Durch ein Kirchenfenster der **Auld Kirk** aus dem 16. Jh. soll Tam o' Shanter den Teufel bei einem Hexensabbat beobachtet haben.
NTS | Museum: April–Okt. tgl. 10–17, sonst 10–16.30 Uhr
Cottage: tgl. 11–15.30 Uhr | Eintritt Erw. £ 11.50, Kinder £ 8.50

Burns' Geburtshaus, das sein Vater erbaute, ist heute Museum
(Ölgemälde von Samuel Bough, 1837).

Debattieren und Dichten

Mauchline

Im Pub Poosie Nansie's in der Loudoun Street von Mauchline machte Robert Burns die Bekanntschaft von Jean Armour, die er 1788 auch dort heiratete. Das Cottage in der Castle Street, in dem die beiden ein Zimmer bewohnten, ist heute das **Burns House Museum**. Der **Burns Memorial Tower** von 1896 wirkt schon als Turmbau in normaler Wohngegend als skurriler Hingucker, ist aber als feines Beispiel des Baronial-Stils zu einem echten Postkartenmotiv geworden und wertet Mauchline deutlich auf. Robert und Jean bewohnten um die Ecke eine Farm in **Mossgiel**, die Burns vier Jahre mehr oder weniger erfolgreich bewirtschaftete – heute produzieren hier Bryce Cunningham und seine Familie auf dem Ökohof Biomilch und -Käse (http://mossgielfarm.co.uk). In **Tarbolton** gründete Robert Burns 1780 mit seinem Bruder Gilbert den Debattierclub Bachelors' Club in der Sandgate Street. Ein Jahr später trat er der Freimaurerloge bei.

Burns House Museum: Di.–Mi. 10.30–18, Do. 13.30–20, Fr. – Sa. 10.30–16 Uhr | Eintritt frei | https://eastayrshireleisure.com/culture/burns-house-museum | **Bachelors' Club:** NTS | Mitte Mai–Sept. Do. bis Mo. 12–16 Uhr | Erw. £ 5 Uhr

Nördlich und östlich von Ayr

Jetset, Boote und Golf

Troon

Der Küstenort mit schicker Marina für Jachten und der Nähe zum Flughafen Prestwick brummt. Wo früher Kohle verschifft wurde, legen die Schnellfähren nach Nordirland und Campeltown (►Kintyre) ab. Ein gutes halbes Dutzend Golfplätze – insbesondere der weltweit geschätzte **Royal Troon Golf Course** – gibt etlichen Küstenkilometern jedoch ein entspanntes Gepräge, dazu kommen die beiden langen Sandstrände. **Pirate Ship Playpark** ist ein Paradies für Kinder. Austern und Fish & Chips im **Wee Hurrie** am Hafen sind ein Genuss!

Burns' erster Gedichtband

Kilmarnock

Im Norden der Stadt lohnt **Dean Castle** mit herrlichem Country Park den Besuch. Die Burg aus dem 14. Jh. war Sitz der Familie Boyd. Ausgestellt sind mittelalterliche Rüstungen, Musikinstrumente und ein Exemplar von Burns' erstem Gedichtband in der »Kilmarnock-Ausgabe«.

Dean Castle: derzeit geschl. | Park Eintritt frei
https://eastayrshireleisure.com/culture/dean-castle/

Erneuerbare Energie

Whitelee

16 km nordöstlich informiert die **Windfarm** Whitelee über erneuerbare Energien (►Baedeker Wissen S. 378). Schottland deckt rund 40 % seines Strombedarfs mit Windrädern an Land und auf See ab.

Visitor Centre: tgl. 10–16.30 Uhr | www.whiteleewindfarm.co.uk

AYR ERLEBEN

AYRSHIRE & ARRAN
www.ayrshire-arran.org

ELLISLAND HOUSE €€€/€€
Smartes Hotel mit gutem Restaurant im Süden von Ayr. Die Zimmer sind recht unterschiedlich, Nr. 2 ist z. B. ein großes Eckzimmer. Ins Ellisland kommen auch die Locals für ein schickes Wochenend-Dinner. Dann besser einen Tisch reservieren.
19 Racecourse Rd., Ayr
Tel. 01292 26 01 11
www.ellislandhouse.com

THE FOX AND WILLOW €€
Gastropubs erfreuen sich in Schottland großer Beliebtheit. »Der Fuchs und die Weide« ist ein gutes Beispiel. Hier gibt es eine Mischung aus Restaurant, moderner Bar und einem Biergarten mit abgeschirmten Kuppeln aus der Corona-Zeit – natürlich auch gut gegen Regen.
22 Beresford Terrace, Ayr
Tel. 01292 28 08 20
www.22ayr.com

THE WATERFRONT €€
Setzen Sie sich auf die Terrasse mit wunderbarer Aussicht auf den Fluss und bestellen Sie fangfrischen Fisch, ein saftiges Rib Eye Steak oder Burger zu moderaten Preisen.
4 South Harbour Street, Ayr
Tel. 01292 28 02 12
www.waterfront-ayr.co.uk

Schiffe für alle Ozeane
Irvine

Auch das industrielle Zentrum von Ayrshire zeigt in einem **Burns Club** in der Eglinton Street 28 eine beachtliche Sammlung zu dem Dichter. Im **Scottish Maritime Museum** in der Gottries Road 6 kann man Seenotrettungsboote, Schiffsmodelle und die ehemaligen Wohnungen der Werftarbeiter besichtigen.

Irvine Burns Club: Sa. 14 – 17 Uhr | **Maritime Museum**: tgl. 10 – 17 Uhr | Erw. £ 8.50 | www.scottishmaritimemuseum.org

★ Frisches Brot und kulinarische Höhenflüge
Kilwinning

Die **Dalgarven Mill** an der Dalry Road wurde Mitte des 17. Jh.s errichtet. Hier erfährt man, wie ein Müller um 1880 das Korn mahlte, im Backhaus wird Brot aus eigener Herstellung verkauft.

Dalgarven Mill: Di. – Sa. 10 – 16, So. 11 - 16 Uhr | Eintritt Erw. £ 6
www.dalgarvenmill.org.uk

Das Ende der Wikinger
Largs

Eine Multimediashow im **Vikingar!**-Zentrum an der Uferpromenade von Largs dokumentiert 500 Jahre Wikingergeschichte und die Entscheidungsschlacht von 1263: Nachdem die Hebrideninseln jahrhundertelang zu Norwegen gehört hatten, fielen sie nun an Schottland. Ziemlich gut für Kinder, es gibt sogar einen Pool.

The Viking Experience: Mo. – Fr. 9 – 21, Sa., So. 10 –17 Uhr mit Führung Erw. £ 4.70, Kinder £ 3.70 | https://kaleisure.com

Fremdartig, farbenfroh, futuristisch

Kelburn Castle

Gepflegte Spazierwege, Baumriesen, Wasserfälle, schöne Aussichten, Falkenzucht und Ponyreiten bietet das mittelalterliche Schloss Kelburn. Echter Hingucker: Patrick Robin Archibald Boyle, 10. Earl of Glasgow, ließ 2007 Teile der Fassaden am Familiensitz von vier brasilianischen **Graffiti**künstlern fantasievoll gestalten.

April – Okt. 10 – 18 Uhr | Eintritt frei | spannende Aktivitäten für Kinder | www.kelburnestate.com

Logieren wie Ihre Lordschaft

Dumfries House

Bei Auchinleck steht eines der feinsten Herrenhäuser des 18. Jh.s, das unter der Ägide von Prince Charles bis 2017 sorgsam restauriert worden ist. Entworfen wurde es von den georgianischen Stararchitekten John und Robert Adam. In den Salons stehen **Chippendale-Rokokomöbel**. Woodlands Restaurant und Cafe bieten köstliches Essen.

Besichtigung im Rahmen von Führungen: April – Okt. tgl. 10 – 16.30 Uhr Erw. House Tour £ 12, Grand Tour £ 16 | www.dumfries-house.org.uk

Villa Kunterbunt: Dem Grafen von Glasgow gefällt, wie fröhlich die Graffitikünstler aus Übersee sein Heim Kelburn Castle verschönert haben.

Südlich von Ayr

Culzean Castle & Country Park

Die perfekte Synthese aus Architektur und Natur ...

... beherrschte **Robert Adam** wie kein anderer seiner Zeit. Hoch über den Klippen des Firth of Clyde machte er Culzean Castle zu einem der elegantesten und modernsten Anwesen seiner Zeit. Seit dem 14. Jh. stand bei Maybole eine Festung, die ab 1777 von Adam zum Bilderbuchschloss ausgebaut wurde. Im Auftrag von Sir David Kennedy, dem 10. Earl of Cassilis, erweiterte er die Anlage um zwei Seitenflügel mit Ecktürmchen und dekorativem Gesims. Adam verstand es meisterhaft, georgianische Symmetrie mit romantischen Akzenten zu vereinen. Zarte Pastelltöne und eine klassizistische Balustrade zieren das lichte Treppenhaus unter der Rundkuppel. Im Salon mit Pano-ramablick zum Firth of Clyde bildet heitere Eleganz einen Kontrast zur Wildheit von See, Himmel und Bergen. Den Picture Room schmückt eine Culzean-Ansicht von Alexander Nasmyth. Für eine Suite besaß Präsident Eisenhower Wohnrecht auf Lebenszeit – als Dank für das US-Engagement im Zweiten Weltkrieg. Heute kön-

Pause für alle: Das Prunkschloss Culzean Castle umgeben wunderschöne Gärten.

nen Gäste in sechs Gemächern nobel logieren oder am Wochenende auch mit Freunden im Salon festlich dinieren.

NTS | Park und Visitor Centre: tgl., Schloss: April – Okt. tgl. 10 – 17, sonst 10 – 16 Uhr, Schloss: April – Okt. tgl. 10.30 –16.30 Uhr
Erw. £ 18.50, Familienkarte £ 46

Golferparadies und Märchenfelsen

Turnberry, Ailsa Craig

Turnberry ist Golfern durch seine legendären Plätze »Ailsa« und »Arran« ein Begriff. Seit Donald Trump die renommierte Golfanlage übernommen hat, gibt es immer wieder Proteste, wenn er zu Besuch kommt. Vom Badeort Girvan, der alljährlich im Spätsommer ein Internationales Jazzfestival veranstaltet, kann man in gut einer Stunde mit dem Boot zum Ailsa Craig übersetzen. Wie ein »Märchenfelsen«, so die Übersetzung des gälischen Namens, ragt 15 km vor der Küste die **Vogelinsel** aus dem Meer empor. Der knapp 350 m hohe Granitfelsen ist Nistplatz für Tausende von Basstölpeln. Außerdem werden aus dem harten »Ailsitegranit« erstklassige Curlingsteine hergestellt.

Ailsa Craig Trips: Erw. £ 30 | www.ailsacraig.org.uk

★ BANNOCKBURN

Council Area: Stirling

Zwischen den Flüssen Pelstream und Bannockburn liegt ein Acker- und Wiesengelände, auf dem 1314 die berühmteste Schlacht um Schottlands Unabhängigkeit geschlagen wurde.

Als wär's gestern gewesen

Inmitten einer Rotunde markieren 3 km südlich von ►Stirling ein Fahnenmast und der steinerne »Borestone« jene Stelle, an der Robert the Bruce am 23. Juni 1314 sein Hauptquartier errichten ließ, bevor er am nächsten Tag trotz zahlenmäßiger Unterlegenheit den Engländern eine vernichtende Niederlage bescherte. Die geschichtsträchtige Szenerie beherrscht das Siegerdenkmal mit der bronzenen **Reiterstatue König Roberts**, der in Kettenhemd und Rüstung gen Süden blickt, in Erwartung der englischen Regimenter.

★ Battle of Bannockburn Experience

Die Distel schlägt die Rose

Pünktlich zur 700-Jahr-Feier erhielt die Ausstellung über den schottischen Unabhängigkeitskampf 2014 ein neues Besucherzentrum. Seine multimediale **3D-Schau** versetzt Besucher mitten ins mittelalterliche Schlachtengetümmel, Seite an Seite mit Rittern und Armbrustschützen. Informiert wird nicht nur über Strategien, Waffen und den Alltag der Soldaten, sondern auch über historische Folgen: 1328 wird im Vertrag von Northampton Schottlands staatliche Souveränität anerkannt, 1603 besteigt ein schottischer Stuart den englischen Thron. Vorgestellt werden die »Herren der Inseln«, jene Clans, die einst den schottischen Westen und die vorgelagerten Inseln bis nach Irland beherrschten. Man erfährt Einzelheiten über die Verbindung von James IV. mit Margaret Tudor – »Die Hochzeit zwischen schottischer Distel und englischer Rose« –, über das Rechtssystem zur Zeit der Reformation und die Stuartkönige bis zu James VI.

NTS | Glasgow Road, Stirling, Visitor Centre | Feb.-Dez. tgl. 10-17 Uhr, Erw. £ 7.50, Familie £ 20, | Wer interaktiv am 40-Min.-**Spiel um die legendäre Schlacht** teilnehmen will, muss vorab reservieren Schlachtfeld Eintritt frei | http://battleofbannockburn.com

» Solange hundert von uns noch leben, wollen wir nie der englischen Herrschaft untertan sein, denn wir kämpfen weder für Ruhm noch für Reichtum oder Ehre, sondern nur für die Freiheit allein, welche ein würdiger Mann nie verlieren kann, es sei denn, er verliert sein Leben. «

Declaration of Arbroath, 1320

FÜR DIE FREIHEIT

»Here no Scot can pass uninterested«, schrieb Robert Burns 1787 über das Schlachtfeld von Bannockburn. Robert the Bruce errang hier 1314 den größten Sieg über die Engländer.

Robert the Bruce blickt gen England in Erwartung der Armee von Edward II.

Der **Machtstreit um Schottland** entbrannte Ende des 13. Jh.s nach dem Tod Alexanders III. Das schottische Heer wurde von Edward I. von England, »the Hammer of the Scots«, 1298 vernichtend geschlagen und das Land besetzt. In jeder Stadt lag eine englische Garnison. Auch der Aufstand unter »Braveheart« Sir William Wallace konnte wenig daran ändern, er wurde gefangen genommen und 1305 in London auf grausame Weise hingerichtet. 1306 nahm Robert I. im Scone Palace die Krone im Empfang und eröffnete den langwierigen Freiheitskampf.
Eine englische Festung nach der anderen fiel, bis im Frühjahr 1314 nur noch wenige Bastionen in den Händen der Besatzer waren, darunter als wichtigste ►Stirling Castle. **Edward II.** wollte für ihre Befreiung sorgen und gleichzeitig die Schotten zwingen, ihre Guerillataktik aufzugeben und sich in einer offenen Feldschlacht zu stellen. Seinem Heer mit 2000 Reitern, Bogenschützen und 17 000 Fußsoldaten sollten 5500 schottische Soldaten, darunter 500 Reiter und 2000 Gutsherren, Handwerker und Bauern aus allen Clanfamilien entgegentreten. Die Heere trafen sich am 24. Juni in der Tiefebene zwischen Pelstream und Bannockburn. Nördlich des Pelstream stellte ein Sumpfgebiet die Begrenzung dar, während der 15 m breite Bannockburn in seinem letzten Kilometer ebenfalls einen Sumpf durchfloss. **Robert the Bruce** wusste diesen **Standortvorteil** geschickt zu nutzen und ließ das Marschland zusätzlich durch Fallgruben und Fußangeln präparieren, sodass die Engländer kaum manövrieren konnten. Langsam, aber unerbittlich drangen die schottischen Speerträger und Bogenschützen vor. Sie trieben den Feind immer weiter auf diejenigen zurück, die wegen der engen Front nicht ins Gefecht kamen, bis die englische Linie schließlich zurückweichen musste. Edward II. sah, dass der Kampf verloren war, und floh nach Berwick, während seine Soldaten am Forth elend den Tod fanden oder im schlammigen Bannockburn ertranken. An den Mut der Schotten angesichts der englischen Übermacht sollten sechs Jahre später die Worte der **Declaration of Arbroath** erinnern, die als Schottische Unabhängigkeitserklärung in die Geschichte einging – 2018 im Drama »Outlaw King« mit Chris Pine in der Hauptrolle fürs Kino verfilmt.

KAMPF UM DIE UNABHÄNGIGKEIT

Nach 307 Jahren Staatenunion stimmten die Schotten am 18. September 2014 darüber ab, ob Schottland wieder unabhängig werden sollte. Eine klare Mehrheit entschied sich für den Verbleib im Vereinigten Königreich. Seit dem Brexit – 62 % der Schotten hatten 2016 für den Verbleib in der EU gestimmt – mehren sich die Stimmen der Unabhängigkeitsbefürworter. Für Herbst 2023 plant die Regierung ein erneutes Referendum.

- Römer
- Pikten
- Skoten
- Schottland
- Großbritannien

Kenneth MacAlpin

Malcolm III.

William Wallace

1058
Malcolm III. wird König. Unter ihm wächst der englische Einfluss.

Keltische Stämme besiedeln Schottland.

843
Kenneth MacAlpin vereint Pikten und Skoten zu einer schottischen Nation.

43 – ca. 400
Rom hält England besetzt, kann aber nur die Lowlands zeitweise besetzen und Schottland nie ganz erobern.

503
Die **Skoten,** Kelten aus Irland, landen an der Westküste.

142 – 144
Bau des **Antoninuswalls**

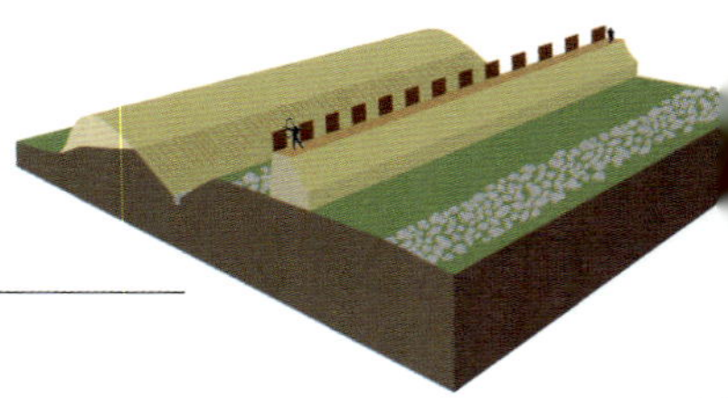

n. Chr. 100 200 300 400 500 600 700 800 900

▶ Referendum 2014 – Yes or No?
Gesamtergebnis

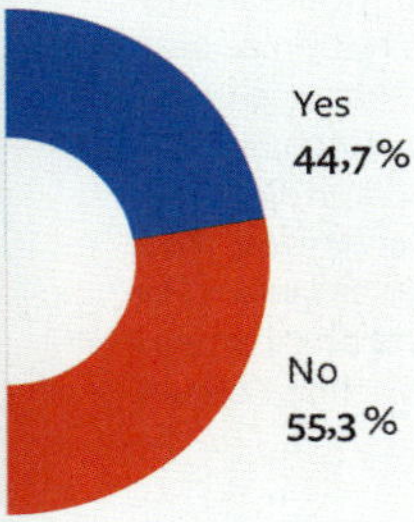

▶ Ergebnis in den größten Städten
in Prozent

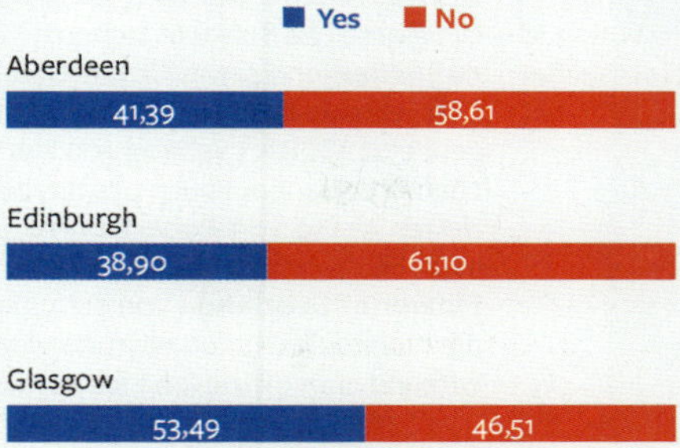

Robert the Bruce

Bonnie Prince Charlie

2021
Nach der sechsten Parlamentswahl erneute SNP-Regierung unter Nicola Sturgeon, die dieses Mal mal eine Koalition mit den Grünen eingehen muss. Ziel: ein zweites Unabhängigkeitsreferendum.

1999
Wahl des ersten schottischen Parlaments

1297
William Wallace (»Braveheart«) besiegt die Engländer in der **Schlacht von Stirling Bridge.**

1314
Robert the Bruce besiegt die englischen Truppen in der **Schlacht von Bannockburn** erneut.

1603
Union der Kronen: Der Sohn Maria Stuarts, Jakob VI., wird auch König von England. Die Folge: zwei Reiche, ein König.

1296
Der englische König Eduard I. annektiert Schottland.

1320
Die Erklärung von Arbroath führt zur Anerkennung des unabhängigen Schottlands durch den Papst in Avignon.

1997
Volksabstimmung über Devolution. Fast 75 % stimmen für ein eigenes Parlament.

1707
Der **Act of Union** Union führt zur Gründung des Vereinigten Königreichs mit England. Das schottische Parlament löst sich auf.

2014
Bei einem Referendum sprechen sich über 55 % gegen eine Abspaltung aus.

1745/1746
»Bonnie Prince Charlie« führt den letzten großen Aufstand an, der in der **Schlacht von Culloden** von der britischen Armee niedergeschlagen wird.

Bis heute wird der Sieg besungen

Ein Volk und eine Nation

Die glorreiche Schlacht sicherte König Robert I. den Rang eines **Nationalhelden** und steht für das Gefühl, ein Volk und eine Nation zu sein. Offiziell anerkannt wurde der größte Sieg, den die Schotten je errangen, erst 1328 im Vertrag von Northampton. Welch enormen Symbolcharakter Bannockburn besitzt, zeigen Jahrhunderte später die viel zitierten Verse von Robert Burns über Bruce und seine Armee. Aber auch heute findet sich das Thema noch in populären Songs wie »**The Flower of Scotland**« von der charismatischen Folkband The Corries – die inoffizielle Nationalhymne wurde 1997 vom schottischen Fußballverband zum offiziellen Lied vor Länderspielen erklärt.

★★ BORDERS · SCOTTISH BORDERS

Council Area: Scottish Borders

Kuschelig, kleinteilig und voller romantischer Klosterruinen und Burgen überrascht das Grenzland heute als sanftes Relikt früherer Kämpfe mit England. Wie geschaffen für eine mehrtägige Radtour am River Tweed. Oder zumindest als Streifzug auf dem Weg von der Fähre in Newcastle nach ►Edinburgh. Sir Walter Scott hatte hier sein stattliches Anwesen, von dem aus er den Ruf Schottlands mit seinen Romanen begründete.

Scott's Country

Die bewegte Geschichte der Lowlands wurde maßgeblich von vier mittelalterlichen **Grenzlandabteien** bestimmt, die sich trotz ständiger Zwistigkeiten mit England zu bedeutenden kulturellen und wirtschaftlichen Zentren entwickelten. Bisweilen nahm sogar der König hier einen Kredit auf! Mitte des 16. Jh.s brannten die Engländer die Klöster dann bis auf die Grundmauern nieder. An mutige Männer und Schwertklirren erinnern die traditionellen »**Common Ridings**« im Juni, heute populäre Reiterfeste. **Sir Walter Scott** (►Interessante Menschen) verwandelte die Legenden in romantische Bestseller und löste damit zu Beginn des 19. Jh.s einen wahren Schottlandboom aus. Mit Abbotsford House schuf sich »Mister Romance« sein Traumdomizil am Tweed. Wichtige Wirtschaftszweige sind seit Jahrhunderten Schafzucht und Wollverarbeitung, auch wenn nur wenige Produzenten mit der Konkurrenz aus Billiglohnländern mithalten können. Hochwertige **Strickwaren und Stoffe** finden Sie in den Outlets von Lochcarron in Selkirk, den Woollen Mills in Harwick.

BAEDEKER MAGISCHE MOMENTE

WELCOME TO SCOTLAND

Englands Cheviot Hills liegen hinter Ihnen, jetzt noch über den Pass und schon ist Schottland erreicht. Aber ein Stopp muss noch sein! Jedes Land hat seine besonderen Aussichtspunkte, die das Herz höher schlagen lassen, wenn man heimkehrt. Genauso ist es auf der Passhöhe von **Carter Bar**, wo fast immer ein Dudelsackspieler die Reisenden empfängt. Langsam schweift der Blick über sanfte, sattgrüne Hügel und liebliche Täler. »Hier hat das Land ein Lächeln auf den Lippen und einen Willkommensgruß in den Augen« – Henry V. Morton hatte recht. Das ist Urlaub von Anfang an!

Wohin in den Borders?

Das südliche Strickmuster Schottlands

Jedburgh

Nur 16 km trennen die Grenze vom Textilzentrum Jedburgh mit hübschen Häuschen und verwinkelten Gassen. In der mittelalterlichen Burg, einst Gefängnis, erzählt das **Castle Jail** die Stadtgeschichte. Die Weber von Jedburgh waren es, die aus zwei verschiedenen Garnen den ursprünglichen »Tweedy«-Look kreierten, der schnell von anderen Spinnereien übernommen wurde. **Wollwaren** und Whisky finden Sie in der Jedburgh Woollen Mill an der Edinburgh Road/A68 und der Edinburgh Woollen Mill, beide sind täglich geöffnet. In einer Kurve des Jed River liegen idyllisch die **Ruinen der Augustinerabtei**, die 1138 unter David I. gegründet und 1544 von den Engländern zerstört wurde. Prunkstücke der Sandsteinkirche sind zwei normannische Torbogen und das Rosenfenster der Westfassade. Das Besucherzentrum gibt Einblicke in das Leben der Mönche. Mitte Februar kämpfen in Jedburgh über 200 »Uppies« und »Doonies« beim **Hand Ba'** um einen strohgefüllten Lederball – laut Legende der Kopf eines englischen Generals. Ziel ist es, den Ball vom Castlehill als Erster zum Ende der High Street zu befördern.

Castle Jail: April - Okt. Mo. - Sa. 10 - 16, So. 10 - 15 Uhr
Eintritt frei | www.liveborders.org.uk
Jedburgh Abbey: HES | April - Sept. tgl. 10 - 17,
Okt. - März tgl. 10 - 16 Uhr | Erw. £ 6

BAEDEKER ÜBERRASCHENDES

6X DURCHATMEN

Entspannen, wohlfühlen, runterkommen

1. BORDERS BY BIKE

Auf wunderschönen **Radrouten** geht es durchs grüne Grenzland zu Herrenhäusern und gotischen Abteiruinen. Die Luft schmeckt nach Gras und Flussauen ... (►**S. 73**)

2. AUSZEIT

Seit den 1970ern hat die Ökogemeinschaft **Findhorn** Tausende Hippies und New-Age-Anhänger angezogen. Ob Workshop oder Erfahrungswoche, das Schöne ist, dass hier nichts dogmatisch gesehen wird. (►**S. 139**)

3. SPA IN THE CITY

Sanfte Beleuchtung, Mosaikfliesen, warme Erdtöne. Fast schwerelos und absolut entspannt fühlen Sie sich im Rooftop Thermalpool des **One Spa** in Edinburghs Sheraton. Gönnen Sie sich auch eine Balancing-Massage. (►**S. 147**)

4. BITTE EINSTEIGEN

Das Panorama der **Zugreise** von Inverness am Moray Firth und dann durch Caithness nach Wick ist Weltklasse. (►**S. 299**)

5. WOHNZIMMER DER HIGHLANDS

The Ceilidh Place in Ullapool besitzt neben Wohn-, Ess- und Kamin-Lounge auch noch eine Bibliothek. Auf dem Sofa oder im Zimmerchen einmuckeln, lesen oder die Sonne auf dem Balkon genießen. (►**S. 287**)

6. EWIGER SUNRISE

Dieser Steinkreis auf Lewis ist maximal entlegen und stellt selbst Stonehenge in den Schatten. Man muss kein Druide sein, um die besondere Spiritualität von **Callanish** bei Sonnenaufgang zu spüren. (►**S. 244**)

BORDERS ERLEBEN

JEDBURGH I-CENTRE
Murray's Green
Jedburgh TD8 6BE
Tel. 01835 86 31 70
www.jedburgh.org.uk
www.visitscotland.com

CRINGLETIE €€€€
►S. 447

SCHLOSS ROXBURGHE €€€€
Bezauberndes Anwesen, das 2018 vom Herzog von Roxburghe verkauft wurde, der im nahen Floors Castle residiert. Zur edlen Einrichtung der 58 Zimmer gehören Antiquitäten, Himmelbetten und offene Kamine. Das elegante Restaurant Sunlaws und das neue Restaurant Charlie's verwöhnen mit feinster schottischer Küche. Kommen Sie zum Afternoon Tea mit köstlichen Kuchen, Scones und Sandwiches. Oder buchen Sie im 2022 eröffneten Spa Wellness von Kopf bis Fuß. Den 18-Loch-Golfplatz hat Ryder-Cup-Star Dave Thomas entworfen.
Heiton by Kelso TD5 8JZ
Tel. 01573 45 03 31, https://schlosshotel-roxburghe.com

BURTS HOTEL €€€/€€
Das charmante, 1722 am Marktplatz von Melrose erbaute Hotel ist berühmt für seinen frischen Fisch, Muscheln von der Westküste, Lamm und Wildbret der Region. Ausgezeichnete Weinkarte, Real Ale vom Fass und 90 verschiedene Single Malts.
Market Square, Melrose TD6 9PL
Tel. 01896 82 22 85, 20 Z.
www.burtshotel.co.uk

MEADHON HOUSE €
Im 17. Jh. erbautes, liebevoll eingerichtetes Häuschen mit direktem Blick auf die Jedburgh Abbey
48 Castlegate
Jedburgh TD8 6BB
Tel. 01835 86 25 04
www.meadhon.co.uk

THE OLD PRIORY €€/€
Stilvolle Adresse in Kelso. Die Girdwoods bieten geschmackvoll eingerichtete Zimmer, eine schöne Gäste-Lounge sowie einen kleinen Garten.
Woodmarket, Kelso TD5 7AT
Tel. 01573 22 30 30
http://theoldpriorykelso.com

RAUF AUFS RAD
Alle vier Grenzlandabteien lassen sich auf dem »4 Abbeys Cycleway« erkunden, einem 88 km langen, hügeligen Rundkurs von Melrose nach Kelso, für Leute mit Kondition. Ganz ohne Steigung folgt die Radtour von Peebles zum Traquair House über 12 km dem Tweedufer. Eine leichte, 7,5 km lange Radtour ohne Steigungen führt von Melrose via Tweetbank zu Scotts Abbotsford House.
http://cyclescottishborders.com

BORDERS RAILWAY
2015 wurde die Bahnlinie zwischen Edinburgh und Tweedbank bei Melrose nach 45 Jahren wieder eröffnet
www.scotrail.co.uk

ST. CUTHBERT'S WAY
Melrose ist Ausgangspunkt für den St. Cuthbert's Way, einen gut 100 km langen Fernwanderweg, der über die Eildon Hills zur Dryburgh Abbey führt und in Lindisfarne endet.
http://stcuthbertsway.info

Bestrickende Borders

Hawick

Als Edmund Hillary 1953 als Erster den Gipfel des Mount Everest bestieg, trug er einen Pullover aus Hawick. In der größten Stadt der Borders standen 1820 die Hälfte aller schottischen Strickmaschinen und 50 Textilfabriken, darunter die von Famile Pringle, mit über 3000 Beschäftigten. Die Reiterstatue in der High Street erinnert an die Rückeroberung der Stadtfahne nach der Entscheidungsschlacht von **Flodden Field** 1513, das **Borders Textile Towerhouse** widmet sich der Textilindustrie, feinste Kaschmirwaren verkauft Johnston's of Elgin in den **Eastfield Mills**. Strickwaren und schottische Malerei des 19./20. Jh.s sind Themen im **Hawick Museum** im Wilton Lodge Park.

Borders Textile Towerhouse: April – Okt. Mo. – Sa. 10 – 16, im Winter Di. geschl. | Eintritt frei | www.liveborders.org.uk | **Johnston's of Elgin**: Eastfield Mills, Mansfield Rd. | Mo. – Sa. 9 – 16.30, So. 11 – 16 Uhr | Eintritt frei | www.johnstonsofelgin.com | **Hawick Museum:** April – Okt. Mi. – Mo. 11 – 16, Nov. Fr. – Mo. 11 – 15 Uhr | Eintritt frei

Mauern von dramatischer Wucht

Hermitage Castle

Einschüchternd und erschaudernd wirkt die mittelalterliche Ruine, die trutzig 16 km südlich im Niemandsland wartet. Bekannt ist das Schloss für den wagemutigen Ritt Maria Stuarts, die hier ihren Geliebten Bothwell besuchte. Die Location schreit nach Verfilmung – 1971 gaben Vanessa Redgrave und Glenda Jackson die verfeindeten Königinnen Maria und Elizabeth in einem politischen Kammerspiel.

HES | April – Sept. tgl. 10 – 17 Uhr | Erw. £ 7

★

Gotische Ruinen, Scotts Grab und ganz viel Aura

Dryburgh Abbey

Im nördlichen Querschiff der verwunschenen Abteiruine hat der Großmeister der romantischen Schottland-Verklärung, **Sir Walter Scott,** seine letzte Ruhe gefunden (►Interessante Menschen). Die jüngste der Grenzlandabteien liegt auf einer Halbinsel am Tweedufer, 13 km nördlich von Harwick. Gegründet wurde sie 1150 von Hugh de Morville für Prämonstratensermönche, die schnell zu Wohlstand und großem Einfluss gelangten. Im 14. Jh. wiederholt geplündert, wurde das gotische Kloster 1544 endgültig zerstört. Zu den Überresten gehören das schöne Westportal, das Rosenfenster des Refektoriums, das Kapitelhaus und die St.-Modans-Kapelle.

HES | tgl. 10 – 17, Okt. – März 10 – 16 Uhr | Erw. £ 6

»
Und willst du des Zaubers sicher sein
So besuche Melros' bei Mondenschein
Die goldene Sonne, des Tages Licht
Sie passen zu seinen Trümmern nicht.
«

Sir Walter Scott »Lied des letzten Minnesängers«, 1805

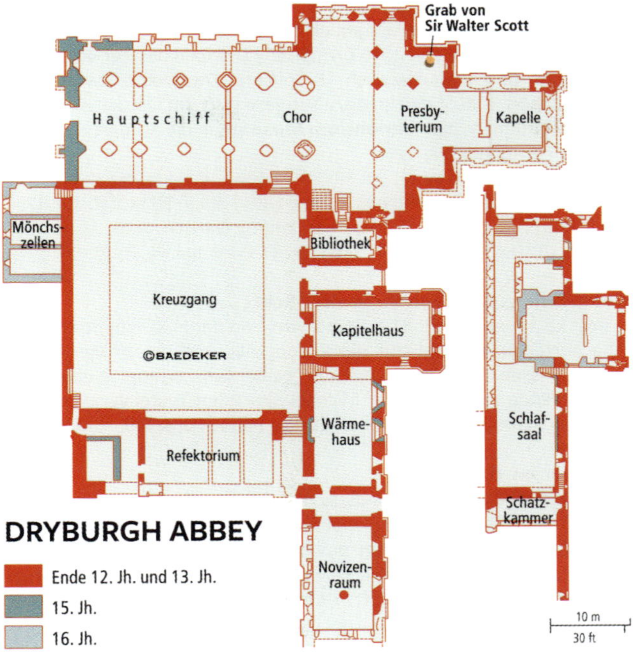

Schönste der Grenzlandabteien

★ Melrose Abbey

Das sympathische Städtchen am Fuß der Eildon Hills besitzt nette kleine Läden und elegante viktorianische Häuser. Die 1136 aus Sandstein erbaute und 1545 endgültig zerstörte **Zisterzienserabtei** ist laut Theodor Fontane »überhaupt unter allen Ruinen die schönste und fesselndste« (►Abb. S. 397). Obwohl der Zisterzienserorden Askese und Armut fordert, wurde Melrose durch den Wollhandel zu einem der reichsten Klöster des Landes. Die romantischen Ruinen zeigen eine meisterhafte Gestaltung von Kapitellen und Skulpturen im 14. und 15. Jh., darunter naturgetreue Darstellungen des Handwerks und einen Wasserspeier in Form eines Dudelsack pfeifenden Schweins. Unter dem Ostfenster soll 1331 das Herz von Robert the Bruce (►Baedeker Wissen S. 67) begraben worden sein – tatsächlich fand man hier 1920 ein mumifiziertes Herz. Ihre Popularität verdankt die Abtei auch William Turners stimmungsvollen Zeichnungen und Sir Walter Scotts »Lied des letzten Minnesängers«, in dem der Magier Michael Scott melancholische Verse auf Melrose ersann, die Fontane ins Deutsche übersetzte.

Im Harmony Garden (NTS) in der St. Mary's Rd wachsen die typischen Pflanzen der Region. Melrose gilt als das Herz des schottischen Rugby. Hier wurde 1883 die seit 2016 olympische Disziplin des **7er-Rugby** erdacht mit nur 7 statt klassisch 15 Spielern. Das kleine Stadion liegt wunderschön, u. a. finden im April Turniere statt. Im Ortskern entführt am Market Square das **Trimontium Museum** in die Römerzeit.

Melrose: ▶Hotel S. 73

Trimontium Museum: tgl. 10.30 – 16.30 Uhr | www.trimontium.co.uk Erw. £ 6, Kinder £ 3 | **Melrose Abbey:** HES | April – Sept. tgl. 10 – 17, Okt.– März 10 – 16 Uhr, Erw. £ 7 | **Harmony Garden:** NTS, April – Okt. tgl. 10 – 17 Uhr, Eintritt frei | **7er-Rugby:** www.melroserugby.org

Der Lieblingsplatz von Sir Walter Scott …

Scott's View

… liegt keine 3 km östlich bei Bemeryde. Von der Hügelkuppe hat man eine herrliche Aussicht auf die Eildon Hills und das grüne Tal des Tweed, dessen Hänge im Frühjahr ein gelber Ginsterteppich überzieht. Laut Legende soll der Magier Michael Scott den Teufel veranlasst haben, den Gipfel der 423 m hohen **Eildon Hills** in drei Teile zu spalten.

Literatur im Turm

Smailholm Tower

Vom ikonischen Turmbau ließ sich der junge Scott, der auf einer Farm in der Nähe aufwuchs, inspirieren. Der im 15. Jh von der Pringle-Familie erbaute Turm liegt auf halbem Weg zwischen Dryburgh und Kelso, unweit der B 6404. Eine Ausstellung widmet sich mit Puppen und Wandbehängen Scotts »**Lied des letzten Minnesängers**«.

HES | April – Sept. tgl. 10 – 16 Uhr | Erw. £ 5

My Home is my Castle

★★ Abbotsford House

Vom Honorar seiner historischen Romane ließ sich **Sir Walter Scott** (▶Interessante Menschen) 1817 – 1827 am Ufer des lachsreichen Tweed ein bestehendes Farmhaus zu einem Anwesen im viktorianischen Baronialstil umbauen, das er selbst als »Romanze in Stein und Mörtel« bezeichnete. Nach den Äbten, denen das Gut einst gehört hatte, nannte er es Abbotford House. Der Eingang ist dem Hauptportal von Linlithgow Palace nachempfunden, ein Türflügel stammt aus dem alten Tolbooth von Edinburgh. Die Hofmauer stellt eine Kopie des Kreuzgangs von Melrose Abbey dar und die Holzdecke der Bibliothek, in der er über 9000 Bände aus aller Welt sammelte, ist ein Abbild der Rosslyn Chapel. Das Haus steckt voller Erinnerungen an den Bestsellerautor und enthält neben Manuskripten, gesammelten Grenzballaden, Porträts und Kuriositäten – wie Bonnie Prince Charlies Locke oder das vermeintliche Schwert des geächteten Rob Roy aus den Trossachs – auch eine beachtliche Sammlung von Waffen und Rüstungen. Zum Besucherzentrum gehören eine Scott-Ausstellung, Shop und Spielplatz. Scones, Shortbread und glutenfreier Karottenkuchen werden hier im Ochiltree's Restaurant zum Tee

Er wird bis heute auf Händen getragen: Sir Walter Scott ließ sich Abbotsford House erbauen, und dazu einen wunderschönen Garten im Regency-Stil.

serviert. Der Hope-Scott-Flügel wurde für Gäste ausgebaut und mit Originalmöbeln aus der Zeit Scotts eingerichtet.
März – Sept. tgl. 10 – 17, Okt., Nov. bis 16 Uhr | Haus und Garten Erw. £ 12.50 | Übernachtung für Gruppen wochenweise ab £ 300 p.P./W. | www.scottsabbotsford.com

Wie Ihre Lordschaft logieren

Thirlestane Castle

Das Schlösschen 18 km nördlich von Melrose ist Sitz der Herzöge von Lauderdale. Es wurde im 13. Jh. errichtet und im 16. Jh. für die Maitlands umgebaut. Ihre Porträts zieren den Dining Room. Aus dem 17. Jh. stammen die prachtvollen Holzdecken in der Herzogensuite. Im Südflügel können Gäste wie Ihre Lordschaft im wunderschönen Lauderdale Apartment mit Küche und Esszimmer nächtigen. Günstige Alternative: der Caravan Park auf dem Anwesen.
Mai – Sept. Schloss Di. – So. mit Führungen, ab £ 12.50
https://thirlestanecastle.co.uk

Stolze Tradition und Riesenspaß für alle: Zu Selkirks sommerlichem Common Riding gehören bunte Umzüge und Ausritte zu Pferd, spannende Spiele, Musik und Speisen.

Cozy-Look mit Stil und Klasse

Selkirk

Bis zu 1000 Menschen waren im 19. Jh. am Ettrick River mit der Tweedherstellung beschäftigt. Seine besondere Rolle als Textilzentrum dokumentiert Selkirk im **Halliwell's House** am Marktplatz. Eine der letzten großen Textilmühlen ist Waverley Mill von **Lochcarron of Scotland** an der Rogers Road, die trotz der starken Konkurrenz aus Billiglohnländern noch in Schottland produziert. Im 2022 renovierten Visitor Centre werden feinste Kaschmir-, Merino- und Mohairpullover verkauft. Der **Gerichtssaal** im ehemaligen Town House, wo Sir Walter Scott 1804 – 1832 als Sheriff (Amtsrichter) tätig war, ist zu besichtigen.

Halliwell's House: April – Okt. Di. – Sa. 11 – 16 Uhr | Sir Walter Scott Courtroom: Do. – Mo. 11 – 16 Uhr | beide Eintritt frei | www.liveborders.org.uk | **Lochcarron of Scotland:** Mo.– Sa. 9 – 17 | Führungen: www.lochcarron.co.uk/visit-us/lochcarron-visitor-centre

Hoch zu Ross

★ Common Riding

Im Juni wird in **Selkirk** das größte Common Riding der Borders abgehalten mit Reitkunst, festlichen Umzügen und Paraden. **Bis zu 500 Reiter** satteln im Morgengrauen ihre Pferde für den Ausritt: Er soll an die Männer erinnern, die am 9. September 1513 in die blutige **Schlacht von Flodden Field** zogen. Nur ein Mann kehrte zurück, allerdings mit dem erbeuteten Banner der Engländer.
https://exploreselkirk.co.uk

Traumhaus mit eigenem Theater

★ Bowhill House

Der **prachtvolle viktorianische Landsitz** des Duke of Buccleuch and Queensberry besitzt Mortlake-Gobelins und kunstvolle Boulle-Möbel, handgemalte chinesische Tapeten des 17. Jh.s und eine kostbare Gemäldesammlung. Im Salon hängen Landschaften von Claude Lorrain, im Speisesaal Familienporträts von Gainsborough und Reynolds. Auch Arbeiten von Leonardo da Vinci, Canaletto und Hans Holbein sind zu bewundern. Im Arbeitszimmer ist ein Plaid von Sir Walter Scott zu sehen, der 1808 von Raeburn auf dem romantischen Porträt verewigt wurde.
Park: Juni – Aug. tgl. 10 – 17 Uhr; Haus: nur Aug. tgl. 10 – 17 Uhr
Haus und Park Erw. £ 12, nur Park £ 6 | www.bowhillhouse.co.uk

Highlandfeeling in den Lowlands

St. Mary's Loch

Ein Abstecher führt in Richtung Moffat »in the middle of nowhere« zum St. Mary's Loch, wo Isabella Richardson (Tibbie) während ihres 96 Jahre langen Lebens in ihrem **Tibbie Shiels Inn** die literarischen Größen ihrer Zeit versammelte. Unter ihnen waren Sir Walter Scott, Robert Louis Stevenson, der Historiker Thomas Carlyle und der dichtende Schäfer James Hogg, der Scott inspirierte und draußen mit einem Denkmal geehrt ist. Der See liegt ganz zauberhaft nach 30 km Fahrt Richtung Süden an der A 708 – die einzige Route in den Borders, die Highland-Feeling vermittelt. Weil der uralte Inn derzeit etwas versauert, sollten sie noch 10 km weiter fahren und an den bezaubernden kleinen Wasserfällen **Grey Mare's Tail** vorbei zu einem romantischen Moorsee steigen. Bringen Sie Lunchpaket und Handtuch mit.

Der Große Wandteppich von Schottland

★ Galashiels

Der Name der Textilstadt Galashiels geht auf die »Shielings« zurück, einst Unterstände der Schäfer am Gala-Ufer. Das Städtchen erfindet sich heute mit Software und Medizin-Forschung neu. Die alte Bahnlinie zwischen Galashiels und ►Edinburgh wurde 2015 wiederbelebt: Sie können also von Edinbughs Haymarket bequem in weniger als einer Stunde in die Borders zuckeln (Returnticket £ 24), Tweedbank südlich von Galashiels ist Endstation. 2021 eröffnete mit dem **Great Tapestry of Scotland** in der High Street eine zugkräftige neue Attraktion in Galashiels: Über 1000 Näherinnen fertigten in mehr als 50 000 Arbeitsstunden 160 Wandteppiche mit bedeutenden Episoden aus der gesamten schottischen Geschichte, eine 143 m lange, höchst informative Zeitreise im Stil eines Comicstrips.

Great Tapestry of Scotland: Sommer tgl. 9.30 – 17 Uhr, im Winter kürzer | www.greattapestryofscotland.com | Erw. £ 10.50

Hausbier trinken und auf die Stuarts warten

★ Traquair House

Das älteste kontinuierlich bewohnte Herrenhaus Schottlands liegt 2 km südlich von Innerleithen. Ab dem 12. Jh. diente es den schottischen Monarchen als Jagdschloss, auch Maria Stuart logierte hier mit ihrem Sohn. Der jetzige Bau stammt weitgehend vom Ende des 17. Jh.s. Die Eisentore am »Bärentor« der Auffahrt wurden 1745 hinter Bonnie Prince Charlie mit dem Schwur geschlossen, sie erst wieder zu öffnen, wenn ein Stuart den Thron besteigt – so blieben sie bis dato geschlossen. In den ehemaligen Stallungen haben heute **Kunsthandwerker** ihre Ateliers. Spannend für Kinder ist das **Gartenlabyrinth**. Bierfreunde sollten das dunkle, mit Koriander aromatisierte Jacobite Ale der **Hausbrauerei** probieren, die seit dem 18. Jh. besteht.

April – Sept. tgl. 11 – 17, Okt. tgl. 10 – 16, Nov. Sa., So. 11 – 15 Uhr
Erw. £ 12, nur Park £ 6 | stilvolle €€€€ B & B Übernachtung im Pink, Blue und White Room | Tel. 01896 83 03 23 | www.traquair.co.uk

Duftendes Blütenmeer

Kailzie Gardens

Für Gartenfreunde lohnt sich ein Abstecher ins Tweedtal kurz vor Peebles. Nach einem Spaziergang durch duftende Rosen-, Azaleen- und Rhododendren-Haine wartet im Gartencafé ausgezeichneter Kuchen.

Ende März – Okt. tgl. 10 – 17 Uhr, Nov. – März bei Tageslicht
Erw. £ 6 | www.kailziegardens.com

Flowerpower und keltisches Flair

Peebles

Die **Beltane Fair**, eine keltische Festivalwoche, markiert im Juni den Sommerbeginn und ist Höhepunkt im Jahresreigen der sympathischen Kleinstadt am Ufer des Tweed. Die interessante Geschichte des Wollzentrums ist Thema im **Peebles Museum** in der High Street. In den **Dawyck Botanic Gardens,** einer Außenstelle des Royal Botanic Garden von ►Edinburgh, kann man 300 Jahre alte Baumriesen und prachtvolle Rhododendren bewundern.

Peebles Museum: Mo. – Di., Fr.– Sa. 10– 15, Do. 10– 17 Uhr
Eintritt frei | www.liveborders.org.uk

Dawyck Botanic Cardens: März – Okt. tgl. 10 – 17, Feb./Nov. bis 16 Uhr | Erw. £ 7 | www.rbge.org.uk

BAEDEKER MAGISCHE MOMENTE

AUSZEIT VOM ALLTAG

Meist reicht schon ein Wochenende mit Bewegung und entspannenden Massagen, um neue Kraft zu schöpfen und die Akkus aufzuladen. Das wiederholt zum »Best Spa in Scotland« gewählte **Stobo Castle** am Rande von Peebles wurde 1811 im Baronialstil erbaut. Die Wellnessoase, die auch gerne Tagesgäste empfängt, hat einen 25-m-Ozon-Pool, Jacuzzis, Relaxzone und 40 luxuriöse Behandlungsangebote (Stobo, Peeblesshire EH45 8NY, Tel. 01721 72 53 00, www.stobocastle.co.uk).

Kelso

»Das schönste, wenn nicht romantischste Dorf in Schottland« ... schwärmte Sir Walter Scott von der hübschen Kleinstadt östlich von Melrose, wo er zur Schule ging. Kopfsteingepflasterte Straßen laufen sternförmig auf den georgianischen Marktplatz zu. Im September treffen sich Landwirte aus ganz Großbritannien in Kelso zum berühmten Schafmarkt. Auch die 1128 von Mönchen aus der Picardie gegründete **Kelso Abbey**, die größte und am Ende des 12. Jh.s reichste der vier Grenzlandabteien, wurde ein Opfer der Zerstörung und 1587 aufgegeben. Die Querschiffe und der Westturm sind die am besten erhaltenen Teile des spätnormannischen Sandsteinbaus.

►B & B S. 73 | **Kelso Abbey:** HES | tgl. 9.30 – 17.30, Okt. – März bis 16 Uhr, Do., Fr. geschl. | Eintritt frei

★★ Floors Castle

Beim Duke of Roxburghe zuhause

Am Westende von Kelso liegt Floors Castle am Ufer des Tweed. Das **größte noch bewohnte Schloss Schottlands** wurde um 1721 von William Adam im georgianischen Stil für den ersten Herzog von Roxburghe erbaut. 120 Jahre später ergänzte William Playfair das prunkvolle Herrenhaus dekorativ mit kleinen Türmchen, Zinnen und Kaminen im Tudor-Stil. Die eleganten Haupttore mit dem Familienwappen kamen 1929 hinzu. Neben dem Kamin im Vorzimmer hängen **Familienporträts von Reynolds**. Herzogin May, die amerikanische Gattin des achten Herzogs, brachte **Brüsseler Wandteppiche** des 17. Jh.s mit und ließ den Salon im Stil Ludwigs XV. herrichten. Für das Nähzimmer lieferte ein Raum von Versailles die Vorlage. Auch den **Ballsaal** schmückte die Herzogin mit Gobelins des 17. Jh.s und Schnitzereien im Stil von Grinling Gibbons. Zur Porzellansammlung gehören chinesische Arbeiten der Ming-Dynastie, Dresdner, Meißener und Davenport-Service. Im Vogelraum sind seltene Exemplare wie Großtrappe, Fischadler und die ausgestorbene Passagiertaube zu bestaunen. Kuriosität: ein erst 1991 entdeckter Schatz mit mehr als 1400 Silber- und Goldmünzen, die ein wohlhabender Aristokrat 1643 unweit von Kelso vergraben hatte. Bekannt wurde Floors vor allem als Drehort für »Greystoke« - die Legende von Tarzan. Einer Sensation gleich kam 2011 der Fund eines Briefes von Robert Burns. Nachdem man die Sammlung von Kutschen, Kinder- und Badewagen aus viktorianischer Zeit gesehen hat, empfiehlt sich ein Spaziergang durch den herrlichen **Garten** oder probieren Sie den Lunch im **Terrassencafé**.

Tgl. April–Sept. 10.30–17, Okt. Park 10.30–16 Uhr | Erw. Castle & Park £ 18, nur Park £ 8 | www.floorscastle.com | Gehobene Übernachtungsmöglichkeit im ehemaligen Head Gardener's House

Stuck, Stilmöbel und moderne Skulpturen

★ Mellerstain House

Begonnen wurde das **georgianische Herrenhaus** 10 km nordwestlich von Kelso 1725 von William Adam, wenige Jahre später vollendete es sein Sohn Robert. 1909 entstand die terrassierte Gartenanlage nach italienischem Vorbild. Mellerstain besitzt Stilmöbel von Chippendale und Gemälde von Ramsay, van Dyck, Constable und Gainsborough. Höhepunkt ist die in zarten Grün- und Rosétönen gehaltene Bibliothek mit filigraner Stuckverzierung, spannend sind die Wechselausstellungen moderner Kunst im Skulpturengarten.

Ostern, Mai–Okt. Fr.–Mo. nur mit Führung 12–17
Park, Café ab 11 Uhr | Erw. £ 15, nur Park £ 6
www.mellerstain.com

Von Coldstream nach Eyemouth

Blütenpracht und Kunsthandwerk

Coldstream

Der Landschaftsgarten von Lord **Home of the Hirsel** am Westende der Stadt ist im Frühjahr ein Blütenmeer aus Rhododendren und Azaleen. In einem alten Farmhaus und ehemaligen Stallungen am See wird über landwirtschaftliche Methoden und die Familie Hirsel berichtet; angeschlossen ist ein kunsthandwerkliches Zentrum.

The Hirsel: tgl. außer Di., Mi. 11–17 Uhr | Car Park £ 2.50
www.dandaestates.co.uk

Formel-1-Fans stoppen hier

Jim Clark Motorsport Museum

Über die Karriere des zweimaligen Formel-1-Weltmeisters Jim Clark (1936–1968) informiert das Museum in der Newtown Street 44 von **Duns**, 20 km nördlich von Coldstream.

März, Nov. Do.–Di. 11–15, April–Okt. Mo., Di., Do.–Sa. 10–16.30, So. 11–15 Uhr | Erw. £ 6 | www.liveborders.org.uk

OBEN: Märchenschloss Floors im grünen Tal des Tweed
UNTEN: Kostbare Antiquitäten, Kristalllüster und flämische Wandteppiche schmücken den Stammsitz der Herzöge von Roxburghe, Floors Castle.

Manderston House

Geld spielt keine Rolle …

… wurde dem Architekten John Kinross mitgeteilt, als er nach dem Kostenrahmen für die Prachtvilla 25 km nordöstlich von Kelso anfragte, die er 1905 für Sir James Miller mit Stromanschluss und Zentralheizung errichtete. Das edwardianische Herrenhaus mit großem Ballsaal, Marmortreppe samt Silbergeländer und ausgedehnten Parkanlagen ist Heim von Lord und Lady Palmer – originell: das Keksdosen-Museum.

April – Sept. tgl. 11.30 – 17 Uhr | Erw. £ 12.50 (mit Hausführung), nur Park £ 7 | www.manderston.co.uk

Paxton House

Denkmal unerfüllter Liebe

Der Herrensitz 5 km westlich von Berwick-upon-Tweed wurde von John und James, zwei Brüdern der berühmten Adam-Familie, realisiert. Im **palladianischen Landhaus** steht elegantes Chippendale-Mobiliar. Eine Besonderheit ist die in zarten Pastelltönen gehaltene, mit einer lichten Kuppel 1811 überwölbte Gemäldegalerie mit Bibliothek und Rosenholzmöbeln im Regencystil. Mit dem Haus ist eine Lovestory verbunden: Der junge Patrick Home of Billie verliebte sich während eines Studienaufenthaltes am preußischen Hof in die illegitime Tochter Friedrichs des Großen, Charlotte de Brandt. Als Zeichen ihrer Zuneigung schenkte die junge Dame ihm einen Ring und ein Paar Seidenhandschuhe, die bis heute in Paxton House aufbewahrt werden. Nach anfänglichem Zögern gab Friedrich seine Einwilligung, verlangte jedoch, dass Patrick sein Vermögen nach Preußen transferieren und in Berlin leben müsse. Patricks Mutter drohte, ihren Sohn zu enterben, worauf der sich an den schottischen König um Hilfe wandte. Dieser schenkte ihm Paxton als angemessenes Heim für seine zukünftige Gattin – nur dass diese dann doch nicht mehr seine Frau werden wollte.

April – Okt. Haus tgl. 13 – 17, Park 10 bis Sonnenuntergang | Führungen 10.30, 12, 14, 15.30 Uhr | Erw. £ 9, nur Park £ 6 | Übernachtung im Gartenapartment oder Lodge für 2 – 4 Pers. | https://paxtonhouse.co.uk

Eyemouth

Fisch direkt vom Markt

Ein großer Wandteppich im **Eyemouth Museum** an der Manse Road berichtet von dem Schiffsunglück 1881, als 189 Fischer ihr Leben auf See ließen. Frühaufsteher können sich unter der Woche ab 7.30 Uhr die Auktionen im **Fischmarkt** an der Harbour Road ansehen.

Eyemouth Museum: April – Okt. Mo. – Sa. 11 – 16 Uhr | Erw. £ 4
www.eyemouthmuseum.org

St. Abbs Head

Nur Fliegen ist schöner

Von Eyemouth führen herrliche Wanderungen über 100 m hohe Klippen nach St. Abbs Head, einem **Naturschutzgebiet** des NTS mit tollen Ausblicken auf das Meer zwischen Klippen und kleinen Buchten. Auf den Simsen des roten Sandsteins brüten Tausende von Trottellummen, Eissturmvögeln, Dreizehenmöwen und Krähenscharben.

★★ CAIRNGORM MOUNTAINS

Council Areas: Highland, Moray, Aberdeenshire

Wolken jagen über den Horizont, steter Wind zerzaust die Haare, dicke Nebel verschlucken das Tal am majestätischen Cairn-Gorm-Gipfel. Das gleichnamige Gebirge gilt als das höchste, kälteste und schneereichste Plateau der Britischen Inseln – und Traumziel für Trekkingfans. 2003 wurde die raue Bergregion zum zweiten und mit 3800 km² größten Nationalpark Schottlands erklärt.

Blaue Hügel

Über 145 km durchquert die atemberaubende **Snow Roads Scenic Route** von Blairgowrie bis Grantown-on-Spey die östlichen Cairngorms. Unterwegs eröffnen sich immer wieder herrliche Ausblicke für perfekte Fotostopps. »Blaue Hügel«, wie das Gebiet im Gälischen heißt, ist ein bescheidener Name für einen Nationalpark mit 55 Munros (▶Baedeker Wissen S. 420) und fünf der höchsten Gipfel Großbritanniens. Die **Skisaison** dauert hier mitunter bis April, auch wenn der Klimawandel spürbar ist. Die drei Skigebiete Cairn Gorm,

CAIRNGORM MOUNTAINS ERLEBEN

AVIEMORE I-CENTRE
Grampian Rd, Aviemore PH22 1PP
Tel. 01479 81 09 30
https://visitcairngorms.com

THE CROSS €€€
»Restaurant with Rooms« in einer ehemaligen Tweedweberei mit ausgezeichneter Küche. Acht hübsche Zimmer und feiner Weinkeller.
Tweed Mill Brae, Ardbroilach Rd
Kingussie, Tel. 01540 66 11 66
https://thecross.co.uk

THE MOUNT VIEW €€€
Seit viktorianischer Zeit ist das Landhaus am River Nethy im Herzen der Cairngorms eine gute Adresse. Gemütliche Zimmer und leckere Küche. Auf geführten Tagestouren können Sie Fischadler, Haubenmeisen und schottische Kreuzschnäbel sehen.
Nethy Bridge PH25 3EB
Tel. 01479 82 12 48
www.mountviewhotel.co.uk

RAVENSCRAIG GUEST HOUSE €
Netter Familienbetrieb mit 14 hübschen Zimmern an der Hauptstraße von Aviemore. Buchen Sie ein Zimmer mit Bergblick.
141 Grampian Road
Aviemore
PH22 1RP
Tel. 01479 81 02 78
www.ravenscraighouse.co.uk

The Lecht und Glenshee haben 38 Abfahrten mit gut 30 km Piste. Großbritanniens höchste Bergbahn, die nach vier Jahren Sanierung 2022 wiedereröffnete **Cairngorm Funicular Railway**, fährt auf den 1245 m hohen **Cairn Gorm** (www.cairngormmountain.co.uk).
Führungen durch die herrliche Natur der Cairngorms | Erw. ab £ 10
www.cairngormmountain.co.uk/ranger-guided-walks

★★ Spektakuläre Bergwelt

Zu Fuß zwischen Steinadlern und Rentieren
Höchster Berg ist der **Ben MacDui** mit 1310 m. Von der Gipfelregion führt ein grandioser Höhenweg 11 km über den Cairn Gorm zur Glenmore Lodge. Bekanntester Wanderweg ist der streckenweise sehr anspruchsvolle **Lairig Ghru**, ein gut 40 km langer Pfad von Aviemore über den Lairig-Ghru-Pass bis nach Braemar. Dafür müssen Sie mindestens acht Stunden einplanen, aber die Mühe belohnt ein fantastisches Panorama. Von Aviemore über den **Ryvoan-Pass** gibt es einen

Nichts als Natur: Die untergehende Sonne lässt den Loch Morlich leuchten.

kürzeren, auch sehr reizvollen Wanderweg: vorbei an Loch Avon bis Nethy Bridge, einem Dorf mit guten Ski- und Angelmöglichkeiten. Zwischen rosaroten Granitbergen erstrecken sich Seen wie **Loch Avon** oder **Loch-an-Eilean** – in seiner Mitte die Burgruine des »Wolfs von Badenoch« –, dazwischen Kiefernwälder, Heidemoore und fischreiche Bergbäche. Hier sind Auerhähne, rote Eichhörnchen, Baummarder, Wildkatzen, Steinadler, Wanderfalken, Merline und Schneehühner zu Hause – und die einzige **Rentierherde Großbritanniens**, 1952 aus Lappland eingeführt, ►Abb. S. 88. Das Glenmore Centre am **Loch Morlich** bietet Touren zur Herde aus gut 150 Rentieren an.

www.walkhighlands.co.uk/cairngorms

Rentier-Gehege: Glenmore, März. – Nov. tgl. 10 – 17 Uhr | Erw. £ 3.50, Kinder £ 2.50 | **Hill Tours** (vorab reservieren): Erw. £ 20, Kinder £ 15
www.cairngormreindeer.co.uk

Ski und Snowboard

Aviemore

Zentrum der Region ist der **Wintersportort** Aviemore mit Schlittschuhbahn, Schwimmbädern und der **Cairngorm Brewery** – probieren Sie das leichte Cairngorm Gold oder das dunkle Wildcat.

Cairngorm Brewery: Dalfaber Industrial Estate | Shop Mo. – Fr. 11 – 17, Sa. 10 – 16 Uhr | Eintritt frei | www.cairngormbrewery.com

Die Royal Zoological Society lässt bitten

Highland Wildlife Park

Rothirsche, Wölfe, Luchse und Biber – bei Kincraig können Sie die Tiere der Highlands sehen, aber auch Tiger, Leoparden und Eisbären.

Tgl. 10 – 17, Juli, Aug. bis 18, Nov. – März bis 16 Uhr | Erw. £ 18.50, Kinder £ 13.50, Familienticket ab £ 35.20 | Täglich mehrere Führungen zu einzelnen Tierarten | www.highlandwildlifepark.org

Der Erfinder der Keltomanie

Kingussie

In Kingussie kam **James Macpherson** zur Welt, der 1760 die angebliche Übersetzung eines gälischen Manuskripts von Ossian, dem Sohn des sagenhaften Schottenkönigs Fingal, herausgab. 15 Jahre nach der Niederlage von ►Culloden lieferte er den Schotten mit dem mystischen Heldenepos ein literarisches Ereignis, dessen Ruf sich wie ein Lauffeuer in ganz Europa ausbreitete. Herder, Brahms und Mendelssohn-Bartholdy (►Staffa S. 237), Schubert, Turner, aber auch Napoleon ließen sich »ossianisch« inspirieren. Trotz berechtigter Zweifel an der Authentizität – Macpherson weigerte sich, die Originale vorzule-

Großbritanniens einzige Rentierherde lebt in den Cairngorm Mountains.

gen – wurden die **Ossian-Verse** zu Bestsellern. Immerhin bescherten sie ihrem Autor und genialen Schwindler ein Herrenhaus in den Highlands und die Beisetzung im Poet's Corner der Westminster Abbey.

Leben in den Highlands anno dazumal

Highland Folk Museum

Zum Freilichtmuseum im benachbarten **Newtonmore** gehören eine viktorianische Lachsräucherei, Uhrmacherwerkstatt, Schule und ein reetgedecktes Black House von den Äußeren ▶Hebriden.

April – Aug. tgl. 10 – 17, Sept., Okt. tgl. 10.30 – 16 Uhr
Eintritt frei | www.highlifehighland.com

Tasting in der höchsten Destille Schottlands

★ Dalwhinnie Distillery

Die Quelle der in 326 m Höhe produzierenden Brennerei fließt durch reiche Torfvorkommen und bringt den zarten Duft blühender Heide mit. Die Destille entstand 1897 südlich von Newtonmore an einem alten Verbindungsweg (A 889) für Viehhändler und Whiskyschmuggler. Der aromatische Whisky gehört zu den Classic Malts und hat einen überraschend intensiven Abgang. Probieren Sie den leichten »Winter's Gold« mit einer Honignote (▶Abb. S. 23).

März – Okt. tgl. 10 – 17, sonst 10 – 16 Uhr | Führungen ab £ 17
www.malts.com/en-row/distilleries/dalwhinnie

★★ CALEDONIAN CANAL

Council Area: Highlands

Nachdem Sie die 29 Schleusen auf knapp 100 Kilometern bewältigt haben, sind Sie ein erfahrener Kanalschiffer. Zwischen Nordsee und Atlantik ist Schottland schon weitgehend vorgekerbt und mit langen Seen bestückt, den Rest besorgte der talentierte Hochlandarchitekt Thomas Telford. Die entschleunigte Bootsreise ist ein meditativer Landschaftstrip.

Der Weg ist das Ziel

Um Heringsfischern und Handelsschiffen die weite und nicht ungefährliche Fahrt durch den stürmischen Pentland Firth an der Nordspitze Schottlands zu ersparen, begann **Thomas Telford** 1803 mit dem Bau des 96 km langen, 6 m tiefen und bis zu 30 m breiten Kanals. Bei der Eröffnung 1822 waren die 29 Schleusen für moderne Schiffe allerdings bereits zu klein. »Lustvolle Extravaganz« nannte der englische Reisejournalist H. V. Morton in den 1920ern seine Fahrt entlang des Kanals, dessen künstliche Bauwerke nur ein Drittel der Gesamtlänge ausmachen. Den größeren Teil bilden die lang gestreckten Beckenseen, im Süden beginnend mit dem Fjord **Loch Linnhe**. Immer unterbrochen durch Kanalbauten, reihen sich die Seen aneinander und münden am Ende in den Moray Firth: **Loch Lochy**, das kleine **Loch Oich** und **Loch Ness**. Heute befahren nur noch wenige Frachtkähne den Kanal, haben Freizeitkapitäne die panoramareiche Wasserstraße zu ihrem Revier erklärt.

★★ Wandern auf dem Wasser

Mit dem Schiff vom Loch zum Meer

Unbeschwert durch traumhafte Landschaft schippern und die Seele baumeln lassen können Sie bei einer Bootstour auf dem Kaledonischen Kanal. Wer nicht auf eigenem Kiel anreist, kann ein **Haus-**

Auszeit am Kaledonischen Kanal: Schippern Sie im Hausboot oder mit einer Segeljacht durch idyllische Landschaften quer durch die Highlands.

CALEDONIAN CANAL ERLEBEN

FORT WILLIAM INFORMATION CENTRE
15, High St. Fort William
Tel. 01397 70 18 01
www.visitinvernesslochness.com

INVERLOCHY CASTLE €€€€
►Baedeker Wissen S. 446

MOORINGS €€€/€€
Populäres Haus direkt an Neptune's Staircase mit Café, Bistro und Panoramablick auf den Ben Nevis
Banavie, Fort William PH33 7LY
Tel. 01397 77 27 97
http://moorings-fortwilliam.co.uk

CRANNOG €€
Leckerer fangfrischer Fisch am Ufer des Loch Linnhe sowie Bootstouren
März -Okt. tgl. 11, 13, 15, Juli, Aug. auch Mo., Mi., Fr. 19.30 Uhr, Erw £ 15, mit Lunch Menü £ 30
Town Pier, Fort William, Tel. 01397 70 55 89, www.crannog.net

SMIDDY HOUSE & RUSSEL'S RESTAURANT €€
Geschmorte Lammschulter, Jakobsmuscheln und Wildterrine aus besten Erzeugnissen der Region, dazu selbst gebackenes Brot und knusprige Croissants zum Frühstück. Das familiäre Gästehaus mit vier netten Zimmern eignet sich ausgezeichnet für einen Genuss-Stopp am Kaledonischen Kanal.
Spean Bridge PH34 4EU
Tel. 01397 71 23 35
www.smiddyhouse.com

FIDDLER'S & OAKDALE €€/€
Netter Familienbetrieb mit B & B, preisgekrönter Whiskybar und gutem Essen, ob Haggis, Lachs, Steaks vom Hochlandrind oder Vegetarisches.
The Village Green
Drumnadrochit, Loch Ness
Tel. 01456 45 06 78
www.fiddledrum.co.uk
www.oakdalerooms.co.uk

boot chartern. Dafür benötigen Sie weder Führerschein noch Fahrpraxis. Die Einweisung in Schiff und Schleusenmanöver erfolgt durch den Vermieter. Schiffsführer müssen mindestens 18 Jahre alt sein, gebucht wird in der Regel wochenweise. Wer nicht selbst am Ruder stehen will, kann sechs Tage bei **St Hilda Sea Adventures** einchecken.

Hausboote: Caley Cruisers in Inverness | www.caleycruisers.com
St Hilda Sea Adventures: www.sthildaseadventures.co.uk

Drehkreuz der Highlands

Fort William

Bis zu vier Mal kommt die West Highland Railway Line täglich aus Glasgow oder Mallaig am Südende des Great Glen im geschäftigen Fort William an mit kleinen Läden und Cafés entlang der **High Street**. Das von William of Orange im 17. Jh. erbaute Fort, dem der Ort seinen Namen verdankt, musste 1890 dem Bau der Eisenbahn weichen. Am Cameron Square zeigt das **West Highland Museum** Hochlandtrach-

DINO NESSIE

Seit mehr als 90 Jahren besitzt Loch Ness eine geradezu magische Anziehungskraft als Heimat eines Seeungeheuers. Realität oder liebevoll gepflegte Legende?

Eine erste Begegnung mit dem **ältesten Bewohner von Loch Ness** soll schon der irische Missionar St. Columba gehabt haben. Sein Biograf Adamnan berichtet 565 von einer Seebestattung, die durch das Wassermonster – »aquatilis bestia« – gestört wurde. »Go thou no further. Quick! Go back!«, rief St. Columba, schlug das Kreuz, und das Ungetüm verschwand tatsächlich in den undurchdringlichen Fluten. Im 16. Jh. erwähnt Hector Boece in seiner »History of Scotland« ein »furchtbares Wesen«, das urplötzlich aus dem tiefen Wasser heraufkam und drei Männer verschlang.

Danach tauchte der Unterwasserdino erst 1933 beim Bau der A 82 am Nordufer wieder auf: An einem heißen Julinachmittag sah das Ehepaar Spicer eine seltsame, sich windende Form die Straße überqueren. Man spekulierte, ein Plesiosaurus habe im See überlebt. Seither wollen Hunderte das »Phänomen« gesichtet haben, darunter respektable Juristen, Mönche und Parlamentsabgeordnete. Im Hochsommer haben Meldungen schon Tradition.
Das berühmteste Porträt des **Nessiteras Rhombopteryx** lieferte der Londoner Gynäkologe Oberst Robert Wilson. Er hatte am 19. April 1934 »etwas auf dem Wasser« gesehen und geknipst: den langen Hals eines Seeungeheuers, das aus den Tiefen des eisigen Loch Ness aufgetaucht war. Wie sich 1994 herausstellte, gehörte Wilson vermutlich zu einem Fünferteam, das den sensationshungrigen Medien einen Streich spielte. Christian Spurling, einer der »Verschwörer«, erzählte 1993 kurz

Bester Ausguck für passionierte Nessie-Fans ist Urquhart Castle direkt am Ufer von Loch Ness.

Vor dem Loch Ness Centre grüßt Dino Nessie.

vor seinem Tod den beiden Loch-Ness-Forschern David Martin und Alastair Boyd vom Nessie-Schwindel. Laut »Sunday Times« hatte Spurling die nach klassischen Vorbildern gebaute Dinoattrappe für das Foto auf ein Spielzeug-U-Boot montiert, und die Sensation war perfekt. Ganz zu schweigen von den wachsenden Besucherströmen einer schaulustigen Öffentlichkeit, folgte eine Vielzahl weiterer Schnappschüsse und Augenzeugenberichte. Vorwiegend sahen sie dinosaurierähnliche, riesige Tiere mit langem Hals, kleinem Kopf, Flossen und einem oder mehreren Höckern, aber auch Seeschlangen wilderer Spezies wurden angeblich ausgemacht.

Wahn oder Wirklichkeit?

Überzeugte Nessie-Fans halten bis heute unbeirrt Ausschau nach dem Seeungeheuer, das der Region pro Jahr gut 30 Millionen Pfund einbringt. In seinem Wohnwagen am Ufer versucht Steve Feltham seit über 20 Jahren die Bestie zu erspähen, bislang ohne Erfolg. Zwei Monster-Ausstellungen in **Drumnadrochit** widmen sich dem Fabelwesen.

Mit audiovisueller Show informiert das **Nessieland Castle Monster Centre** an der Beauly Road über den See und sein geheimnisvolles Wesen. Neben dem Souvenir Shop kann man eine Kreuzfahrt auf der mit Sonargeräten ausgestatteten »Nessie Hunter« buchen – am besten halten Sie die Kamera bereit, man kann nie wissen, was geschieht ... (tgl. 10 –17, Führungen Erw. £ 7, Kinder £ 4, www.nessieland.co.uk).

Das **Loch Ness Centre & Exhibition** an der A 82 unterrichtet in seiner Multimediashow über die Entstehung der Region und den Stand der Nessieforschung. Man sieht erste Fotos, Zeitungsberichte, Unterwasseraufnahmen mit Sonargeräten und die Ergebnisse der 1987 durchgeführten »Deepscan«-Echolotmessungen in dem fischreichen, durch Torfpartikel dunkel verfärbten See, die auf eine mögliche Existenz hindeuten. Zumindest wird der Fortbestand des geliebten Monstermythos nicht in Frage gestellt (tgl. 10 – 17, Nov. – Ostern 10 – 15 Uhr, Erw. £ 8.95, Kinder £ 4.95, einstündige Bootsausflüge auf der »Deepscan«, www.lochness.com).

ten und erzählt von den Bezwingern des Ben Nevis, darunter Henry Alexander, der 1911 als erster Autofahrer mit einem Ford Model T den Gipfel erreichte. Edelsteine, Kristalle und exotische Fossilien sind im Vorort Corpach in **Treasures of the Earth** ausgestellt. Fort William ist Ausgangspunkt für Mountainbike-Touren, Bergwanderungen und Abstecher ins traumhafte Tal **Glen Nevis**, in dem auch für Blockbuster wie Highlander, Rob Roy und Harry Potter gedreht wurde (www.scotlandthemovie.com). Im Ort können Sie Mountainbikes leihen (www.neviscycles.com) und Routenkarten kaufen. Fort William ist Ziel des Fernwanderwegs West Highland Way.

West Highland Museum: Mai – Sept. Mo. – Fr. 10 – 16.30, sonst bis 16 Uhr | Eintritt frei | www.westhighlandmuseum.org.uk
Treasures of the Earth: März – Okt. tgl. 10 – 17, Juli, Aug. bis 18 Uhr Erw. £ 7, Kinder £ 5 | https://treasuresoftheearth.co.uk

★ Ben Nevis

Das ist der Gipfel

Der mit 1343 m **höchste Berg Großbritanniens** heißt übersetzt »von einer Nebelkappe bedeckt«, was an den meisten Tagen des Jahres stimmt. Traumhaft ist das **Alpenglühen** des kahlen, rötlich leuchtenden Granit- und Porphyrmassivs. Der Aufstieg ist nicht zu unterschätzen, besonders im letzten Drittel gibt es ausgedehnte Geröllfelder. Vom Ben Nevis Visitor Centre im Glen Nevis benötigt man für den anstrengenden und oft monotonen Anstieg bis zum Gipfel rund 4 Stunden. Der lange Abstieg ist ebenfalls nicht zu unterschätzen. Entsprechende Ausrüstung, Fitness und Vorräte sind Pflicht. Im September findet ein Wettlauf zum Gipfel statt – der Rekord liegt bei 85 Minuten! Auf dem flachen Gipfel des Ben Nevis stehen Überreste einer 1894 aufgegebenen Wetterstation. An klaren Tagen reicht der Blick bis zu den ▶Hebriden und der irischen Küste. Manche Wanderer übernachten oben im Schlafsack, um den Sonnenaufgang zu erleben – wenn der Nebel mal keinen Strich durch die Rechnung macht. Plötzliche Wetterumschwünge sind nicht selten. »The Ben« fällt nach Süden zunächst allmählich, dann steil zum wildromantischen **Glen Nevis** ab.

https://ben-nevis.com

Nevis Range

Pistenfieber

Das **Skigebiet** nördlich von Fort William hat die höchsten Pisten Schottlands mit Anfängerhängen, schwarzen Abfahrten und Snowboard Fun Area. 15 Min. braucht die Seilbahn zur Snowgoose Station auf 660 m mit Lokal und Skischule. Im Sommer an der Talstation Mountainbike-Verleih für die abenteuerlichen Pisten. Von der Bergstation gelangen untrainierte Besucher zu zwei schönen Aussichtspunkten. Entsprechend ausgerüstete Bergwanderer können den 1237 m hohen Aonach Mor besteigen.

www.nevisrange.co.uk

Ben Nevis: Der höchste Berg der Britischen Inseln ist selten wolkenfrei.

Wandern oder Radeln?

Great Glen

Der **Great Glen Way** führt Wanderer von Fort William über 120 km durch die schönsten Abschnitte bis hinauf nach ▶Inverness. Mit dem Rad folgt man auf ruhigen Nebenstraßen der ebenfalls gut ausgeschilderten **Great Glen Cycle Tour**.

www.greatglenway.com

Steile Treppen für Neptun

Neptune's Staircase

Die größte Schwierigkeit beim Bau des Kaledonischen Kanals bestand für Thomas Telford darin, die Höhenunterschiede zu überwinden. Bereits 12 km nördlich von Fort William warten die spektakulärsten der **29 Schleusen**, die auf nur 500 m durch acht Schleusenstufen fast 20 m ausgleichen – eine technische Glanzleistung.

Entlang der Glen-Seen

Loch Oich und Loch Ness

Am bewaldeten Westufer des kleinen Loch Oich grüßen die Überreste von Invergarry Castle. Die Ruine gehört zum €€€€**Glengarry Castle Hotel** (www.glengarry.net), einer Topadresse der Highlands. Sie dürfen auf den See hinausrudern. Knapp 50 km nördlich von Fort William liegt **Fort Augustus**. Die Reste von General Wades Festung, die zu Beginn des 18. Jh.s am Südende von **Loch Ness** gebaut wurde, übernahmen 1876 Benediktinermönche und gründeten eine Abtei mit Klosterschule – 1998 gingen die letzten Mönche. Wissenswertes über über den Kanal erfährt man im **Caledonian Canal Centre** von Fort Augustus. Der richtige Platz für einen Zwischenstopp ist am Kanalufer das kleine **The Lock Inn** mit Biergarten, vor dem auch Boote festmachen.

Caledonian Canal Centre: Canalside, tgl. 9.30–15 Uhr | Eintritt frei
www.scottishcanals.co.uk

★ Urquhart Castle

►Abb. S. 92

Beste Location fürs Nessie-Spotting

Auch von der trutzig am Westufer des dunklen Loch Ness wachenden Festung aus soll »Nessie« bereits gesichtet worden sein. Vor allem aber ließen sich durch die strategisch günstige Lage vom Castle aus alle Geschehnisse am Great Glen kontrollieren. James IV. übertrug die im 13. Jh. begonnene Burg 1509 an John Grant of Freuchie, dessen Familie 1623 den mächtigen Bergfried ausbauen ließ. Im Jahr 1691 wurde die Burg von der eigenen Besatzung niedergebrannt, damit sie den Jakobiten nicht als Stützpunkt dienen konnte. Stimmungsvoll ist in den Sommer der Dudelsackspieler, der am späten Nachmittag auf dem Gatehouse spielt. Im gegenüberliegenden Visitor Centre findet man die wechselvolle Geschichte des Castle spannend aufbereitet.

HES | April, Mai, Sept. tgl. 9.30–18, Juni–Aug. 9.30–20, Okt. 9.30–17, Nov.–März 9.30–16.30 Uhr | Erw. £ 13, Kinder £ 8

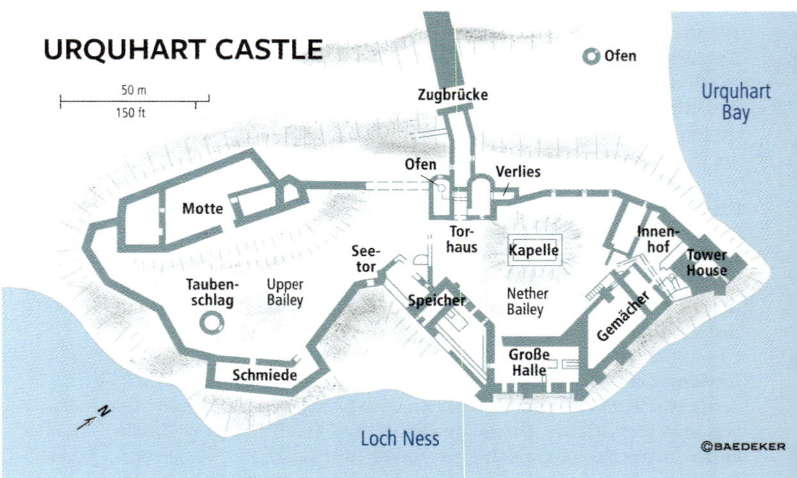

★★ CASTLE TRAIL

Council Area: Aberdeenshire

Immensen Reichtum, Macht und Status spiegeln mehr als 70 wehrhafte Trutzburgen und märchenhafte Prunkschlösser westlich von ►Aberdeen wider. Die 19 schönsten erschließt der 240 km lange Castle Trail. Über 700 Jahre liegen zwischen den ersten normannischen Türmen und den schmucken Tower Houses des 19. Jahrhunderts. Die meisten der gut erhaltenen Familiensitze werden heute vom National Trust oder Historic Environment Scotland geführt. Weshalb Sie auch überall reinstaunen und sich ein paar Inspirationen fürs eigene Heim holen können.

My Home is a Castle

★ Castle Fraser

Spannend sind die asymmetrischen Dimensionen, geschuldet der unterbrochenen Hauptbauzeit zwischen 1575 und 1636. Das bis 1921 den Frasers gehörende wohnliche Castle 26 km westlich von ►Aberdeen zieren Ecktürmchen, Runderker und ein abgesetzter Konsolenfries. Der mittelalterliche Bergfried wurde im 16. Jh. durch einen fünfstöckigen Flügel, quadratischen Turm und siebenstöckigen Rundturm erweitert. Im 17. Jh. folgten zwei Wirtschaftsflügel. In der eleganten Great Hall werden oft Konzerte gegeben. Vom Laird's Lug, einer Geheimkammer, konnte man sogar Geflüstertes in der Halle belauschen.
NTS | April–Juni Fr. – Mo. tgl. 10.30–16.30, Juli–Aug. tgl., Sept.–Okt. tgl. 10–16 | Erw. £ 14.50, Familie £ 33

Zeit für eine Pause

Morgan McVeigh's Cafe & Shop

Nur 8 km nördlich in Colpy an der A 96 können Sie einen genussvollen Zwischenstopp einlegen – im Shop werden Schottisches für die Lady, Whisky, Keramik, Käse und hausgemachter Kuchen verkauft.
tgl. 9 – 16 Uhr | www.morganmcveighs.com

Once upon a time

★★ Craigievar Castle

Mit seinen Kegeldächern, Staffelgiebeln und Runderkern, steinernen Zierkanonen und einem umlaufenden Kragsteinfries hat das hübsche kleine Castle etwas echt Märchenhaftes. Urkundlich erwähnt wird es erstmals 1457 als Sitz der Familie Mortimer, die Ende des 16. Jh.s mit dem Bau begann. Wegen finanzieller Schwierigkeiten musste sie ihn aber an William Forbes verkaufen. »Danzig Willie«, wie der neue Eigentümer auch genannt wurde, hatte sein Vermögen im Handel mit den baltischen Häfen erworben. Er ließ sich 1610 – 1626 den fünfstöckigen Wohnturm errichten. Da man im Hochland über wenig Bauholz verfügte, versuchten die Architekten möglichst viele Räume unter einem kleinen Dach zu vereinen, in Craigievar immerhin 19.

Wie aus dem Bilderbuch: das Turmschloss Craigievar Castle

Höhepunkte sind die stuckverzierte Great Hall im Renaissancestil mit holzgeschnitzter Wandtäfelung und die Long Gallery mit Ballsaal.
NTS | wegen Renovierung bis 2024 geschlossen

Romantische Ruine mit tollem Garten

Kildrummy Castle

Immer wieder stritten Engländer und Schotten um den Sitz des Grafen von Mar, bis die Festung 8 mi / 13 km westlich von Alford 1715 nach dem gescheiterten Jakobitenaufstand geschleift wurde. Ein breiter Wehrgraben umgibt die Ruine der **normannischen Burg** mit vier Rundtürmen des 13. Jh.s. Im wildromantischen Schlossgarten blühen Rhododendren, Azaleen und alte Rosensorten.
HES | April – Sept. So., Mo. 9.30 – 17.30 Uhr | Erw. £ 7

Mitten in der Einsamkeit

Corgarff Castle

Einst strategisch wichtig an einer der Hauptrouten zwischen dem ►Dee Valley und dem Speyside, thront auf einer Anhöhe am Lecht-Pass ein schneeweißer Wehrturm des 16. Jh.s, der 1738 mit einer **sternförmigen Wallanlage** gesichert wurde. Eine alte Hochlandballade erzählt von der schwangeren Margaret Forbes, der Gattin des

Hausherrn. Als alle männlichen Mitglieder des Clans 1571 nicht im Schloss waren, nutzten die Gordons den Tag, um die Burg zu belagern. Doch die Frauen leisteten Widerstand. Daraufhin wurde Corgarff in Brand gesetzt – nur Margaret konnte sich nach Irland retten, wo sie später ihren Sohn zur Welt brachte. Nach dem Jakobitenaufstand bezogen 1748 hannoveranische Truppen auf der Burg Quartier. Ihnen folgten die englischen Rotröcke, deren unpopuläre Aufgabe darin bestand, Whiskyschmugglern das Handwerk zu legen.
HES | April – Sept. Di. – Do. 9.30 – 17.30 Uhr | Erw. £ 7

Sweet satisfaction

Dean's of Huntly

Begonnen hatte alles vor über 40 Jahren, als Helen Dean ihr köstliches **Shortbread** für einen Wohltätigkeitsbazar in **Huntly** stiftete und dort begeisterten Anklang fand. Wenig später eröffnete sie eine kleine Bäckerei, heute exportiert Dean's of Huntly in alle Welt. Gebacken wird das Shortbread immer noch nach Helens Rezept, inzwischen auch glutenfrei. Wer Lust hat, kann in der Fabrik an der Depot Road zusehen und sich Shortbread mitnehmen.
Mi. – Fr. 9 – 15.30, Sa., So. 10 – 16 Uhr | Eintritt frei | www.deans.co.uk

Hochlandrinder und Soay-Schafe ...

Leith Hall

... die sonst nur noch auf der Insel ►St. Kilda vorkommen, grasen im Park des eleganten Herrenhauses in **Huntly**, das nur mit Führung zu besichtigen ist. Die Familie Leith-Hay vermachte ihr Anwesen mit toller Möblierung und Kunst nach zehn Generationen dem National Trust.
NTS | Park tgl. 10 – 16 Uhr | Haus, Shop & Tearoom: April – Sept. Fr. – Mo 10.30 – 16.30 Uhr | Erw. £ 13

Die Kunst der Falknerei

Huntly Falconry

Auf der Broadland Farm bei Cairnie wird in den Sommermonaten die Abrichtung verschiedener Greifvögel wie Falken, Habichte, Eulen und Adler vorgeführt – einst Vorrecht des Adels.
April – Okt. tgl. 10.30 – 16.30 | Flugschau 11, 12.45, 14.30 Uhr
Erw. £ 9, Kinder £ 6 | www.huntly-falconry-centre.com

Fünf Familien ...

★★ Fyvie Castle

... haben die Geschichte der **prachtvollen Schlossanlage** 25 km östlich von Huntly geschrieben und den fünf Türmen ihren Namen gegeben. »Fyvie« bedeutet im Gälischen »Hügel der Hirsche«. Bereits zu Beginn des 12. Jh.s logierten hier Schottlands Monarchen in einer hölzernen Wehranlage, die im 14. Jh. mit Steinmauern verstärkt wurde. 1596 kaufte Alexander Seton das Anwesen und ließ es im schottischen Baronialstil dekorativ mit kleinen Ecktürmchen, Erkern, Kegeldächern und gestuftem Gesims versehen. Hundert Jahre später verlieh Robert White den Räumen herrliche Stuckdecken, erhalten blieb leider nur die im Morning Room. Mitte des 18. Jh.s ließ William Gordon das

CASTLE TRAIL ERLEBEN

WWW.VISITSCOTLAND.COM

VisitScotland hat online eine 6-tägige Rundreise durch »Schottlands Burgenland« samt Karte zusammengestellt. Teile des Castle Trail lassen sich bequem als Tagesausflüge von ►Aberdeen oder von ►Deeside aus organisieren. Auch bei einer Fahrt entlang der Nordostküste lassen sich Abstecher zu den berühmten Burgen und Schlössern einbauen.

KILDRUMMY INN

€€€/€€

Klassischer Landgasthof im Don-Tal mit Himmelbetten, familiärer Atmosphäre, fantastischem Frühstück und guter schottischer Küche unweit der Burgruine von Kildrummy

Kildrummy AB33 8QS
Tel. 01975 57 12 27
http://kildrummyinn.co.uk

Sumpfgelände vor dem Ostflügel für einen Landschaftspark trockenlegen. Das Porträt des Hausherrn in romantischer Pose als Highlander vor dem Kolosseum in Rom entstand 1766 während einer Italienreise. Finanznöte zwangen seine Erben 1889 zum Verkauf an den Stahlmagnaten Alexander Leith, der das Schloss mit Brüsseler Tapisserien und Gemälden von Raeburn, Romney und Hoppner ausstattete.

NTS | April -Dez. Do.- So. 10.30-16.30 Uhr | Park ganzjährig 9 Uhr bis Sonnenuntergang | Erw. £ 14.50

Für Adel und Premierminister

★ Haddo House

Entworfen wurde der stattliche Herrensitz 16 km südöstlich von Fyvie 1731 im Auftrag des zweiten Earl of Aberdeen von **William Adam**. 1880 erfuhr die Prunkvilla eine viktorianische Umgestaltung im neoklassizistisch-palladianischen Stil mit filigranem Stuck und zarten Pastelltönen. Zur Gemäldesammlung gehören zwei van Dycks und Aquarelle von Burgen in Aberdeenshire, die James Giles für den vierten Earl als Buchillustrationen malte. Die Ostfenster der Kapelle stammen vom Präraffaeliten Edward Burne-Jones. Speziell ist die Zitronenbaum-Allee. Unter den Hausherren war auch George Hamilton-Gordon, 1852 – 1855 britischer Premier.

NTS | Haus Feb. -Okt. Fr. -Mo., Besichtigung nur mit Führung 11 -15 Uhr | Erw. £ 14.50 | Courtyard Café 10 -16 Uhr | Park tgl. 9 Uhr bis Sonnenuntergang | Eintritt frei

Feierliche Gartenstrenge

Pitmedden Garden

Sir Alexander Seton, der erste Baron von Pitmedden, legte 1675 den Grundstein für die farbenprächtige Parkanlage 23 km nordwestlich von ►Aberdeen. Streng geometrisch gruppieren sich um den zentralen Brunnen kunstvolle Blumenmuster, gestutzte Buchsbaumhecken und

Sträucher zu einem **Meisterwerk barocker Gartenkunst**. Ein wirklich schöner Platz für ein Picknick mit einer Runde Pétanque im Arreal. Im Frühjahr blühen hier Obstbäume, im Sommer lockt ein Waldspaziergang.
NTS | April, Mai, Sept., Okt. Do.–Mo. 10.30 - 16.30, Juni–Aug. tgl. 10.30–16.30 | Eintritt Erw. £ 9

Love hops and live the dream ...

BrewDog

... lautet die Firmenphilosophie, die in Leuchtschrift über der Flaschenabfüllung steht. Die unglaubliche Erfolgsstory der größten schottischen **Craft-Beer-Brauerei** begann 2007 in Fraserburgh, als die Studenten James Watt und Martin Dickie ihr erstes selbst gemachtes Ökobier abfüllten. Mit provokanten PR-Videos und ungewöhnlichen Biersorten lösten sie einen Boom der Mikrobrauereien aus. Heute hat BrewDog über 2000 Mitarbeiter, mehr als 100 eigene Pubs in mehreren Ländern, eine eigene Whisky-Destille, drei Hotels sowie einen hochmodernen Anlagenkomplex am Ortsrand von **Ellon**.
Brauerei-Tour auf Anfrage £ 15 | www.brewdog.com

Fünf Familien haben Fyvie Castle zu einem Juwel am Castle Trail gemacht.

★ CLYDE VALLEY

Council Area: South Lanarkshire, Dumfries and Galloway

Das Tal des Clyde ist voller Überraschungen, von donnernden Wasserfällen bis zum weltberühmten Industriedenkmal New Lanark, das weit mehr ist als ein sozialistisches Utopia.

Doon the watter

Der Clyde entspringt in den heidebedeckten Lowther Hills unweit von Wanlockhead. Zwischen schroffen Felswänden ergießen sich die Wasser bis zu den mächtigen **Falls of Clyde** bei New Lanark. Ihre dramatische Schönheit begeisterte Dichter und Maler der Romantik, von Wordsworth bis Scott, Coleridge und Turner. Industriepioniere wie Richard Arkwright, David Dale und Robert Owen, die in ▶Glasgow, New Lanark und Blantyre große Baumwollspinnereien gründeten, verdienten mit der gewaltigen Wasserkraft. Im Tal des Clyde wechseln grüne Wälder, Gärten und Obstplantagen mit idyllischen Dörfern ab. Bei Coatbridge beginnt die industrielle Flusslandschaft bis ▶Glasgow, dessen Arbeiter einst »doon the watter« in Urlaub ans Meer fuhren.

★ New Lanark

Vision einer besseren Welt

»Wir sind die Vergangenheit … aber wir sind auch Teil der Zukunft«, begrüßt Annie McLeod die Besucher der einst **größten Baumwollspinnerei Schottlands**. Auf einer Multimedia-Zeitreise führt das

Fast unverändert erhalten: Wo und wie die Arbeiter der Baumwollspinnerei um 1900 in New Lanark lebten, zeigt das viktorianische Millworkers' House.

fiktive, 10-jährige Fabrikmädchen 1820 durch die Mustersiedlung des Sozialreformers **Robert Owen** (1771 – 1858), 25 mi/40 km südöstlich von ▶Glasgow am Ufer des River Clyde. Schon im 19. Jh. war sie ein bekanntes Reiseziel für technisch und sozial Interessierte wie Preußens Baumeister Friedrich Schinkel, der 1826 auf dem Weg nach Edinburgh in New Lanark Station machte. In den mehrstöckigen Fabriken und Wohnhäusern lebten und arbeiteten bis zu 2500 Menschen. Zum großen Erstaunen seiner Konkurrenten war das sozialistische Utopia wirtschaftlich erfolgreich. Die 1785 begonnene Produktion von Garn und Textilien, später auch von Zelten, Seilen und Fischernetzen, wurde erst 1968 eingestellt. 1983 begann die sorgsame Restaurierung, heute bietet die **UNESCO-Welterbestätte** Einblick in längst vergangene Zeiten.
In die alten Reihenhaussiedlungen sind wieder Familien und Kunsthandwerker eingezogen, einige Häuser dienen als Geschäfte, Jugendherberge und Hotel. Robert Owen's House war seinerzeit das einzige mit mehr Zimmern als Bewohnern. Wie damals die ideale Wohnung für eine Arbeiterfamilie auszusehen hatte, verdeutlicht das **Millworkers' House** mit Einrichtungen von 1820 bis 1930. In der Spinnerei Nr. 2 haben Sie ausgiebig Gelegenheit, warme Pullover, kuschelige Fleece, Schals, Outdoorjacken, Sweets und Souvenirs für die ganze Familie einzukaufen – und nicht selten gibt es echte Schnäppchen. Gönnen Sie sich zum Schluss noch einen Spaziergang (30 Min.) zu den tosenden **Clyde-Wasserfällen** bei Corra Linn im Scottish Wildlife Reserve, die fast 30 m in die Tiefe stürzen.

New Lanark World Heritage Site: Siedlung rund um die Uhr zugänglich, Eintritt frei | Innenbesichtigungen und Führungen: Fr. – Mo. 11 – 16 Uhr | Erw. £ 13.50, Kinder £ 6 | www.newlanark.org

Angenehme Überraschung

★ Biggar

Das lebhafte Städtchen Biggar ist ideal, um das Clyde Valley zu erkunden. Im **Museum of Biggar and Upper Clydesdale** an der High Street zeigt eine Ladengasse aus viktorianischer Zeit, wie Fotografen, Schneider und Schuhmacher einst ihrem Beruf nachgingen. Auch über die blutigen Covenanter-Religionskriege in der zweiten Hälfte des 17. Jh.s wird informiert. Das **Gasworks Museum** erinnert an bahnbrechende Erfindungen, als nach 1812 Gaswerke einen ungeahnten Aufschwung nahmen und Straßen wie Privathäuser mit Gaslicht versorgten. In Biggars kleinem viktorianischen **Puppentheater** mit 100 Plätzen finden das ganze Jahr über Aufführungen statt. Fast 600 Figuren hat Familie Purves für die selbst erfundenen Stücke gebastelt – ein unvergessliches Erlebnis.

Hotel: S. 104 | **Museum:** www.biggarmuseumtrust.co.uk | tgl. 10 – 17, So. ab 13 Uhr | Erw. £ 5 | **Gasworks Museum:** HES | derzeit geschl. | **Biggar Puppet Theatre:** 8 Broughton Road | tgl. Vorführungen Ticket £ 12 | Tel. 01899 22 06 31 | www.purvespuppets.com

CLYDE VALLEY ERLEBEN

WWW.VISITLANARKSHIRE.COM

CORNHILL CASTLE €€€
Das elegante Renaissanceschlösschen am Clyde hat neun wunderschöne Gästezimmer. Auf der Speisekarte stehen Lachs und Wild der Region.
Coulter, Biggar ML12 6QE
Tel. 01899 22 00 01
www.cornhillcastle.co.uk

NEW LANARK MILL €€€/€€
Preisgekrönter Umbau einer Textilfabrik aus dem 18. Jh. im Zentrum des UNESCO-Weltkulturerbes
Mill No. 1, New Lanark Mills
Lanark ML11 9DB
Tel. 01555 66 72 00
www.newlanarkhotel.co.uk

Glück auf!

Wanlockhead

Rund um das mit 463 m höchstgelegene Dorf Schottlands wurde jahrhundertelang nach Gold und Blei geschürft. Die **Bleiförderung** der Lowther Hills deckte bis zu 80 % des britischen Bedarfs. Im **Museum of Lead Mining** um die alte Dorfschmiede mit Besucherzentrum bekommen Sie den obligatorischen Helm verpasst, um die 800 m in den Berg zu gehen, wo die Entwicklung der Abraumtechnik erklärt wird. Vom harten Leben der Grubenarbeiter erzählen die **Straitsteps Cottages** des 18./19. Jh.s. Anschließend darf nach Gold geschürft werden.

Lead Mining Museum: April – Sept. tgl. 11 – 16.30 Uhr | Minentour tgl. 11.25, 12.25, 13.55, 14.55, 15.55 | Erw. ab £ 22, Kinder ab £ 9
www.leadminingmuseum.co.uk

Afrikaforscher und Missionar

David Livingstone Centre

Das Museum erzählt von **David Livingstone**, der hier 1813 in der Shuttle Row in **Blantyre** zur Welt kam. Er studierte in Glasgow Griechisch, Theologie und Medizin und schiffte sich 1841 nach Südafrika ein. Als erster Europäer durchquerte er den afrikanischen Kontinent vom Atlantik bis zum Indischen Ozean. Er achtete die Afrikaner und lernte ihre Sprachen und Sitten. Höhepunkt war seine Entdeckung der Wasserfälle des Sambesi im heutigen Simbabwe, die er zu Ehren seiner Königin »**Victoriafälle**« nannte. Danach blieb er verschollen, bis ihn der Korrespondent des New York Herald, Henry Morton Stanley, am Tanganjikasee aufspürte: »Doktor Livingstone, nehme ich an« wurde zum viel zitierten Bonmot. Gemeinsam forschten sie vergeblich nach den Nilquellen. Die Victoriafälle machten Livingstone zum Nationalhelden. Man errichtete Denkmäler für ihn. Seine Bücher wurden Bestseller und gelten bis heute als wichtige Forschungsdokumente. Er starb in Sambia, wurde aber in der Westminster Abbey in London beigesetzt.

NTS | tgl. 10–17 Uhr | Erw. £ 7.50 | www.david-livingstone-birthplace.org

COWAL UND BUTE

Council Area: Argyll and Bute

Als die Arbeiter von Glasgow zum ersten Mal Ferien bekamen, waren Cowal und die Insel Bute ihr liebstes Nahziel für Ausflüge mit dem Dampfschiff. Die Welt war eine Auster, die sich langsam für sie öffnete. Tolle Austern gibt's immer noch – auf dem Teller.

Halbinsel Cowal

Sympathisches Seebad

Dunoon

Der Hauptort ist bekannt für sein **Highland Gathering**, zu dem Ende August über 150 Dudelsackbands antreten. Im **Castle House**, 1820 auf einem Hügel erbaut, ist die Lokalgeschichte dokumentiert. Davor

Blasen, pressen und spielen: Drei Bordunpfeifen sorgen für den typischen Unterton des Dudelsack-Sounds; auf der Chanter wird die eigentliche Melodie gespielt.

grüßt die Statue der »Highland Mary« die Seefahrer auf dem Clyde. Sie war eine Geliebte von Robert Burns und wurde von ihm in seinen Werken verewigt. An die goldenen Seebadzeiten erinnert im ruhigen Hafen heute der leider verfallende alte Seebad-Pier.
Castle House Museum: Ostern – Okt. Di. – Sa. 10 – 16 Uhr | Erw. £ 3
www.castlehousemuseum.org.uk

★ Benmore Botanic Garden

Blühendes Erbe viktorianischer Botaniker
Im Ableger des Royal Botanic Garden von ►Edinburgh wurden schon 1863 **Riesenmammutbäume** gepflanzt, von denen vier Dutzend eine gut 50 m hohe Allee bilden. Auf 50 ha versammeln sich 300 Rhododendron-Arten und ein Drittel der weltweit wachsenden winterharten Koniferen, blühende Gehölze aus Südamerika, Tasmanien, Japan und dem Himalaya. Der Garten spiegelt die Zeit des British Empire, als Botaniker in den entlegensten Winkeln der Erde exotische Flora sammelten und diese auch ins pflanzenarme Schottland mitbrachten, wo sie im Schutz des Golfstroms bis heute prächtig gedeiht.
März – Okt. tgl. 10 – 17 | Erw. £ 7.20 | www.rgbe.org.uk

★ Loch Fyne

Austern, Jachten und Entspannung
Südwestlich von Cairndow erstreckt sich der für seine **Austern** bekannte Loch Fyne. An seinem Ostufer finden Segler einen der modernsten Jachthäfen Großbritanniens: **Portavadie Marina** mit Platz für 230 Motorboote und Segeljachten bis 70 Fuß. Auf Feriengäste warten luxuriöse Appartements, gemütliche Cottages, eine Lodge und das ausgezeichnete Marina Restaurant mit Bar und Blick auf den Hafen – probieren Sie hier den hausgebeizten Argyll-Lachs, fangfrische Langusten aus dem Loch Fyne oder sanft geschmortes Lamm von den Orkneys. Direkt am Meer verwöhnt ein Spa & Leisure Centre.
Portavadie Marina: Tel. 01700 81 10 75
www.portavadiemarina.com

Kyles of Bute

Hotspot für Segeltörns
Golfer wie Segler schätzen **Tighnabruaich** für seine Lage an den verzweigten Gewässern der Kyles of Bute. Die örtliche **Sailing School** verspricht spannende Törns für Anfänger und Fortgeschrittene. Die Gewässer hier sind recht geschützt: Warum machen Sie nicht mal einen 2-tägigen Kurs (ab £ 250)?
www.tssargyll.co.uk | www.kylesofbutegolfclub.co.uk

Isle of Bute

Von Jazz bis Highland Games

Hier wird gern Party gemacht
Auf Bute kann man vom Jazz Festival im Mai über die Regatta The Round Bute Yacht Race Mitte Juni bis zum elftägigen Highland Festi-

HALBINSEL COWAL ERLEBEN

THE ROYAL MARINE €€
Gemütliches viktorianisches Hotel mit Seeblick und guter Küche in Ghillies Biergarten oder der Kintyre Bar & Restaurant
251 Marine Parade
Kirn, Dunoon PA23 8HJ
Tel. 01369 70 58 10
www.royalmarinehotel.co.uk

val im August alles erleben, was die Schotten erfreut. Nicht zu vergessen sind die obligatorischen Highland Games mit Dudelsack, Pipebands und Hammerwerfern! Die **Segelschule Butesail** bietet ein Traumrevier und verbindet beim Sail Trail Segeln mit Wandern.
www.clydecruisingclub.org
www.butesail.com

Gentlemen only!

Rothesay

Schmuckstück des Hauptortes an der Ostküste ist der **Winter Garden** aus den 1920ern, eine schöne Ergänzung zu den viktorianischen Bauten am Pier. Echter Hingucker jener Zeit sind dort die öffentlichen Gentlemen's **Toilets** von 1899 mit Mosaiken und Keramik in Marmor-Optik – wenn sie leer sind, dürfen auch Frauen den Prunk betrachten. Tatsächlich gab es um 1900 keine Damentoiletten. Heute ist das natürlich anders, aber so schön wie die der Herren sind sie nicht. Wuchtig wirkt die Burg aus dem 13. Jh. im Ort. Als einzige Wehranlage Schottlands weist **Rothesay Castle** vier runde Ecktürme um einen runden Innenhof auf. Das **Bute Museum** in der Stuart Street widmet sich der großen Zeit der Clydeschiffe. Spannend für Hobbygärtner sind die schönen Fuchsien, Begonien und Kakteen der **Ardencraig Gardens**.
Rothesay Castle: HES | April – Sept. tgl. 10 – 16, Okt. – März Di. – Do., Sa.13.30 – 15.30 Uhr | Erw. £ 4 | www.butemuseum.org.uk
Ardencraig Gardens: Mai – Sept. Mo. – Fr. 9 – 16, Sa., So. 13 – 16.30 Uhr | Eintritt frei | www.gardens-of-argyll.co.uk

Der Hausherr war seiner Zeit voraus

★ Mount Stuart House

Das neogotische Traumhaus an Butes Ostküste ist in jeder Hinsicht phänomenal. Bei der Modernisierung in den 1870ern gönnte sich **John Chrichton-Stuart**, 3. Marquess of Bute und damals reichster Brite, die erste Elektrifizierung, Zentralheizung, einen beheizten Pool und Telefon. Der sehr gebildete Industrielle und Rektor der Universität in ►St. Andrews konvertierte zum katholischen Glauben, beschäftigte sich jedoch intensiv mit dem Buddhismus und anderen Religionen. Das Horoskop im Schlafzimmer zeigt, wie die Sterne am Geburtstag des Hausherrn 1847 standen. Italienischer Marmor schmückt die Große Halle, die weiße Kapelle entstand nach Vorbild der Kathedrale von Sa-

ISLE OF BUTE ERLEBEN

WWW.VISITBUTE.COM

An der schmalsten Stelle der Kyles of Bute setzen Autofähren von Caledonian MacBrayne von Colintrave nach Rhubodach über, Rothesay kann man auch direkt vom Festland mit der Autofähre von Wemyss Bay ansteuern, der Endstation der Bahnverbindung von Glasgow – der schönste viktorianische Bahnhof Schottlands.

ETTRICK BAY TEA ROOM €

Der Strand vor der Tür sieht großartig aus und ein Gang dort macht sicher Appetit. Passend sollten Sie einen Topf Muscheln bestellen, danach selbst gemachten Kuchen und eine Tasse Tee.
Heide Vreugd
Rothesay
Tel. 01700 500223

ragossa. Im Dining Room hängen Gemälde von Ramsay, Reynolds und Gainsborough. Das weitläufige Interesse des Magnaten bezeugt der sensationelle Fund einer Erstausgabe von Shakespeare.
Mitte April – Okt. Garten tgl. 10 – 17, Haus & Café 12 – 15 Uhr
Erw. £ 13.70, Kinder £ 7.90 | www.mountstuart.com

CULLODEN

Council Area: Highland

In dieser windigen, von Erlen gesäumten Moorlandschaft fand am 16. April 1746 die letzte große Schlacht auf schottischem Boden statt. Sie besiegelte das Schicksal der Stuarts und deren Anspruch auf die britische Krone, machte aus dem Traum der Highlander ein nationales Trauma und läutete das Ende des Clansystems ein.

Die Schlacht 2.0

Culloden Battlefield Visitor Centre

Schotten können alles stricken, auch Legenden! Wenn Sie wissen wollen, wie man eine blutige Niederlage in Film, Prosa und Poesie versilbert, dann schauen Sie im Culloden Moor 10 km östlich von ►Inverness vorbei. Das Schlachtfeld ist vom NTS in den Originalzustand des 18. Jh.s versetzt worden. Im Besucherzentrum wird der Ablauf der Schlacht multimedial inszeniert. Am Ende werden Führungen über das Schlachtfeld angeboten.

NTS | Visitor Centre, Ausstellung: tgl. 10 – 16 Uhr | Erw. £ 14
Zugang zum Schlachtfeld rund um die Uhr Eintritt frei

Jährlich wird der Toten gedacht

Denkmäler

Zu beiden Seiten der ehemaligen Straße liegen die Grabsteine der schottischen Clans, die der Besitzer von Culloden House, Duncan Forbes, 1881 errichten ließ. Er ließ auch den 7 m hohen Gedenkstein der Schlacht von Culloden setzen. Am nächstliegenden Samstag zum 16. April findet hier die jährliche Gedenkfeier für die Opfer der Schlacht statt. Im **Old Leanach Cottage**, dem letzten noch originalen Bauernhaus aus jenen Tagen, erklingt die melancholische gälische Volksweise »Mo Run Gealog« (»Meine schöne junge Liebste«). **Steinerne Zeugen** übersäen das gesamte Feld: Der Keppoch-Stein

Letzte Bauernkate am Schlachtfeld von Culloden: das Old Leanach Cottage

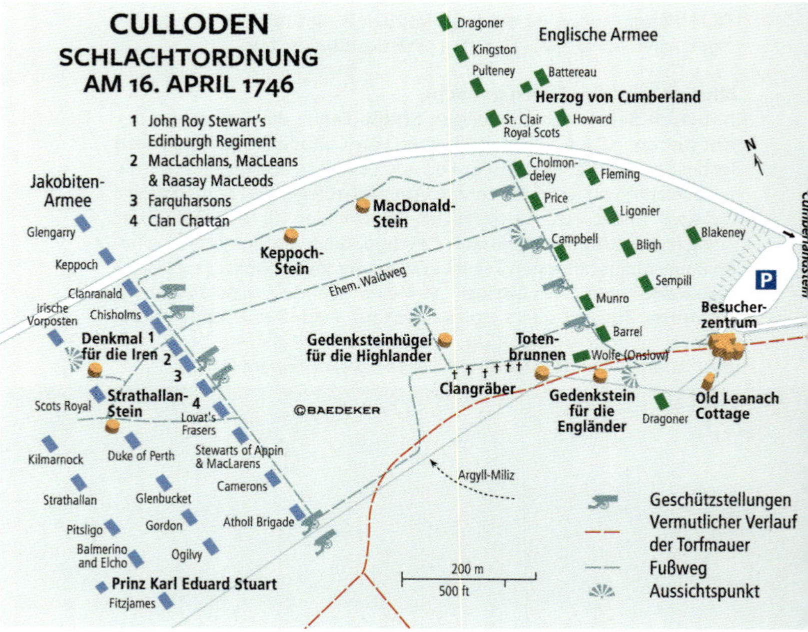

verweist auf den gefallenen Keppoch-Clanchef Alasdair MacDonnell. Ein Gedenkstein steht für die irischen Wild Geese, Söldner im Dienste der französischen Krone, die auf der Seite der Highlander kämpften. Der »Englische Stein« westlich vom Old Leanach Cottage steht für die Gefallenen auf Cumberlands Seite – wohlgemerkt Engländer und Schotten!

Erste Erfolge des Stuart-Prinzen

Vorkämpfe der Schlacht

Am **16. April 1746** trafen in Culloden die Truppen von Prinz Charles Edward Stuart (»Bonnie Prince Charlie«) und des Herzogs von Cumberland aufeinander. Es war die entscheidende Schlacht zwischen den Jakobiten, Anhängern des schottischen Königs James II., und den Hannoveranern, die für George II. ins Feld zogen. Erst im Jahr zuvor war der 25-jährige »**Bonnie Prince Charlie**« aus dem Exil in Frankreich auf die ►Hebriden gekommen, hatte die Clans um sich versammelt und war gen Süden gezogen, um den Anspruch seines Vaters gegen die Hannoveraner durchzusetzen. Als er bis Derby vorgestoßen war und in London schon die Angst vor seinem bevorstehenden Angriff grassierte, kehrte er dennoch um, weil er unterwegs kaum Unterstützung erhielt. Nach einem langen Winter in

Schottland wartete er schließlich bei Inverness auf den nach Norden marschierenden Herzog von Cumberland.

Niederlage und Untergang der Clans

Falsche Wahl

Mit der Wahl des Prinzen für das topfebene Gelände von Culloden für die Schlacht war im Grunde die Entscheidung schon gefallen. Die Highlander kannten nur eine Taktik: überfallartiges Vorrücken – der Rest musste im Nahkampf Mann gegen Mann erledigt werden. Culloden war dagegen maßgeschneidert für die disziplinierten Truppen Cumberlands mit ihrer Artillerie, darunter auch drei schottische Regimenter. Etwa 5000 Clansmen standen 9000 Redcoats gegenüber. Cumberlands Musketiere eröffneten mit einem Kugelhagel aus Dreipfündern und Handmörsern. Charles hingegen zögerte, das Kommando zum Angriff zu geben. Was überraschend, laut und furchterregend den Feind in die Defensive zwingen sollte, geriet zögerlich, ungeordnet und opferreich. In weniger als einer Stunde war das Schottenheer geschlagen und hatte mehr als 1200 Tote zu beklagen. Auf 350 wird die Zahl der Gefallenen auf Cumberlands Seite geschätzt. Gefangene wurden nicht gemacht. Fliehende und Verwundete wurden erbarmungslos niedergemetzelt, auch Frauen und Kinder wurden nicht verschont. Dafür erhielt der siegreiche **Herzog von Cumberland** den unrühmlichen Beinamen »der Schlächter«. Das grausame Morden dauerte noch Tage. Rotröcke patrouillierten auch in den letzten Winkeln der Highlands und suchten nach versteckten Jakobiten. Das Tragen von Tartan, Kilt und Waffen sowie das Spielen von Dudelsäcken wurde unter schwere Strafe gestellt und jeder musste einen Eid auf den König ablegen. 1747 wurde schließlich der Unionsvertrag gebrochen: Die Änderung des Gesetzes über erbliche Gesetzesgewalt zerschlug die Macht der Clanhäuptlinge endgültig – das alte Hochland war geschleift.

Flora und der Prinz

Auf der Flucht

Prinz Charles konnte fliehen und erreichte mit Hilfe von **Flora MacDonald** (►Baedeker Wissen S. 252) von den ►Hebriden aus per Schiff Frankreich. Er endete in Rom, wo er 42 Jahre später übergewichtig, krank und als Alkoholiker starb. Die **Legende um Bonnie Prince Charlie** aber lebt weiter, verewigt in ungezählten Balladen, Liedern wie »My Bonnie is over the Ocean«, in Romanen und Filmen wie der jüngsten Highland-Saga »Outlander«.

Bronzezeitgräber abseits des Schlachtfelds

Clava Cairns

Definitiv eine der spirituellsten und größten Grabstätten Schottlands. Ihre Abgeschiedenheit knapp eine Meile südöstlich von Culloden hebt diese 4000 Jahre alten Gang- und Ringgräber aus den 45 Clava Cairns in Invernessshire heraus. Achten Sie auf Cup- und Ring-Markierungen – solche Petroglyphen finden Sie auf ►Orkney nicht. Folgen Sie den Hinweisschildern und genießen Sie die Einsamkeit.

★ DEESIDE

Council Area: Aberdeenshire

Im Dee-Tal erliegen selbst Königinnen dem Charme Schottlands. Victoria wollte und bekam hier ihr Märchenschloss. Elizabeth und die Ihren brauchten nur noch einzuziehen – seit 1852 verbringen die Royals auf Balmoral Castle ihren Sommerurlaub.

The Queen, the Queen

Am Flussufer führt der »**Victorian Heritage Trail**« zu stattlichen Wohntürmen und verträumten Dörfern, in denen die Erinnerung an Königin Victoria weiterlebt. Sie verliebte sich Mitte des 19. Jh.s in diese Gegend und erkor sie zu ihrem persönlichen Refugium.

Drum Castle

Seinem treuen Fahnenträger William de Irwyn ...

... verlieh Robert the Bruce 1323 das Privileg über den königlichen Wald von Drum, 10 mi / 16 km westlich von ►Aberdeen. Über Jahrhunderte blieb die Burg mit mächtigem Wehrtum im Besitz der Familie Irvine. Im Rosengarten entfalten historische Sorten ihre Blütenpracht. Erst 2013 entdeckte man zwei zugemauerte Räume, wo sich der 17. Laird nach der Niederlage von ►Culloden für drei Jahre versteckt haben soll. Den Salon schmücken Porträts von Raeburn und Reynolds.

NTS | April – Sept. Do. – Mo. 10.30 – 16 Uhr, Juni – Aug. tgl., Okt.– März Sa., So. 10.30 – 15 Uhr | Erw. £ 14.50

★ Crathes Castle

Erker, Ecktürmchen und eine grüne Dame

Begonnen wurde das wohnliche Turmschloss bei Banchory 1553 von Alexander Burnett und seiner Gemahlin Janet Hamilton – ihre Initialen sind an der Ostfront zu lesen. Die Entwürfe lieferten Meister der einheimischen Familie Bell. Im 18. Jh. verlangte der Wunsch nach mehr Komfort einen Erweiterungsbau, der 1966 abbrannte, aber wieder im Original aufgebaut wurde. Auch die um 1600 kunstvoll bemalten Holzdecken der oberen Stockwerke wurden von lokalen Künstlern ausgeführt. Die Balkendecke im **Green Lady's Room** erzählt von einem Geist, der in Crathes spuken soll. Kuriosum ist ein Thompson-Stuhl mit der typischen kleinen Holzmaus, die alle Arbeiten des Möbeldesigners kennzeichnete. Die Long Gallery von 1620 mit eichengetäfelter Decke verläuft über die gesamte Breite des Hauses. Der 1702 angelegte Park erhielt zu Beginn des 20. Jh.s von der berühmten Gartenarchitektin **Gertrude Jekyll** kunstvoll gestutzte Eibenhecken, Magnolien-, Oleander- und Rosengärten.

NTS | Haus und Park: März – Mai, Sept. Do. – Mo. 10 – 16, Juni – Aug. tgl. 10 – 17, Okt. – Dez. Do. – So 10 – 16, Jan., Feb. Fr. – So. 11 – 16 Uhr Erw. £ 14.50

Teufelskessel

Banchory

Via Banchory und Aboyne geht es über die A93 in die Highlands und damit auch in den Cairngorms Nationalpark. Erstes Natur-Highlight ist das **National Nature Reserve Muir of Dinnet** mit **Loch Kinord** und dem Felsenkessel The Vat. Zugang ist vom Burn o'Vat Visitor Centre (von der A93 ausgeschildert).
www.nature.scot/enjoying-outdoors/scotlands-national-nature-reserves/muir-dinnet-national-nature-reserve

Königlicher Bahnhof

Ballater

Während der **Highland Games** (▶Das ist Schottland S. 24) im August ist das schmucke Ballater fast immer ausgebucht. Sein mineralreiches Quellwasser ist als »Deeside Spring Water« in ganz Großbritannien erhältlich. »Hoflieferant der Royal Family« liest man an vielen Geschäften. Die viktorianische **Old Royal Station** brannte 2015 aus, wurde aber originalgetreu wiederaufgebaut. Etliche gekrönte Häupter Europas stiegen hier, 12 km vor Balmoral Castle, aus dem Zug, um Queen Victoria ihre Aufwartung zu machen – 1896 auch der Zar.
www.visitballater.com

Auf Queen Victoria!

★ Loch Muick

Die **Glass-Allt-Shiel-Hütte** am Ufer des Loch Muick war ein Lieblingsplatz von Königin Victoria. Beim Parkplatz neben dem Visitor Centre beginnt der mehrstündige und anspruchsvolle Aufstieg zum Gipfel des 1155 m hohen **Lochnagar**, 1845 Namensgeber für die **Royal Lochnagar Distillery**. Als Königin Viktoria beim Besuch 1848 der

Das viktorianische Balmoral Castle ist Sommersitz der königlichen Familie.

DEESIDE ERLEBEN

BRAEMAR I-CENTRE
Old Royal Station, Station Square
Ballater AB35 5RB, Tel. 01339
75 53 06, www.visitballater.com

TOR-NA-COILLE HOTEL €€€/€€
Seit über 100 Jahren empfängt das idyllische Herrenhaus Gäste in eleganten Räumen. Probieren Sie die Seebrasse oder knusprigen Schweinebauch mit karamellisierten Jakobsmuscheln im Gourmetrestaurant.
Inchmarlo Rd, Banchory AB31 4AB, Tel. 01330 82 22 42
https://tornacoille.com

FIFE ARMS HOTEL €€€€/€€
Das Schweizer Ehepaar Wirth hat als versierte Kunstsammler aus dem viktorianischen Klassiker im Zentum von Braemar ein exklusives Kunsthotel erschaffen mit Wechselausstellungen von Picasso, Lucian Freud und Man Ray bis zu Gerhard Richter. Auch ohne großen Geldbeutel kann man im rustikalen Gastropub »The Flying Stag« Lunch oder Dinner genießen.
Mar Road, Braemar AB35 5YN
Tel. 01339 72 02 00
www.thefifearms.com

obligate Probeschluck Scotch gereicht wurde, war Ihre Majestät so begeistert, dass sie die Brennerei zum Hoflieferanten für Schloss Balmoral ernannte.

Touren: März – Okt. tgl. 10 – 17, Nov. – Feb. Mo. – Sa. 10 – 16 | ab £ 20
www.malts.com | ▸Baedeker Wissen S. 268 – 271

Wo die Royals Urlaub machten

Balmoral Castle

Der Sommersitz des britischen Königshauses versteckt sich in einem Wald 7 mi / 11,2 km vor Braemar. 1848 fuhren **Königin Victoria** und Prinz Albert durch das Deetal und entdeckten das »hübsche kleine Schloss Bouchmorale«. Albert kaufte das Anwesen kurzerhand und ließ hier ein neues, mit Türmchen und Zinnen bewehrtes Märchenschloss samt herrlichem Park im Stil der viktorianischen Romantik erbauen. Königin Elizabeth II. starb hier im September 2022. Besichtigen können Sie nach derzeitigem Stand allerdings nur den Ballsaal und eine Kutschensammlung.

April – Juli tgl. 10 – 17 Uhr, Eintritt Erw. £ 15, Kinder £ 6
www.balmoralcastle.com, ▸Abb. S. 113

Hauskirche der Queen

Crathie

Den Grundstein für die Pfarrkirche von Crathie legte Königin Victoria 1893. Da der Gottesdienst auch von der königlichen Familie besucht wurde, wenn sie sich in Balmoral aufhielt, fanden sich vor und nach der Andacht immer viele Schaulustige ein.

Hochlandolympiade

★ Braemar Gathering

Auch die königliche Familie kommt vom nahen Balmoral, um die spektakulären Hochlandspiele in Braemar (►Das ist Schottland S. 24) zu sehen. Das **Braemar Highland Games Centre** erläutert die Geschichte der Hochlandspiele (mit Tearoom). Im wohnlichen Speisesaal von **Braemar Castle** aus dem 17. Jh. können Sie auf Anfrage sogar private Feste feiern.

Royal Highland Gathering Centre: April – Okt. tgl. 10 –16 Uhr
Spende erbeten | www.braemargathering.org
Braemar Castle: bis 2023 wegen Renovierung geschlossen
www.braemarcastle.co.uk

Linn of Dee

Die Straße zum Parkplatz am Linn of Dee ist von majestätischer Schönheit. Der Fluss ist wild, der Wald uralt und der Abschluss ein Naturwunder. Am Linn of Dee zwängt sich der Fluss durch ein Nadelöhr – Grund genug für eine Pause. Vielleicht überraschen Sie Rotwild oder Marder. Zurück in Braemar windet sich die A93 durch die Berglandschaft hinauf zum Pass und Skigebiet von **Glenshee** (►S. 334).

★ DUMFRIES AND GALLOWAY

Council Area: Dumfries and Galloway

Von Hektik ist im entlegenen Südwesten Schottlands nichts zu spüren. Dumfries darf sich mit Burns als offiziellem Dichter schmücken und mit der poetischen Schlossruine Caerlaverock. Das besondere Licht der sonnenverwöhnten Solwayküste zog um 1900 die »Glasgow Boys« nach Galloway, wo heute junge Künstler der Artist Town Kirkcudbright neues Leben einhauchen.

Radeln und Wandern

Von der felsigen wie sandigen Westküste mit kilometerweitem Blick übers Meer bis hin zu den grünen Hügeln im Inland führt der **Southern Upland Way** gut 340 km von Portpatrick im Westen bis nach Cockburnspath an der Ostküste – ein Wanderweg der Superlative (www.southernuplandway.com). Die **South West Coastal 300 Route** ist ein aussichtsreicher 300-Meilen-Roadtrip rund um den **Galloway Forest Park**, den Sie mit dem Rad erobern können. Von Rotwild in den Wäldern bis zu Fischadlern und Rotmilanen im Himmel gibt es viel zu sehen und zu fotografieren – wenn Sie schnell sind!

Jedes Jahr reisen Tausende von Hochzeitswilligen aus aller Welt nach Gretna Green, um sich in dem schottischen Grenzort das Jawort zu geben.

Ein Pint auf den Poeten

Dumfries

Die mit 43 000 Einwohnern größte Stadt der Region erhielt bereits 1395 Stadtrecht als »Royal Burgh«. J. M. Barrie, der Autor des ewig jungen »Peter Pan«, ging hier zur Schule. In einer Mühle des 18. Jh.s auf dem Corbelly Hill dokumentiert das **Dumfries Museum** die Stadtgeschichte. Angeschlossen ist ein Observatorium mit einer Camera obscura von 1836. Dumfries ist Endpunkt der literarischen Wallfahrtsroute auf den Spuren von **Robert Burns** (►Interessante Menschen), der in ►Ayr seine Karriere als Barde begann. Seine letzten Jahre wohnte er in der nach ihm benannten Burns Street in Dumfries. Das **Globe Inn**, seine Stammkneipe, besitzt noch immer den Lieblingsstuhl des Poeten. Hier ritzte er einen Liebesspruch für die Kellnerin in die Fensterscheibe (www.globeinndumfries.co.uk). Das Haus, in dem er seinen Lebensabend verbrachte und seine Frau Jean Armour noch bis 1834 lebte, ist heute ein Museum. Im **Robert Burns Centre** am Westufer des Nith sind die letzten Jahre des Dichters im Stadtleben des späten 18. Jh.s dokumentiert; mit Filmtheater. Das Grab des Nationaldichters befindet sich auf dem **St.-Michael's-Friedhof** in einem 1815 erbauten Mausoleum.

Hotels, Restaurants: ▶S. 123, **Robert Burns Centre und Dumfries Museum mit Camera Obscura:** Di. – Sa. 10 – 13, 14 –17 Uhr
Eintritt Erw. £ 4, Kinder £ 2 | www.dgculture.co.uk

Rund um Dumfries

Hochzeitsschmiede

★ Gretna Green

Als England 1754 das Heiratsalter auf 21 Jahre festsetzte, wurde das erste schottische Dorf jenseits der englischen Grenze zur Zufluchtsstätte **verliebter »Runaways«**, die sich hier ohne Zustimmung der Eltern und schon mit 16 Jahren das Jawort geben durften. Der Schmied als Amtsperson musste dafür nur die Liebenden vor zwei Trauzeugen segnen. Die Höhergestellten wurden von John Linton in Gretna Hall getraut. Das von ihm angelegte Hochzeitsregister verzeichnet allein von 1825 bis 1854 über 1100 Trauungen. Trotz Tartan- und Tweedläden, Souvenirshops und bunten Wedding Packages scheint die Hochzeitsschmiede nichts von ihrer romantischen Anziehungskraft eingebüßt zu haben, schließen hier auch heute jedes Jahr mehr als 2000 Verliebte den Bund fürs Leben.

Blacksmiths Shop: tgl. 9 – 17 Uhr | www.gretnagreen.com
Gretna Wedding Bureau: 131 Central Avenue | tgl. geöffnet
Tel. 01461 33 80 08 | https://gretnaweddings.co.uk

Rückkehr zu den Ridings

Langholm

Das nette Dörfchen in der Ostecke von Dumfries and Galloway ist für seinen jährlichen »Blutritt« bekannt, das **Common Riding** am letzten Freitag im Juli, wo mit kostümierten Reitern, Umzügen und Paraden an die turbulente Vergangenheit erinnert wird. Auf dem Friedhof ruht **Hugh MacDiarmid**, der federführende Dichter der Renaissance schottischer Kultur im frühen 20. Jh., der seine Werke sowohl auf Englisch als auch in Scots verfasste.

www.welcometolangholm.co.uk

Käse, Öko-Veggies und Galloway-Rinder

Farmshops

Im fruchtbaren Farmland haben viele Landwirte auf Bio umgestellt. Die Farm Shops sind einen Stopp wert, zum Naschen oder Einpacken für den nächsten Lunch. Auf der **Kilnford Farm,** 8 km südwestlich von Dumfries, wird seit 300 Jahren angebaut. Es gibt Lammfleisch vom Blackface Sheep, auf den Weiden stehen die schwarz-weiß gestreiften Belted Galloway-Rinder. Shop und Caférestaurant halten gut und gern eine Stunde auf (9.30 – 17 Uhr, www.kilnford.co.uk). Nur 8 km weiter nach Südwesten (A 711) wird's im **Loch Arthur Creamery & Farm Shop** fast noch besser, denn hier ist der Käse der Star. Der Ort lebt nach anthroposophischem Gedankengut, das Ökogemüse ist Demeter-zertifiziert (9 – 17 Uhr, So. geschl., www.locharthur.org.uk).

BAEDEKER ÜBERRASCHENDES

6X

EINFACH UNBEZAHLBAR

Erlebnisse, die für Geld nicht zu bekommen sind

1. MY CASTLE

Bilderbuch-Ruine und bestens bestückter Picknickkorb – das wie ein romantischer Bausatz wirkende **Caerlaverock Castle** bei Dumfries ist an lauen Sommerabenden meist verlassen und gehört Ihnen. (▶**S. 119**)

2. KUNST VON WELTRANG

Wenn Sie nur ein Museum besuchen, muss es **Glasgows Kelvingrove Art Gallery & Museum** sein. Hier ist Schottland der Nabel der Welt und das tolle Atrium die Herzkammer – Eintritt frei! (▶**S. 206**)

3. ABKÜHLUNG

An einem dieser »typischen« heißen Tage auf Skye sollten Sie sich in den **Fairy Pools** abkühlen. Die verwunschenen Flussbecken werden nach einer guten Stunde Marsch vom Parkplatz nördlich von Glenbrittle erreicht, in einsamster Berggegend. (▶**S. 229**)

4. HAUPTSTADT-PANORAMA

Vom **Calton Hill** aus gesehen liegt Ihnen **Edinburgh** zum Greifen nah zu Füßen. Picknicktasche packen und rechtzeitig zum Sonnenuntergang ein Plätzchen suchen. (▶**S. 172**)

5. SUNSET IN OBAN

Wenn über der Bucht von Oban die Sonne im Meer versinkt, ist das oft sehr romantisch. Beste Beobachtungspunkte sind **McCaig's Tower** und das nördliche Ende der Promenade. (▶**S.300**)

6. NATUR PUR

Ein verwunschener See und grandiose Gipfel, wo Heidekraut die Hänge lila leuchten lässt – definitiv zwei der schönsten Wanderungen bieten die **Northwest Highlands**. (▶**S. 289**)

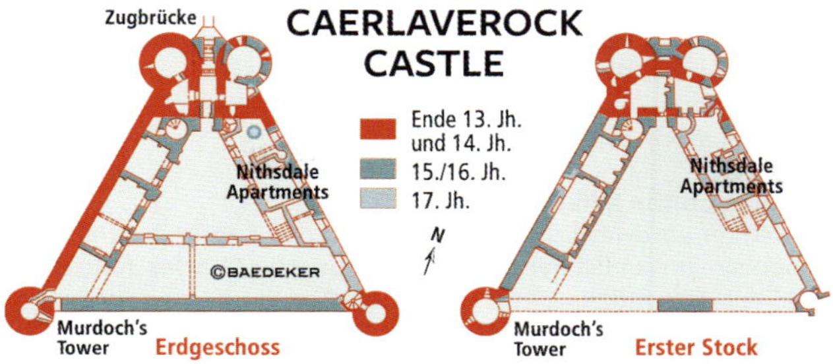

Passend für ein Picknick ...

★ Caerlaverock Castle

ist der Graswall vor der stattlichen Ruine von Caerlaverock Castle, 12 km südlich von Dumfries im Sumpfland am Solway Firth. Von der Familie Maxwell im 13. Jh. erbaut, wurde die beinahe dreieckige Bastion Mitte des 15. Jh.s mit Wassergraben, Zugbrücke und doppeltürmigem Torhaus versehen. An der Ostseite des Burghofs sieht man Apartments mit schmucker Renaissancefassade, die überwiegend aus dem 17. Jh. stammt. Nach der Vereinigung der Kronen 1603 war das Castle mehr Residenz als Festung, und der 1. Earl of Nithsdale putzte sein Heim mit heraldischen Emblemen und Türgiebeln heraus. Vermutlich diente Caerlaverock Castle als Modell für Sir Walter Scotts »Ellangowan« in »Guy Mannering«. Im weiten Marschland um die Ecke bietet das **Wetland Centre** – das einzige in Schottland – die Gelegenheit, Schwäne, Enten, Stelzvögel und Ringelgänse zu Tausenden zu beobachten, dazu noch Dachse von speziellen Verstecken aus.

HES | derzeit wegen Renovierung geschlossen

Ein Dichter ist kein Bauer

Ellisland Farm

Nordwestlich von Dumfries versuchte sich der 29-jährige **Robert Burns** auf der Ellisland Farm als Landwirt, allerdings ohne großen Erfolg. Wichtiger ist, dass er hier einige seiner populären »Hits« zu Papier brachte, wie »Tam o' Shanter« oder »Auld Lang Syne«.

April – Sept. tgl. 10 – 17, So. ab 14, Okt. –März Di. – Sa. 14 – 17 Uhr | Erw. £ 5 | www.ellislandfarm.co.uk

Viel Kultur, Natur und Wohnwert

★ Drumlanrig Castle

Das Bilderbuchschloss mit buchengesäumter Auffahrt nördlich von Moniaive wurde 1671 – 1689 für den Douglas Clan erbaut, den späteren Herzögen von Buccleuch. Der vierflügelige Renaissancebau besitzt französische Stilmöbel und Gemälde von van Dyck, Ramsay, Reynolds und Gainsborough. Highlight sind Hans Holbeins Porträt von Nicholas Carew und **Rembrandts** Studie einer alten Frau von 1655. Brüsseler Tapisserien, Porzellan aus Chelsea und Meißen sowie ein herrlicher

Landschaftspark mit Abenteuerspielplatz, Mountainbiking und Landrover-Touren vollenden die Pracht. Sie können den ganzen Tag hier verbringen, weil die Wanderwege so wundervoll sind.
Juli, Aug. Fr. -Mo. 11 - 16 Uhr | Erw. Castle und Park £ 15, Kinder £ 6
www.drumlanrig.com

Walking on the Milkyway

★ Crawick Multiverse

Gut 40 km nordwestlich von Dumfries an der A 76 in der Nähe von Sanquhar verwandelt der **Landschaftskünstler Charles Jencks** seit 2015 mit Unterstützung des Herzogs von Buccleuch einen ehemaligen Steinkohletagebau in ein Kunstprojekt für künftige Generationen: Spiralförmig begrünte Hügel, gewaltige Felsen, ein kleiner See und Steinsetzungen in Form von Galaxien, Kometenkonstellationen und unserer Milchstraße laden zu fantastischen Spaziergängen für die ganze Familie ein. Nur an wenigen Orten der Erde herrscht nach Sonnenuntergang wirklich noch Finsternis. Der Nachthimmel über dem Crawick Multiverse ist völlig frei von Lichtverschmutzung und erlaubt einen ungetrübten Blick ins Universum.
Mo. -Do. 10- 16, Fr. -So. bis 18 Uhr | Erw. £ 5, Kinder £ 3
www.crawickmultiverse.co.uk

Strickwaren und Sternenhimmel

Moffat

Der Bronzewidder auf dem Colvinbrunnen im Zentrum verweist auf den Wohlstand, den der Wollhandel dem Dorf 34 km nordöstlich von Dumfries brachte. In der **Moffat Woollen Mill** gibt es Kuschelpullover, Outdoorbekleidung, Scotch, Heidehonig und hausgemachte Marmelade. Moffat ist die **erste Dark Sky Town Europas**. Die Stadt hat spezielle Lampen in den Straßenlaternen, die das Licht auf ein Minimum reduzieren, um den Sternenhimmel besser beobachten zu können.
Woollen Mill: Ladyknowe House | tgl. 9 - 17 Uhr
www.ewm.co.uk

Von Dumfries nach Stranraer

Mittelalterliche Lovestory

Sweetheart Abbey

Entlang des Solway Firth führt die Küstenstraße zur verwunschenen Ruine von Sweetheart Abbey. Die **Zisterzienserabtei** wurde 1273 von Devorgilla, Lady of Galloway, im Gedenken an ihren Gemahl John Balliol gegründet. Nach dem Tod ihres geliebten Mannes trug Devorgilla sein einbalsamiertes Herz in einem Kästchen bei sich. Es wurde später mit ihr vor dem Hochaltar der Sweetheart Abbey beigesetzt.
HES | April - Sept. tgl. 10 - 17 Uhr | Erw. £ 5 | wegen Renovierung ist derzeit nur der Kreuzgang zu besichtigen.

Ohne Lichtsmog: Im Crawick Multiverse können Sie tatsächlich die Milchstraße sehen. ►

Gourmets und Gartenfreunde

Castle Douglas

Deftige Würste, edle Schokolade oder lokales Craft Beer? Die »**Food Town**« wirbt mit ihren vielen Feinkostläden. Formschöne Tassen und Becher verkauft Clare Dawdry in der Victoria Street 33 (www.wemakepots.com). 5 km südwestlich steht auf einer Insel im Dee die mittelalterliche Ruine von **Threave Castle**. Südlich der Burg blühen in den viktorianischen **Threave Gardens** im Frühling über 200 verschiedene Narzissenarten. Blickfang ist die Skulpturensammlung der Anlage.

Threave Castle: HES | April – Sept. tgl. 10 bis zur letzten Überfahrt 16.30, Okt. tgl. 9.30 bis zur letzten Überfahrt 15.30 Uhr | Erw. £ 6
Threave Gardens: NTS | Gärten Feb. – März, Nov. – Dez. tgl. 10 – 16, April – Okt. 10 – 17 Uhr | Erw. £ 8

Haben Sie je Jupiters Monde gezählt?

Galloway Forest Dark Sky Park

Oder die hellen Ringe von Saturn gesehen? Da es im 777 km² großen Nationalpark nur wenige Gebäude gibt und noch weniger Lichtverschmutzung, wurde er von der International Dark Sky Association als ersten Waldpark in Großbritannien mit dem Status eines **Sternen-**

Den viktorianischen Schlosspark von Glenapp Castle entwarf die große Lady der Gartenwelt, Gertrude Jerkyll, die Gärten wie Gemälde komponieren konnte.

DUMFRIES AND GALLOWAY ERLEBEN

DUMFRIES I-CENTRE
64 White Sands, Dumfries
DG1 2RS, Tel. 01387 25 38 62
www.visitdumfriesand
galloway.co.uk

GLENAPP CASTLE €€€€
Romantik pur verspricht das im schottischen Baronialstil mit kleinen Erkern und Ecktürmchen erbaute Märchenschloss 25 km nördlich von Stranraer. Während die Sonne am Mull of Kintyre im Meer versinkt, werden die Gäste mit einem köstlichen Sechs-Gänge-Menu aus Zutaten der Region verwöhnt. Vielleicht kommen Sie auch nur zum Lunch oder zum Tee und erfreuen sich am wunderschönen, viktorianischen Schlossgarten, der Obst, Gemüse und Kräuter für die Küche liefert und von Gertrude Jerkyll wie ein Gemälde komponiert wurde, ►Abb. S. 122. Buchen Sie eine Hebriden Sea Safari, eine Dark Sky-Wanderung und eine Entspannungsmassage.
Ballantrae KA26 0NZ, Tel. 01465 83 12 12, www.glenappcastle.com

KNOCKINAAM LODGE €€€€
Das bezaubernde Landhaus versteckt sich südlich von Portpatrick zwischen steilen Kliffs direkt am Meer. Schon Sir Winston Churchill genoss die erholsame Ruhe und wählte das Haus während des Zweiten Weltkriegs als geheimen Treffpunkt mit General Eisenhower – auf der Agenda stand die bevorstehende Landung in der Normandie. Die zehn Gästezimmer sind mehr als behaglich. Perfekt für Familien ist die Shingle Lodge für Selbstversorger samt Baumhaus für den Nachwuchs. Zarte Entenbrust mit gegrilltem Black Pudding, Kürbispüree, Armagnac-Pflaumen und Portwein-Koriander-Reduction – Tony Pierce, der für seine Gourmetküche 20 Jahre lang einen Michelinstern erhielt, hat sein Niveau bis heute gehalten.
Portpatrick DG9 9AD
Tel. 01776 81 04 71
https://knockinaamlodge.com

FERNHILL €€€/€€
Sympathisches Familienhotel mit 25 netten Zimmern oberhalb vom Hafen, mit Blick auf die Irische See. Spezialität: Galloway Hummer.
Heugh Road, Portpatrick
DG9 8TD, Tel. 01776 81 02 20
www.mcmillanhotels.co.uk

SELKIRK ARMS HOTEL €€€/€€
Im Herzen von Kirkcudbright ist das traditionsreiche Hotel mit seinem guten Restaurant eine verlässliche Adresse. Schon Robert Burns machte hier Station.
High St, Kirkcudbright DG6 4JG
Tel. 01557 33 04 02
www.selkirkarmshotel.co.uk

THE AULD KIRK €€
Drei sehr geschmackvolle Zimmer in einer ehemaligen Kirche. Garten, Terrasse, Parkplatz und tolles Frühstück
Kirkbean DG2 8DW, Tel. 07972 78 39 10, https://auldkirk.scot

KIRKCUDBRIGHT BAY HOTEL €
Gemütliche Zimmer und leckeres Pubessen mitten im pulsierenden Künstlerdorf. Fangfrische Meeresfrüchte, Fleisch von Galloway-Rindern, süffige Ales, oft auch Livemusik.
25 St. Cuthbert St, Kirkcudbright
DG6 4DJ, Tel. 01557 33 95 44
www.kirkcudbrightbayhotel.co.uk

parks ausgezeichnet – in ganz Europa gibt es nur drei Parks dieser Art. Hier können Sie den Nachthimmel besonders gut beobachten.

»Artists' Town« ...

★ Kirkcudbright

... nennt sich das Städtchen an der Mündung des Dee. Hier wirkte die Jugendstilkünstlerin Jessie M. King, die Märchen von Oscar Wilde illustrierte und für das Londoner Kaufhaus Liberty femininen Schmuck entwarf. Begonnen hatte alles mit E. A. Hornel, dem bekanntesten Maler der »Glasgow Boys«. Er vermachte Kirkcudbright sein **Broughton House** aus dem 18. Jh., das jetzt seine Werke zeigt. Anfang August stellen Kunsthandwerker auf dem **»Art & Crafts Trail«** ihre Arbeiten (www.artandcraftstrail.com). Das ganze Jahr über zeigen die **Kirkcudbright Galleries** in der St. Mary Street lokale Künstler (www.kirkcudbrightgallery.co.uk). Am Hafen steht die Ruine von McLellan's Castle aus dem 16. Jh. (HES). In der **Dundrennan Abbey** aus dem 12. Jh. soll Maria Stuart (►Interessante Menschen) am 15. Mai 1568 ihre letzte Nacht auf schottischem Boden verbracht haben, bevor sie bei Cousine Elizabeth I. von England um Asyl nachsuchte.

www.kirkcudbright.co.uk | Broughton House: NTS | April – Juni, Sept. – Okt. Do. – Mo. 10 – 16, Juli – Aug. tgl. 10 – 17 Uhr, Erw. £ 7
Kirkcudbright Galleries: Sommer Mo. – Sa. 10 – 17, So. 12 – 17 Uhr Winter s. Website | Eintritt frei | www.kirkcudbrightgalleries.org.uk-
Dundrennan Abbey: HES | derzeit geschlossen

Blütezeit der Baumwollspinnereien

The Mill on the Fleet

In der alten Mühle am Fleetufer wird spannend über die Entwicklung der Region im 18. Jh. erzählt, finden regelmäßig Jamsessions statt.

April – Okt. tgl. 10 – 16 Uhr | Eintritt frei | www.millonthefleet.co.uk

Ice Cream on the Beach

Cream o' Galloway

Südlich von Gatehouse of Fleet erstreckt sich die **Machars**-Halbinsel mit mehreren prähistorischen Stätten. Ganz heutig ist die **Rainton Biofarm** südlich der A75, die ein sensationell gutes Eis und wundervollen Käse herstellt. Kinder lieben den Abenteuerspielplatz. Wenn Sie dann noch zum nahen **Sandgreen Beach** fahren, müssten Sie sich endgültig in den Südwesten Schottlands verliebt haben.

Rainton Farm: März – Okt. 10 – 17 Uhr | www.creamogalloway.co.uk

Schottlands »National Booktown« ...

Wigtown

... besitzt ein knappes Dutzend Buchläden und Ende September findet hier alljährlich das zehntägige **Scottisch Booktown Festival** statt, mit Lesungen zeitgenössischer Literatur, schottischen Filmen und Kinderprogramm. Größter Second-hand Bookshop Schottlands ist der Buchladen in der North Main Street 17, Foggie Toddle Books im Nachbarhaus hat sich auf Kinderbücher spezialisiert.

www.wigtownbookfestival.com | www.wigtown-booktown.co.uk

Poesie in Bronze am Hafen von Port William: »What is this life if, full of care, we have no time to stand and stare.« (W. H. Davies)

Wiege des Christentums

Whithorn

Gegen Ende des 4. Jh.s ließ **St. Ninian** in Whithorn ein kleines Kirchlein bauen, das wegen seines hellen Steins »**Candida Casa**« (weißes Haus) genannt wurde. Der Ort entwickelte sich zu einer bedeutenden frühchristlichen Abtei und Wallfahrtsstätte, wurde später sogar Bischofssitz. Die Umrisse des »weißen Hauses« müssen heute eher erahnt werden, das mittelalterliche Hauptschiff wurde später verändert. Der **Latinus Stone** im Museum gilt als frühestes Denkmal der Christenheit in Schottland. **St. Ninian's Cave**, eine Höhle südöstlich an der Küste, diente dem Heiligen als Meditationsstätte – eine halbe Stunde Fußmarsch vom ausgeschilderten Parkplatz aus.

Wigtown Priory & Museum: HES | So. – Fr. 11 – 16 Uhr | Erw. £ 6
www.whithornpriorymuseum.gov.uk

Gartenroute am Golfstrom

★ Grüne Oasen rund um Stranraer

Über **Port William**, wo Sie sich am Hafen eine Pause mit Blick auf See gönnen sollten, geht es nach Dunragit. Hier wachsen im **Glenwhan Felsengarten** an der Luce Bay Stechpalmen, Eukalyptus, Hortensien und Rhododendren, erklärt ein Tree Trail 130 Bäume. Auch in den **Castle Kennedy Gardens** 5 km vor Stranraer gedeihen farbenprächtige Rhododendren, Magnolien und Azaleen. Das vom Golfstrom begünstigte Klima lässt im **Logan Botanic Garden**, einer Außenstelle des Botanischen Gartens in ►Edinburgh, exotische und subtropische Pflanzen wie Wasserlilien und Magnolien, Farne und seltene Palmenarten aus aller Welt gedeihen.

Glenwhan Garden: April – Sept. tgl. 10 – 17 Uhr | Erw. £ 6.50
www.glenwhangardens.co.uk.
Castle Kennedy Gardens: Ostern – Sept. tgl. 10 – 17 Uhr | Erw. £ 6
https://castlekennedygardens.com.
Logan Botanic Gardens: März – Mitte Nov. tgl. 10 – 16 Uhr, Feb. nur So. | Erw. £ 7 | www.rbge.org.uk

★ Portpatrick

Schottlands Land's End mit Gourmetküche
Hübsche bunte Häuschen reihen sich um den **kleinen Fischerhafen** Portpatrick auf der Halbinsel Rhinns of Galloway. Setzen Sie sich in eines der Cafés an der Waterfront und genießen Sie fangfrische Meeresfrüchte mit Blick auf die See. Am Horizont ist Irland zu erkennen. Etwas außerhalb verwöhnt die **Knockinaam Lodge** mit sensationeller Gourmetküche (►S. 123).

★★ DUNDEE

Council Area: Dundee City | **Einwohner:** 149 000

Wie ein riesiges Schiff aus kantigem Stein ragt das 2018 eröffnete V & A Dundee aus der neuen Hafenpromenade. Statt auf »Jute, Jam & Journalism« wie einst, setzt die erste britische UNESCO City of Design heute auf Forschung, Kunst und Unterhaltungsindustrie als Exportschlager.

Seit der Jahrtausendwende bastelt die Stadt am Nordufer des Firth of Tay am neuen Image mit Fokus auf die Waterfront, die bis 2030 komplett umgestaltet wird. Gigantische Galionsfigur ist das neue **V & A Dundee**, das der Stadt am Tay den »Bilbao-Effekt« bescheren soll. Daneben liegen mit Einhorn am Bug die letzte britische Fregatte aus Holz und die »Discovery« des Polarforschers Scott. Auch in der

City of Design

Raum der Begegnung für Besucher aus aller Welt: das futuristische V & A Dundee

DUNDEE ERLEBEN

DUNDEE I-CENTRE

V & A Dundee, 1 Riverside Esplanade, Dundee DD1 4EZ
Tel. 01382 52 75 27
www.dundee.com

Dundee ist per Bahn direkt von ►Edinburgh, ►Glasgow und ►Aberdeen zu erreichen. Von der Seagate Bus Station fahren City-Link-Busse ebenfalls in diese Städte. In Dundee erlaubt ein Tagesticket (£ 4,20) freie Fahrt bis nach Broughty Ferry und Tayport. Die Sightseeing-Busse von Discover Dundee verkehren von Mai bis Mitte Sept. alle 30 Min. bis hinauf zum Hügel Dundee Law (£10/8/5, www.xploredundee.com/discover-dundee-open-top-tour-0).

Gute Einkaufsmöglichkeiten gibt es in der High Street und, nur ein paar Schritte entfernt, in den überdachten Arkaden des Overgate, Murraygate und Wellgate Shopping Centre.

In der Caird Hall am City Square werden Opern, Theater, Ballett und Popkonzerte angeboten, im Whitehall Theatre gibt es Theater, Konzerte und Comedy. Einen exzellenten Ruf genießt das Dundee Rep Theatre, mit eigenem Ensemble und als Heimstatt des Scottish Dance Theatre. Zu den Höhepunkten des Festkalenders gehören das alljährliche Almost Blue, das Jazz und das Film Festival sowie das Dundee Guitar Festival im August und das Dundee Flower and Food Festival im September.
www.dundee.com/whats-on

1 THE PHOENIX

Auf ein Bier und einen guten Burger in den ältesten Pub von Dundee, wie in der »guten alten Zeit«
103 Nethergate, Tel. 01382 20 00 14

2 JUTE CAFÉ BAR

Galerie, Vorträge und Kino – mit Opern, live übertragen aus der Met. Danach entspannt im Jute dinieren.
Dundee Contemporary Arts, 152 Nethergate, Tel. 01382 90 92 46
www.jutecafebar.co.uk

1 PORTERS BAR & RESTAURANT €€

Tolle Smoothies, Seafood, Steaks und Burger gegenüber der »Unicorn«
City Quay, Camperdown Street
Tel. 01382 22 51 39 | www.portersbar-restaurant.com

2 GALLERY 48 €€/€

Sehr angenehme Mischung aus Galerie und stilechten spanischen und katalanischen Tapas sowie Wein- und Gin-Bar. Mit Leichtigkeit die beste Adresse im Zentrum von Dundee, unweit des Dundee Rep.
48 Westport
Tel. 01382 22 56 66
www.gallery48.co.uk

3 TATHA BAR €€/€

Leckere regionale Küche im V & A Dundee, ►S. 130
Dundee Rep Theatre, Tay Square
Tel. 01382 41 16 33, tgl. 10–17 Uhr
www.vam.ac.uk/dundee/info tatha-bar-and-kitchen

4 FISHERMAN'S TAVERN €

Die Fischerhäuschen aus dem 17. Jh. haben die besten Fish & Chips, saftige

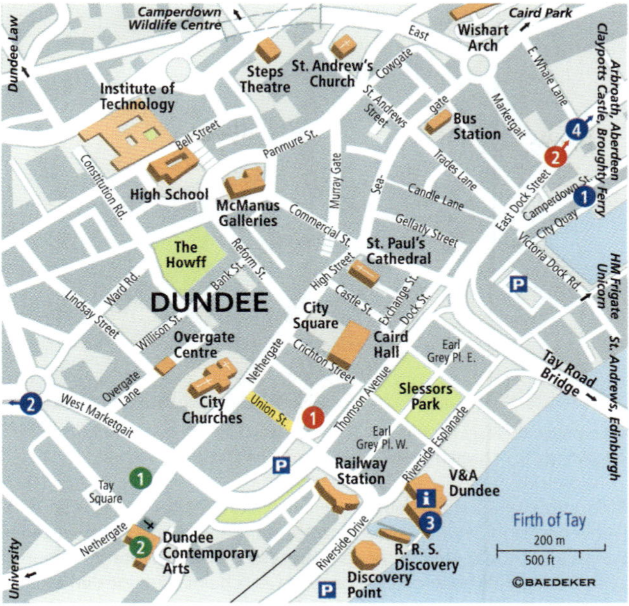

1. Porters Bar & Restaurant
2. Gallery 48
3. Tatha Bar
4. Fisherman's Tavern

1. Malmaison Dundee
2. Jolly's Hotel Wetherspoon

1. The Phoenix
2. Jute Café Bar

Fußgängerzone

Steaks schottischer Rinder, süffige Real Ales, eine feine Auswahl an Malts – und zwölf nette Zimmer
12 – 16 Fort Street
Tel. 01382 77 59 41
www.greenekinginns.co.uk

❶ MALMAISON DUNDEE €€€

Eine gelungene Kombination aus historischem Charakter und modernem Flair ist das stilvolle Boutiquehotel mit gemütlicher Brasserie, zwei Minuten vom Bahnhof und in Blickweite des Discovery Point und neuen V & A Designmuseums. Die Bar mixt coole Skimlet Cocktails mit Vodka und Agavensirup.
44 Whitehall Crescent, Dundee DD1 4AY, Tel. 01382 33 97 15
www.malmaison.com

❷ JOLLY'S HOTEL WETHERSPOON €€/€

Moderne, junge Unterkunft mit netten Zimmern, Innenhof, Bar und ausgezeichnetem Pubessen, nahe Castle Museum und Strand.
43a Gray Street, Broughty Ferry, Dundee DD5 2BJ
Tel. 01382 73 49 10
www.jdwetherspoon.com

Galionsfigur der Fregatte »Unicorn«: Das schottische Einhorn mit königlichem Wappen wurde in Hampshire aus einer kanadischen Pinie gedrechselt.

Biomedizin und bei Computerspielen ist Dundee inzwischen führend. Geblieben sind die beliebten Comics dundonischer Zeichner. Jeder Schotte kennt die Abenteuer von Desperate Dan und **Oor Wullie**, der seit über 80 Jahren in der Sunday Post erscheint und vor den McManus Galleries ein Denkmal erhalten hat. Der Vorort **Broughty Ferry** punktet mit kleinen Cafés, Pubs, Restaurants und einem schönen Sandstrand für entspannte Spaziergänge.

Wohin in Dundee?

★★ V & A Dundee

Platz für Ideen

Bei der Gründung des Victoria & Albert Museum im London der 1850er hatte Prince Albert die Idee, Bildung für alle zugänglich zu machen. In dieser Tradition will Dundee Innovationen vorstellen und für jedermann verständlich vermitteln, besonders im digitalen Bereich. Herzstück der Ausstellung sind die **Scottish Design Galleries**, die von Architektur, Mode und Industriedesign über Jugendstilmöbel von Mackintosh bis zu Videospielen schottische Ideen präsentieren. »Mich hat der Standort für das Museum von Anfang an fasziniert, mitten in der Stadt und dabei direkt am River Tay mit Blick auf das Wasser«, sagt der japanische Architekt Kengo Kuma, der auch das Olympiastadion in Tokio für die Sommerspiele 2020 plante. Seine Architektur sieht er als Rahmen für die Natur. An der gesamten Außenfassade existiert keine gerade Mauer, alle sind verschieden gekrümmt, um die Form und das Schattenspiel schottischer Steilklippen nachzuahmen. Dafür wurden

2500 beschlagene Betonplatten an der Fassade befestigt, jede bis zu 4 m lang und 3000 kg schwer. Gekühlt und geheizt wird das Gebäude mit Erdwärme. Nebenan wurde an der Promenade ein **Urban Beach** angelegt und ein Radverleih ermöglicht rollende Stadtbesichtigungen.
1 Riverside Esplanade | Mi. – Mo. 10 – 17 Uhr| Eintritt frei
Tatha Bar & Kitchen, ►S. 128 | Design Shop | www.vam.ac.uk

Die Brück' am Tay

Tay Bridges

Theodor Fontanes technikkritische Ballade, die zum deutschen Schulklassiker wurde, hatte einen historischen Hintergrund: Die erste Eisenbahnbrücke über den Tay wurde 1878 für die Linie ►Edinburgh – Dundee eröffnet, mit knapp 3000 m Spannweite damals die längste Brücke der Welt. Ein Jahr später brach sie nach einem Sturm zusammen und riss einen Zug mit 75 Menschen in die Tiefe. 1888 war die jetzige Tay Rail Bridge fertig, 1966 folgte die Tay Road Bridge.

Entdeckungen in der Antarktis

★ RRS »Discovery«

Neben dem V & A Dundee liegt das 1901 hier am Tay vom Stapel gelaufene Forschungsschiff **»Discovery«** vor Anker, mit dem **Robert Falcon Scott** und seine 49 Mann starke Besatzung 1901 – 1904 eine Südpolarexpedition unternahmen. Besucher können das 172 m lange Holzschiff von der Offiziersmesse bis zum Maschinenraum besichtigen. Neben dem Dreimaster informiert der **Discovery Point** über das ewige Eis, die beschwerliche Reise bei Temperaturen weit unter -50° C und die Schönheit der antarktischen Welt. Bis 2025 wird das Besucherzentrum ausgebaut.
April– Okt. Di.–So. 10 –18, Nov. – März bis 17 Uhr | Erw. £ 9.95, Kinder £ 5,50 | www.rrsdiscovery.com

Das älteste noch fahrtüchtige Kriegsschiff des Empire ...

★ Fregatte »Unicorn«

... wurde 1824 in Chatham gebaut und mit 46 Kanonen bestückt. Die »Unicorn« war nie aktiv im Dienst als Kriegsschiff. Dieser Umstand und das charakteristische Dach schonten das Material des Schiffs. In den nächsten Jahren soll das Maskottchen der Stadt aus dem Wasser gehoben, restauriert und dann auf einem überdachten Sockel des Discovery-Komplexes ausgestellt werden.
South Victoria Dock Rd, Victoria Dock | April – Okt. Di. – So., sonst Do. – So. 10– 16 Uhr | Erw. £ 7.25 | www.frigateunicorn.org

Zeitgenössische Kunst und Filme

Dundee Contemporary Arts

Das Zentrum in der Nethergate 152 besteht aus großen, lichtdurchfluteten Ausstellungsräumen, zwei Kinosälen, Café, Shop sowie Studios für Fotografie und digitale Technologie. Zusammen mit dem V&A Dundee und dem Dundee Rep macht das DCA Dundee zum Kulturmagneten.
Galerie: Di. – So. 11 – 18 Uhr | www.dca.org.uk

Interaktives Rampenlicht

Dundee Science Centre

Experimentieren Sie mit Blitzen und Infrarotstrahlung! Untersuchen Sie ein Verbrechen oder nehmen Sie Teil an einer Lasershow. Alle fünf Sinne spricht gegenüber am Greenmarket das interaktive Science Centre an und verspricht Fun für die ganze Familie.

Tgl. 10 - 17 Uhr | Erw. £ 7.95, Kinder £ 5.95
www.dundeesciencecentre.org.uk

Europäische Meister und bahnbrechende PCs

McManus Galleries

In einem viktorianischen Prunkbau am Albert Square residiert seit über 150 Jahren das Stadtmuseum mit europäischen Meistern des 19. und 20. Jh.s und Exponaten zur Stadtgeschichte von der Eisenzeit über die Boomzeit der Walfangflotten bis heute, darunter auch erste Personal Computer wie der Sinclair ZX81.

Mo. - Sa. 10.00 - 17.00, So. 12.30 - 16.30 Uhr | Eintritt frei
www.mcmanus.co.uk

Bummel von der Kathedrale zum Rathaus

St. Paul's Cathedral

Am Castlehill thront weithin sichtbar die neogotische Kathedrale, die 1853 vollendet wurde. Ihren Altar schmückt ein venezianisches Retabel von Salviati. Folgen Sie der High Street zum stets belebten **City Square,** eingerahmt vom Rathaus und der 1923 erbauten **Caird Hall**.

Das Fußvolk der Industrialisierung

★ Verdant Works

Ende des 19. Jh.s besaß Dundee fast 60 Jutefabriken. Mehr als 50 000 Menschen, die meisten davon Frauen und Kinder, arbeiteten hier für einen Hungerlohn. Westlich der City am West Henderson's Wynd ist die größte **Jutefabrik** in ein lebendiges Industriemuseum umgewandelt worden – probieren Sie die Webstühle und Ballenpressen aus!

April - Okt. tgl. 10 - 18, So. ab 11, Nov. - März Mi. - Sa. 10.30 - 16.30, So. 11 - 16.30 Uhr | Erw. £ 11.75, Kinder £ 6.50
www.verdantworks.com

Labor globalen Pflanzenlebens

Dundee Botanic Gardens

Folgt man dem Riverside Drive von der Tay Road Bridge 3 mi / 5 km in westlicher Richtung, so erreicht man den Botanischen Garten der Universität, der für seine Orchideen und tropischen Farne bekannt ist.

Tgl. 10 - 16.30, Nov. - Feb. bis 15.30 Uhr | Erw. £ 3.90, Kinder £ 2.90 | www.dundee.ac.uk/botanic

Wildlife in the City

Camperdown Wildlife Centre

Zur größten Grünanlage der Stadt nordwestlich der City gehört ein Tierpark mit heimischem Rotwild, Bären, Wölfen, Luchsen und Steinadlern. Das Wildlife Centre ist Teil des Camperdown Country Park.

März - Sept. tgl. 10.00 - 16.30, Okt. - Feb. tgl. 10.00 - 15.30 Uhr | Eintritt Erw. £ 6, Kinder £ 5 | www.camperdownwildlifecentre.com

Rund um Dundee

★★ Glamis Castle

Schottlands schönstes Spukschloss
Majestätisch ist hier alles: Schlossansicht, Interieur verschiedener Epochen, Park und die Verbindung zur Mutter der Queen. Das Bilderbuchschloss nördlich von Dundee wurde 1770 von Lancelot Capability Brown mit einer Parklandschaft umgeben. Eine lange Eichenallee führt zum Schloss, das überwiegend aus der zweiten Hälfte des 17. Jh.s stammt. Schon 1000 Jahre zuvor stand an dieser Stelle eine Burg, die Sitz der Earls of Strathmore war, Vorfahren von »Queen Mum«. Im Castle sind kostbare Stilmöbel und Tapisserien, chinesisches Porzellan und Gemälde zu sehen, darunter **Porträts von Elizabeth II.** und der Königinmutter als Duchess von York. In der mittelalterlichen Halle, wo einst das Gefolge speiste, sind Schwerter, Pistolen und Rüstungen ausgestellt. Reich verzierte Wand- und Deckentäfelungen schmücken Salon und Kapelle, deren Gemälde um 1688 von Jakob de Wet ausgeführt wurden. Erst, wenn die Lichter im Schloss gelöscht sind, zeigt sich die Graue Lady – für sie ist in der Schlosskapelle immer ein Sitz reserviert, auch wenn die Dame ein Gespenst ist. Im Schlafgemach von Queen Mum wurde 1930 **Prinzessin Margaret**, die Schwester von Königin Elizabeth II., geboren – sie war nach über 300 Jahren die erste königliche Prinzessin, die auf schottischem Boden

Die Krönung schottischer Burgenromantik ist Glamis Castle, wo die Mutter der Queen ihre Kindheit verbrachte. Das Schloss ziert die 10-£-Note der Royal Bank of Scotland.

zur Welt kam. Der herrliche Schlosspark ist ein Wochenende im August Schauplatz von Theater und Konzerten unter freiem Himmel. Dazu trifft man sich mit Freunden zum Picknick. Als grandioses Finale gibt es ein Riesenfeuerwerk. Wie man vor 200 Jahren auf dem Land lebte, zeigen sechs Cottages von Glamis, die im 18. Jh. erbaut wurden.
April – Okt. tgl. 10 – 16 Uhr | Schloss und Park £ 15,50, Kinder £ 10
www.glamis-castle.co.uk

Piktensteine

Botschaften aus grauer Vorzeit
Die Symbolik auf den 350 in Schottland gefundenen Piktensteinen – wohl ehemals Grab-Menhire – ist spannend und grafisch ein Traum. 16 km nordwestlich von Glamis birgt das **Meigle Sculptured Stone Museum** 26 frühmittelalterliche piktische Steine des 8. bis 10. Jh.s.
HES | April – Sept. tgl. 9.30 – 17.30 Uhr | Erw. £ 7, Kinder £ 2.70

»
So come with me, where dreams are born,
and time is never planned.
«
James M. Barrie, Peter Pan

Kirriemuir
JM Barrie's
Birthplace

Alle Kinder werden groß – außer einem
Peter Pan will alles, nur nicht erwachsen werden. Wie aus dem Nichts taucht er im viktorianischen Kinderzimmer der Darlings auf, macht Wendy, John und Michael mit Feenstaub flugtüchtig und entschwindet mit den Londoner Bürgerskindern nach Nimmerland, wo Spaß und Abenteuer regieren und sie den schrecklichen Seeräuber Käpt'n Hook besiegen. James M. Barrie, der Autor von einem der schönsten Klassiker der Kinderliteratur, kam 1860 in der Brechin Road zur Welt, wo sich ein Museum dem fantasievollen Vater von »**Peter Pan**« widmet.
NTS | Brechin Road 13 | April – Okt. Fr.– Mo. 10.30 – 16.30 Uhr
Erw. £ 8 | Shop mit Peter Pan-Ausgaben

EAST COAST ZWISCHEN ABERDEEN UND NAIRN

Council Areas: Moray, Aberdeenshire, Aberdeen City

An der Nordostküste Schottlands warten dramatische Steilklippen und endlose Sandstrände, romantische Burgen, verträumte Dörfer und bester Malt Whisky in besonderen Abfüllungen.

Von Aberdeen nach Elgin

Schottlands unentdeckte Küste

★ Aberdeenshire's Coastal Trail

Von ▶Aberdeen aus erstreckt sich ein Küstenstreifen nach Norden und später nach Westen, der vom Tourismus eher wenig erfasst ist. Hier lassen sich Sehenswürdigkeiten noch ohne den Ansturm der Massen entdecken. Gleich nördlich von Aberdeen hat Donald Trump bei **Balmedie** vor seiner Präsidentschaft einen sehr umstrittenen Golfplatz anlegen lassen. Der erste lohnenswerte Zwischenstopp ist die Mündung des River Ythan bei **Newburgh**. Auf seinem weiten Sandstrand tummeln sich oft Hunderte von Seehunden.

Fisch vor dem Frühstück

Peterhead

Schottlands östlichste Stadt ist der größte Weißfischhafen Europas und wichtige Versorgungsstation für die Offshore-Industrie. Ein lebendiges Spektakel ist Montag bis Freitag ab 7 Uhr früh die **Fischauktion** in der Harbour Street – jährlich werden hier über 150 000 t Fisch umgesetzt. Die große Zeit von Heringsfang und Walfangflotten zwischen 1788 und 1893 dokumentiert das **Arbuthnot Museum** in der St. Peter Street. Ungewöhnliche Attraktion ist das **Peterhead Prison Museum** an der South Road. Das einst für lebenslänglich Inhaftierte berüchtigte Gefängnis kann heute zusammen mit einem renovierten Seenotrettungsboot besichtigt werden.

Fischauktion: www.peterheadport.co.uk/clients/fishing/market

Arbuthnot Museum: derzeit geschlosssen | www.livelifeaberdeenshire.org.uk/museums/find-a-museum/arbuthnot-museum/

Peterhead Prison Museum: April – Okt. tgl. 10 – 16.30 (letzter Einlass), Nov. – März 10 – 14.30 Uhr | Erw. £10, Kinder £ 5.50
https://peterheadprisonmuseum.com/de/

Spukschloss am Rande eines furchtbaren Abgrunds

Slains Castle

In dem kleinen Badeort **Cruden Bay** mit 3 km langem Sandstrand und international bekanntem Golfplatz soll Bram Stoker 1895 mit der Niederschrift seines »**Graf Dracula**« begonnen haben. Er ließ sich dazu von dem damals noch intakten Schloss des 19. Earl of Errol inspirieren, zurzeit eine teilweise renovierte Ruine, die man gern zu Wohnungen umbauen würde. Die Anziehungskraft geht eindeutig vom spukigen Drama aus, das die Lage hoch über dem Meer zitierte.

Hexenkessel ...

★ Bullers of Buchan

... nannte **James Boswell** auf seiner Schottlandreise 1773 die tosende Schlucht keine 12 km südlich von Peterhead. Fast 70 m tief sind die Felsspalten, einst vermutlich eine zusammenhängende Höhle, in der die brodelnde See unter freiem Himmel ein grandioses Naturschauspiel bietet. Vorsicht auf dem Klippenpfad!

Drehort für »Local Hero« war das verträumte Dörfchen Pennan an der Nordostküste.

★ Museum of Scottish Lighthouses

Die Leuchtturm-Dynastie

Zur Blütezeit des Heringsfangs im späten 19. Jh. zwängten sich bis zu 1000 Boote in den Hafen von **Fraserburgh**, um ihren Fang anzulanden. 1570 ließ Alexander Fraser eine Festung errichten, die 1787 Schottlands erster Leuchtturm wurde. Sein Museum erzählt die Geschichte der **Stevenson**-Familie, die in 150 Jahren 93 Leuchttürme für Schottland baute. All die ausgestellten Prismen, Spiegel und Beleuchtungsarten sind derart faszinierend, dass Sie Leuchttürme mit anderen Augen sehen werden. Übrigens: Robert Louis Stevenson (►Interessante Menschen) schlug aus der Art, er wurde ja bekanntlich Romancier, eine Art Leuchtfeuer der schottischen Literatur.

Stevenson Road, 45-min. Führung zum Kinnaird Head Leuchtturm, Winter Di. – Sa. 11 –15, Sommer 10–16 Uhr | Erw. £ 9, Kinder £ 4
Tea Room mit leckerem Lunch | https://lighthousemuseum.org.uk

★ Pennan

Spaziergänge an der Delfinküste

Der mit blauem Anker ausgeschilderte Küstenpfad führt von Fraserburgh in abgelegene Fischerorte, wo sich weiß und grau verputzte Häuschen eng aneinanderschmiegen und das Gefühl vermitteln, als ticke die Uhr hier langsamer als anderswo: **Pennan** ist Kinofreunden bekannt durch den so poetischen wie amüsanten Film »**Local Hero**« (1983) mit Burt Lancaster und Peter Capaldi in den Hauptrollen – die rote Telefonzelle, die man im Film anrufen konnte, gibt es immer noch und ein Erinnerungsfoto ist fast obligatorisch.

Delgatie Castle

Forellen und Shettis

Das im 11. Jh. begonnene Landhaus der Hays of Delgatie liegt 18 km landeinwärts, südöstlich von Macduff. Seine kunstvollen Deckengemälde stammen aus dem 16. Jh., als auch Maria Stuart nach der

Schlacht von Corrichie hier logierte, woran ein Porträt von ihr erinnert. Kinder interessieren sich vermutlich mehr für die struppigen Shetlandponys, die im Park grasen. Man kann sich im Schloss auch einquartieren – Tipp: die Symbister Suite hat elegante Himmelbetten.
Tgl. 10 – 16 Uhr | Erw. £ 9 | Tea Room und Forellenzucht, vierstündiges Ticket zum Angeln £ 10 | www.delgatiecastle.com

Leben am und im Wasser

Banff und Macduff

Die **hübschen Hafenstädtchen** an der Mündung des River Deveron sind durch eine siebenbogige Brücke miteinander verbunden und erscheinen eher wie eine einzige Stadt. Banff war bereits im 12. Jh. ein Handelszentrum der »nördlichen Hanse«, erhielt aber erst 1775 einen eigenen Hafen. In den steilen Sträßchen stehen denkmalgeschützte georgianische Häuser des schottischen Landadels, der im 17. Jh. die Kleinstadt für sich entdeckte. Ende Mai verbindet in Macduff das Coast Festival Kunst mit Kulinarischem. Das **Marine Aquarium** östlich des Hafens von Macduff besitzt einen tiefen Wassertank mit Wellengang, in dem sich mehr als 50 Fischarten tummeln.
Marine Aquarium: April – Okt. tgl. 10 – 17, Sa., So. ab 11, Nov. – März Sa. – Mi. 11 – 16 Uhr | Erw. £ 8.10, Kinder £ 4.90 www.macduff-aquarium.org.uk

Wenn auch unvollendet ...

Duff House

... so ist das 1735 – 1740 von **William Adam** erbaute Herrenhaus doch ein Schmuckstück georgianischer Architektur. Den mit Ecktürmen versehenen Bau zieren korinthische Wandpfeiler und Giebelwerk. Duff House arbeitet heute mit der **Schottischen Nationalgalerie** zusammen. Die sorgsam restaurierten Räume beherbergen Stilmöbel von Chippendale und Gemälde von Raeburn, Gainsborough und El Greco.
HES | April – Sept. Do. – So. 9.30 – 17, Okt. – März 11 – 16 Uhr morgens nur mit Führung (reservieren) | Erw. £ 9

Oldtimer, Kaschmir und Whisky

★ Elgin

Nur Ruinen zeugen noch von der 1224 begonnenen, einst prächtigen **Kathedrale** Elgins, auch »Laterne des Nordens« genannt. Aus Rache für seine Exkommunizierung wurde sie 1390 vom »Wolf of Badenoch«, Alexander Stewart, zerstört. Vom Nordturm hat man einen guten Rundblick über die Stadt. Im Schatten der Kathedrale gedeihen im »Biblischen Garten« Pflanzen, die in der Bibel erwähnt sind. Das **Elgin Museum** in der High Street Nr. 1 besitzt außer Arbeiten von Constable, Turner und Epstein auch eine erstaunliche prähistorische Sammlung. Aston Martin, Jaguar und Lagonda – Oldtimerfreunde sollten im **Moray Motor Museum** an der Bridge Street reinschauen. Seit 1797 steht **Johnstons of Elgin** für feinste Kaschmirware. Sie wird aus der Wolle von Schafen aus China, der Mongolei und Australien hergestellt. Mit einem Dutzend Destillen in Reichweite gilt Elgin als Zentrum des Malt Whisky. Eine wahre Fundgrube für Kenner ist **Gordon & MacPhail**. Das 1895 gegründete Unternehmen mit preisgekröntem Shop in der South Street 58 führt über 1000 Whiskys, viele davon aus eigener Abfüllung und seltene Single Malts.

Cathedral: HES | April- Sept. tgl. 9.30 -17.30, Okt.-März tgl. Sa. - Mi. 10 - 16 Uhr | Erw. £ 7.10 | **Elgin Museum:** April - Okt. Mo. - Fr. 10 - 17, Sa. 11 - 16 Uhr | Eintritt frei | https://elginmuseum.org.uk | **Johnstons of Elgin:** Mill Tour kostenlos tgl. 10 - 15 std. | www.johnstonscashmere.com | **Gordon & MacPhail:** www.gordonandmacphail.com

★ Scottish Dolphin Centre

Delfine in Sicht!

Das Forschungszentrum nordöstlich von Elgin an der Mündung des Spey befindet sich in einer ehemaligen Lachsfangstation. Teile der Spey Bay sind Wildpark und werden vom Scottish Wildlife Trust verwaltet. Seehunde, Fischadler, Rotwild, Wasservögel und vor allem Delfine sind hier zu beobachten. Die Bottlenose-Delfine leben das ganze Jahr über in der Bucht. Café, Souvenirshop und Ausstellung helfen, Forschungsprojekte zum Schutz der Tümmler zu finanzieren.

Spey Bay | April - Okt. Do.-Mo. 10.30 - 16 Uhr | Eintritt frei | geführte Wildlife-Touren | https://dolphincentre.whales.org

Dallas Dhu Distillery

Im »Tal des schwarzen Wassers« ...,

... wie der gälische Name für die 1898 gegründete Whiskybrennerei zwei Meilen außerhalb von Forres lautet, wurde 1983 stillgelegt und gibt heute als **Whiskymuseum** Einblicke in das Leben der Arbeiter und die Produktionsabläufe (▶Baedeker Wissen S. 268 – 271).

HES | derzeit geschlossen

Von Elgin nach Nairn

Duffus Castle

Erde, Holz und dicke Mauern

Die nordwestlich von Elgin weithin sichtbar aus dem flachen Farmland aufragende Erdhügelfestung ist Beispiel einer normannischen Motte-and-Bailey-Burg. Die ursprüngliche Holzkonstruktion aus dem 12. Jh wurde im 14. Jh. durch wehrhaftes Mauerwerk ersetzt.

Moray Coast

Wilde Strände wie Sand am Meer

In Spynie kann man die Küste schon fast riechen. Nach kurzer Fahrt ist **Lossiemouth** erreicht. Die langen Strände und verschwiegenen Buchten sind herrlich. Lossiemouth zeigt seine Vergangenheit im **Fisheries Museum** in der Pitgaveny St, seinen Community Spirit im Erwerb des Leuchtturms, der eine tolle Sicht über die Küste bietet. Zwei Leuchtturmwärter-Cottages wurden zu Familien-Unterkünften aufgemöbelt.

Lossie Fisheries Museum: Ostern - Okt. Mo. - Sa. 10.30 - 16 Uhr Erw. £ 1.50 | www.lossiemuseum.co.uk

Piktische Stele aus Buntsandstein

Forres

Am Ortsrand des hübschen Forres wacht **Sueno's Stone** (HES). Der 7 m hohe Monolith zeigt ein christliches Rundkreuz und kriegerische Szenen. Der **Nelson's Tower**, 1806 nach der siegreichen Schlacht von Trafalgar aufgestellt, gewährt einen weiten Rundblick über die Stadt.

Nelson's Tower: Mai – Sept. tgl 14 – 16 Uhr | Eintritt frei
www.visitforres.scot, https://forresheritage.co.uk

Mit der Welt im Einklang

★ Findhorn Foundation

Die Findhorn Foundation wenige Kilometer nördlich von Forres gilt als Mutter der **spirituellen Lebensgemeinschaften**, die auch Reisende zum Mitmachen einlädt. Sie entstand in den 1960ern am Ufer der Findhorn-Bucht als kleine Kommune, die gemeinsam Gemüse anbaute und meditierte. Heute leben und arbeiten hier mehr als 400 Menschen aus über 20 Nationen. Zu ihrer positiven Vision für die Menschheit gehören ökologische Bauweise, nachhaltige Energieerzeugung, Recycling und biologischer Anbau, Erfahrungswochen, Kurse und Workshops für alternative Lebensführung. Die Universal Hall ist eine bekannte Bühne für Konzerte, das angeschlossene Phoenix Café serviert vegetarische und vegane Speisen. Lohnenswert ist ein Abstecher zur Mündung der Findhorn-Bucht – ein landschaftliches Idyll mit netten Pubs im Ort.

Foundation-Führungen Di., Do. ab Visitor Centre | www.findhorn.org

Schlossromantik und schick shoppen

★ Brodie Castle

Im Frühling sind die Wiesen um die Märchenburg zwischen Forres und Nairn ein Meer aus leuchtend gelben Narzissen. Begonnen wurde der Sandsteinbau 1567 vom 12. Brodie of Brodie. Nachdem das Castle im

Dürfen das ganze Jahr frei rumlaufen: Für Schafe ist Schottland ein Paradies.

Covenanter-Krieg 1645 ein Opfer der Flammen wurde, konnte es erst ab 1730 wieder aufgebaut werden. Beim Rundgang beeindrucken französische Stilmöbel, Meißener Porzellan, englisches Tafelsilber und dekorative Stuckdecken, französische Impressionisten und niederländische Meister. Symbole der mystischen Oghamschrift finden sich auf dem piktischen **Rodney Stone** im Park. Wenige Fahrminuten entfernt bekommt man im **Brodie Countryfare** Mode, Lifestyleprodukte und Delikatessen aus ganz Schottland (www.brodiecountryfare.com).
NTS | April März – Juni, Sept. – Okt. Mi. – So. 10 – 16, Juli, Aug. tgl. 10 – 17 Uhr| Park tgl. 9.30 Uhr bis Sonnenuntergang | Erw. £ 11

Die sprudelnden Wasser des Findhorn ...

Randolph's Leap

... zwängen sich 10 km südlich von Forres durch eine enge Sandsteinschlucht. Am Sträßchen B 9007 empfängt das **Logie Steading Visitor Centre** mit Café, Kunstgalerie, Farm- und Buchshops sowie dem River Findhorn Heritage Centre und einem Walled Garden. Ein gut einstündiger, ausgeschilderter Waldspaziergang und die Schlucht laden zum Laufen und Staunen ein (www.lodgie.co.uk).

Hafenfest und Highland Games ...

Nairn

... sind die Höhepunkte des Sommers in Nairn mit kleinen Fischerhäuschen um den Hafen, der 1820 von Stararchitekt Thomas Telford gebaut wurde. Die Geschichte der Hochlandärzte, Highland Games und Heringsfischerei wird im **Nairn Museum** im Viewfield House erzählt.
Nairn Museum: Ostern – Okt. Mo. – Fr. 10 – 16.30, Sa. 10 – 13 Uhr | Erw. £ 3.50 | www.nairnmuseum.co.uk

★★ EDINBURGH

Council Area: City of Edinburgh | **Einwohner:** 496 000

Seit mehr als einem halben Jahrtausend ist die kleine Hauptstadt am Rande Europas der kulturelle Mittelpunkt Schottlands. »Edinburra«, wie die Einheimischen sagen, hat Stil, Geschichte und Größe. Schottlands Schönste ist Weltkulturerbe, Festivalhochburg und Heimat der besten Köche und Kiltmaker.

»
Kein Stern leuchtet schöner
als die Lichter der Straßen von Edinburgh.
«
Robert L. Stevenson

Höhepunkt des Edinburgh Festival ist das Royal Military Tattoo vor der Burg.

Schott-lands Schönste

Die Kulisse der Stadt scheint wie für die Ewigkeit gemacht, dabei ist viel in Bewegung. Das belegen der Tram-Ausbau, das spektakuläre Parlament, schicke Boutiquehotels, neue Shopping-Tempel, trendiges Nachtleben und gutes Essen an jeder Ecke. Die Stadt besitzt Kunst von Weltrang, ist Finanzmetropole und Hochburg des Lernens. Im Grunde besteht Edinburgh aus zwei Städten: Die mittelalterliche **Old Town**, verwinkelt und dicht gedrängt, liegt zu Füßen des Burgfelsens mit der »Royal Mile« als Rückgrat. Die **New Town** dagegen wurde Ende des 18. Jh.s großzügig im georgianischen Stil erbaut, mit repräsentativen Plätzen, eleganten Fassaden und breiten Straßenzügen. Alt- und Neustadt verbinden die grünen Princes Street Gardens zu einem harmonischen Ganzen und **UNESCO-Weltkulturerbe**.

Festival-hochburg

Höhepunkt des Sommers ist im August das dreiwöchige **Edinburgh International Festival** mit dem berühmten »Zapfenstreich« des Royal Edinburgh Military Tattoo und dem bunten **Fringe** mit Comedians, improvisierten Bühnen und Straßentheater (▶Das ist Schottland S. 14). Im Juni startet das **International Film Festival.** Autoren aus aller Welt machen auf dem **Book Festival** Lust auf Leseabenteuer. Immer mehr entwickelt sich Edinburgh zur Ganzjahres-Festspielstadt: Im April und Mai begeistern das Internationale Kindertheater-Festival

und das Science-Festival mit Wissenschaft zum Anfassen. Sehr bunt und lebhaft geht es auf dem Edinburgh Jazz & Blues Festival mit der großen Carnival-Straßenparade zu. Im November ist das Storytelling Festival populär, im Dezember steht alles im Zeichen der mittlerweile beliebten Weihnachtsmärkte und zum Jahresabschluss folgt **Hogmanay**, die einwöchigen Silvester- und Neujahrsfeiern. Als »Greatest Show on Earth« firmiert die **Royal Highland Show**, Schottlands »Grüne Woche« Ende Juni in Ingliston beim Flughafen.
www.edinburghfestivalcity.com, www.edinburghtattootickets.com
http://royalhighlandshow.org

Stadtgeschichte

Laut Legende bauten die Pikten bereits im 5. Jh. eine erste Festung auf dem Burgfelsen, die später den gälischen Namen »Dun Eydin« erhielt. Archäologen nehmen allerdings an, dass der Vulkanfelsen schon um 800 v. Chr. besiedelt war und der Name auf König Edwin im 7. Jh. zurückgeht. Robert I. Bruce übertrug der Stadt 1329 nicht nur Stadtrechte, sondern auch den Hafen von Leith. 1482 wurde Edinburgh **Hauptstadt**. Das 18. und frühe 19. Jh. machten Edinburgh zur

Metropole der »**schottischen Aufklärung**« und die 1592 gegründete Universität zur Hochburg der Forschung – seit Peter dem Großen waren fast alle Leibärzte der russischen Zaren Mediziner aus Edinburgh. Im »Athen des Nordens« rückte der Philosoph David Hume die Ratio, Skepsis und Pragmatismus in den Mittelpunkt, gründete Adam Smith die moderne Volkswirtschaftslehre, wurde mit Chloroform, Karbol und Penizillin der Kampf gegen die Sepsis gewonnen.
1996 kam die Ernennung zum **UNESCO-Weltkulturerbe**. Nach fast 300 Jahren kehrte das schottische **Parlament** 1999 nach Edinburgh zurück. Fünf Jahre später konnte das neue Parlamentsgebäude eröffnet werden, wo Nicola Sturgeon und die Scottish National Party nach ihrem Wahlsieg 2021 weiterregieren dürfen. Dank Literaten wie Sir Walter Scott, Robert Burns und Robert L. Stevenson, Ian Rankin, J. K. Rowling und Alexander McCall Smith wurde Edinburgh auch die erste **UNESCO City of Literature**.

Die besten Seiten Edinburghs sieht man vom Calton Hill: The Mound, die Burg und der Uhrturm des Grandhotels Balmoral an der Princes Street.

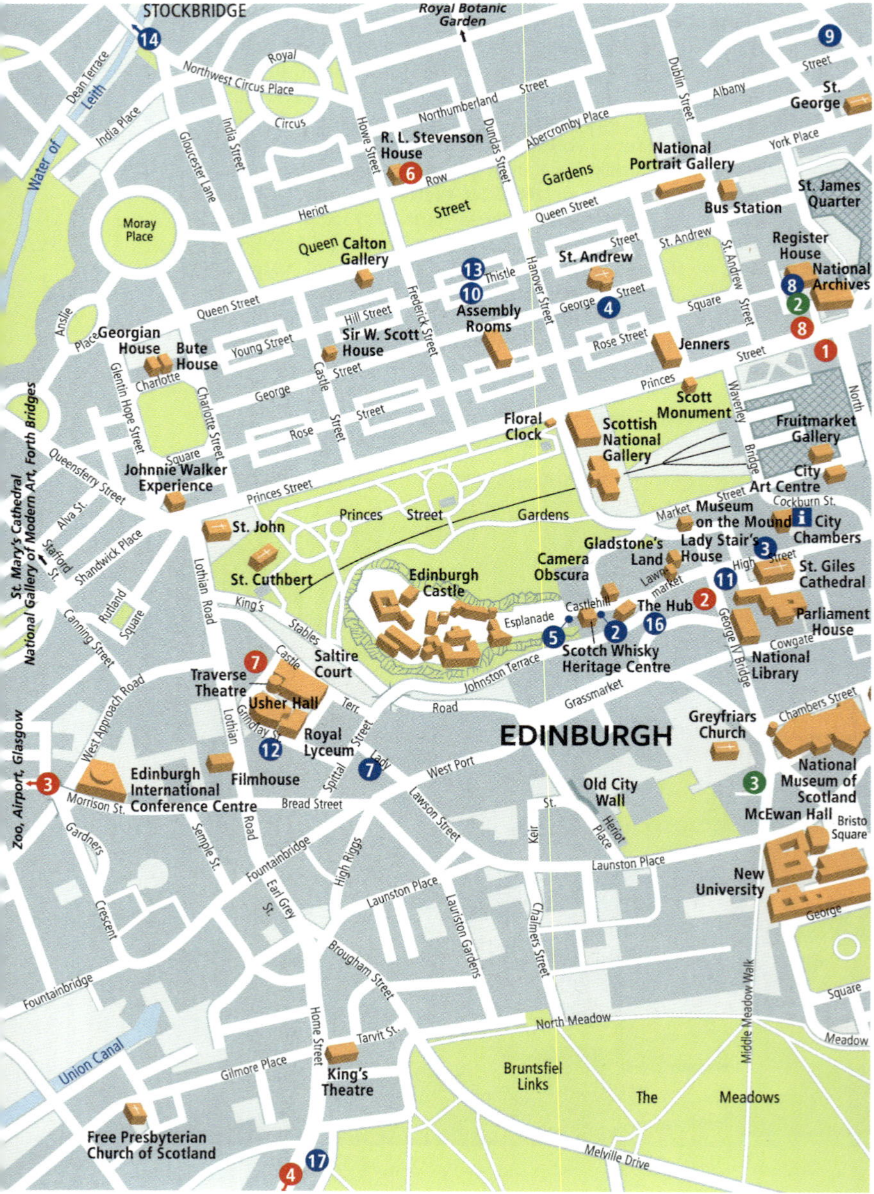
STOCKBRIDGE
Royal Botanic Garden
EDINBURGH
Dean Terrace
Water of Leith
India Place
Northwest Circus Place
Royal Circus
Gloucester Lane
India Street
Howe Street
R. L. Stevenson House
Northumberland Street
Dundas Street
Heriot Row
Abercromby Place
Dublin Street
Albany Street
St. George
York Place
National Portrait Gallery
Bus Station
St. James Quarter
Moray Place
Queen Street Gardens
Queen Street
Calton Gallery
Thistle
St. Andrew
Street
St. Andrew Square
St. Andrew Street
Register House
National Archives
Hanover Street
Frederick Street
Hill Street
Assembly Rooms
George Street
Rose Street
Jenners
Princes Street
Ainslie Place
Georgian House
Bute House
Young Street
Sir W. Scott House
Castle Street
Charlotte Square
Glentin Hope Street
Charlotte Street
Scott Monument
Waverley Bridge
North Bridge
Fruitmarket Gallery
Floral Clock
Scottish National Gallery
City Art Centre
Cockburn St.
Market Street
Museum on the Mound
City Chambers
Queensferry Street
Johnnie Walker Experience
Princes Street Gardens
St. John
Alva St.
Stafford St.
Shandwick Place
Lothian Road
St. Cuthbert
Gladstone's Land
Lady Stair's House
Camera Obscura
Lawnmarket
High Street
St. Giles Cathedral
Edinburgh Castle
King's Stables
Castlehill
Esplanade
The Hub
Parliament House
George IV Bridge
Cowgate
National Library
Scotch Whisky Heritage Centre
Rutland Square
Canning Street
Saltire Court
Castle Terr.
Traverse Theatre
Usher Hall
Johnston Terrace
Grassmarket
West Approach Road
Grindlay St.
Royal Lyceum
Lady Lawson Street
Greyfriars Church
Chambers Street
Spittal Street
West Port
Road
National Museum of Scotland
Edinburgh International Conference Centre
Filmhouse
Old City Wall
Morrison St.
Bread Street
Lawson Street
St.
Keir
Heriot Place
McEwan Hall
Bristo Square
Zoo, Airport, Glasgow
St. Mary's Cathedral
National Gallery of Modern Art, Forth Bridges
Gardners Crescent
Semple St.
Fountainbridge
Earl Grey St.
High Riggs
Launston Place
Lauriston Place
Lauriston Gardens
Chalmers Street
New University
George Square
Brougham Street
North Meadow
Middle Meadow Walk
Meadow
Home Street
Tarvit St.
Union Canal
Gilmore Place
King's Theatre
Bruntsfiel Links
The Meadows
Free Presbyterian Church of Scotland
Melville Drive

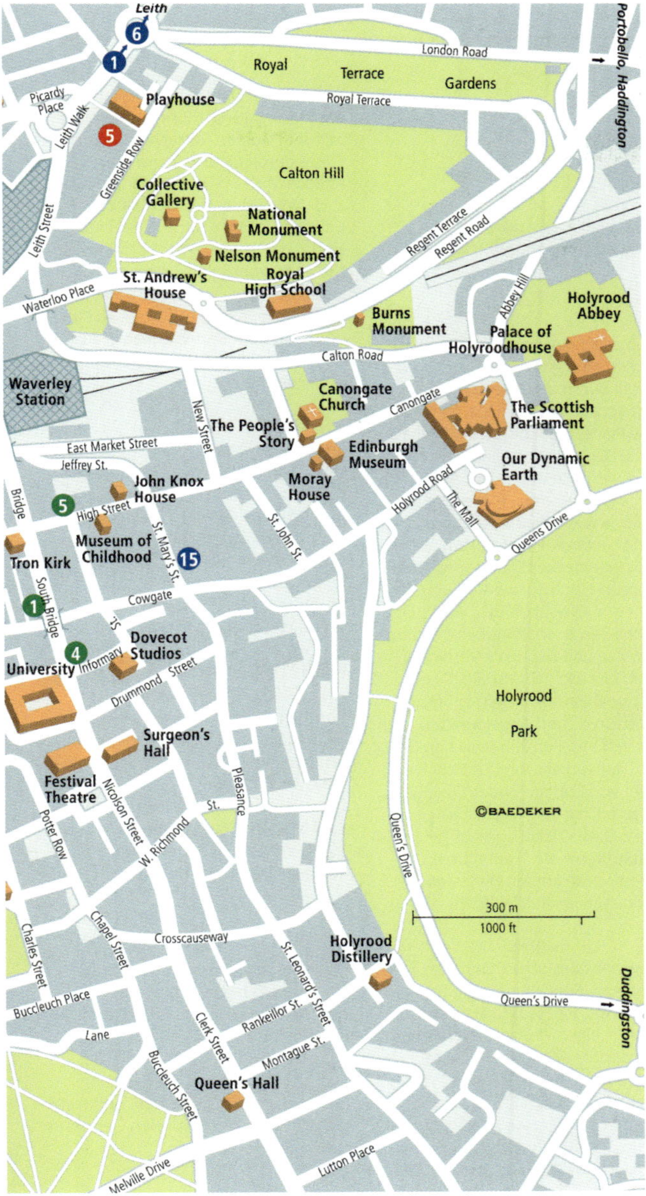

Essen und Trinken

1. The Kitchin
2. The Witchery by the Castle
3. Angels with Bagpipes
4. The Dome
5. Contini Canonball
6. The Ship on the Shore
7. Timberyard
8. Café Royal Oyster Bar
9. Educated Flea
10. Fishers in the City
11. Le Bistrot
12. Navadhanya
13. Noto
14. Scran & Scallie
15. David Bann
16. Grain Store
17. Hendersons

Übernachten

1. Balmoral
2. Radisson Collection Hotel, Royal Mile Edinburgh
3. Dunstane House
4. The Bruntsfield
5. The Glasshouse
6. Stevenson House
7. 2 Cambridge Street
8. Motel One

Ausgehen

1. Cabaret Voltaire
2. The Voodoo Rooms
3. Sandy Bell's
4. Royal Oak
5. Whiski

EDINBURGH ERLEBEN

EDINBURGH I-CENTRE

249 High Street
Edinburgh EH1 1YJ
Tel. 0131 473 38 20
www.visitscotland.com
www.edinburgh.gov.uk

Edinburghs Flughafen (13 km westl., www.edinburghairport.com) wird sowohl durch die Tram mit der Innenstadt verbunden (bis 2023 bis St. Andrew Place, dann bis Leith/Newhaven, Erw. £ 6,50, https://edinburghtrams.com), als auch durch den Airlink Bus 100 (bis St. Andrew Place, Erw. £ 4,50, www.lothianbuses.com). Am St. Andrew Place starten auch die Doppeldecker-Sightseeing-Busse (Hop-on-Hop-off, www.edinburghtour.com, Erw. ab £ 16). Vom benachbarten Busbahnhof gibt es überregionale und regionale Verbindungen in fast alle Landesteile. Der zentrale Bahnhof Waverley Station ist der Dreh- und Angelpunkt für den Bahnverkehr. Für den örtlichen Bus- und Tramverkehr lohnt oft ein Day Ticket von Lothian Buses (£ 4,50), das einen Tag lang freie Fahrt gewährt. Diese Tickets gibt es bei jedem Busfahrer, für die Tram müssen Tickets vorab an den Haltestellen-Automaten gekauft werden.

GET YOUR GUIDE

Sie wissen alles über Edinburgh, seine Highlights, Spuk und Shopping, angesagte Pubs, Partys und Promis. Begeistert zeigen Hauptstädter Gästen kostenlos ihre Stadt auf 2,5-std. Führungen zwischen Castle und Princes Street ab 130 High St., Trinkgeld willkommen; www.neweuropetours.eu/edinburgh). Unterhaltsam sind auch die Wee Walking Tours von Sami, der mit dem Golden Retriever Sawyer Gäste durch die Old Town führt (2 Routen Mi. – So. 11 und 15 Uhr, Erw. £ 15, www.weewalkingtours.com). Edinburgh Castle ohne Anstehen, Harry-Potter- und WhiskyTouren bietet getyourguide (www.getyourguide.de). Bei Guru Dudu's Silent Walking Tour kommt fetzige Musik der 70er, 80er und 90er-Jahre aus den Kopfhörern (www.gurududu.org/silentdisco).

GEISTERSTUNDE

Im Schatten von St. Giles starten schön schaurige Gruseltouren durch die Gassen der Altstadt hinab in unterirdische Gewölbe, gespickt mit unheimlichen Storys über Gespenster, Hexen und Folter.
www.auldreekietours.com
www.mercattours.com
www.witcherytours.com

EDINBURGH LITERARY PUB TOUR

So lehrreich wie unterhaltsam ist die Tour zu literarisch wichtigen Schauplätzen in der »Weltstadt der Literatur«. Ab £ 17, vom Beehive Inn am Grassmarket bis zur Milnes Bar Ecke Rose/Hanover Street.
Tel. 0800 1 69 74 10, www.edinburghliterarypubtour.co.uk

Der Neubau des Einkaufszentrums St. James Quarter (https://stjamesquarter.com) hat manches Label von der einst führenden Princes Street abgezogen. Dort wird gerade das Flaggschiff Jenners bis mindestens 2024 neugestaltet. Mondän und trendig geht es in der parallelen George

BAEDEKER MAGISCHE MOMENTE

BODY & SOUL

Sie träumen von Ruhe, Loslassen, Zeit für sich? Duftende Aromen, Kerzenschein, Musik und wohltuende Wellnessprodukte vertreiben im **One Spa** den Alltagsstress. Ob Meersalzpeeling oder eine sanfte Massage mit heißen Steinen, alle Verwöhnrituale und Beauty-Anwendungen sind auf Relaxen und Entspannung für die Seele ausgerichtet (8 Conference Square, Tel. 0131 221 77 77, www.onespa.com).

Street zu. Viele kleine Fachläden finden sich im angesagten Vorort Stockbridge. Traditionsreiche Kiltmaker, hochwertige Tweed- und edle Kaschmirläden buhlen mit Tartanshops und Whiskyläden um Kunden in der Royal Mile und der New Town (►Das ist Schottland S. 18). Zwei tolle Tweedgeschäfte für Sie und Ihn hat die bunte Victoria Street (►Abb. S. 149). Secondhand ist angesagt in der Cockburn Street, an der West Port und am Grassmarket. Ein Muss: Sa. 9 – 14 Uhr zum Farmers' Market auf der Castle Terrasse (www.edinburghfarmersmarket.co.uk).

FESTIVALS

Nicht nur im Sommer während Fringe und International Festival ist Edinburgh Kulturhochburg.
►Das ist Schottland S. 14

NATIONALMUSEEN UND GALERIEN

Die Nationalgalerien und -museen sollte man sich nicht entgehen lassen, zumal der Eintritt kostenlos ist.
www.nationalgalleries.org
www.nms.ac.uk

THEATER & MUSIK

Das Royal Lyceum zeigt moderne Inszenierungen in der Grindlay Street. Große Tourneeproduktionen, Musicals und Konzerte bestimmen das Programm im King's Theatre an der Leven Street, im Festival Theatre an der Nicolson Street und im Edinburgh Playhouse am Greenside Place. Experimenteller geht es im Traverse Theatre in der Cambridge Street zur Sache – seine Bar ist nicht nur während des Fringe Festival angesagter Treff. Aushängeschild der Konzertkultur ist die Usher Hall in der Lothian Road. Rock, Pop und Folk gibt es in der Queen's Hall, in kleineren Clubs wie dem Liquid Room, den Voodoo Rooms (►S. 148) und dem Bongo Club. Konzerte und Theater veranstaltet das Kulturzentrum Summerhall am Rand der Meadows.
www.edinburghtheatreguide.com

❶ CABARET VOLTAIRE

Stimmungsvolles Labyrinth in Gewölben unter der Altstadt mit riesiger Tanzfläche, Gigs neuer Bands der Britscene, Comedy und Theater.
36 – 38 Blair Street

Tel. 0131 247 47 04
www.thecabaretvoltaire.com

❷ THE VOODOO ROOMS
4 Bars und 6 Räume mit Livemusik und Cabaret neben dem Apple Store und nur wenige Schritte von der Princes Street entfernt. Nebenan liegt das angesagte Café Royal (►S. 150).
19a West Register Street
Tel. 0131 556 70 60
www.thevoodoorooms.com

❸ SANDY BELL'S
Schottische Folkmusik vom Feinsten mit Fiddle und Akkordeon, gleich um die Ecke vom Nationalmuseum – die populäre Kneipe hat Kultstatus.
Forrest Road 25, Tel. 0131 225 11 56, www.sandybells.com

❹ ROYAL OAK
Auch hier bieten Folkies allabendlich »Traditional Sessions« – seit Jahrzehnten Treffpunkt der Folkszene.
1 Infirmary Street, Tel. 0131 557 29 76, www.royal-oak-folk.com

❺ WHISKI
Eine Institution an der Royal Mile mit mehr als 300 Single Malts und Blends, süffigen Bieren lokaler Mikrobrauereien, gute schottische Regionalküche – und jeden Abend Livemusik.
119 High Street, Tel. 131 556 30 95; www.whiskibar.co.uk

❶ THE KITCHIN €€€€
Moderne schottische Küche auf höchstem Niveau in einem umgebauten Lagerhaus mit Blick auf die schottische Regierung am Hafen von Leith. Seine Lieblingsrezepte verrät Sternekoch Tom Kitchin in seinem Kochbuch »From Nature to Plate«.
78 Commercial Quay, Leith
Tel. 0131 5 55 17 55
https://thekitchin.com

❷ THE WITCHERY BY THE CASTLE €€€€/€€€
Wo sich vor 800 Jahren Hexen und Zauberer einfanden, wird heute exzellent getafelt; unbedingt reservieren!
Castlehill, Royal Mile, Tel. 0131 225 56 13, www.thewitchery.com

❸ ANGELS WITH BAGPIPES €€€
Lamm aus dem Hochland, Wild aus den Cairngorm Mountains oder Haggis mit aromatischem Macallan Malt – die junge Feinschmeckeradresse gegenüber von St. Giles ist sehr gefragt.
343 High Street, Royal Mile
Tel. 0131 2 20 11 11
www.angelswithbagpipes.co.uk

❹ THE DOME €€€
Vornehm und piekfein glänzt die Ex-Bank mit Kristalllüstern, Riesenkuppel und erstklassigem Restaurant.
14 George Street
Tel. 0131 624 86 24
www.thedomeedinburgh.com

❺ CONTINI CANONBALL €€€/€€
Moderne schottische Küche und entspanntes Ambiente in der Bar direkt beim Zugang zum Castle
356 Castlehill, Tel. 0131 225 15 50
www.contini.com

❻ THE SHIP ON THE SHORE €€€/€€
Am alten Hafen von Leith gibt's herrliche Genüsse aus dem Meer: Arbroath Smokies, Austern aus dem Loch Creran und eine königliche Meeresfrüchteplatte – ideal für zwei!
24 – 26 The Shore, Leith
Tel. 0131 555 04 09, ►Abb. S. 173
www.theshipontheshore.co.uk

❼ TIMBERYARD €€€/€€
Das charmante Lokal der Familie Radford serviert süffiges Bier von der Black Isle. Die Bioprodukte für die Slow-Food-Gerichte stammen alle von umliegenden Farmen.

OBEN: »The Dome« – Gourmettempel mit Kuppel und Kristalllüstern UNTEN LINKS: In der Victoria Street hat Walker Slater einen bezaubernden Tweedladen nur für Ladies. UNTEN RECHTS: Smartes Budget Design im jungen Motel One an der Princes Street

Lady Lawson St., Tel. 0131 221 12 22, www.timberyard.co

8 CAFÉ ROYAL €€
Populärer Pub mit Mosaiken von John Eyre, die Forscher mit ihrer wichtigsten Entdeckung zeigen.
19 West Register Street
Tel. 0131 5 56 18 84
www.caferoyaledinburgh.com

9 EDUCATED FLEA €€
Das Lokal steht für eine neue Generation von entspannten, aber anspruchsvollen Bistros in der schottischen Hauptstadt, die auf zeitgenössische Kreationen setzen. Das Konzept am östlichen Rand der New Town kam so gut an, dass es in Bruntsfield (Three Birds) und Newington (Apiary) gleich zwei Filialen gibt. Abends unbedingt reservieren.
32b Broughton St, Tel. 0131 556 80 92, www.educatedflea.co.uk

10 FISHERS IN THE CITY €€
Fangfrischer Fisch und Meeresfrüchte in rustikal-relaxtem Ambiente mitten in der New Town. Einladende Dependancen am alten Hafen von Leith (1/3 The Shore).
58 Thistle St., Tel. 0131 2 25 51 09
www.fishersrestaurants.co.uk

11 LE BISTROT €€
Ein authentisches Stück Frankreich im House of France an der Royal Mile. Informelle Atmosphäre, günstige Mittagsmenüs und sehr leckere Desserts.
West Parliament Square
Tel. 0131 225 40 21
www.lebistrot.co.uk

12 NAVADHANYA €€
Ohne indische Spezialitäten ist ein kulinarischer Besuch Schottlands kaum vorstellbar und es gibt reichlich Auswahl. Eine der besten Adressen mit 2 AA-Rosetten befindet sich im Theaterbezirk und serviert gehobene Speisen vom Subkontinent.
32 – 34 Grindlay Steet
Tel. 0131 629 78 68, www.navadhanya-scotland.co.uk

13 NOTO €€
Junge, frische Küche im Bistro-Stil in einer ruhigen Seitengasse der New Town. Kleine, aber feine Karte, 2022 mit Michelins Bib Gourmand prämiert.
47a Thistle Street, Tel. 0131 241 85 18, www.notoedinburgh.co.uk

14 SCRAN & SCALLIE €€
Angesagter Gastropub im Landhausstil mit jungem Team, tollen schottischen Gerichten, Ales und Craft Beer. Hinter dem Konzept stecken Sternekoch Tom Kitchin und seine Frau Michaela. Auch 2022 hat der Gastropub wieder einen Bib Gourmand von Michelin erhalten.
1 Comely Bank Place, Tel. 0131 332 62 81, https://scranandscallie.com

15 DAVID BANN €€/€
Preisgekrönter Klassiker der vegetarischen und veganen Küche – probieren Sie den gerösteten Blumenkohl mit pikantem Kichererbsen-Curry, Räuchertofu und Ananas-Chutney.
56–58 St. Mary's Street, Tel. 0131 556 58 88, www.davidbann.co.uk

16 GRAIN STORE €€/€
Junge, fantasievolle Küche harmoniert mit alten Steinmauern, Holzboden und wuchtigen Balkendecken.
30 Victoria St., Tel. 0131 2 25 76 35
www.grainstore-restaurant.co.uk

17 HENDERSONS €€/€
Jahrzehntelang war Janet Henderson eine Vorreiterin der vegetarischen und veganen Küche am Firth of Forth. Nun hat ihr Enkel Barrie das Konzept in die heutige Zeit übertragen und setzt die Familientradition im entspannten Bistro-Feeling fort. Köstlich: das hausgemachte Eis.
7–13 Barclay Place (Leven Street), Tel. 0131 202 16 35,
www.hendersonsrestaurant.com

1 BALMORAL €€€€
Seit über 120 Jahren das erste Haus am Platz mit stilvollen Zimmern, fantastischem Wellnessbereich und Afternoon Tea zu Harfe und Pianoklängen im Palmenhof. Gespeist wird im besternten Number One oder in der populären Hadrian's Brasserie mit saisonalen Gerichten. In Nr. 652 schrieb J. K. Rowling das Finale ihres siebten Harry-Potter-Romans.
1 Princes Street
Edinburgh EH2 2EQ
Tel. 0131 5 56 24 14
www.roccofortehotels.com

2 RADISSON COLLECTION HOTEL, ROYAL MILE EDINBURG €€€€/€€€
Jung, farbenfroh mit schicken Zimmern, bester saisonaler Küche und sensationellem Blick auf die Burg, direkt an der Royal Mile. Energie tanken können Sie im Spa und Fitnessstudio.
1 George IV Bridge, Edinburgh EH1 1AD, Tel. 0131 220 66 66, ▸Abb. S. 444, www.radissonhotels.com

3 DUNSTANE HOUSE €€€
Viktorianische Villa mit 16 Zimmern, die neoklassizistisches Design mit modernem Komfort kombinieren. Die Ba' Bar begeistert mit Haggis Bonbons, Jakobsmuscheln von Orkney, Craft Beer, coolen Cocktails sowie tollen Gin und Whisky Tastings. Für Outlander-Fans gibt es Touren zu Schauplätzen der Geschichte um Jamie und Claire.
4 W Coates, Edinburgh EH12 5JQ
Tel. 0131 3 37 61 69, ▸Abb. S. 448
https://thedunstane.com

4 THE BRUNTSFIELD €€€
Smartes Boutiquehotel wie ein Herrenhaus am Westende der Meadows zwischen dem Theaterviertel und dem Szeneviertel Bruntsfield.
69 Bruntsfield Place, Edinburgh EH10 4HH, Tel. 0131 229 13 93
www.thebruntsfield.co.uk

5 THE GLASSHOUSE €€€
Außergewöhnliches Boutiquehotel hinter der 160 Jahre alten, ehrwürdigen Fassade der Lady-Glenorchy-Kirche. Alle Suiten sind nach schottischen Malts benannt. Mit atemberaubendem Blick zum Calton Hill genießen Sie in der Brasserie moderne schottische Küche. Planen Sie den Afternoon Tea auf dem Dachgarten.
2 Greenside Place, Edinburgh EH1 3AA, Tel. 0131 5 25 82 00
www.theglasshousehotel.co.uk

6 STEVENSON HOUSE €€€/€€
Ein Tipp für Romantiker: In dem gepflegten georgianischen Townhouse von 1806, wo einst Robert Louis Stevenson wohnte, schläft man in herrlichen Himmelbetten. Brot, Müsli und Marmelade sind selbst gemacht.
17 Heriot Row, Edinburgh EH3 6HP, Tel: 0131 5 56 18 96
www.stevenson-house.co.uk

7 2 CAMBRIDGE STREET €€
Stil, Charme und Humor hat den Cloustons schon die Sunday Times bescheinigt. Erlend und Hélène empfangen ihre Gäste neben der Usher Hall. Das viktorianische B & B hat zwei nostalgische Zimmer mit modernem Bad. Einmalig: das Frühstück.
Edinburgh EH1 2DY
Tel. 0131 478 00 05, ▸Abb. S. 448
http://edinburghaccommodation.org.uk

8 MOTEL ONE €€
Mit antiken Kronleuchtern und opulenten Samtsesseln punktet das türkise Budgethotel direkt an der Einkaufsmeile. Buchen Sie ein Zimmer mit Blick auf die Altstadt, ▸Abb. S. 149
10 –15 Princes Street
Edinburgh EH2 2AN
Tel. 0131 5 50 92 20
www.motel-one.com

EDINBURGH CASTLE

Laut Legende bauten bereits die Pikten im 5. Jahrhundert eine erste Festung auf dem 135 m hohen Vulkanfelsen. Wie ein Adlerhorst thront die mittelalterliche Burg als beherrschender Punkt über der Silhouette der Hauptstadt.

April – Sept. tgl. 9.30 – 18, Okt. – März tgl. 9.30 – 17 Uhr, ►Abb. S. 15, 142
HES | Eintritt Erw. £ 21, Kinder £ 12.50 (online günstiger), letzter Einlass 1 Std. vor Schließung, Audioguides Erw. £ 3.50
www.edinburghcastle.scot

1 Esplanade
Drei Wochen im August wird die Esplanade zum Schauplatz des spektakulären Royal Military Tattoo, ►Das ist Schottland S. 14.

2 Gatehouse
Am Haupteingang erinnern zwei Bronzestatuen an die Nationalhelden Robert I. Bruce (links) und William Wallace (rechts).

3 St. Margaret's Chapel
Die 1251 heiliggesprochene Margarethe war die zweite Frau von König Malcolm III. 40 Jahre nach ihrem Tod baute David I. um 1130 die frühnormannische Kapelle, heute das älteste Gebäude der Stadt.

4 Scottish National War Memorial
Im Kriegerdenkmal bewahrt ein silberner Schrein die Ehrenrolle mit den Namen von 150 000 Gefallenen des Ersten Weltkriegs. Jedes Regiment hat sein eigenes Denkmal, und selbst der Tiere, die als Helfer der Soldaten im Einsatz umkamen, wird gedacht.

5 Royal Palace
Zweimal wurde die Burg ihrer Schätze beraubt: 1296 sandte Edward I. von England alle Staatspapiere und Juwelen nach London, 400 Jahre später eroberte Cromwell das Castle. Nach Unterzeichnung der Union kehrten die Insignien 1707 nach Edinburgh zurück, wurden aber erst ab 1818, auf Anregung von Sir Walter Scott, im Kronsaal ausgestellt: Das Zepter war 1494 ein Geschenk von Papst Alexander VI. an James IV., das Staatsschwert 1501, ein Geschenk von Papst Julius II. an James IV., die Krone mit 94 Perlen und 40 Edelsteinen wurde 1540 zur Krönung von James V. aus dem Gold schottischer Bergwerke geformt. Der 208 kg schwere »Stone of Destiny«, Schottlands

©BAEDEKER

Krönungsstein (Stone of Scone, gäl. Lia Fáil), den Edward I. in die Westminster Abbey nach London mitnahm, kehrte erst 1996 nach Schottland zurück. Im Palast kam am 19. Juni 1566 der Sohn von Maria Stuart zur Welt, James VI., später James I. von England.

6 Great Hall & Vaults
Die 1511 vollendete Große Halle, die heute Waffen- und Rüstungen ausstellt, war bis 1640 Versammlungsort des schottischen Parlaments. Die Kasematten darunter dienten während der Napoleonischen Kriege als Internierungslager für französische Gefangene – von Robert Louis Stevenson im Abenteuerroman »St. Ives« beschrieben.

7 Mons Meg
Fast 100 Jahre war die 1449 in Mons gegossene Bombarde im militärischen Einsatz. Mit 50 kg Pulver und einem 250 kg schweren Stein geladen, erreichte die Kanone eine Schussweite von 3 km. 1558 feuerte sie Salut zu Ehren der Hochzeit von Maria Stuart.

8 National War Museum
Das ehemalige Hospital zeigt Uniformen und Waffen schottischer Regimenter.

9 One o'clock Gun
Auf der Mills Mount Battery wird unter der Woche um 13 Uhr die Ein-Uhr-Kanone abgefeuert. Gleichzeitig fällt auf dem Calton Hill ein Zeitball – Traditionspflege aus der Zeit, als Segelschiffe im Firth of Forth ihre Chronometer danach einstellten.

★★ Royal Mile

Königliche Flaniermeile

Rückgrat der Altstadt

Vom **Castle** bis zum neuen Parlament neben dem schmiedeeisernen Tor vom Palace of Holyroodhouse verläuft die Royal Mile über etwa eine Schottische Meile (1,852 km). Hier reihen sich Pubs und Restaurants, Kiltmaker und Whiskyshops, Hotels und Museen dicht aneinander, schlägt das Herz der Hauptstadt, starten begabte Geschichtenerzähler bei St. Giles ihre **Gruseltouren** (►S. 146). »Auld Reekie«, alte Verräucherte nannte man die mittelalterliche **Old Town**, in der die Kamine qualmten und bis zu 60 000 Menschen auf engstem Raum in sechs- bis 15-stöckigen »**Lands**« lebten – die ersten »Wolkenkratzer« Europas. Links und rechts der wahrhaft königlichen Flaniermeile locken idyllische Hinterhöfe (**Closes**, **Courts** & **Wynds**) – nehmen Sie ein Pint im urigen Pub Jolly Judge (7 James' Court) oder probieren Sie einen Glendronach »Parliament« Malt in der stylischen Whiskyoase »The Devil's Advocate« (9 Advocate's Close).

www.royal-mile.com

Kilts, Kaschmir und Whisky

Royal Shopping

Wer sich einen **Kilt nach Maß** schneidern lassen möchte, sollte in der High Street bei John Morrison (Nr. 63) oder bei Geoffrey (Nr. 57) reinschauen. Designerstrick bietet u. a. Ragamuffin von Skye in der Canongate 278. Schönes aus Kaschmir gibt es bei Kiltane am Lawnmarket 330. Ausgefallene Fassabfüllungen finden Sie bei **Royal Mile Whiskies**, 379 High Street, und **Cadenhead's**, Schottlands ältester unabhängiger Abfüller an der Canongate 172 (►Das ist Schottland S. 20).

www.royal-mile.com

Illusionen und das Wasser des Lebens

Castle Hill

Unterhalb des Schlosses verspricht der **Outlook Tower** mit Camera Obscura und World of Illusion Spaß für die ganze Familie. Das **Scotch Whisky Experience** gegenüber bietet spannende Touren, Tastings und die weltgrößte Scotch-Sammlung mit 3500 Flaschen! Die viktorianische Highland Tolbooth Church, heute das Festival Centre »**The Hub**«, hat mit 73 m den höchsten Kirchturm der Stadt.

Camera Obscura: 9 bis mindestens 20 Uhr (im Winter kürzer)
Erw. £ 19, Kinder £ 15 | www.camera-obscura.co.uk
Scotch Whisky Experience: 50-Min.-Touren tgl. 11 –17, April – Sept. bis 19 Uhr | Erw. ab £ 19, Kinder £ 8, Familienticket £ 46
www.scotchwhiskyexperience.co.uk

So wohnten Wohlhabende vor 400 Jahren

Lawnmarket

Am Lawnmarket lebte im James' Court um 1760 der Philosoph **David Hume** (►Interessante Menschen), an den in der High Street ein

Denkmal erinnert. Das sechsstöckige **Gladstone's Land**, das der betuchte Kaufmann Thomas Gladstone 1617 erbaute, vermittelt mit Originalmöbeln und Deckengemälden einen Eindruck jener Epoche. Gegenüber ist **Riddle's Court and Close** ein schön renoviertes Beispiel eines Hinterhofs mit 400 Jahre altem Herrenhaus. **Deacon Brodie's Tavern** am Lawnmarket 435 soll Robert L. Stevenson zu »Dr. Jekyll und Mr. Hyde« inspiriert haben, obwohl dieser die Handlung nach London verlegte (►Interessante Menschen).

Gladstone's Land: NTS | tgl. 10 – 17 Uhr | Erw. £ 7,50

Scott, Stevenson und Burns

★ Writers' Museum

Im **Lady Stair's House** von 1622 wird des großen Dreigestirns der schottischen Literatur gedacht: im Untergeschoss Robert L. Stevenson, im Erdgeschoss Sir Walter Scott, im Obergeschoss Robert Burns (►Interessante Menschen). Im »Makar's Court« sind **Zitate** schottischer Schriftsteller verewigt – und jedes Jahr kommen neue dazu.

Tgl. 10 – 17 Uhr | Eintritt frei | www.edinburghmuseums.org.uk

Mutterkirche der schottischen Presbyterianer

★ St. Giles' Cathedral

Schutzheiliger Edinburghs und Namenspatron der **High Kirk of Scotland** ist St. Giles, der hl. Ägidius, der um 640 in Athen geboren wurde und später als Eremit in der Provence lebte. Die 1243 geweihte Hauptkirche Edinburghs wird auch als »Kathedrale« bezeichnet, obwohl sie nur kurz im 17. Jh. als solche fungierte. Der spätgotische Zentralturm mit der aus acht Strebebögen gebildeten Krone wurde 1495 vollendet. Als im 16. Jh. der Reformator **John Knox** hier predigte, an den ein großes Standbild erinnert, entzog sich die schottische Kirche der päpstlichen Autorität. Die 44 prächtigen Altäre wurden entfernt und die Statue des hl. Ägidius im Nor' Loch, den heutigen Princes

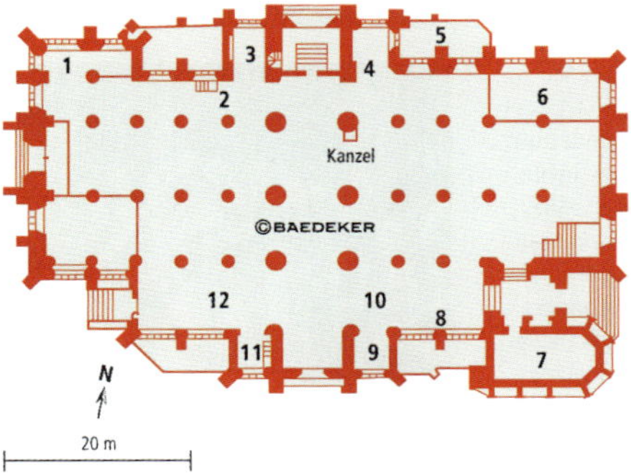

ST. GILES´ CATHEDRAL

1 Albany Aisle
2 John-Knox-Statue
3 St. Eloi's Chapel
4 Chambers Aisle
5 Shop
6 Holy Cross Aisle
7 Thistle Chapel
8 Kirchstühle der Queen und des Duke of Edinburgh
9 Chapman Aisle
10 Preston Aisle
11 Grabmal des Regenten Moray
12 Moray Aisle (Gedenktafeln für Stevenson und Livingstone)

OBEN: Die Royal Mile ist das Rückgrat der Altstadt und königliche Flaniermeile. Ihre Mitte markiert St. Giles' Cathedral mit einer markanten gotischen Steinkrone.
UNTEN: Sightseeing anders: Auf Guru Dudu's Silent Walking Tour kommen Musik und witzige Kommentare aus den Bluetooth-Kopfhörern für ein fröhliches Kopfsteinpflaster-Ballett.

Gardens, versenkt. Nach der Reformation diente die Kirche zeitweise für Parlamentssitzungen, als Gerichtshof und Gefängnis. Werfen Sie einen Blick auf die **Glasfenster der Präraffaeliten** Burne-Jones und William Morris. Die 1911 vollendete **Distelkapelle** ist ein Schatzkästlein moderner Gotik mit heraldischen Emblemen und filigranen Eichenholzschnitzereien – finden Sie den Dudelsack blasenden Engel? Signets künden von den »Knights of the Most Ancient and Most Noble Order of the Thistle«, dem 1687 gegründeten **ältesten schottischen Ritterorden**. Seine Großmeisterin ist die Queen. Vier weitere Mitglieder der königlichen Familie gehören ihm an – 2012 wurde Prinz William in den Distelorden aufgenommen. Das große Westfenster, 1985 dem Nationalbarden Robert Burns gewidmet, stammt aus Deutschland. Wo einst das Gefängnis Old Tolbooth stand – von Walter Scott im »**Heart of Midlothian**« verewigt –, markiert vor dem Hauptportal ein herzförmiges Granitmosaik. Die Besteigung des Turms ist ein Höhepunkt an der Royal Mile mit Blick auf die mittelalterlichen Gassen der Old Town.

Mo. – Fr. 10 – 18, Sa. 9 – 17, So. 13 – 17 Uhr
Eintritt frei | www.stgilescathedral.org.uk

Stadtpolitik und Rechtsprechung

High Street

Daniel Defoe nannte die von Pubs, Kiltmakern und Whiskyläden gesäumte High Street »**die feinste Straße der Welt**«. 1685 wurde das Reiterstandbild Karls II. auf dem Parliament Square enthüllt. Die große Halle im viktorianischen Parliament House zieren eine neugotische Stichbalkendecke, Raeburn-Porträts und Statuen wie die von **Sir Walter Scott** (►Interessante Menschen), der hier Gerichtsbeamter war. Am **Mercat Cross**, wo im Mittelalter königliche Proklamationen verlesen und öffentliche Hinrichtungen vollzogen wurden, starten heute Geistertouren (►S. 146). In Sichtweite seines Freudes David Hume erinnert ein Denkmal an **Adam Smith**, der 1776 die klassische Nationalökonomie begründete, basierend auf Freihandel und freier Marktwirtschaft. Gegenüber befinden sich die **City Chambers**, das Rathaus von Edinburgh und seit 1811 Sitz des Stadtrats. Oben befindet sich die Touristeninformation. Unter dem Pflaster geht es in die dunkle Welt von **Real Mary King's Close**, einer beim Bau des Rathauses zugemauerten Gasse, die für manch unheimliche Geschichte gut ist.

Real Mary King's Close: 2 Warriston's Close | tgl. 9.30 – 21 Uhr
Erw. £ 19.50, Kinder £ 13 | www.realmarykingsclose.com.

Steiff Teddy trifft Peter Rabbit

Museum of Childhood

Das Kindermuseum zeigt in fünf Abteilungen Puppen, Modelleisenbahnen, Bücher und Spiele aus aller Welt seit 1740.

Do. – Mo. 10 – 18 Uhr | Eintritt frei | www.edinburghmuseums.org.uk

An den streitbaren Reformator ...

John Knox House

... erinnert ein Museum in dem Häuschen, wo John Knox (►S. 386) die letzten Jahre seines Lebens verbracht haben soll. Lauschen Sie den nachgestellten Streitgesprächen zwischen John Knox und der katholischen Königin Mary Stuart. Dazu passt, dass im selben Gebäude auch das **Scottish Storytelling Centre** untergebracht ist. Ein reger Veranstaltungskalender zeugt davon, wie sehr die Schotten dem Erzählen poetisch, prosaisch und politisch geradezu verfallen sind.

John Knox House: tgl. 10 – 18 Uhr | Erw. £ 6, Kinder £ 1
www.scottishstorytellingcentre.com

Dichter und Denker

Canongate

Der nächste Abschnitt der Royal Mile verweist auf die Augustiner-Kanoniker, denen David I. im 12. Jh. hier eine eigene Gemeinde zugestand. Das für seinen Garten gerühmte **Moray House**, in dem 1707 der Unionsvertrag unterzeichnet wurde, ist heute Teil der Edinburgher Universität. Im Crichton's Close besitzt die **Scottish Poetry Library** einen reichen Bestand an schottischer und internationaler Lyrik. Das **Museum of Edinburgh** im Huntly House aus der Zeit um 1570 gewährt einen gelungenen Spaziergang durch die Stadtgeschichte. Auf dem Friedhof der **Canongate Church** ruhen Nationalökonom Adam Smith und der Poet Robert Fergusson, dessen Bronzestatue mit fliegenden Rockschößen am Eingang des Kirchhofs steht. Der 1774 jung verstorbene Fergusson wurde von Scott so geschätzt, dass er ihm den Grabstein spendierte. Fergussons bekanntestes Gedicht »**Auld Reekie**« (Alte Verrauchte) thematisiert den Smog durch rauchende Kamine, der die Altstadt einst so ungesund machte, bevor ab 1800 die New Town entstand.

Scottish Poetry Library: Mo. – Fr. 10 – 15 Uhr | Eintritt frei
www.scottishpoetrylibrary.org.uk
Museum of Edinburgh: tgl. 10 – 17 Uhr | Eintritt frei

Residenz der Royals

★ Palace of Holyroodhouse

Die Royal Mile endet am Holyroodpalast. Hier wurden James III. und James IV. gekrönt, lebte Maria Stuart, hielt »Bonnie Prince Charlie« 1745 für kurze Zeit Hof. Nach den Besuchen von Königin Victoria wurde Holyroodhouse im 19. Jh. zur **offiziellen Residenz der britischen Königsfamilie** in Edinburgh und ist daher heute nur zugänglich, wenn die Queen nicht anwesend ist. Am Beginn der Geschichte stand eine Kapelle für die hier 1093 verstorbene Königin Margarethe, die 1251 heiliggesprochen und zur Schutzpatronin Schottlands ernannt worden war. Sie hatte ein Kruzifix besessen, ein »Holy Rood«, das angeblich aus einem Stück vom Kreuz Jesu gefertigt war. Nach dieser Reliquie erhielt die Augustinerabtei Holyrood 1128 ihren Namen, erhalten blieb nur das Mittelschiff.

Der königliche Palast aus dem 17. Jh. wurde im Stil der Renaissance von Sir William Bruce entworfen. Die Staatsgemächer erhielten kostbare Stilmöbel, der Niederländer Jakob de Wet lieferte 89 Porträts schottischer Monarchen für den Nordflügel. In den Gemächern von **Maria Stuart** kennzeichnet eine Messingplatte die Stelle, an der David Rizzio 1566 mit 50 Dolchstößen grausam ermordet wurde. Die lesende Elizabeth I., Maria Stuart und der Flöte spielende Rizzio sind unter den Bronzefiguren am Brunnen vor dem Palast, eine viktorianische Kopie des Brunnens auf Schloss Linlithgow (►S. 181). Zum Schlosspark gehören eine schöne Sonnenuhr und zwei künstliche Seen.

Tgl. April – Okt. 9.30 – 18, letzter Einlass 16.30, Nov. – März bis 16.30, letzter Einlass 15.15 Uhr | Audioführung auch auf Deutsch, Erw. £ 18.50, unter 17 J. £ 10.50 | bei Besuch der Royals geschlossen | www.rct.uk

Königliche Pracht

Queen's Gallery

Die ehemalige Holyrood Free Church zeigt Wechselausstellungen mit **Schätzen aus Wohnsitzen der Royals**. Für den Besuch sollten Sie eine gute Stunde einplanen und im Voraus buchen.

Queen's Gallery: tgl. 9.30 – 18, Nov. – März bis 16.30 Uhr
Eintritt mit Holyroodhouse-Palast Erw. £ 8.50 | www.rct.uk

Der Berg ruft

★ Arthur's Seat

Der Aufstieg auf die 250 m hohe vulkanische Wand ist ein Muss – allein schon wegen dem fantastischen Blick bis zum Firth of Forth und der Perspektive auf das neue Parlamentsgebäude.

Vom Gästehaus zur königlichen Residenz: Palace of Holyroodhouse

Sitzungssaal aus heimischer Eiche: Eines der extravagantesten und teuersten Gebäude des Landes ist das neue Parlamentsgebäude am Ende der Royal Mile.

★ Scottish Parliament Building

▸Baedeker Wissen S. 162/163

Extravagant, symbolträchtig, visionär

Es war keine leichte Aufgabe für Barcelonas Stararchitekten Enric Miralles. Sein Entwurf für das neue **schottische Parlamentsgebäude** auf einem ehemaligen Brauereigelände am Ende der Royal Mile sollte ganz Schottland repräsentieren: Selbstbewusstein und Stolz in direkter Nachbarschaft zur Queen, atemberaubende Landschaften, Mythen und Legenden, Traditionen und turbulente Geschichte unter britischer Oberhoheit. Wo es ging, wurde altes Mauerwerk freigelegt, um Kontraste zum futuristischen Neubau herzustellen, einem eigenwilligen Mix aus heimischem Granit und Eiche, tief geschwungenen Glasdächern und nackten Betonwänden. Stahldächer erinnern an schaukelnde Schiffe, die Erker an Wohn- und Wehrtürme – ein markantes neues Wahrzeichen der Hauptstadt. Für die Fenster der Abgeordnetenbüros ließ sich Miralles von Raeburns Porträt des Schlittschuh laufenden Reverend Walker inspirieren (▸Schottische Nationalgalerie, S. 170). Charles Rennie Mackintoshs Design und Antoni Gaudís Bauten in Barcelona waren weitere Ideengeber. Der Komplex ist eingebettet in Gärten, die mit schottischen Bäumen, Sträuchern und Wildblumen zum Holyrood Park überleiten.

Di. – Do. 9 – 18.30, Mo., Fr. und während der Parlamentsferien 10 bis 17 Uhr, letzter Einlass 30 Min. vor Schluss | Tel. 0131 348 50 00
Eintritt und Führungen frei | www.parliament.scot

Das Leben auf unserem Planeten

★ Our Dynamic Earth

Reisen Sie auf einer **vierdimensionalen Expedition** zurück zum Anbeginn der Zeit, fliegen Sie mit Lichtgeschwindigkeit durchs Universum, spüren Sie die Urkräfte der Natur, die unsere Erde formten. Sie können Polarlichter bestaunen, einen Eisberg berühren, in die Tiefen der Weltmeere tauchen und mit dem Periskop nach Walen suchen.

April – Juni, Sept. – Okt. tgl. 10 – 15/16, Juli – Aug. bis 18 Uhr, letzter Einlass 2 Std. vor Schluss | Eintritt Erw. £ 16, Kinder £ 10
www.dynamicearth.co.uk

Eines der gemütlichsten alten Dörfer am Rande Edinburghs ...

Duddingston

... liegt am gleichnamigen Loch mit Vogelschutzgebiet. Den See hat Henry Raeburn in seiner stimmungsvollen »Schlittschuhpartie des Reverend Robert Walker« festgehalten, die in der National Gallery zu bewundern ist. Die Geschichte des **Sheep Heid Inn** reicht bis ins 14. Jh. zurück, seine Kegelbahn soll die älteste im Land sein.

Sheep Heid Inn: www.thesheepheidedinburgh.co.uk

Whisky »Made by Edinburgh«

Holyrood Distillery

2019 war es soweit – die erste legale Whisky-Destille der Hauptstadt seit rund 100 Jahren öffnete in einem alten Lokdepot am Westrand des Holyrood Parks. Whiskyfreunde sind auf den ersten Single Malt gespannt; auch Gin-Produktion.

19 St. Leonard's Lane | Tel. 0131 285 89 73 | Führungen ab £ 16
www.holyrooddistillery.co.uk

Vorhang auf!

Festival Theatre

Als sich im Empire Theatre an der Nicolson Street 1892 erstmals der Vorhang hob, war es einer der wenigen roten Backsteinbauten in Edinburgh. Frank Matcham versah das Gebäude für 3000 Zuschauer mit verschwenderischer Dekoration, wählte als plastischen Schmuck Elefanten, nubische Reiter, Nymphen und Cherubim. Im Empire traten Anna Pavlova, Charlie Chaplin und Charles Laughton auf. Später diente es als Varieté, bevor es zur Spielhalle verkam. 1994 feierte man die Wiederauferstehung als Festivaltheater mit Glasfront, lichtem Foyer, Café und Bar. Das Auditorium wurde nur unwesentlich umgestaltet, sodass man wie durch einen postmodernen Zeittunnel in das viktorianische Theater mit heute 1900 Plätzen eintritt.

Kartenreservierung: Tel. 0131 5 29 60 00 | www.capitaltheatres.com

Rund um Grassmarket und Greyfriars

Historische Fassaden und touristisches Flair

★ Grassmarket

Einst Viehmarkt und nach 1660 öffentliche Hinrichtungsstätte, begeistert der Grassmarket heute mit historischen Häusern, angesagten

DAS SCHOTTISCHE PARLAMENT

1999 wählten die Schotten ihr erstes Parlament seit 1707. Nach dem gescheiterten Referendum über die schottische Unabhängigkeit 2014 wurden von London durch den »Scotland Act 2016« weitere Befugnisse wie Steuern, Wohlfahrt und Wahlen an das schottische Parlament abgegeben.

▶ Begrenzte Befugnisse

Im Gegensatz zum britischen Parlament in London besteht das schottische Parlament nur aus einer Kammer. Seine Befugnisse sind beschränkt: In der Außen-, Verteidigungs- und Einwanderungspolitik bleibt die Verantwortung London vorbehalten.

▶ Das Parlamentsgebäude

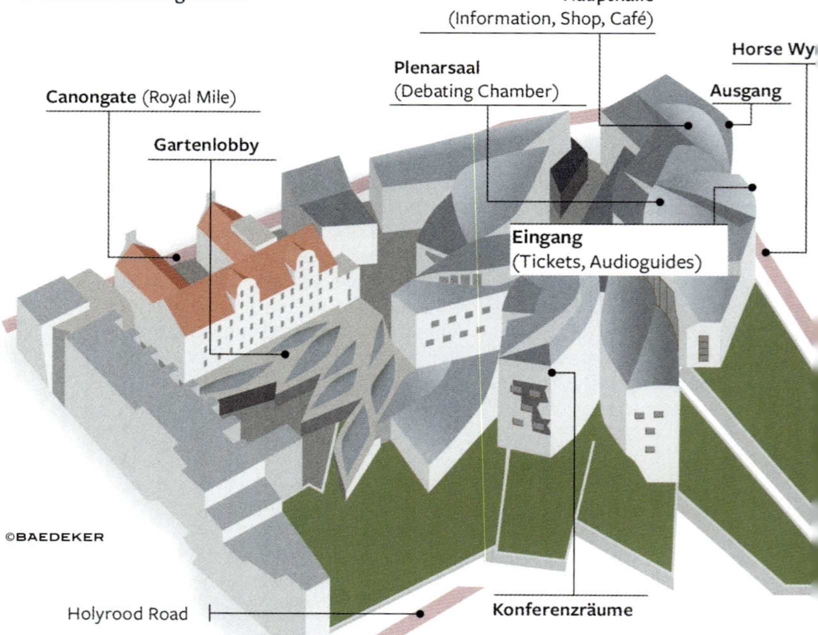

Wahlkreise und -regionen
Das Parlament wird alle fünf Jahre gewählt. Mit der Erststimme wählt man den Wahlkreisabgeordneten, die Zweitstimme geht an eine Partei der acht Wahlregionen mit je sieben Sitzen. Bei den Wahlen am 6. Mai 2021 lag die Scottish National Party (SNP) mit 64 von 129 Sitzen deutlich vorn und bildet seither mit der Scottish Green Party eine Koalition.

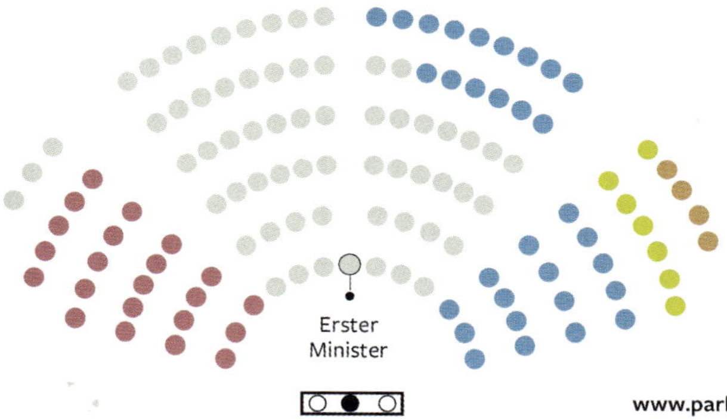

www.parliament.scot

Presiding Officer (Speaker) und zwei Stellvertreter leiten die Sitzungen.

tzverteilung im Plenarsaal seit 2021
itzverteilung nach der Wahl 2016)

- Scottish National Party: **64** (63)
- Scottish Conservative and Unionist: **31** (31)
- Scottish Labour Party: **22** (23)
- Scottish Green Party: **7** (6)
- Scottish Liberal Democrats: **4** (5)

Parlament und Regierung

Das schottische Parlament

- besteht aus 129 Abgeordneten (Members of the Scottish Parliament)
- verabschiedet Gesetze
- überprüft die Arbeit der Regierung
- wählt den Parlamentspräsidenten (Presiding Officer, seit 2021 Alison Johnstone/ Greens)

Minister der schottischen Regierung sind dem schottischen Parlament Rechenschaft schuldig.

Die schottische Regierung

Die Mitglieder des schottischen Parlaments wählen, üblicherweise von einer Kandidatenliste, einen Abgeordneten zum Ersten Minister – seit 2014 Nicola Sturgeon.

Der zum Ersten Minister gewählte Abgeordnete bestellt Kabinettssekretäre und Minister, aber nur mit Zustimmung des Parlaments.

Pubs, Clubs und Restaurants, jungen Boutiquehotels und kleinen Läden. Im White Hart Inn war schon Robert Burns (►Interessante Menschen) zu Gast. Hier soll er beim Abschied von seiner Clarinda das Lied »Ae Fond Kiss« verfasst haben. Das Covenanters' Monument erinnert an die Religionskriege des 17. Jh.s – schräg gegenüber konnte man im »Last Drop« den Hinrichtungen beiwohnen.

★ Victoria Street und West Bow

Schon die Schaufenster verführen

So bunt wie die Fassaden ist auch das Angebot des Sträßchens hoch zur Royal Mile. La Barantine hat die besten Eclairs der Stadt, Mellis verkauft feine Käsesorten, The Whisky Shop erlesene Single Malts. Bei **Walker Slater** gibt es nicht nur maßgeschneiderte Fashion für Gentlemen, sondern einen extra Laden mit femininen Tweedkostümen, lässigen Jacken und passenden Shirts, Schuhen und Schals nur für Ladies (www.walkerslater.com). Und nach dem Shopping? Im **Grain Store** (►S. 150) und im **Maison Bleue** (www.maisonbleuerestaurant.com) harmonieren schönes Ambiente und fantasievolle Küche.

Greyfriars Kirk

Für eine freie Kirche

Im ersten Gotteshaus, das nach der Reformation entstand, fand 1638 die Unterzeichnung des **National Covenant** statt, der im Gegensatz zur anglikanischen Staatskirche die Unabhängigkeit der Kirche forderte (www.greyfriarskirk.com). 1679 wurden 1200 der Covenanter, die sich zum presbyterianischen Glauben bekannten, beim Kirchhof inhaftiert. Eisengitter an den Gräbern zeugen davon, dass im 18. Jh. der Raub von Leichen für anatomische Lehrsektionen ein einträgliches Geschäft war – beliebter Stoff für die Gruseltouren (►S. 146). Die meisten Führungen beschäftigen sich mit **Harry Potter**. Die literarische Schöpferin des Zauberschülers, J. K. Rowling, holte sich auf den Grabsteinen Anregungen für die Namen in ihren Büchern. So findet sich eine Anne Potter, ein McGonagall und auch ein Thomas Riddell, der Klarname von Oberbösewicht Lord Voldemort – der Grabstein ist Pilgerstätte der Potter-Fans. Am Kirchhof vor Bobby's Bar an der Candlemaker Row erinnert ein Denkmal an die herzerwärmende Geschichte von **Greyfriars Bobby**, die sogar von Hollywood verfilmt wurde. Der struppige Skyeterrier war Diensthund und treuer Gefährte des Wachtmeisters John Gray. Nach dessen Ableben 1858 hielt Bobby auch bei schlechtestem Wetter 14 Jahre lang Wache am Grab seines Herrchens.

★★ National Museum of Scotland

Selbst Museumsmuffel sind begeistert

Das dem Londoner Crystal Palace nachempfundene viktorianische Royal Museum und das postmoderne Castle der Architekten Benson & Forsyth formen in der Chambers Street zusammen das **schottische Nationalmuseum** mit Tausenden faszinierender Exponate

Auf dem Grassmarket ist immer was los.

MAGGIE DICKSON
WHISKY &

Ebene 2
Aufzüge
Treppe
Rolltreppe
Damentoilette
Herrentoilette
Barrierefreie Toilette
Babywickelraum
Auditorium
Das Königreich der Schotten
Ebene 2
Ebene 1
Auditorium
Süd-halle
Raum für Fantasie
Geschichte sammeln
Landschaft als Lebensraum
Muster des Lebens
Mode & Stil
Entdeckungen
Das Königreich der Schotten
©BAEDEKER
Tier-reich
Große Galerie
Treffpunkt
Hawthornden Court
Die Erde im Weltall
Ausstellungen
Ausstellungen
Shop
Eingang zum Turm
Natur
Weltkulturen
Kunst, Design & Mode
Naturwissenschaft & Technik
Schottland
Lernen & Information
Ebene 0
Das Königreich der Schotten
Ebene 0
Lift zur Dachterrasse
©BAEDEKER
Die Anfänge
Frühe Siedler
Shop
Eingangshalle
Restaurant/ Café
Tickets
Garderobe
Haupt-eingang
Haupt-eingang
Chambers Street
Ebene -1

NATIONAL MUSEUM OF SCOTLAND

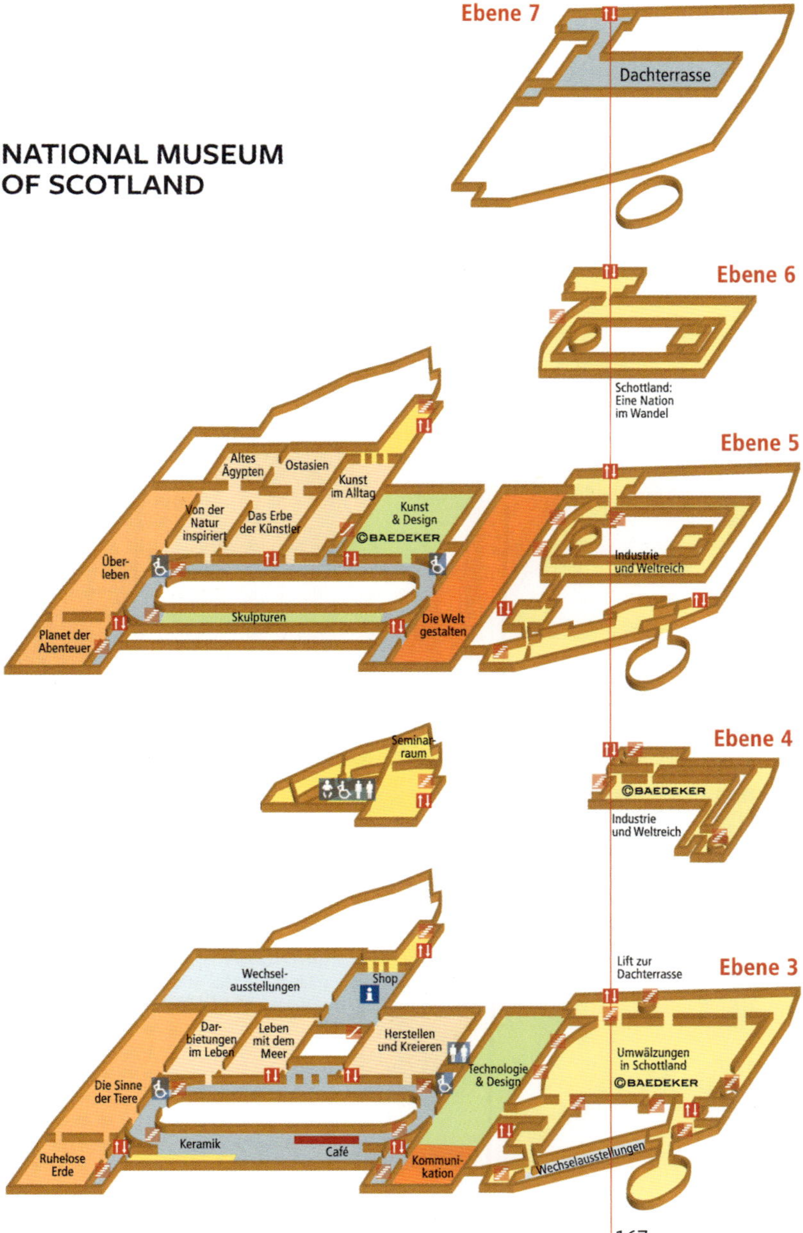

OBEN: Stets belebte Shoppingmeile mit Kaufhäusern, Trendlabels und bester Aussicht auf die Skyline der Old Town ist die Princes Street.
UNTEN: Edinburghs Anfänge der städtischen Mobilität im National Museum of Scotland

auf sechs Etagen. In den hellen Räumen gibt es Geschichte zum Anfassen, Kunst und Weltkulturen, lassen sich bahnbrechende Erfindungen von der Dampflok bis zum Telefon, Klonschaf Dolly, ersten Apple Computern, Elektroautos der Zukunft und ein Modell der neuen Brücke über den Firth of Forth entdecken – und alles gratis! Bestaunen Sie das 12 m lange Skelett eines T-Rex, Sarkophage aus dem alten Ägypten, Maori-Kanus aus Neuseeland, Wikingerschmuck, Mackintosh-Design, Flemings Nobelpreismedaille für das Penizillin und die rätselhaften Schachfiguren, die auf der Hebrideninsel Lewis gefunden wurden. Der Catwalk in den Modegalerien präsentiert Kleider von Vivienne Westwood, Zandra Rhodes und Pringle of Scotland, die Art of Living Gallery widmet sich dem luxuriösen Lebensstil vergangener Zeiten. 2019 eröffneten die neuen Abteilungen für Ostasien und das alte Ägypten. Allein die Architektur ist ein Erlebnis und der Blick von der Dachterrasse garantiert einen krönenden Abschluss.
Tgl. 10 – 17 Uhr | Führungen 11, 13, 15 Uhr | Eintritt frei
Spenden willkommen | www.nms.ac.uk

Grusel und Geld

Market Street

Am Nordrand der Altstadt zeigt das **City Art Centre** bedeutende Wechselausstellungen. Die **Fruitmarket Gallery** steht für zeitgenössische Kunst aus dem In- und Ausland. Auf Gruselfans wartet der **Edinburgh Dungeon** mit finsteren Gestalten, Folterkammern und Schafott. Südlich der Market Street dreht sich im **Museum on the Mound** im ehemaligen Stammgebäude der Bank of Scotland alles ums Geld.
City Art Centre: Market Street 2, tgl. 10 – 17 Uhr | Eintritt frei
www.edinburghmuseums.org.uk | **Fruitmarket Gallery:** tgl. 11 – 18 Uhr | Eintritt frei | https://fruitmarket.co.uk
Edinburgh Dungeon: tgl. 10 – 17 Uhr | online ab £ 14.25 | www.thedungeons.com/edinburgh | **Museum on the Mound**: Di. – Fr. 10 – 17, Sa., So. ab 13 Uhr | Eintritt frei | https://museumonthemound.com

New Town

Eleganz und erstklassige Einkaufsmöglichkeiten

★ Princes Street

Es war der 26-jährige James Craig, der 1766 den ersten Preis beim Wettbewerb der Entwürfe für die Neustadt von Edinburgh gewann, die durch die Überbevölkerung der Altstadt notwendig geworden war. Nach Craigs Plänen entstand zwischen Princes Street und Firth of Forth ein **Meisterwerk georgianischer Stadtarchitektur** mit breiten Flanierstraßen und wohlproportionierten klassizistischen Bauten um großzügige Crescents, Squares und Circuses. Als Grande Dame der Straßen gilt die stets belebte **Shoppingmeile** Princes Street mit mehreren Kaufhäusern und einem fantastischen Panoramablick auf die Skyline der Old Town. Die Eröffnung des Einkaufszentrums **St. James**

Quarter 2021 bringt für die Princes Street einen spürbaren Strukturwandel, da mehrere große Namen die Straße verlassen haben. Zudem wird das Flaggschiff **Jenners** bis 2024 umgebaut. Dafür ist am Westende die **Johnnie Walker Experience** als neue Attraktion hinzugekommen (www.johnniewalker.com/en-gb/visit-us-princes-street). Vor dem von Robert Adam elegant entworfenen Register House mit dem **schottischen Nationalarchiv** erinnert ein Denkmal an General Wellington, der 1816 Napoleon bei Waterloo besiegte. **Waverley Station** ist der einzige Bahnhof im Königreich, der nach einem Roman benannt ist und wurde entsprechend mit Scott-Zitaten ausgeschmückt. An der Ecke zur East Princes Street wird mit einem Denkmal des großen Afrikaforschers David **Livingstone** (►S. 104) gedacht. Fast 61 m hoch ist das neogotische **Monument für Sir Walter Scott** (►Interessante Menschen), 287 Stufen führen hinauf zur Spitze. Unter einem Baldachin grüßt die Marmorfigur des Bestsellerautors mit Lieblingshund Maida. 64 Figuren zitieren seine Romane und Schottlands Geschichte. Im Dezember gibt es hinter dem Monument einen Weihnachtsmarkt mit Eislaufbahn. Bei schönem Wetter trifft man sich in den Grünanlagen der weiten **Princes Street Gardens**. Sie entstanden, als man 1820 das Nor′ Loch, einen See mit Marschufern, zuschüttete.

Scott Monument: derzeit coronabedingt geschlossen | Auskunft unter Tel. 0131 529 40 68 | www.edinburghmuseums.org.uk

★ Scottish National Gallery

Tempel der Künste

Blickfang sind die unterirdisch verbundenen klassizistischen Bauten der Schottischen Nationalgalerie, die William Playfair im 19. Jh entwarf Bis 2023 wird die Nationalgalerie erweitert, um mehr Platz für die schottische Sammlung zu schaffen. In der ehemaligen Royal Scottish Academy werden tolle Wechselausstellungen veranstaltet, im Hauptgebäude ist Schottlands größte Sammlung europäischer Meister von der Renaissance bis zum Postimpressionismus zu sehen. Rote Wandbespannungen, voluminöse Sitzmöbel und raumgreifende Kunst: Tizian, Canaletto und Botticelli sind ebenso vertreten wie Velasquez, Rembrandt und Rubens. Das bekannteste schottische Gemälde, das den **Reverend Robert Walker beim Schlittschuhlaufen** zeigt, malte Joseph Raeburn 1784. Zur Impressionistengalerie gehören Werke von van Gogh, Monet, Degas, Gauguin und Cézanne.

Tgl. 10 – 17 Uhr | Eintritt frei | www.nationalgalleries.org

National Portrait Gallery

Selfies anno dazumal ...

... prominenter Persönlichkeiten der schottischen Geschichte vom 16. Jh. bis heute zieren die Wände der viktorianischen National Portrait Gallery. Neben Arbeiten von Reynolds, Gainsborough und James Guthrie begeistert seit 1898 der gewaltige umlaufende **Fries** von William Hole, der jüngst seine ursprünglichen Farben zurückerhielt.

Tgl. 10 – 17 Uhr | Eintritt frei | www.nationalgalleries.org

William Holes Fries berühmter Schotten in der National Portrait Gallery

Schick Shoppen

St. Andrew Square

Victoria Beckham, Michael Kors und Stella McCartney – Fashion, Style und Eleganz unter einem Dach bieten am St. Andrew Square der **Multrees Walk** und Edinburghs Ausgabe von **Harvey Nichols** trendigem Kaufhaus für Markenanbieter mit teurem Geschmack – toll ist der Blick aus Brasserie und Window Bar auf dem Dach. Den Platz überragt ein Denkmal des Viscount of Melville. Sein nobles Wohnhaus, von William Chambers entworfen, war mehr als 200 Jahre lang Stammsitz der **Royal Bank of Scotland**. Der Multrees Walk führt zu Edinburghs jüngstem Shoppingtempel, dem postmodernen Einkaufszentrum **St. James Quarter** (https://stjamesquarter.com).

Topdesigner und Wohnkultur

Charlotte Square

Am anderen Ende der **George Street**, das Zuhause von exklusiven Geschäften wie Anta, Molton Brown oder Church's Shoes, punktet der Charlotte Square mit einem klassizistischen Meisterwerk von Robert Adams: Das **Georgian House** (Nr. 7) erlaubt Einblicke in die Wohnkultur einer Bürgerfamilie des 18. Jh.s. **Bute House** (Nr. 6) ist das schottische Pendant zur Downing Street 10 in London. In Schottlands offizieller **Residenz des First Minister** logiert seit 2014 Regierungschefin Nicola Sturgeon (►Interessante Menschen).

Georgian House: NTS | März – Okt. tgl. 10 – 16 Uhr | Erw. £ 10

★ Scottish National Gallery of Modern Art One & Modern Art Two

Am Puls der aktuellen Kunst

Nur 15 Minuten trennen den Trubel der Princes Street vom idyllischen **Dean Village** am Ufer des naturbelassenen Water of Leith, einst Mühlenstandort für Bäcker, Weber wie Gerbereien und heute ein herrlicher Ort für lauschige Spaziergänge. In zwei Nationalgalerien wird hier der modernen Kunst und ihrem Betrachter viel Ruhe und Raum gegeben. Im »One« finden Sie Matisse, Picasso, Klee, aber auch Ernst und Giacometti. Die Briten sind mit Epstein und Barbara Hepworth vertreten, die Schotten durch die Scottish Colourists und Glasgow Boys. Im »Two« gegenüber wird es surrealistisch, dazu kommt Edinburghs größter Bildhauer **Eduardo Paolozzi** (1924 – 2005), der mit seinen ausdrucksstarken Skulpturen und Grafiken der britischen Pop Art den Weg bahnte. Das Café mit schöner Gartenterrase im Modern One ist beliebter Treffpunkt. Im Skulpturengarten stehen Werken von Miró und Hepworth. Blickfang ist die Landform von Charles Jencks.

Tgl. 10 – 17 Uhr | Eintritt frei | www.nationagalleries.org

Edinburgh Zoo

Pandas, Pinguine & Pelikane

Schottlands größten Zoo gibt es seit über 100 Jahren. Auf 32 ha tummeln sich westlich der Princes Street in Richtung Flughafen Löwen und Tiger, Nashörner, Nilpferde und Schimpansen, Pinguine, Zebras und Antilopen. Publikumsmagnet sind die beiden Riesenpandas Tian Tian (»Sweetie«) und Yang Guang (»Sunshine«).

134 Corstorphine Rd | April – Okt. tgl. 10 – 18, März, Okt. bis 17, Nov. bis Feb. bis 16 Uhr | Erw. £ 22, Kinder £ 14 | www.edinburghzoo.org.uk

★ Royal Botanic Garden

Die ganze Welt in einem Garten

Das größte Palmenhaus der Britischen Inseln steht nördlich des Water of Leith im Botanischen Garten, einem erholsamen Parkidyll vom Stadtleben. Die thematischen Bereiche mit exotischen Orchideen, Mammutbäumen und riesigen Wasserlilien ermöglichen ein breitgefächertes Erlebnis, doch die Gewächshäuser werden bis 2025 komplett saniert und umgestaltet und sind daher nicht zugänglich.

www.rbge.org.uk

★ Blick vom Calton Hill

▸Abb. S. 142/143

Hier liegt Ihnen Edinburgh zu Füßen

Kommen Sie zum Sonnenuntergang, wenn am Castle und dem Uhrtum des Balmoral Hotel die Lichter angehen. Selbst im Winter drängeln sich auf dem Hügel Romantiker und Fotografen um die begehrten Plätze unterhalb des ehemaligen Observatoriums. Eindrucksvollstes Denkmal auf dem Calton Hill ist das für die Gefallenen der Napoleonischen Kriege begonnene **National Monument**. Es sollte Edinburghs Ruf als »Athen des Nordens« festigen und wurde dafür 1822 von William Playfair nach dem Vorbild des Parthenon in Athen entworfen. Ein anderes Monument erinnert an den Philosophen **Dugald Stewart** (1753 – 1828). Nach Umbau konnte 2018 das viktorianische City Observatory unter dem Namen **Collective Gallery** als zeitgenössisches Kunstforum und Panoramarestaurant neu eröffnen. Auch für den Sieger der Schlacht von Trafalgar, Admiral **Nelson**, wurde 1816 ein Denkmal gesetzt. Hier fällt jeden Tag Punkt 13 Uhr gleichzeitig mit der One o' clock Gun auf dem Castle der **Zeitball** (►S. 153).

Collective Gallery: Sommer Di. - So. 10 - 17, sonst Do. - So. 10 - 16 Uhr | Eintritt frei | www.collective-edinburgh.art

Style on the Seafront

Leith

Das Hafenviertel von Leith hat sich in den letzten Jahren am meisten verändert. Dem Niedergang der Werften folgte der Verfall, seit den 1980ern wurde es mit den Junkieeskapaden in Irvine Welshs Kultroman und Film »**Trainspotting**« gleichgesetzt. Noch immer gibt es triste Gegenden, aber rund um die Kais von The Shore haben kleine Galerien, Gastropubs und **Feinschmeckerlokale** das Ruder übernommen wie The Kitchin, das Ship on the Shore (►S. 148) und Martin Wishart, dem Edinburgh 2001 seinen ersten Michelinstern verdankte, den er bis heute hält (54 Shore, https://restaurantmartin wishart.co.uk). Whiskyfreunde können der **Scotch Malt Whisky Society** beitreten, die für ihre Mitglieder edle Destillate im Fass einkauft und dann in nummerierte Flaschen abfüllt (28 Queen St, www.smws.com). Topadresse für einen Highland Dress nach Maß ist der **Kilthersteller** Kinloch Anderson – wer will, kann sich hier auch einen Kilt leihen.

Kinloch Anderson: 4 Dock St | Mo. - Sa. 9 - 17.30, So. 10 - 16 Uhr www.kinlochanderson.com

Ein Lieblingsplatz der Hauptstädter: das »Ship on the Shore« am Hafen von Leith

Royal Yacht Britannia

Schwimmende Residenz der Royals
Am modernen Ocean Terminal in Leith legen die Kreuzfahrtschiffe an. Besuchermagnet ist in Sichtweite die Royal Yacht Britannia, die 1953 am Clyde vom Stapel lief. Mehr als vier Jahrzehnte war das Museumsschiff im Besitz der **königlichen Familie**, die damit über eine Million Seemeilen rund um den Globus schipperte. Sir Winston Churchill, Mahatma Gandhi und Nelson Mandela waren zu Gast an Bord. Werfen Sie einen Blick in den eleganten Staatssalon und die Sonnenlounge, in die einfachen Matrosenkajüten, die Offiziersmesse und Admirals-Kabine. Erstaunlich schlicht wirkt das Schlafzimmer der Queen. Nehmen Sie den Tee an Deck und genießen Sie das royale Ambiente bei Schokoladenkuchen, Victoria Sponge Cake oder

Die Royal Yacht Britannia hat mehr als eine Million Seemeilen zurückgelegt.

den klassischen Sandwiches. Nebenan liegt die nach dem keltischen Sagenkönig benannte »**Fingal**« vor Anker, ein ehemaliges Versorgungsschiff für die Leuchttürme, als diese noch bemannt waren. 2018 eröffnete das Schiff als schwimmende Nobelherberge mit 23 aufwendig designten Kabinen, die alle nach Stevenson-Leuchttürmen heißen. Beim Relaxen auf dem Privatbalkon können sich Gäste fast selber wie die Royals fühlen.

Royal Yacht Britannia: April – Aug. tgl. 9.30 – 16 (letzter Einlass), Sept. – Okt. 10 – 16, Nov. – März 10 – 15 Uhr | Erw. £ 18, Kinder 9 Tel. 0131 555 55 66 | www.royalyachtbritannia.co.uk | €€€€ **Fingal:** Alexandra Dock, Leith | Tel. 0131 357 50 00 | www.fingal.co.uk

Die Hochzeitsgäste am Portobello Beach nehmen das wechselhafte Wetter gelassen und mit Humor – ein sehr sympathischer Grundzug der Schotten.

Rund um Edinburgh

Back to the Beach

Portobello

In Portobello gehen die Edinburgher selbst im Winter an den Beach, der gut mit dem Stadtbus zu erreichen ist. Nach Jahrzehnten der Vernachlässigung ist der Strand wieder hip und mehrere Cafés, wie das nette Beach House, und rustikale Restaurants laden an der schönen Promenade zur Pause ein. Auch das Fischerdorf **Musselburgh** mit seiner Pferderennbahn und die Dünen von **Port Seton Sands** lassen sich gut mit dem Stadtbus anfahren.

Hoch hinaus

Ratho

Knapp 13 km westlich der City bietet in Ratho am South Plate Hill die **Edinburgh International Climbing Arena** Kletterwände aller Schwierigkeitsgrade zwischen 12 und 35 m Höhe.

International Climbing Arena: Mo. – Fr. 10 – 22, Sa., So. 9 – 18 Uhr
Erw. ab £ 15/30 Min. | www.edinburghleisure.co.uk

Glück auf!

National Mining Museum Scotland

Die ehemalige Zeche **Lady Victoria Colliery** bei **Newtongrange**, knapp 15 km südlich, war von 1890 bis 1981 Glanzstück des schottischen Kohlereviers. Bis zu 2000 Bergleute förderten das schwarze Gold mit der größten Seilwinde Schottlands aus Tiefen bis zu 500 m.

Fast 40 Mio. t Kohle wurden hier abgebaut. Heute ist die Mine ein Nationalmuseum mit direktem Bahnanschluss durch die Borders Railway und zugleich eines der besten Beispiele des viktorianischen Kohlebergbaus. Interaktive Ausstellungen und ein virtueller Stollen ergänzen die Eindrücke vom harten Leben unter Tage.
Lady Victoria Colliery (NMMS): tgl. 10 – 16 | Erw. £ 9.50, Kinder frei
http://nationalminingmuseum.com

Die Jagd nach dem Heiligen Gral

★ Rosslyn Chapel

Eigentlich wollte Regisseur Ron Howard in der Londoner Westminster Abbey drehen, dort spielt auch Dan Browns Bestseller »Da Vinci Code«, der als »**Das Sakrileg**« in die Kinos kam. Aber in London empfand man den Religionsthriller als unseriös und so zog die Filmcrew 10 km südlich von Edinburgh ins Dörfchen **Roslin**, dessen Templerkirche Brown zum finalen Schauplatz der Jagd nach dem Heiligen Gral machte. Seitdem ist die kleine Kapelle zur Pilgerstätte Tausender Fans geworden, blüht das Geschäft mit Devotionalien zum »Da Vinci Code«. Die im 15 Jh. gestiftete Kapelle, in der die Templer den Heiligen Gral vergraben haben sollen, besticht durch kunstvolle Steinmetzarbeiten und allegorische Skulpturen, darunter der berühmte »Totentanz« und die spätgotische »Prentice Pillar« – laut Legende schuf ein Lehrling die meisterhaft verzierte Säule. In der Decke verbergen 213 mittelalterliche Würfel den Code einer verschlüsselten Partitur. Über 20 Jahre dauerte es, bis der schottische Komponist Stuart Mitchell das Musikstück entschlüsselt hatte und die **Rosslyn Motette** 2007 aufnehmen konnte.
Mo. – Sa. Einlass nach Zeitfenstern von 9 bis ca. 15.30 Uhr, So. von 12 bis 15.15 Uhr (vorab online reservieren) | Erw. £ 9.50 , Kinder frei | www.rosslynchapel.com

Konkrete Poesie

★ Little Sparta

Fast 40 Jahre meißelte der Literat, Maler, Bildhauer und Revolutionär **Ian Hamilton Finlay** (1926 – 2006) seine Verse in Stein und stellte sie als »gebaute Gedichte« bei Dunsyre in die karge Moorlandschaft der Pentland Hills. Auf dem Hinweisschild zur fantastischen Wunderwelt steht der offizielle Name **Stoneypath** – Finlay nannte seine selbst proklamierte Gartenrepublik kämpferisch »**Little Sparta**«, ein wucherndes Idyll und gleichzeitig komplexes Labyrinth. Zwischen Himbeersträuchern, Seerosen und Lupinen lugen klassische Kapitelle, markante Steingruppen mit eingemeißelten Denksprüchen, Skulpturen und Sonnenuhren hervor. Ein marmornes Faltboot steht vom Wind unbeeindruckt auf einer Säule im See. 1985 war Finlay für den Turner-Preis nominiert, zwei Jahre später auf der documenta in Kassel, aber erst mit 77 erhielt er den Creative Scotland Award.
Juni – Sept. Mi.- So. 13 – 16 Uhr | Erw. £ 9.50
www.littlesparta.org.uk

Dorfidylle mit Gezeiteninsel

Cramond

Der Edinburgher Vorort, 7 km nordwestlich der City, punktet mit weiß getünchten Häuschen des 17. und 18. Jh.s am Ufer des Almond. Bei Ebbe kann man Cramond Island zu Fuß erreichen. Ausgrabungen haben neben der Pfarrkirche ein Römerlager aus dem Jahr 142 und beim Cramond Inn ein römisches Badehaus freigelegt. 1996 entdeckte der Fährmann Robert Graham die auf das frühe 3. Jh. datierte römische Skulptur einer Löwin, die einen Männerkopf zwischen den Zähnen hält – die »Cramond Lioness« ist heute im Nationalmuseum in Edinburgh ausgestellt.

Pause im japanischen Garten

Lauriston Castle

Welch ein Traumhaus, komplett mit Bibliothek und edwardianischem Bad, nur 2 km südlich von Cramonds Seafront. Ursprünglich wurde es im späten 16. Jh. als typischer Wohnturm von Sir Archibald Napier, dem Vater des Logarithmenerfinders John Napier, erbaut. Für die stilvolle Innenausstattung zeichnete William Reid verantwortlich, dessen Frau das Anwesen 1926 dem Staat schenkte. Probieren Sie in **Mimi's Bakehouse** zum Tee die hausgemachten Kuchen und setzen Sie sich in den von Kyoto gestifteten **Friendship Garden**, einer der größten japanischen Gärten in Großbritannien – am schönsten zur Kirschblüte.

Garten: tgl. kostenlos 8 – 17 | Highlights Tour Ende Juni–Okt. tgl. außer Mo. 14, 15.30 Uhr | Erw. £ 8 | www.edinburghmuseums.org.uk

Das erste im englischen Tudor-Stil erbaute Herrenhaus

Dalmeny House

Um 1815 entstand der Wohnsitz der Earls of Rosebery östlich von South Queensferry. Highlight der dank Heirat mit einer Rothschild-Erbin erlesenen Kunstsammlung sind Louis-XVI-Möbel und Tapisserien nach Entwürfen von Goya. Der Napoleonraum enthält Gemälde und persönliche Dinge des Kaisers, zusammengetragen vom fünften Earl, der 1894/95 britischer Premier- und Außenminister war.

Bis 2023 wegen Renovierung geschlossen
https://roseberyestates.co.uk/dalmeny-house/visit-dalmeny

★ Forth Bridges

Durch die rasante Expansion der Eisenbahn …

… erhielt der Brückenbau im 19. Jh. in ganz Europa immense Impulse. Die viktorianische **Forth Railway Bridge** wurde 2015 von der UNESCO zum sechsten Weltkulturerbe Schottlands erklärt. »Painting the Forth Bridge« war einst Synonym für endlose Jobs – wenn der rostrote Antikorrosionsanstrich an einem Ende fertig war, mussten die Maler am andern wieder beginnen, bevor dauerhafte Farben dem Spruch die Basis entzogen. Die gewaltige Stahlkonstruktion mit den charakteristischen Rhomben, 2,5 km lang und 45 m über dem Wasser, war 1890 die Glanzleistung von Sir John Fowler und Sir Benjamin Baker. Fast filigran wirkt dagegen die 1964 eröffnete, 2,5 km lange **Forth Road Bridge**, die jetzt dem öffentlichen Nahverkehr, Radlern und

Fußgängern vorbehalten ist. Längste Schrägseilbrücke der Welt ist seit Sommer 2017 **Queensferry Crossing**. 2,6 km lang ist die dritte Straßenbrücke über den Meeresarm. 5000 t Stahl und 150 000 t Beton wurden dafür verbaut. Konstruiert wie die Golden Gate Bridge in San Francisco, soll sie Technikfans anlocken. Das Restaurant und die Bistro-Bar im Orocco Pier von **South Queensferry** bieten einen Panoramablick zu den Brücken – schönste bleibt aber die Forth Bridge der Bahn. Spannend sind die Schiffstouren mit der »Maid of the Forth« vom Hawes Pier unter den Brücken hinweg zur Insel Inchcolm (www.maidoftheforth.co.uk.

www.forth-bridges.co.uk, www.oroccopier.co.uk

Haie, Hornfrösche und schwarze Piranhas

North Queensferry

Deep Sea World verspricht Spannung und Spaß für die ganze Familie. Nur eine Glasscheibe trennt Besucher im längsten Aquarientunnel des Königreichs von Haien, Tintenfischen, Rochen und farbenprächtigen Korallen. Wagemutige können sogar mit Haien tauchen. Es gibt zwei Seehundbecken, aber auch Schnappschildkröten, Hornfrösche und schwarze Piranhas lassen sich bestaunen. Anschließend sollten Sie bei

Technisches Wunderwerk und Welterbe: die Eisenbahnbrücke über den Firth of Forth

Craig and Vikki Wood im **Wee Restaurant** speisen. Mit nur 40 Plätzen klein, aber wirklich sehr fein – probieren Sie die Shetland-Muscheln, Atlantik-Steinbutt mit Meeresspargel und das Sundae-Sorbet.

Deep Sea World: tgl. 10 – 17 Uhr | Erw. ab £ 16.50, Kinder £ 11.75
Haitauchen £ 220 | www.deepseaworld.com
Wee Restaurant: Tel. 01383 61 62 63 | 17 Main Street
So., Mo. Ruhetag | www.theweerestaurant.co.uk

Hochherrschaftliches Anwesen als Filmkulisse

★ Hopetoun House

Majestätisch ist die passende Beschreibung für den Wohnsitz der Familie Hope. Was so beeindruckend 5 km westlich von South Queensferry liegt, vereint gleich zwei berühmte Bauherrn: Sir William Bruce, der auch Holyroodhouse entwarf, und seinen Schüler William Adam, der dem Prachtbau zeitgemäße Eleganz verlieh. Die Räume sind mit Damasttapeten, Tapisserien aus Aubusson, Porzellan aus Meißen und Derby sowie kunstvollen Stuckdecken und Stilmöbeln des 18. und 19. Jh.s ausgestattet. Zur Gemäldegalerie gehören Bilder von Rembrandt, Tizian und der Rubens-Schule. Im Speisesaal hängen Porträts von Raeburn, Ramsay und Gainsborough. In der ersten **Outlander**-Staffel diente Hopetoun als Residenz des Duke of Sandringham – und Blackness Castle 5 km weiter westlich als Sitz von Black Jack Randall. Hausgemachte Kuchen werden im wunderschönen Stables Tearoom serviert, alles für ein leckeres Picknick finden Sie im Farm Shop.

April – Sept. Do. – Mo. 11 – 16 Uhr (letzter Einlass)
Erw. Haus & Park £ 12.50 | https://hopetoun.co.uk

Ein Landsitz als Skulpturenpark

★ Jupiter Artland

Westlich von Edinburgh ist das Jupiter Artland rund um Bonnington House bei der Siedlung Wilkieston an der A71 ein ungewöhnlicher Skulpturenpark. Nicky und Robert Wilson haben ihr Geld mit Bachblüten gemacht und ihren Landsitz konsequent in ein Gesamtkunstwerk umgestaltet mit Arbeiten zeitgenössischer Künstler wie Ian Hamilton Finlay, Andy Goldsworthy und Tracey Emin. Ein zentrales Highlight und zugleich das Scharnier zwischen den beiden Rundgängen ist eine Landform von Charles Jencks (►S. 172) – trotz der abgeschiedenen Lage ein echter Besuchermagnet.

Mai – Sept. tgl. 10 – 16 Uhr | Erw. £ 10 | www.jupiterartland.org

Toller Blick vom Tower

House of the Binns

Über 400 Jahre wurde das »Haus auf den Hügeln« zwei Meilen weiter südlich von der Familie **Dalyell** bewohnt. Der größte Teil des Herrenhauses wurde 1615 – 1630 im Auftrag von Tam Dalyell errichtet, einem wohlhabenden Kaufmann, der als Royalist gegen die Covenanter gekämpft hatte und nach der Abdankung von Charles II. in den Diensten des russischen Zaren stand. Sogar aus dem Londoner Tower soll er einmal geflohen sein. Wie aus einem Schachspiel wirkt der Turm auf einem Hügel im Park, wo Schafe, Hochlandrinder und mehr als 30 Pfauen leben. Wer hinaufsteigt, hat eine tolle Sicht auf den Forth.

NTS | Haus derzeit geschlossen | Park tgl. 9 – 19.30 Uhr | Eintritt frei

Aufstieg und Fall der Stuart-Monarchie ...

Linlithgow Palace

... bezeugen in Linlithgow die Ruinen eines Palastes, der 1424 auf einem Hügel am See begonnen wurde. Fast 200 Jahre zog sich die Fertigstellung hin. Mit Goldmalereien, kostbaren Teppichen und exquisitem Kunsthandwerk ausgestattet, wurde der Palast bevorzugte Residenz der Monarchen. 1512 kam hier James V. zur Welt, 1542 seine Tochter **Maria Stuart** (►Interessante Menschen). Sechs Tage später starb James V., und Marias Mutter zog aus Sicherheitsgründen nach ►Stirling. Wenige Monate nachdem »Bonnie Prince Charlie« 1745 für eine Nacht im Schloss logiert hatte, ging die vierflügelige Anlage in Flammen auf. Die 30 m lange Great Hall lässt die einstige Pracht erahnen. Über dem äußeren Burgtor sind die Embleme der vier Ritterorden zu sehen, denen James V. angehörte: das englische Strumpfband, die schottische Distel, das Goldene Vlies von Burgund und die königlichen Lilien Frankreichs. Hingucker im Hof ist ein achteckiger Renaissancebrunnen – eine Kopie steht vor Holyroodhouse Palace in Edinburgh.

HES | Torhaus und Park: April – Sept. tgl. 9.30 – 17.30, Okt. – März tgl. 10 – 16 Uhr, Eingang Market Lane | der Palast ist wegen Sanierung derzeit geschlossen

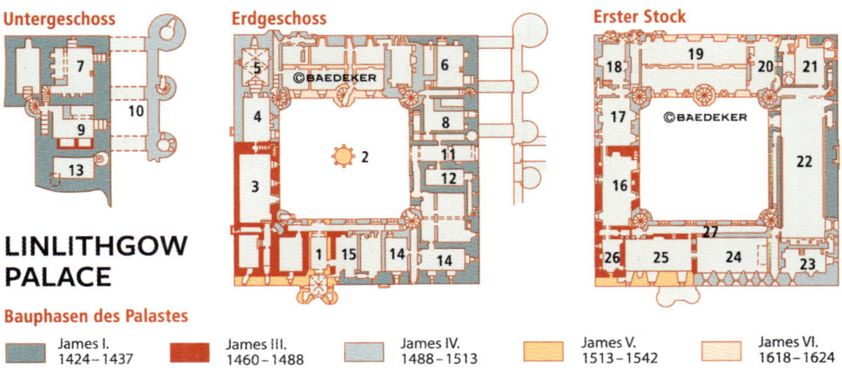

1 Südtor (Eingang)
2 Brunnen
3–5 Keller
6, 7 Küche
8, 9 Brauhaus
10 Vorwerk von James IV.
11 Haupteingang unter James I.
12 Wachstube
13 Gefängnis
14 Stallungen
15 Wachstube
16 Königssaal
17 Audienzzimmer
18 Schlafgemach
19 Speisesaal
20 Vorratskammer
21 Küche
22 Große Halle
23 Privatgemach
24 Königliche Kapelle
25 Vorzimmer
26 Südwestturm
27 Galerie

★ FIFE

Council Areas: Fife, Perth and Kinross

Die bezaubernde Halbinsel zwischen Firth of Forth und Firth of Tay war einst das Königreich der Pikten. Heute haben Künstler und Gourmets die idyllischen Dörfchen an der Ostküste für sich entdeckt, wo kleine Cafés mit bestem Cream Tea verwöhnen und Sterneköche Aromen aus aller Welt kombinieren. Golfer träumen davon, einmal auf dem Old Course in ►St. Andrews zu spielen, der Wiege des Golfsports.

Wo vom 5. bis 9. Jh. die Pikten herrschten, florierte im Mittelalter der Seehandel mit Friesen, Flamen und Normannen, später bestimmte

FIFE ERLEBEN

ST. ANDREWS I-CENTRE
►S. 352

THE PEAT INN €€€€/€€€
Sternekoch Geoffrey Smeddle und seine Frau Katherine laden zum kulinarischen Hochgenuss mit frischen lokalen Produkten. Auch acht wunderschöne Zimmer.
Cupar, Tel. 01334 84 02 06
www.thepeatinn.co.uk

SIMPLY THE BEST €
Darüber ist man sich sogar in Edinburgh und Glasgow einig: Die besten **Fish & Chips** in Schottland hat die **Anstruther Fish Bar** von Ian Whyte in der Shore Street 42-44. Auf der Speisekarte stehen Scholle, Kabeljau, Schellfisch, Jakobsmuscheln und Red Snapper (www.anstrutherfishbar.co.uk). Oder schmeckt der Fisch bei Alex in Pittenweem noch besser? Selber testen: **Pittenweem Fish Bar**, 5 High Street, Pittenweem Tel. 01333 31 12 58. Oder kehren Sie ein in die auf das 16. Jh. datierte, urige **Dreel Tavern** in der High Street West 16 in Anstruther, www.dreeltavern.com.

THE SHIP INN €€€/€€
Ansprechende Unterkunft mit beliebten Restaurant an der Uferpromenade der Gezeitenbucht von Elie. Hier kann man das Strandleben und den Sonnenuntergang richtig genießen – oder über den Fife Coastal Path Richtung St. Monans, Pittenweem und Anstruther wandern.
The Toft, Elie KY9 1DT, Tel. 01333 33 02 46, www.shipinn.scot

THE MUIRS INN €€
Vier Gästezimmer gehören zum traditionsreichen Inn von Lynn und William McCord. Auf der Speisekarte stehen Wildterrine, Hochlandlamm, Haggis und Stornaway Black Pudding.
49 Muirs, Kinross KY13 8AU
Tel. 01577 86 22 70
www.themuirsinn.co.uk

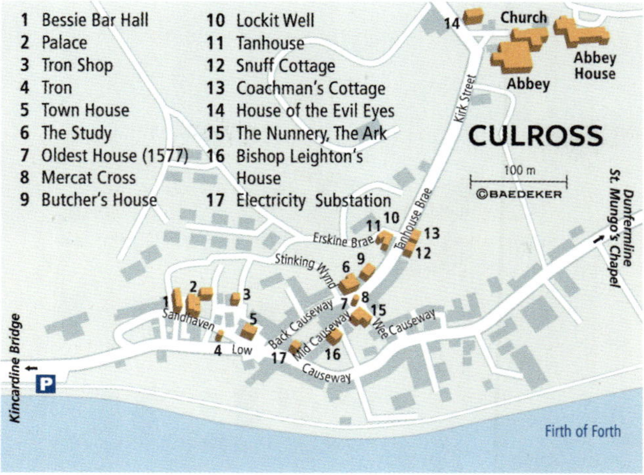

die Fischerei das Leben auf Fife. Heute boomt der Tourismus, haben sich junge Hightechunternehmen um Dunfermline und Glenrothes angesiedelt, Schottlands »**Silicon Glen**«. Der gut ausgeschilderte **Fife Coastal Path** folgt über 130 km der gesamten Küstenlinie, die Sie auch gut zu Fuß oder mit dem Mountainbike erkunden können.

Kingdom of Fife

West Fife

Auf den Spuren der Sassenach

★ Culross

Von der industriellen Revolution nur gestreift, von der Geschichte fast vergessen, scheint sich das **Bilderbuchstädtchen** 20 km westlich der Forth Bridges seit dem 17. Jh. kaum verändert zu haben. Zu jener Zeit florierte Culross dank seiner Kohle- und Salzgruben. Fans der Fernsehserie **Outlander** kennen die gepflasterten Gassen und weiß oder ockerfarben getünchten Häuschen als das erfundene Dorf Cranesmuir. Um die Ecke vom Parkplatz lugt der gelb getünchte **Culross Palace** (►Abb. S. 184) hervor, das 1611 vollendete Stadthaus des Kohlegrubenbesitzers Sir George Bruce mit kunstvoll bemalten Holzdecken und herrlichem Garten – der perfekte Ort, um Claires Kräutergarten darzustellen. Das **Town House** stammt aus dem frühen 17. Jh. Hier werden die Tickets für den Besuch verkauft. Setzen Sie sich hinter der Töpferei in das kleine **Biscuit Café** und bestellen Sie Sandwiches, die hausgemachte Suppe oder den Schokoladenkuchen. Die Häuser im Back Causeway zieren holländische Hohlziegel. Am **Marktplatz** steht das älteste Haus, an dessen Giebel die Jahreszahl 1577

Im Palast und Kräutergarten von Culross wurde für »Outlander« gedreht.

prangt. Am Tanhouse Brae weisen Fleischerbeil und Waage auf das Haus des Metzgers hin. Einen guten Blick auf den Firth of Forth gewähren die Ruinen der 1217 geweihten **Zisterzienserabtei**. Wo heute die Überreste der mittelalterlichen St.-Mungo-Kapelle stehen, soll 514 der Schutzpatron von ▶Glasgow geboren worden sein. Auf dem Rückweg lohnt ein Blick auf The Ark, einst Matrosenheim und Bischof Leightons Haus.

Palace, Garden & Town House: NTS | April – Sept. tgl. 10 – 17, Okt. bis 16 Uhr | Erw. £ 10.50

Dunfermline

Es war Königin Margarethe ...

Abbey & Palace

... die 1070 den Grundstein zu Priorei und zum Ruhm Dunfermlines legte, das später mit Damastleinen und Kohlegruben wohlhabend wurde. Am Kirchturm der **Benediktinerabtei** sind die Worte »King Robert the Bruce« (▶Baedeker Wissen S. 67) zu lesen – sein Grab unter der Kanzel ist mit einem Messingschild gekennzeichnet. Vom Kloster und **Palast James' VI.** (HES, geschl.) zeugen nur Ruinen.

Kirche: März – Okt. Mo. – Sa. 10 – 16.30, So. 14 – 16.30 Uhr
Eintritt frei | www.dunfermlineabbey.com

Stahl-Milliardär und Philantrop

Carnegie Birthplace Museum

»Kein aufgewecktes Kind aus Dunfermline kann sich dem Eindruck des Klosters, des Palastes und der Schlucht entziehen. Sie berühren seine Seele, sie machen etwas anderes und Größeres aus ihm, als es geworden wäre, wenn es an einem weniger günstigen Orte zur Welt gekommen wäre.« Die Memoiren des Stahlmagnaten **Andrew Carnegie** (►Interessante Menschen) entsprachen natürlich nicht den realen Gegebenheiten der »Hungry Forties«. Aber sie spiegeln jene Heimatverbundenheit wider, die für viele Auswanderer ein Leben lang bedeutsam blieb. Das Cottage in der Moodie Street, in dem Carnegie 1835 geboren wurde, dokumentiert seine Traumkarriere vom armen Webersohn zum ungekrönten Stahlkönig Amerikas und seinerzeit reichsten Mann der Welt. Im Erdgeschoss steht der Jacquard-Webstuhl des Vaters, der als Handweber 42 Pence die Woche verdiente. Weitere Einrichtungen, die Dunfermline seinem Lieblingssohn verdankt, sind die benachbarte Carnegie Hall, die Carnegie Clinic, das Carnegie Leisure Centre an der Pilmuir Street (1877 das erste Schwimmbad in Schottland) und der Pittencrieff Park. Carnegie machte ihn der Öffentlichkeit zugänglich – der frühere Besitzer hatte ihm als kleinem Jungen verboten, das Grundstück zu betreten. Die 1883 eröffnete Central Library war die erste von rund 3000 freien Carnegie-Büchereien.

Tgl. 11 – 16 Uhr | Eintritt frei | www.carnegiebirthplace.com

Der Mythos Carnegie lebt weiter

Dunfermline Carnegie Library & Galleries

Wohl ganz im Sinne Carnegies wurde 2017 ein weiträumiger moderner Komplex mit Bücherei, Museum, Kunstgalerie und Café eröffnet. Der Junge aus Dunfermline bestimmt immer noch, wo es langgeht.

Mo. – Fr. 10 – 17, Sa. 10 – 16, So. 12 – 16 Uhr | Eintritt frei
www.onfife.com/venues/dunfermline-carnegie-library-galleries

East Fife

Heimatstadt von Adam Smith und Gordon Brown

Kirkcaldy

Die Hafenstadt ist nicht besonders schön, aber berühmt als Geburtsort des Begründers der klassischen Nationalökonomie **Adam Smith** – bis 2016 zierte er die englische 20-Pfund-Note – und von Gordon Brown, ewiger Zweiter bei Labour und 2007–2010 britischer Premier. Im War Memorial Garden erzählt das **Kirkcaldy Museum** von der Blütezeit, als hier Linoleum, Leinen und Segeltuch produziert wurden.

Museum: Mo. – Fr. 10 – 17, Sa. 10 – 16, So. 12 – 16 Uhr | Eintritt frei

Beschauliche Dorfidylle ...

★ East Neuk of Fife Villages

... verspricht die Largo Bay am Ostzipfel der Halbinsel. Die Zeit scheint an den kleinen Hafenstädtchen mit windschiefen Fischerkaten und hübschen Giebelhäuschen fast spurlos vorübergegangen zu sein. Fi-

Für alle, die sich gerne treiben lassen: In Crail können Sie seelenruhig den Tag verträumen, nach Dekokram stöbern und am Hafen Hummer schlemmen.

scher gibt es nur noch wenige, dafür haben Künstler, Wassersportler und Golfer die Orte für sich entdeckt. Ein Bronzedenkmal in **Lower Largo** erinnert an Alexander Selkirk, dessen Schicksal Daniel Defoe zu seinem »**Robinson Crusoe**« inspirierte – das Buch erschien 1719 und gilt als der erste englische Roman. Auch **Elie**, **St. Monans** und **Pittenweem** haben hübsche Häuserzeilen rund um die alten Häfen. Diese drei Ortschaften sowie Anstruther sind durch den **Fife Coastal Path** bestens miteinander verbunden.

★ Anstruther

Schaukelnde Boote und hübsche Häuschen

Am Hafen des netten Städtchens gibt es die besten Fish 'n' Chips (►S. 182), widmet sich das **Scottish Fisheries Museum** dem maritimen Erbe mit restaurierten Fischerbooten aus der Zeit um 1900. Das knallrote Feuerschiff »North Carr« warnte einst vor dem gefährlichen Kap Fife Ness. Sternekoch Billy Boyter ist nur zehn Minuten von seinem **The Cellar Restaurant** am East Green 24 aufgewachsen.

The Cellar Restaurant: €€€€/€€€ | Tel. 01333 31 03 78 | www.thecellaranstruther.co.uk | **Scottish Fisheries Museum:** April – Sept. Mi. – Mo. 10 – 16.30, Okt. – März Mi. – So. 10 – 16 Uhr | Erw. £ 9, Kinder frei | www.scotfishmuseum.org

Papageitaucher unterm Leuchtturm

Die vorgelagerte Insel May ist Naturschutzgebiet. Die Vogelbeobachtungsstation wird von den schottischen Universitäten gemeinsam betrieben. Auf der Insel nisten Papageitaucher, Tordalken, Trottellummen und Dreizehenmöwen. Hier steht auch der älteste Leuchtturm Schottlands, den 1816 Robert Stevenson, der Großvater des »Schatzinsel«-Autors, errichtete. Isle of May

5-std. Inseltouren ab Anstruther: April - Sept. Erw. £ 34
https://isleofmayferry.com

Sckokoladenkuchen oder fangfrischer Hummer?

★ Crail

Niemand glaubt wirklich, dass es der Teufel war, der ein Stück der Isle of May gegen die Kirche von **Crail** schleuderte – er verfehlte sie glücklicherweise. Aber wie kam der riesige Steinbrocken auf den Friedhof? Crails weiß getünchte Häuschen mit Treppengiebeln und roten Pfannendächern sind begehrte Motive für Fotografen und Maler. Die kleine **Crail Pottery** in der Nethergate 75 verkauft formschöne Keramik, das **Crail Museum** in einem Cottage des 18. Jh.s widmet sich der Lokalgeschichte. Die **Crail Harbour Gallery & Tearoom** am Shoregate ist ideal für ein Heringsgericht, noch besser für Tee, Scones und Schokoladenkuchen – auch glutenfreie Törtchen –, natürlich mit Seeblick. Hummer und Krabben, die vor Ort gefangen werden, gibt es frisch gekocht und zerlegt im Schälchen oder Brötchen in der winzigen **Lobster Hut** – setzen Sie sich zum Essen auf die Hafenmauer.

Crail Museum: Mai Sa. - So., Juni - Sept. Do. - So. 10 - 13, 14 - 16 Uhr Eintritt frei | www.crailmuseum.uk | **Crail Pottery**: tgl. 10 - 17 Uhr www.crailpottery.com| **Crail Harbour Gallery & Tearoom**: tgl. 10.30 - 17 Uhr | www.crailharbourgallery.co.uk. | **Lobster Hut**: Shoregate | April - Sept. Di. - So., Okt. - März Sa., So. 12 -16 Uhr

Aus der Zeit des Kalten Krieges

Auf halbem Weg zwischen Anstruther und ►St. Andrews war der in den 1950ern erbaute **Geheimbunker** über 40 Jahre Schottlands bestgehütetes Geheimnis. Er liegt 30 m unter der Erde und war durch ein unscheinbares Farmhaus markiert. Nun kann sich hier jeder einen Eindruck verschaffen, wie zumindest die Regierung hinter meterdicken Stahlbetonmauern im Falle eines nuklearen Angriffs überlebt hätte. Der Bunker hat Kino, Café, Kommandozentrum und Schlafquartiere. Scotland's Secret Bunker

März - Okt. tgl. 10 - 17 Uhr | Eintritt Erw. £ 14, Kinder £ 10
www.secretbunker.co.uk

Milder Lowland-Whisky

Erst 2014 hat die Brennerei auf der East Newhall Farm mit der Produktion begonnen. Da ein Scotch mindestens drei Jahre reifen muss (►Baedeker Wissen S. 268), kam der erste Kingsbarns Single Malt Kingsbarns Distillery

Founders' Reserve Mitte 2018 auf den Markt. Nebenan sind die ummauerten **Cambo Gardens** ein gärtnerisches Kleinod, mit Café.
Touren: 10.30 - 16.30 Uhr | ab £ 10 | www.kingsbarnsdistillery.com
Cambo Gardens: tgl. 10 - 17 Uhr | Erw. £ 6.50
www.cambogardens.co.uk

Herrenhaus mit Hickory-Golfplatz

Hill of Tarvit

Knapp 4 km südlich von **Cupar** ließ sich der betuchte Eisenbahndirektor, Jutefabrikant und Kunstsammler Frederick Sharp 1906 ein edwardianisches Herrenhaus erbauen, das mit kostbaren Chippendale-Möbeln, flämischen Gobelins und Gemälden von Raeburn und Ramsay eingerichtet wurde. Eine Besonderheit ist der 9-Loch-**Kingarrock Golf Course**, wo wie vor 100 Jahren mit Schlägern aus Hickory gespielt wird, einem extrem harten und gleichzeitig maximal flexiblen Holz, was es lange zur ersten Wahl der Golfschlägerbauer machte.
NTS | April - Okt. Sa., So. 11 - 17 Uhr | Erw. £ 10.50

Ältester Tennisplatz der Welt

Falkland Palace

In dem hübschen mittelalterlichen Städtchen **Falkland** nördlich von Kirkcaldy sollte man sich das 1501–1541 erbaute ehemalige Jagdschloss der Stuarts ansehen. Es ist heute im Besitz des britischen Königshauses und wird vom NTS verwaltet. Von den ehemals drei Flügeln der Renaissanceanlage, die Cromwells Heer 1654 in Brand setzte, sind Ost- und Südflügel mit den königlichen Gemächern erhalten. Auf dem **Royal Tennis Court**, dem vermutlich ältesten Tennisplatz der Welt, wird heute noch dem weißen Sport gefrönt.
NTS | März - Okt. Mo. - Sa. 11 - 17, So. 13 - 17
Nov. - Feb. Mo. - Sa. 11 - 16, So. 13 - 16 Uhr | Erw. £ 12.50

Letztes Quartier von Maria Stuart

Loch Leven

Bekannt ist der See als Filmkulisse und für seine vorzüglichen Forellen. Auf einer seiner beiden Inseln überlebte die kleine Ruine des mittelalterlichen **Lochleven Castle** (HES). Maria Stuart wurde hier 1568 für 10 Monate festgesetzt, bis ihr schließlich die Flucht gelang (►Interessante Menschen), was Sir Walter Scott 1820 als romantisches Abenteuer im Roman »Der Abt« verewigte. Der kurze Bootstrip zur Insel hat etwas Poetisches.
Boot (HES): April - Sept. 10 - 16.15, Okt. bis 15.15 Uhr (letztes Übersetzen, online reservieren) | Erw. £ 9, Kinder £ 5.40

Purer Luxus auf der Haut

Kinross

Weich, kuschelig und federleicht sind die Kaschmirpullover, Schals und Handschuhe von Todd & Duncan in der **Lochleven Mills** am Ende der Kinross High Street. Im Café gibt's Selbstgebackenes.
Tgl. geöffnet | www.cashmereatlochleven.com

★★ GLASGOW

Council Area: Glasgow City | **Einwohner:** 635 000

Ihr Image als Industriemoloch und Schmuddelkind hat Schottlands größte Stadt endgültig abgelegt. Als am Clyde noch Schiffe für den Welthandel vom Stapel liefen, befand sich Glasgow auf Augenhöhe mit London. Dem Niedergang von Industrie und Werften folgte die große Krise. Heute ist Glasgow wieder auf Erfolgskurs, hat sich die Stadt in rasantem Tempo zur Trendcity mit lässigem Lifestyle gewandelt mit Schottlands besten Shoppingmeilen, atemberaubender Architektur, echten Fußballdramen und spannender Musikszene.

»**Es sind die Menschen**«, meint der Slogan der Stadt, »die Glasgow so attraktiv machen«. Weltoffen, freundlich und humorvoll, direkt und redselig in einem Dialekt, der so sympathisch wie gewöhnungsbedürftig ist. Das im Vergleich zur eleganten Erzrivalin ▶Edinburgh oft unterschätzte Glasgow musste sich im Laufe der Geschichte immer wieder neu erfinden. Viktorianische Pracht, sinnlicher Jugendstil und kühne Moderne spiegeln Erfolge und Comebacks – im krassen Gegensatz zu immer noch depressiven Vororten und No-go-Areas,

People make Glasgow

Trendcity mit Herz: Shoppingfans lieben Glasgows Style Mile.

1 Gamba
2 Bilson Eleven
3 One Devonshire Gardens
4 Two Fat Ladies at the Buttery
5 Ox and Finch
6 Stravaigin
7 The Ubiquitous Chip
8 Mackintosh at the Willow
9 Mother India's Cafe

1 Hotel du Vin
2 Hotel Indigo Glasgow
3 Cathedral House & Celentano's
4 Albion Hotel
5 citizenMhotel
6 Grasshoppers

1 Oràn Mór
2 The Clutha
3 The Pot Still

U-Bahn
Fußgängerzone

GLASGOW ERLEBEN

GLASGOW I-CENTRE

156a–158 Buchanan Street
Glasgow, G1 2LL
Tel. 0141 566 40 83
https://peoplemakeglasgow.com
https://glasgowlife.org.uk
www.glasgowguide.co.uk

Glasgow International Airport liegt 13 km westlich der City (www.glasgowairport.com). Der Airport Express 500 pendelt alle 10 Min. zum Busbahnhof Buchanan Street Station in der Stadtmitte (Fahrt 15–20 Min. ab £ 8,50). Der Zug aus ▶Edinburgh braucht 50 Minuten und kommt in der Queen Street Station an, Züge aus dem Süden und Westen fahren in der Central Station ein. Züge nach London (5 Std.) fahren stündlich. Mit dem First Day Ticket kann man einen Tag mit den First-Stadtbussen fahren (£ 4,90). Das All Day Subway Ticket (£ 4,20) gilt einen Tag für die U-Bahn, das Roundabout Ticket (£ 7,40) für U-Bahn und Züge in Greater Glasgow. Glasgow »von oben« lässt sich im roten Doppeldeckerbus erleben (https://citysightseeingglasgow.co.uk, Erw. £ 16). Free Wheel North (www.freewheelnorth.org.uk) und Nextbike (www.nextbike.co.uk) vermieten Fahrräder per App, online oder per Telefon.

Glasgow verspricht das ultimative Einkaufserlebnis. Nur London kann im Vereinigten Königreich konkurrieren. Ob Design und Mode von Rang, edle Düfte, Tweed, Kilts oder Kaschmir, in Glasgows Style Mile wird jeder fündig: Bummeln Sie durch die Einkaufspassagen der Buchanan Galleries, den eleganten Princes Square mit seinen gusseisernen Arkaden oder die riesige St. Enoch's Mall. In der Sauchiehall Street reiht sich Geschäft an Geschäft. In den Gassen des West End und der Cresswell Lane lässt es sich in Antiquitätenläden stöbern, Kunst führen die Galerien der West Regent Street. Schnäppchenjäger müssen auf den Barras-Flohmarkt.

Das Citizens Theatre, 119 Gorbals Street, gilt als eine der einflussreichsten Bühnen des Landes. Für Musicals und Pantomime hebt sich in dem 1904 prachtvoll ausgestatteten King's Theatre der Vorhang; 297 Bath Street. Im Mitchell, 6 Granville Street, und im Tron, 63 Trongate, sind Drama, aber auch Comedy und Musik zu Hause. Im CCA, 350 Sauchiehall Street, geben sich zeitgenössische Kunst, Musik, Film und Tanz die Hand. Das Tramway am Albert Drive 25 ist für seinen innovativen Performance-Stil bekannt. Scottish Opera und Scottish Ballet bespielen das Theatre Royal, 282 Hope Street.
Karten unter
www.tickets-scotland.com
www.glasgowguide.co.uk
Ticket Centre City Halls
Candelriggs, Tel. 0141 3 53 80 00

1 ORÀN MÓR

Brasserie, Whiskybar und Nachtclub – aber am tollsten sind die zur Mittagszeit gegebenen dramatisch-kulinarischen Happen: A Play, a Pie and a Pint.
Byres Rd/Ecke Great Western Rd
Tel. 0141 357 62 00
https://oran-mor.co.uk

❷ THE CLUTHA
Graffitis am Club erzählen von berühmten Glaswegians und legendären Musikern, die hier aufgetreten sind, darunter Frank Zappa, Billy Connolly, Gerry Rafferty und Woody Guthrie.
167–169 Stockwell Street
Tel. 0141 552 75 20
www.whatsonglasgow.co.uk

❸ THE POT STILL
Whiskyfreunde, Schauspieler, Musiker und Studenten – die Klientel weiß die gediegene Atmosphäre und die ausgezeichneten Malts der Familie Murphy zu schätzen.
154 Hope St, Tel. 0141 333 09 80
www.thepotstill.co.uk

❶ GAMBA €€€€/€€€
Hummer, Fischsuppe, Biolachs mit Jakobsmuscheln oder gefüllte Seebrasse – bei Derek Marshall gibt es perfekt zubereitete Meeresfrüchte. 2022 erhielt das Gamba als einziges Seafood-Restaurant in Schottland einen Michelinstern.
225A West George Street
Tel. 0141 5 72 08 99
www.gamba.co.uk

❷ BILSON ELEVEN €€€
Nick und Liz Rietz haben das Stadthaus aus dem 19. Jh. mit viel Liebe restauriert. Ausgesuchte Weine, Jakobsmuscheln von der Westküste, Hochlandwild und traumhafte Desserts aus dunkler und weißer Schokolade stehen auf der Speisekarte.
10 Annfield Place, Dennistoun
Tel. 0141 554 62 59
http://bilsoneleven.co.uk

❸ ONE DEVONSHIRE GARDENS €€€/€€
Herz des Hotel du Vin (►S. 194) im angesagten West End ist sein stylisches Bistro. Seeteufel mit Haselnusskruste, Cairnhill-Lamm und Trüffelgnocchi an Wildpilzen stehen auf der Speisekarte. Für besondere Anlässe: ein exquisites Tasting Menu für £ 75 (mit Weinempfehlung £ 120).
1 Devonshire Gardens
Tel. 0141 378 03 85, www.hotelduvin.com/locations/glasgow

❹ TWO FAT LADIES AT THE BUTTERY €€€/€€
In einem der ältesten und beliebtesten Restaurants der Stadt dominieren Fischgerichte das ausgesuchte Menü der Extraklasse.
652 – 654 Argyle Street, Tel. 0141 2 21 81 88, https://twofatladiesrestaurant.com/buttery

❺ OX AND FINCH €€
Schicke Adresse im Westend. Zeitgenössisch unverputzte Decken mit Rohren und hohe Fenster künden genauso vom modernen Ambiente, wie die erstklassige schottische Tapas-Küche.
920 Sauchiehall Street
Tel. 0141 339 86 27
www.oxandfinch.com

❻ STRAVAIGIN €€
Die ungewöhnlichsten Gerichte aus aller Welt, aber mit schottischem Flair. Zum Appetit bitte Neugier mitbringen! Preisgekrönt: die Weinkarte mit Klassikern und jungen Bioweinen.
28 Gibson St., Kelvinbridge
Tel. 0141 334 26 65
www.stravaigin.co.uk

❼ THE UBIQUITOUS CHIP €€
Legendäres West-End-Lokal, nicht nur wegen der Wandmalereien von Alasdair Gray. Kein steifes Tafeln, hier wird die Freude am Essen zelebriert, egal ob bei Schalentieren in frischem Ingwer oder bei Haggis, Neeps 'n' Tatties.
12 Ashton Lane
Tel. 0141 3 34 50 07
www.ubiquitouschip.co.uk

❾ MACKINTOSH AT THE WILLOW €€

Kilmarnock Haggis, Räucherlachs vom Loch Fyne, fangfrische Garnelen mit Chili und Knoblauch, Sandwiches mit Pastrami und gegrilltem mediterranen Gemüse oder ein Stück saftiger Billionaires-Schokoladenkuchen – genießen Sie einfach! Allein schon das Jugendstilambiente macht gute Laune.
217 Sauchiehall Street, ►S. 202
Tel. 0141 204 19 03, www.mackintoshatthewillow.com

❿ MOTHER INDIA'S CAFE €€/€

Südindisches Ingwer-Lamm, Huhn-Curry mit Koriander-Chutney und vegetarische Samosas stehen auf der Karte. Anspruchsvolle indische Tapas mit Blick auf das Kelvingrove-Kunstmuseum – bei »Mutter Indien« wird der Gaumen angenehm gekitzelt.
1355 Argyle Street
Tel. 0141 339 91 45
www.motherindia.co.uk

❶ HOTEL DU VIN & ONE DEVONSHIRE GARDENS €€€€/€€€

Eines der schönsten Boutiquehotels in ganz Schottland. 49 Zimmer oldfashioned mit Himmelbetten und viktorianischen Antiquitäten oder zeitgemäß mit schicken Designermöbeln und junger schottischer Kunst – der richtige Ort für eine unvergesslich schöne Hochzeitsfeier. Ein Muss für Gourmets: das Bistro One Devonshire Gardens, ►S. 193
1 Devonshire Gardens, Glasgow G12 0UX, Tel. 0141 378 03 85
www.hotelduvin.com

❷ HOTEL INDIGO GLASGOW €€€

Die 94 Zimmer des jungen Boutiquehotels blicken auf die Merchant City, wo das Leben vibriert. Tolle Adresse mit viktorianischer Architektur, hohen Decken und Backsteinmauern mit modernem Komfort. Wandbilder lokaler Künstler zieren das Restaurant mit regionalen Spezialitäten.
75 Waterloo Street, Glasgow G2 7DA Tel. 0141 2 26 77 00
www.ihg.com/hotelindigo

❸ CATHEDRAL HOUSE & CELENTANO'S €€€/€€

Acht hübsche Zimmer in Sichtweite der Kathedrale. Dazu das hervorragende Pub-Restaurant Celentano's, das von Anna und Dean Parker mit italienischer Küche schnell zum angesagten Start in Glasgow wurde.
28–32 Cathedral Square, Glasgow G4 0XA, Tel. 0141 5 52 35 19
www.cathedralhousehotel.co.uk

❹ ALBION HOTEL €€

Ruhiges, 2022 renoviertes 3-Sterne-Hotel unweit der Great Western Rd. Der U-Bahnhof Kelvinbridge liegt vor der Haustür. Starten Sie mit Croissants und Obstsalat oder Speck, Eiern und Black Pudding in den Tag.
404–407 North Woodside Road
Tel. 0141 339 86 20
www.albion-hotel.net

❺ CITIZENMHOTEL €€

Budget im Digital-Zeitalter-Stil. Alle 198 Zimmer sind gleich: knapp, effektiv, cool. Kultige holländische Idee in superzentraler Lage. Frühstück, Sushi und warme Häppchen gibt's in der canteenM.
60 Renfrew Street, Glasgow G2 3BW, Tel. 203 5 19 11 11
www.citizenm.com

❻ GRASSHOPPERS €€

Junges, modernes Hotel neben dem Hauptbahnhof mitten in der Stadt in der 6. Etage (Aufzug). Leckeres Frühstück im Restaurant The Kitchen.
Caledonian Chambers, 87 Union Street, Glasgow G1 3TA
Tel. 0141 222 26 66
www.grasshoppersglasgow.com

GÄNSEHAUT-GARANTIE

Beim Duell zwischen Rangers und Celtic geht es um mehr als um Fußball. Und es wird laut. Die blau-weißen Rangers sind der Klub der protestantischen Unionisten, die sich dem Königreich zugehörig fühlen. Für den Erzrivalen Celtic in grün-weiß jubeln vor allem Katholiken mit irischen Wurzeln. Wenn im **Ibrox Stadion** oder **Celtic Park** beim Old Firm Derby zwischen beiden 50 000 schottische Kehlen ihr Team 90 Minuten nach vorne schreien, wenn die Handy-Lichter auf den Tribünen angehen und beim erlösenden Tor alle aufspringen und das Stadion erbeben lassen – das ist das beste Fußball-Derby der Welt! (www.celticfc.com, www.rangers.co.uk)

die den Wandel zum Dienstleistungsmekka nicht geschafft haben. Besucher finden heute Tophotels, schicke Bars und Restaurants, die vom kreativen Input der jungen Kunstszene profitieren. Das Kulturangebot bestimmen tolle Museen wie die **Kelvingrove Art Gallery & Museum**, und das bei freiem Eintritt! Pop aus Glasgow überspült nicht erst seit Amy Macdonald (►Interessante Menschen) ganz Europa, seit 2008 ist die Stadt »UNESCO City of Music«.

OBEN: Sandsteinpalast mit Kunst von Weltrang: die Kelvingrove Art Gallery & Museum. UNTEN LINKS: An lauen Sommerabenden ist der Royal Exchange Square beliebter Treffpunkt in der City UNTEN RECHTS: Eines von Smugs »Five Faces«

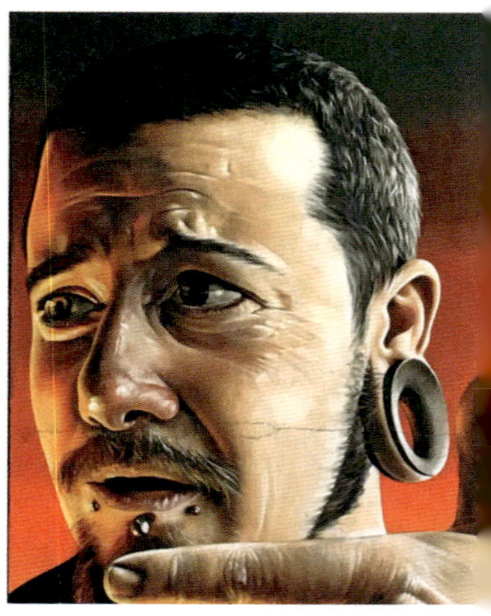

»
Nie habe ich mich besser amüsiert!
«
Charles Dickens über Glasgow

Stadtgeschichte

Der »geliebte, grüne Ort«, wie die Übersetzung des gälischen **»Glas ghu«**, lautet, entstand im 6 Jh. um eine vom **hl. Mungo** gegründete Kirche. 1451 öffnete die Universität ihre Pforten. Der Union von 1707 folgte eine wirtschaftliche Blütezeit. Die Klipper der **Glasgower Tobacco Lords** waren die schnellsten Schiffe auf der Route nach Virginia und sicherten der Stadt den ersten Platz im britischen Tabakhandel. 1769 erfand James Watt die Dampfmaschine und leitete als Ingenieur die Schiffbarmachung des Clyde bis nach Glasgow, wo gewaltige **Industrie- und Werftanlagen** entstanden. Drei Viertel aller britischen Dampfschiffe liefen hier vom Stapel und legendäre **Reeder** wie Clan, Cunard und Donaldson überzogen mit ihren Linien die Weltmeere. Wohlhabende Kaufleute, Reeder und Tuchfabrikanten bauten Stadtpaläste, Kirchen und Kapellen, Glasgow wurde zum **Schmelztiegel aller Nationen**, der förmlich explodierte. Wohnraum war Mangelware und es entstanden die berüchtigten »Gorbals«, Slumviertel im East End und südlich des Clyde. Dem **Niedergang der Schwerindustrie** folgte die große Krise, Glasgow verkam zum Ghetto Großbritanniens. Jahrzehnte stand die Metropole für hohe Arbeitslosigkeit, heruntergekommene Viertel, Drogen und Gewalt.

Das Revival begann in den 1980ern. Komplette Straßenzüge wurden renoviert, abbruchreife Gebäude am Clyde machten weiten Grünanlagen Platz und ehemalige Dockanlagen wurden zur Wohngegend umfunktioniert. Mit Ernennung zur **Europäischen Kulturhauptstadt 1990** zogen Kreative, Startups und Museen in die ehemaligen Fabriken und Lagerhallen ein. Sie belebten die Kunstszene in wenigen Jahren so nachhaltig, das vom »**Wunder von Glasgow**« die Rede war. Doch während City und Westend den Sprung in die Zukunft schafften, hat in den Problemvierteln des East End kaum jeder Zweite Arbeit, verzeichnen No-go-Areas wie Calton die höchste Kriminalitätsrate im Königreich und die niedrigste Lebenserwartung in Europa. Dieser »**Glasgow Effekt**«, wie die Kehrseite der Boomtown genannt wird, lässt wenig Hoffnung auf Besserung.

Die Wende markierten auch junge Museen wie die Gallery of Modern Art und das House for an Art Lover, eine späte Hommage an den Jugendstilkünstler **Charles Rennie Mackintosh**, der entscheidend zum »Glasgow Style« beigetragen hat. **Neue Wahrzeichen** wurden das futuristische Science Centre und das von Zaha Hadid entworfene Riverside Museum. 2027 soll der Wiederaufbau der **Glasgow School of Art** fertig sein. Der Jugendstil-Prachtbau war 2014 und 2018 durch zwei Großbrände zerstört worden. Ende März 2022 konnte die **Burrell Collection** wieder eröffnet werden.

Merchant City

Herzstück mit Flair

★ George Square

Mittelpunkt der »Merchant City« ist der George Square mit **12 Statuen prominenter Schotten**, darunter Nationalbarde Robert Burns, der Erfinder James Watt und Königin Victoria. Auf einer Säule hoch über allen thront Sir Walter Scott (▶Interessante Menschen). Zur Mittagszeit sitzen hier viele Büroangestellte beim Lunch – mischen Sie sich zum Leutegucken darunter. Den Ostteil des weiten Platzes beherrscht das Rathaus, die 1882 – 1890 nach Vorbildern der italienischen Renaissance gestalteten **City Chambers**. Mahagoni und Carraramarmor lassen die Blütezeit der Stadt erahnen, den Bankettsaal schmückt ein wunderschön kassettiertes Tonnengewölbe.

Mo. – Fr. 9 – 16.30, Führungen 10.30 und 14.30 Uhr
Eintritt und Führungen frei | www.glasgow.gov.uk

Provokant, mitunter schräg und immer spannend

★ Gallery of Modern Art (GOMA)

An der Ecke Queen/St. Ingram Street wird im Heim eines Tabakbarons aus dem 18. Jh. zeitgenössische Kunst präsentiert. Running Gag: Das Denkmal des **Duke of Wellington** vor dem Portikus trägt als Hut einen Verkehrskegel – entfernt es die Polizei, taucht schnell ein neues auf.

Mo. – Do., Sa. 10 – 17, Fr., So. 11 – 17 Uhr
Eintritt frei | www.glasgowlife.org.uk/museums

Mittelalterliches Marktkreuz

Glasgow Cross

Nur der 34 m hohe Turm Tolbooth Steeple aus dem 17. Jh. und die Kopie eines Marktkreuzes zeugen vom einstigen Zentrum der Innenstadt. Im Hof des angrenzenden **Merchant Square** findet man nette Cafés, Restaurants und kleine Boutiquen.

Im East End tobte das Leben

Barras Market

Schlagfertig sind sie allemal, die Marktschreier auf dem großen **Flohmarkt**, wo in mehreren Straßenblöcken zahlreiche Händler Sa. und So. zwischen 9.30 und 16.30 Uhr Antiquitäten, Trödel, Kleidung und Lebensmittel anpreisen. Direkt daneben geben sich Rockstars die Ehre im alten **Barrowlands Ballroom**. Amy Macdonald widmete dem legendären Konzertsaal ein eigenes Lied. Das alte Arbeiterviertel befindet sich in rasantem Wandel, der den Barras fast wie eine zurückgelassene Insel inmitten rasch wachsender Neubauviertel wirken lässt.

www.theglasgowbarras.com | www.glasgow-barrowland.com

Windsackweisen und Wintergarten

Glasgow Green

Am Clydeufer erstreckt sich seit 1662 der älteste Stadtpark, in dem im August mehr als 8000 Piper und Drummer in 230 Bands aus 14 Nationen zur **Dudelsack-Weltmeisterschaft** antreten (www.theworlds.co.uk). Der **People's Palace** erzählt von Handel und Industrie, Ge-

Toll zum Chillen: Suchen Sie sich an warmen Sommertagen auf dem Grün des George Square ein Plätzchen, um entspannt die Welt zu beobachten.

werkschaften, Frauenbewegung, Unterhaltung und Sport. Der große Winter Garden soll in den nächsten Jahren saniert werden.
People's Palace & Winter Garden: Mo. - Do., Sa. 10 - 17, Fr., So. 11 - 17 | Eintritt frei | www.glasgowlife.org.uk/museums

Poetische Maschinen

Sharmanka Kinetic Theatre

Sie tanzen robotergleich im Wechselspiel von Licht und Schatten zu bizarrer Orgelmusik über die Bühne. Mit einer fantastischen Choreografie bewegt Eduard Bersudsky sein **mechanisches Figurenkabinett**, erwachen Holz und alter Schrott zu neuem Leben. Hunderte kurioser Puppen erzählen komische und tragische Geschichten, als seien Leben, Lieben und Sterben ein Perpetuum Mobile.
103 Throngate | Tickets unter www.ticketsource.co.uk/sharmanka
Erw. £ 8 - 12, Kinder £ 6 - 8 | www.sharmanka.com

Rund um Central Station & Style Mile

Jugendstil und Dampfmaschinen

Central Station

Das ehemalige Pressehaus der führenden Tageszeitung, der Glasgow Herald, wurde 1895 von Mackintosh als sechsstöckiger Turm entworfen. Das ehemalige Designmuseum **The Lighthouse** mit Mackintosh

ELEGANT UND SINNLICH

Um 1900 entstand in Glasgow der bedeutendste Beitrag der Britischen Inseln zum europäischen Jugendstil, die schottische Variante des Art nouveau. Synonym für diese Kunstrichtung ist der Name eines Mannes: Charles Rennie Mackintosh.

Seine Ausbildung erhielt der begnadete Architekt und Designer an der Glasgower Kunstakademie. Gemeinsam mit seiner späteren Frau **Margaret MacDonald**, deren Schwester Frances und seinem Studienfreund Herbert MacNair bildete Mackintosh die Gruppe »**The Four**«. Inspiriert von den Präraffaeliten, kunstgewerblichen Arbeiten von Morris sowie keltischen Motiven und japanischen Kunstdrucken, schufen »Die Vier« kühne Grafiken und eigenwillige Möbel. Mit dem spielerischen Kontrast von funktionaler Schlichtheit und poetischen Details schufen sie eine **eigene Variante des Jugendstils**. Sie experimentierten mit neuen Proportionen, geometrischen Mustern und klaren, kantigen Figuren, die harmonisch mit lang gezogenen, weichen Linien verbunden waren. Die Farbgebung war vornehmlich in Weiß, mattem Oliv, Grau, blassem Violett und Rosé.

Der Durchbruch

Zur selben Zeit wie Gaudí in Barcelona und Horta in Brüssel verlieh Mackintosh dem viktorianischen Glasgow eine eigene Note, als er das schönste Wahrzeichen der Stadt entwarf. Durch die **Glasgow School of Art** in der Ren-

Wandschmuck von Mackintosh für The Ladies' Luncheon Room – hier trafen sich Damen ab 1880 nach dem Einkauf auf eine Tasse Tee (Kelvingrove Museum & Art Gallery).

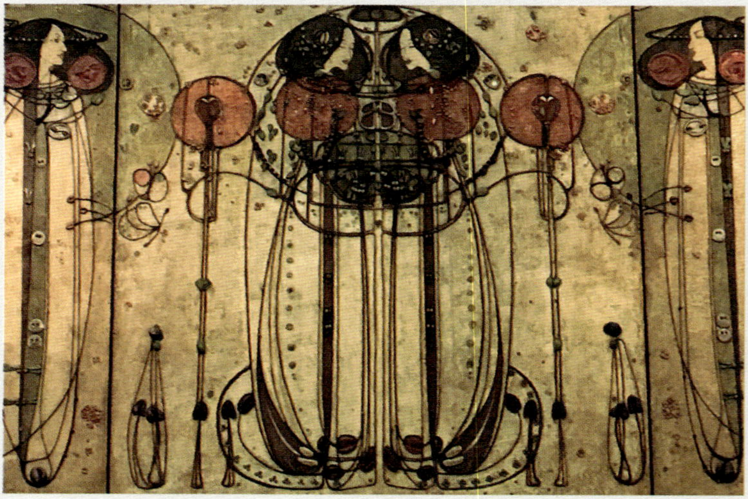

frew Street wurde der Ausnahmekünstler 1896 über Nacht berühmt. Das Gebäude, das erst 1909 seiner Vollendung entgegensah und als ein Schlüsselwerk der Moderne gilt, fiel 2014 und 2018 zwei Großbränden zum Opfer (►S. 203). Geschätzt und gefördert wurde der Avantgardekünstler allerdings weniger in seiner Geburtsstadt als im Ausland, wo er bei der Wiener Secessionsausstellung 1900 einen eigenen Pavillon erhielt. Zwei Jahre später erregte der Scottish Pavilion in Turin weitreichendes Interesse, aber auch in München und Moskau schenkte man seinen Werken große Beachtung.

Design aus einem Guss

Für Miss Catherine Cranston übernahm Mackitosh zwischen 1897 und 1910 die Gestaltung mehrerer Tearooms in Buchanan, Argyll, Ingram und Sauchiehall Street. Von der Lampe bis zum Löffel entwarfen Mackintosh und seine Frau die komplette Ausstattung (►S. 202). In den exotisch anmutenden Teesalons traf sich die Geschäftswelt der Merchant City, die dem puritanischen Zeitgeist der viktorianischen Ära stilvoll zu entfliehen suchte. Gleichzeitig baute Mackintosh mehrere Wohn- und Landhäuser, darunter in Helensburgh das elegante **Hill House** (►S. 213) für den Verleger Walter W. Blackie. In Deutschland wurde Mackintosh 1901 bekannt durch das »Haus eines Kunstfreundes«, das in Darmstadt bei einem Wettbewerb den zweiten Preis errang – in Glasgow wurde das **House for an Art Lover** allerdings erst 1996 nach Originalplänen des Jugendstilkünstlers im Bellahouston Park realisiert (►S. 212). Trotz mancher Widerstände schuf Mackintosh in Glasgow außerdem das Herald Building in der Mitchell Street, das unter dem Namen **The Lighthouse** bis 2020 ein Architektur- und Designmuseum war (►S. 199). 1897 war die **Queen's Cross Church** in der Garscube Road 870 fertig, heute der Hauptsitz der **Charles Rennie Mackintosh Society** (www.crmsociety.com). 1901 folgte das Daily Record Building in der Renfield Lane, jetzt ein Bürokomplex, fünf Jahre später das Gebäude des **Scotland Street School Museum**, das derzeit renoviert wird (www.glasgowlife.org.uk/museums/venues/scotland-street-school-museum). Im Frühjahr 1913 kam es zum Bruch mit der Firma Honeyman & Keppie, an der Mackintosh Beteiligungen hielt. Nach über zehn erfolgreichen Jahren war er out, der Zeitgeschmack verlangte anderes. Schließlich zog er 1915 mit seiner Frau nach London, aber auch dort fanden sich kaum neue Auftraggeber. Während seiner Exiljahre kam es nur zu einem Umbau in Northampton. 1920 übersiedelte Mackintosh ins französische Port Vendres. Mittellos und fast vergessen starb er 1928 in London.

Glasgows Galionsfigur

2018 feierte Glasgow des 150. Geburtstag seines Lieblingssohns im großen Stil. Highlight war die Neueröffnung des **Mackintosh at the Willow** in der Sauchiehall Street 217 (►S. 194). Dort glänzen jetzt wieder die Willow Tearooms als Café, während eine Ausstellung Leben und Werk von Mackintosh und seiner Frau erläutert. Die Faszination der beiden Ausnahmekünstler beruht auf ihrer Leidenschaft für elegante Farben und eigenwillige Kontraste zwischen hoch und niedrig, Licht und Schatten, sanften Kurven und kantiger Linienführung, strengem Rhythmus und poetischem Detail – einfach genial!

Centre wird seit der Corona-Pandemie als Bürofläche genutzt – die Zukunft ist ungewiss. Anderthalb Stunden dauern die Führungen durch die **Central Station**, vom Glasdach mit 48 000 Paneelen bis zu den Kellerräumen, wo einst viktorianische Dampfmaschinen standen.
Central Station: Touren £ 13 | https://glasgowcentraltours.co.uk

Glasgow Style Mile

Shop till you drop!

Junges Design, schicke Trendmode, Kilt oder Harris Tweed? In den Fußgängerzonen in und um **Buchanan, Sauchiehall** und **Argyle Street** können Sie zwischen den Einkaufszentren **Buchanan Galleries** im Norden und dem **St Enoch Centre** im Süden stundenlang bummeln, schauen und shoppen. Am Eingang der Buchanan Galleries erinnert ein Denkmal an **Donald Dewar**, den 2000 verstorbenen ersten First Minister des neuen schottischen Parlaments.
https://peoplemakeglasgow.com

City Centre Mural Trail

Schräge Ideen wachsen lassen

Einen neuen Zugang zur Kunst vermittelt der City Centre Mural Trail mit rund 30 haushohen Wandgemälden. Guter Startpunkt ist die **Mitchell Street**. Hier fliegt »Das wirtschaftlichste Taxi der Welt« von **Rogue One** (Bobby Mc Namara) an Luftballons davon. Liebling, ich habe die Passanten geschrumpft! In **Smugs** (Sam Bartes) Riesengraffiti »Mädchen mit Lupe« (»Honey ... I shrunk the kids«) scheint es, als würde sie winzige Menschen von der Straße picken (►S. 405). Zusammen mit **Art Pistol** entwarf Rogue One am Ende der Mitchell Street »Die Windkraft«, die Schottlands erneuerbare Energien feiert (►S. 380). Smugs Graffiti an der High Street erzählt die Legende von St. Mungos wundersamer Wiedererweckung eines Rotkehlchens. Andere Wandgemälde feiern Charles Rennie Mackintosh oder den Schauspieler und Komödianten Billy Connolly. Bei Wandgemälden liegt es in der Natur der Sache, dass sie nicht ewig erhalten bleiben, z. B. weil neu gebaut wird. Das sorgt immer wieder für Veränderungen auf dem Mural Trail. Das vierte schottische **Street Art Festival** mit mehr als 120 Graffiti-Künstlern aus dem In- und Ausland fand 2022 im SWG3 am Eastvale Place 100 statt, weitere sind angedacht.
www.citycentremuraltrail.co.uk

Mackintosh at the Willow

Teetrinken de luxe

In der Sauchiehall Street 217 entwarf Charles Rennie Mackintosh 1903 die berühmten Willow Tearooms, die nach umfassender Renovierung seit 2018 unter dem Namen »Mackintosh at the Willow« firmieren und zugleich eine hervorragende **Mackintosh-Ausstellung** bieten. Ein Highlight im Tearoom ist der Salon de Luxe, der heute für exklusiven Afternoon Tea genutzt wird, ►S. 194.
Ausstellung tgl. 10 – 16 Uhr | Erw. £ 5.50 | Tea Room tgl. 11 - 17 Uhr
www.mackintoshatthewillow.com

Von gestern? Von wegen! Inspiriert vom schottischen Erbe präsentieren junge Absolventen der Glasgow School of Art ihre Abschlussarbeiten für Modedesign.

Mackintoshs Meisterwerk

★ Glasgow School of Art

Im Juni 2018 wurde das berühmte **Jugendstiljuwel** an der Renfrew Street zum zweiten Mal innerhalb von vier Jahren durch einen Großbrand schwer beschädigt – der originalgetreue Wiederaufbau für 35 Mio. Pfund sollte ein Jahr später beendet sein. Das gegenüberliegende **Reid Building** mit Lehrräumen und Mackintosh-Ausstellung wurde ebenfalls in Mitleidenschaft gezogen. Eine beispiellose Welle der Solidarität setzte ein, zumal die kostbare Inneneinrichtung mit der Original-Mackintosh-Bibliothek gerettet werden konnte. Nun soll die Kunstschule bis 2027 erneut aufgebaut werden. Das »Mac«, wie die Kunstakademie liebevoll genannt wird, ist ein Wahrzeichen für Glasgows kreative Kräfte, Freiräume und Aufbruchsgeist. In den letzten Jahren haben sechs ihrer Absolventen den Turner-Preis gewonnen, unter ihnen Simon Starling, Richard Wright und Martin Boyce (►Baedeker Wissen S. 200). In den **GSA Galleries** im Reid Building, das der New Yorker Steven Holl aus halb transparenten, grünen Glaspaneelen, offenen Fugen und Edelstahl als kompletten Kontrast entwarf, gibt es seit Frühjahr 2022 wieder Ausstellungen.

Renfrew St. 164/167 | **Reid Building**: tgl. 10 – 16.30 Uhr
Ausstellungen unter www.gsa.ac.uk/life/gsa-events

Sein Zickzackdach verdankt das Riverside Museum Zaha Hadid, die als erste Frau den Pritzker-Preis erhielt – den Nobelpreis der Architektur.

Viktorianische Bildungsbürger

Tenement House

Wie eine gutbürgerliche Mietwohnung des frühen 20. Jh.s aussah, wie man kochte, wusch und heizte, zeigt das Haus von Agnes Toward, die hier 1911 mit ihrer Mutter einzog und bis Ende der 1960er blieb.

NTS | 145 Buccleuch St | März – Dez. Do.– Mo. 10 – 17 Uhr | Erw. £ 8.50

Die Welt des Dudelsacks

National Piping Centre

Dr. A. Duncan Fraser, Arzt und begeisterter Dudelsackspieler, sammelte um 1900 Bagpipes aus aller Welt, die heute das Museum an der McPhater Street ausstellt. Wer will, kann sich hier zum Meisterbläser ausbilden lassen und auch das passende Instrument erwerben.

30 – 34 McPhater Street | Mo. – Fr. 9 – 17 Uhr | Erw. £ 4.50
www.thepipingcentre.co.uk

Dombezirk St. Mungo

Evangelische Gotik

Cathedral of St. Mungo

Obwohl die gotische Kathedrale am Ostrand der City zur Schottischen Staatskirche gehört und wegen ihrer presbyterianischen Verfassung kein Bischofsamt kennt, heißt sie »Glasgow Cathedral«. Eine erste Kirche wurde 1136 von David I. in Auftrag gegeben. Aus dem 15. Jh. stammt das Glasfenster mit Adam und Eva in einer paradiesischen Tier- und Pflanzenwelt. Die Kragsteine am Lettner zwischen Hochchor und

Hauptschiff stellen die sieben Todsünden dar. Nach dem ersten Bischof von Glasgow ist der Blacader Aisle benannt mit reich verzierten Bündelpfeilern und kunstvollen Bossen. Lanzettfenster und Kapitelle mit Blumenornamenten zieren das gotische Fächergewölbe der Unterkirche. Hier fand 603 der **hl. Mungo**, Glasgows Schutzpatron, seine letzte Ruhe (HES). Auf dem Vorplatz erinnert ein Denkmal an den Afrikaforscher **David Livingstone** (►S. 104).
www.glasgowcathedral.org.uk

Weltreligionen

★ St. Mungo Museum of Religious Life and Art

Einzigartig in Europa ist das 2022 wiedereröffnete Religionsmuseum im Dombezirk. Seine Exponate reichen von burmesischen Buddha- und hinduistischen Shivastatuen über Masken aus Sri Lanka bis zu Kirchenfenstern des Präraffaeliten Edward Burne-Jones.
Di. – Do., Sa. 10 – 17, Fr., So. 11 –17 Uhr | Eintritt frei

Was vom Mittelalter übrig blieb

Provand's Lordship

Gegenüber an der Castle Street steht das **älteste Haus von Glasgow**. Der dreistöckige Bau mit Staffelgiebeln wurde 1471 für den Leiter des St. Nicholas Hospital errichtet. Maria Stuart soll hier 1566 logiert haben, als sie ihren kranken Gatten Lord Darnley besuchte.
Bis 2023 wegen Renovierung geschl. | www.glasgowlife.org.uk/museums

Viktorianischer Totenhügel

Glasgow Necropolis

Glasgows größter Friedhof ist letzte Ruhestätte vieler Kaufleute, Fabrikanten und Reeder der viktorianischen Ära. Die prachtvollen Grabmäler auf dem Fir Park Hill künden von Wohlstand und weiten Reisen durch das Empire – alles unter dem strengen Blick des Reformators John Knox, der auf einer dorischen Säule verewigt ist.
Tgl. 8–16.30 Uhr | Eintritt frei | www.glasgownecropolis.org

Ein Prost auf diese Stadt!

Tennent's Wellpark Brewery

Tennent's Lager und andere süffige Biere können Sie südlich der Nekropolis in der historischen **Wellpark Brewery** in der Duke Street 13 probieren, wo seit über 450 Jahren Bier gebraut wird.
Touren mit Verkostung Erw. £ 12.50 | www.tennentstours.com

Am Clydeufer

Nostalgie oder Speed?

★ Riverside Museum

Als Riesenzickzack mit Zinkpaneelen entwarf Stararchitektin Zaha Hadid 2011 das Riverside Museum am Clydeufer, wo nostalgische Kutschen, Trams und Lokomotiven Verkehrsgeschichte erzählen. Davor liegt der **Dreimaster »SV Glenlee«** vertäut als schwimmende Erinnerung an das maritime Erbe der Stadt. Seaforce bietet indes schnelle, PS-starke **Bootstouren** bis zum Mündungsdelta des Clyde. In Sichtweite eröffnete Ende 2017 die **Clydeside Distillery**.

Riverside Museum & SV Glenlee: Pointhouse Place | tgl. 10 – 17, Fr., So. ab 11 Uhr | Eintritt frei | www.glasgowlife.org.uk/museums
Schnellbootfahrten ab £ 17 | www.seaforce.co.uk
Clydeside Distillery: tgl. Touren ab £15 | www.theclydeside.com

Rock, Pop und Panorama

Nordufer

In den ehemaligen Docks am Clyde veranstalten das **Scottish Event Campus (SEC)**, Sir Norman Fosters geschupptes **SEC Armadillo** und die benachbarte **OVO Hydro**-Arena große Konzerte und Sportevents. 2021 tagte hier die Weltklimakonferenz. An die Blütezeit des Schiffbaus erinnert als letzter Werftenkran der 46 m hohe **Titan Crane**. Mit dem Lift geht es zur Plattform mit Blick über Glasgow. Der Riverside Walkway lädt zum Spazieren an der Waterfront ein.

SEC: www.sec.co.uk | **Ovo Hydro**: www.ovohydro.com
Titan Crane: bis 2023 wegen Umbau am Queens Quay geschl. www.titanclydebank.com

Spaß mit Lerneffekt ...

★ Glasgow Science Centre

verspricht am Südufer die glitzernde Erlebiswelt mit IMAX-Kino, Planetarium, Theater und Wechselausstellungen zur Stadtentwicklung. Der **Glasgow Tower** dreht sich um seine eigene Achse und gewährt in 105 m Höhe einen fantastischen 360-Grad-Panoramablick.

Science Centre: Erw. £ 12.50, Kinder £ 9.50 | plus Glasgow Tower £ 3.50 | www.glasgowsciencecentre.org

Entspannte Flussansichten

Doon the Watter

Die »**Waverley**«, ein seetüchtiger Schaufelraddampfer von 1946, schippert im Sommer vom Glasgow Science Centre den Clyde hinunter »Doon the Watter« nach Dunoon, Rothesay, zum Loch Long und den Kyles of Bute nach Tighnabruaich. Am Pacific Quay residiert die **BBC Scotland** in einem stadtprägenden Glaspalast, daneben der schottische TV-Sender **STV**.

Flussfahrt: Mai – Aug. ab £ 19 | www.waverleyexcursions.co.uk

★★ Kelvingrove Art Gallery & Museum

Palast für Kunst, Handwerk und einen Elefanten

▶Museumsplan S. 208/209

Glasgow ist Museumsland. Keine andere Stadt Schottlands besitzt pro Kopf mehr Museen. Wie überall in Großbritannien ist der Eintritt in öffentliche Museen frei. So verwundert es nicht, dass der viktorianische Sandsteinpalast (▶Abb. S. 196) in einem herrlichen Park westlich der City am Wochenende proppenvoll ist. Familien und Freunde treffen sich gern im Kelvingrove Museum, und das seit Kindertagen.

TWILIGHT TOUR

Tausende kommen jeden Tag, um das **Kelvingrove Museum** zu besichtigen. Und wenn alle nach Hause gegangen sind ... dann sind Sie an der Reihe. Zur blauen Stunde herrscht im Sandsteinpalast eine besondere Stimmung. Ganz allein führt Clare McLeod ihre Gäste zwischen 17 und 18 Uhr durch das leere Museum. Sie erzählt von den »hängenden Köpfen«, Dalís »Christ of St. John of the Cross«, den »Glasgow Boys« und längst vergessenen Geheimnissen (Intermezzo, Tel. 0141 636 6929, auf Wunsch Drinks und Dinner im Museumscafé, https://intermezzo-arts.co.uk/corporate-tours/kelvingrove/).

Ausgestellt sind Arbeiten europäischer Meister von Botticelli, van Gogh und Rembrandt bis zu Turner, Picasso und Monet. In einem eigenen Saal hängt Dalís »**Christ of St. John of the Cross**«, der seit 1952 dem Museum gehört. Modell für Dalís Christus war übrigens der Hollywood-Stuntman Russell Saunders, der Gene Kelly in »Singin' in the Rain« doubelte. Schottland ist vertreten durch die Porträtisten Henry Raeburn und Allan Ramsay, den Präraffaeliten Edward Burne-Jones, die **Glasgow Boys** und natürlich den berühmtesten Sohn der Stadt Charles Rennie **Mackintosh** (►Baedeker Wissen S. 200). Heroisch, stolz und schön malte Robert Herdman 1865 Maria Stuart auf dem

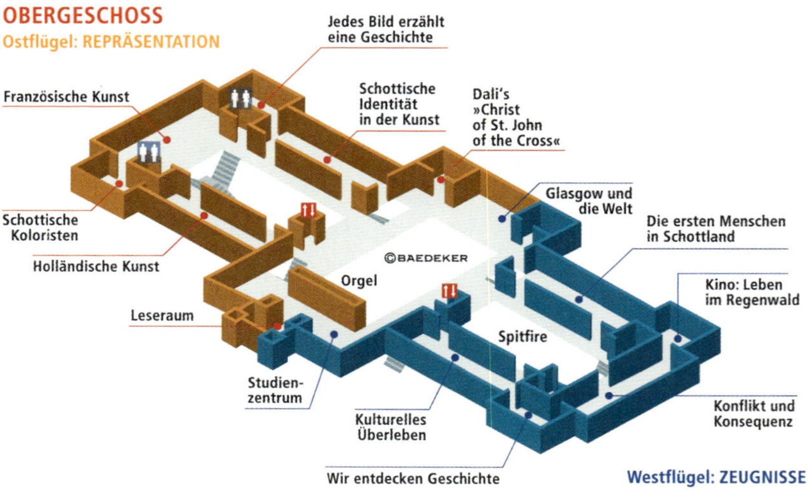

KELVINGROVE ART GALLERY AND MUSEUM

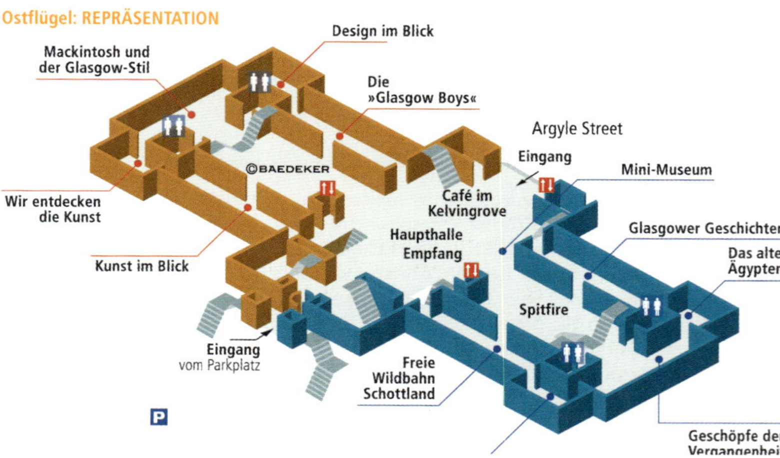

UNTERGESCHOSS

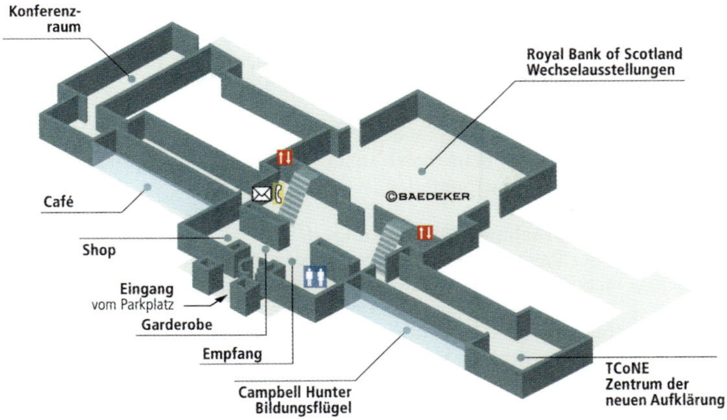

Weg zum Schafott. »Die Letzten des Clans« von Thomas Fead erzählt vom traurigen Kapitel der Highland Clearances im 19. Jahrhundert. Andere Abteilungen widmen sich der Naturgeschichte und dem Schiffbau am Clyde, zeigen bronzezeitliches Werkzeug, mittelalterliche Waffen und Rüstungen, flämische Gobelins, Masken aus Zaire und neuseeländische Maoriskulpturen. Über ausgestopften Löwen, Geparden und Giraffen hängt eine Spitfire LA198. Blickfang im lichtdurchfluteten Atrium sind die »**hängenden Köpfe**« von Sophie Cave – 50 Gesichter spiegeln hier die unterschiedlichsten Emotionen (▶Abb. S. 207). Millionen von Besuchern haben Sir Roger ins Herz geschlossen: Der präparierte Elefant war der letzte Menagerie-Dickhäuter, der bis 1897 als Schaustück herumreisen musste und landesweit bekannt war, bevor er im Glasgower Zoo seinen Lebensabend verbringen durfte.

Mo. – Do., Sa. 10 – 17, Fr., So. 11 – 17 Uhr | Eintritt frei | Shop und Restaurant | Orgelkonzerte tgl. 13, So. 15 Uhr | www.glasgowlife.org.uk

Mumien, Münzen und Mackintosh

Hunterian Museum and Art Gallery

Benannt wurde das benachbarte **Unimuseum** nach William Hunter. Der engagierte Arzt legte 1807 mit seiner anatomischen Sammlung, Kunst- und Kultgegenständen den Grundstein zum Museum. Bestaunen Sie das 330 Mio. Jahre alte Skelett eines Hais, ägyptische Mumien, eine auf 1674 datierte chinesische Weltkarte und ein schon zu Hunters Zeiten berühmtes Münzkabinett – mit einer Münze von Königin Kleopatra! Die kostbare Gemäldesammlung besitzt in einem zweiten Gebäude Werke von Rubens, Rembrandt, Reynolds, Pissarro,

Sisley sowie James McNeill Whistler, dessen Atelier samt 2000 Ölgemälden, Aquarellen und Zeichnungen der Universität vermacht wurde. Nehmen Sie an der kostenlosen halbstündigen Führung durch das rekonstruierte **Wohnhaus von Mackintosh** teil, in dem er von 1906 bis 1914 mit seiner Frau Margaret MacDonald an der Southpark Avenue 78 lebte – mit Originalmöbeln und der größten Gemäldekollektion des Künstlers.

Hunterian Museum and Art Gallery: Di. – So. 10 – 17 Uhr
Eintritt frei | **Mackintosh House:** Erw. £ 8, Kinder £ 6
www.gla.ac.uk/hunterian

Bahnbrechende Entdeckungen

University

Viele Besucher der Universität von Glasgow fühlen sich durch die neogotischen Gebäude auf dem Campus am Gilmorehill an Harry Potters Zaubererinternat Hogwarts erinnert. Die Uni wurde bereits 1451 als zweite Hochschule Schottlands ins Leben gerufen. Sieben Nobelpreisträger und die schottische Regierungschefin Nicola Sturgeon hat die Hochschule hervorgebracht. Über berühmte Mitglieder des Lehrkörpers wie James Watt, Adam Smith und den Karbolver-

Einfach mal auf Pause drücken und sich im Botanischen Garten ausruhen – Eintritt frei!

fechter Joseph Lister informiert das Visitor Centre an der University Avenue. Die 1795 gegründete Strathclyde University befindet sich nordöstlich des George Square (www.gla.ac.uk).

Nirgendwo speisen Sie schottischer ...

★ Ashton Lane

... als nordwestlich der Universität im **Ubiquitous Chip** (►S. 193) in der Ashton Lane 12. Beliebt durch die lebhafte Atmosphäre sind die kleinen Bars, Curry House und Biergärten der **Kneipenmeile**. Das **Grosvenor Picture House** sorgt für ein gutes Kinoprogramm.

https://secretglasgow.com/things-to-do-ashton-lane

Baumfarne unter Glas und Gusseisen

★ Botanic Gardens

Im gläsernen **Kibble Palace** wachsen tropische Farne, Begonien und Orchideen. Ursprünglich hatte sich der exzentrische Ingenieur John Kibble die eigenwillige Stahlkonstruktion 1863 am Loch Long erbauen lassen. Zehn Jahre später beschloss er, den Glaspalast auf einem Floß den Clyde hinaufschippernd nach Glasgow mitzunehmen.

730 Great Western Road | Garten: kostenlos tgl. 7 bis Dämmerung
Gewächshäuser: tgl. 10 – 16 Uhr | Eintritt frei
www.glasgowbotanicgardens.com

Südlich der City

El Greco, Goya und William Blake

Pollok House & Pollok Country Park

Das georgianische Herrenhaus Herrenhaus im weitläufigen Landschaftspark wurde wurde von Stararchitekt William Adam für Sir William Maxwell erbaut, einem Gründungsmitglied des NTS. Das prunkvolle Anwesen mit kostbaren Gemälden entstand um die Mitte des 18. Jh.s – genau während Jamies Zeit in der **Outlander**-TV-Serie und diente mehrfach für Szenen der ersten und zweiten Staffel. Zur Burrell Collection sind es – vorbei an einer Herde Hochlandrinder – nur rund 10 Minuten zu Fuß.

NTS | Garten tgl., Haus, Shop und Tearoom April – Okt. tgl. 10 – 16.30, Nov. – März Fr. – So. 10 – 16 Uhr | Eintritt Erw. £ 8.50

Glasgower Reeder ...

★ The Burrell Collection

... schrieben nicht nur Seefahrtsgeschichte, sondern engagierten sich auch als Mäzene, allen voran **Sir William Burrell** (1861 – 1958). 1917 verkaufte er die meisten seiner Schiffe, um sich fortan dem Erwerb von Kunst aller Epochen und Stilrichtungen zu widmen. Als Burrell seine Sammlung 1944 der Stadt vermachte, hatte er ein Museum außerhalb des Industriezentrums gefordert – er wollte seine Kunstschätze vor dem Smog schützen. Aber erst 40 Jahre später konnte die moderne Galerie aus Holz, Glas und dem für Glasgow typischen roten Sandstein eröffnen. Viele seiner Schätze kaufte Burrell bei dem

führenden Glasgower Kunsthändler Alexander Reid, dessen Porträt im Kelvingrove Museum zu bewundern ist. Burrell sammelte antike Skulpturen, Gemälde von Lucas Cranach, Bellini, Cézanne, Delacroix, Manet und Degas, Aktfiguren von Rodin, mittelalterliches Kircheninventar, chinesische Jadearbeiten und japanische Holzdrucke. Höhepunkte sind nach der 2022 eröffneten Museumserweiterung ein Salon aus Hutton Castle und die flämischen Gobelins des 15./16. Jahrhunderts.
2060 Pollokshaws Road | Mo.–Do., Sa. 10–17, Fr., So. 11–17 Uhr
Eintritt frei | www.glasgowlife.org.uk/museums

★ House for an Art Lover

Späte Hommage an den Meister des Jugendstils

Erst 1989 wurde im nahen Bellahouston Park damit begonnen, den 1901 preisgekrönten Entwurf für das »Haus eines Kunstfreundes« von **Charles Rennie Mackintosh** (►Baedeker Wissen S. 200) zu realisieren. Heute wird das Haus für Ausstellungen, Konzerte, Workshops und Hochzeiten genutzt. Highlights sind der ovale Musikraum, das dunkel getäfelte Speisezimmer und das Musikzimmer ganz in weiß (►Abb. S. 401). In Honig marinierte Entenbrust an Kürbispüree ist nur eine Spezialität des **Art Lover's Café**, das tgl. 10–17 Uhr geöffnet hat und Lunch und Afternoon Tea anbietet.
Öffnungszeiten wechseln | Touren n. V. | Tel. 0141 483 16 00
Eintritt Erw. £ 7 | www.houseforanartlover.co.uk

Nationalstadion Hampden Park

You'll never walk alone!

Fußball ist in Glasgow Glaubenssache. Schon die Jüngsten jubeln mit vollem Herzen grün-weiß für den »katholischen« **Celtic FC** oder blau-weiß für den »protestantischen« Erzrivalen **Glasgow Rangers**. Seit über 140 Jahren treten die beiden Traditionsvereine gegeneinander an, ►Magischer Moment S. 195. Zum schottischen Nationalstadion Hampden Park gehört auch das **Scottish Football Museum** über die Geschichte des Fußballs von der ältesten Eintrittskarte bis zur Hall of Fame mit legendären Spielern wie Mittelstürmer Denis Law, Rangers Flügelspieler Brian Laudrup und David Marshall, der in 45 Länderspielen für die Tartan Amy im Tor stand und seit 2022 beim Erstligisten Hibernian Edinburgh unter Vertrag steht.
Scottish Football Museum: Hampden Park | Tel. 0141 616 61 39
drei Tage die Woche 10–17 Uhr, s. Website | Erw. ab £ 8 | Stadiontour um 11, 12.30, 14 und 15 Uhr | Museum und Stadiontour £ 12
https://scottishfootballmuseum.org.uk

Holmwood House

Ein »Grieche« in Glasgow

Hauptwerk des kühnen Klassizisten **Alexander »Greek« Thomson**, der auch die Great Western Terrace im West End und die St. Vincent Street Church entwarf, war 1857 die Prachtvilla für den betuchten Papierfabrikanten James Couper in der Netherlee Road 61.
NTS | März–Okt. Do.–So. 10–17 Uhr | Erw. £ 8.50

Rund um Glasgow

Hill House

Lavendel, Lachsrosa, Resedagrün
Schon die Lage mit Blick über den Firth of Clyde ist ein Traum. Bei der Gestaltung seiner Villa in **Helensburgh** überließ Walter Blackie dem Architekten **Charles Rennie Mackintosh** (►Baedeker Wissen S. 200) völlig freie Hand. Der schuf 1903 für den Verleger ein Haus mit abgerundeten Kanten, kleinen Erkern und Kaminen als eigenwillige Mischung aus viktorianischem und edwardianischem Stil, Art nouveau, Scottish Baronial und japanischem Design. Mackintoshs Frau Margaret MacDonald entwarf die Textilien, Charles die Kabinette kühler Eleganz und Ikonen der Sitzkunst mit unendlich langen Lehnen.

Hill House: Über dem Kamin im Zeichenraum des Jugendstiljuwels hängt Margaret MacDonalds »Schlafende Prinzessin« von 1906.

Weiße und dunkle Eiche kontrastieren mit blassen, delikaten Farben. Zartlinige Stuck- und Glaspaneele, Rosenknospen und Quadrate in Rosé, Mauve und Grün verleihen Wänden, Fenstern und Lampen eine weiche Note. Das Schlafgemach gilt als das gelungenste »weiße Zimmer« des Künstlers. Wind und Regen haben dem Haus aus Portlandzement stark zugesetzt, sodass der NTS 2018 mit einer umfangreichen Restaurierung des Hauses begonnen hat.

NTS | Upper Colquhoun St. | Café | tgl. 10 – 17 Uhr, wegen Renovierung vorübergehende Schließungen | Erw. £ 13

Wasser des Lebens

Glengoyne Distillery

Seit mehr als 150 Jahren wird in der weiß getünchten Bilderbuchbrennerei, 30 km nördlich von Glasgow, ein nussiger Malt Whisky hergestellt, der heute vorwiegend in Sherryfässern aus Jerez reift.

Führungen zur vollen Stunde, erste Tour 10, letzte Tour 16, Dez. bis Feb. 15 Uhr | ab £ 18 | www.glengoyne.com

►Baedeker Wissen S. 270

Zeitloses Muster, das nie aus der Mode kommt

Paisley

Weltweit bekannt geworden ist die Stadt für das tropfenförmige Muster seiner Baumwoll- und Seidenschals, dessen Geschichte im heutigen Iran beginnt, wo es bereits im 3. Jh. auf Textilien als Symbol für Leben und Ewigkeit benutzt wurde. Die Webereien in Paisley waren die ersten, die es in Europa verwendeten. Nachdem es ein Lieblingsaccessoire von Queen Victoria wurde, avancierte es zum Must-have der feinen Gesellschaft – und blieb es bis heute. **Museum & Art Galleries** in der High Street zeigen eine Kollektion.

Museum & Art Galleries: Umbau bis 2023 | www.renfrewshire.gov.uk

Wie einst gesponnen und gewebt wurde ...

Kilbarchan

... zeigen auch regelmäßige Vorführungen im gut 200 Jahre alten **Weaver's Cottage** in der Shuttle Street in Kilbarchan.

NTS | April – Sept. Fr. – Di. 13 – 17 Uhr | Erw. £ 6.50

Grenzwall der Römer

Antonine Wall

Die noch in Resten erkennbare römische Grenzfestung sollte im 2. Jh. mit 19 Kastellen vor Angriffen aus dem Norden schützen. Im Gegensatz zum Hadrianswall, der nur aus geschichteten Steinen bestand, setzte sich der 63 km lange Wall aus einem Steinfundament mit aufgeschichteter Erde und Lehm zusammen. Ein 12 m breiter Graben begleitet ihn auf der Nordseite, südlich ein gepflasterter Weg. Schottland wurde nie ganz von den Römern erobert. Quintus Lollius Urbicus ließ im Jahr 142 den Wall erbauen, der seinen Namen Kaiser Titus Antoninus Pius verdankt. Um 185 wurde die Grenzbefestigung aufgegeben. Heute gehört der Antonine Wall zum **UNESCO-Weltkulturerbe**. In ►Glasgows Hunterian Museum zeigt ein Modell

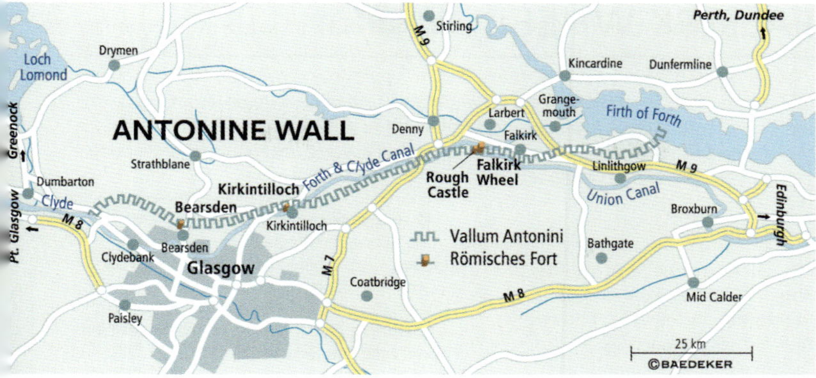

den Aufbau des Walls, von dem sechs Kastelle freigelegt wurden. Die besterhaltenen befinden sich bei Kirkintilloch und Falkirk. Reste des Walls sieht man beim Callendar House, östlich von Falkirk, sowie nördlich von Bearsden.
www.antoninewall.org

Gelungenes Beispiel für ein Revivel

★ Falkirk Wheel am Forth & Clyde Canal

Ab 1790 diente der 110 km lange Kanal zwischen Glasgow und ►Edinburgh als Transportweg für Baumaterial und Kohle in die Hauptstadt, bevor er unrentabel wurde und verfiel. Zu Jahrtausendwende konnte der Kanal für Freizeitskipper neu eröffnen, die heute entspannt im **Hausboot** über den Wasserweg schippern. Auf halber Strecke verbindet das **Falkirk Wheel** den Forth & Clyde Canal mit dem Union Canal. Rad- und Wanderwege, Wassersport und Abenteuerspielplatz bietet der weite Park **The Helix**. Sein Wahrzeichen sind zwei stählerne Pferdeköpfe an der Schleuse bei Falkirk: Die 30 m hohen **Kelpies** von Andy Scott erinnern an die Treidelpferde, die einst die Lastkähne den Kanal entlangzogen. Seinen Namen verdankt das Kunstwerk allerdings gefährlichen keltischen Wassergeistern in Pferdegestalt, die ihre Opfer auf den Seegrund tragen und dort verschlingen – falls sie nicht vorher durch ein Halfter gebändigt worden sind, ►Abb. S. 218.

Falkirk Wheel: ►Baedeker Wissen S. 216
Helix/Kelpies: Parken £ 3 | Visitor Centre tgl. 9.30 – 17 Uhr | Eintritt frei | Kelpies Erw. £ 6.50, Kinder frei | www.thehelix.co.uk

Schottlands einziges Kanalmuseum ...

Linlithgow Canal Centre

erzählt am Manse Rd Basin über den **Union Canal** und bietet im Sommer Bootstouren in Linlithgow, zum Avon Aqueduct und Falkirk Wheel.
April – Sept. Sa., So. 13.30 – 16 Uhr, Juli, Aug. auch an Wochentagen
Eintritt frei | Bootstouren ab £ 5 | www.lucs.org.uk

FALKIRK WHEEL

Im Sommer 2022 feierte das weltweit erste und einzige rotierende Schiffshebewerk sein 20-jähriges Jubiläum. 1200 t Stahl und 14 000 Bolzen wurden für den 18-Millionen-Pfund-Bau benötigt, der den Forth & Clyde Canal mit dem 35 m höher gelegenen Union Canal verbindet.

Visitor Centre: Sommer tgl. 10 – 16, Winter Mi. – So. 11 – 16 Uhr
Eintritt frei; mit Café und Shop
Rundfahrten: Dauer 50 Minuten
Erw. £ 13.50, Kinder £ 8
Ticketreservierung empfohlen!
www.thefalkirkwheel.co.uk
https://scottishcanals.ecr-aws.co.uk/ticket

Das Rotationshebewerk in einem natürlichen Seebecken am Stadtrand von Falkirk ersetzte eine Treppe von elf Schleusen. Durch die Konstruktion wird mit einem Minimum an Energie ein Maximum an Gewicht gehoben. Das Falkirk Wheel hat zwei Wasserbecken, die sich wie Gondeln eines Riesenrades bewegen und sich stets im Gleichgewicht befinden. Die Form der rotierenden Räder stellt eine Doppelaxt aus der keltischen Mythologie dar.

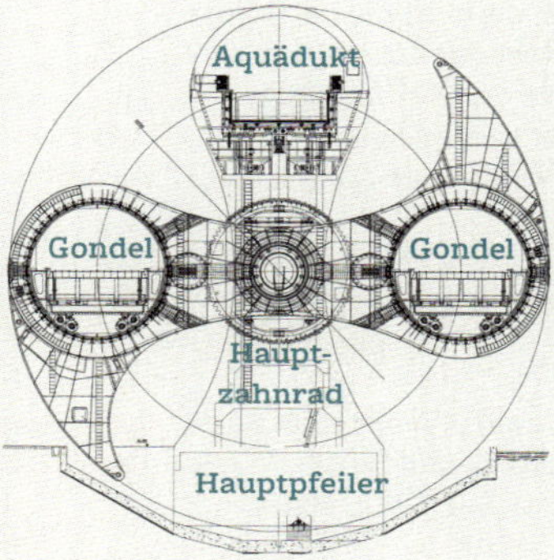

❶ Hydraulische Motoren
Die Achse des Wasserrades, an dem die beiden Arme befestigt sind, wird von Elektromotoren angetrieben. Für eine Drehung werden gerade mal 1,5 kWh benötigt – das entspricht dem Energiebedarf zum Erhitzen von acht Wasserkesseln!

❷ Gondeln
In den wassergefüllten Stahlkammern werden die Schiffe gehoben bzw. abgesenkt. Nach dem archimedischen Prinzip verdrängen die Boote genau so viel Wasser, wie sie selbst wiegen, daher sind die beiden Gondeln immer im Gleichgewicht. Sie bewegen sich auf schmalen Rädern, die auf einer bogenförmigen Schiene laufen. In jede Gondel passen bis zu vier Boote. Dank der Rolllager bleiben die Kammern immer in der Waagerechten.

❸ Aquädukt
Der 100 m lange Aquädukt aus Stahlbeton am oberen Ende des Hebekrans ist über den Roughcastle-Tunnel mit dem Union Canal verbunden.

❹ Zahnradgetriebe
Auf beiden Seiten des Hauptzahnrades sitzen kleinere Zahnräder, die wiederum in das Zahnrad des benachbarten Gondelzahnrades greifen und es so antreiben. Die Gondeln drehen sich folglich mit derselben Geschwindigkeit wie das Hauptrad, nur entgegengesetzt.

❺ Riesenspaß für Kids
Vor dem Falkirk Wheel können Kinder im Sommer in durchsichtige XXL-Wasserbälle einsteigen, die mit Luft gefüllt werden – und einfach übers Wasser laufen (www.scottishcanals.co.uk).

❻ **Bootstouren**
Vor der unteren Einfahrt ins Schiffshebewerk warten die Ausflugsboote des Falkirk Wheel, bis die Gondel herabgelassen ist. Die Gondeln beinhalten 500 000 l Wasser – genug, um ein olympisches Schwimmstadion zu füllen

❼ **Visitor Centre**
Im Besucherzentrum werden Tickets für eine Bootstour verkauft. Hier können Sie auch Kaffee trinken, Souvenirs shoppen und ein Modell des Wunderwerks bestaunen.

❽ **Vom Union Canal in den Forth & Clyde Canal**
Am Ende des Union Canal fahren Freizeitskipper in den Aquädukt ein, um sich zum Forth & Clyde Canal runterheben zu lassen. Etwa eine Viertelstunde braucht ein Boot, bis es unten ist. Vor dem Bau vom Falkirk Wheel mussten die Kapitäne einen halben Tag einplanen, um von einem Kanal in den nächsten zu gelangen.

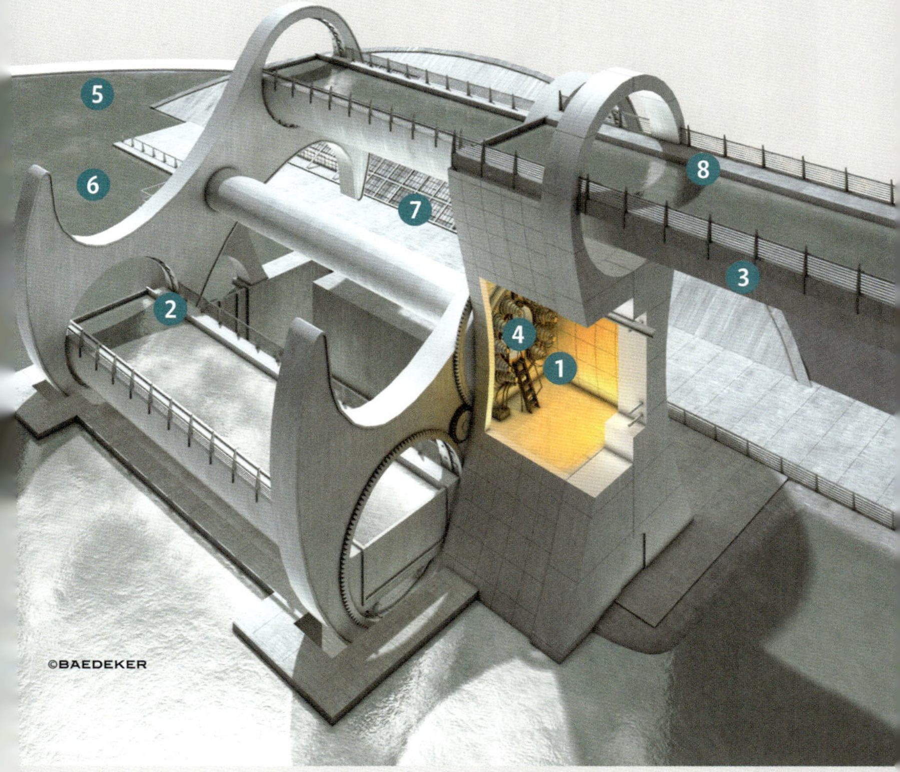

Die »Kelpies«: Zwei Pferdegiganten aus Stahl bewachen die Schleuse bei Falkirk.

★ GLENCOE

Council Area: Highland

Dramatisch ist schon der Taleingang mit engen Passkurven und den drei Schwestern von Glencoe, bizarren Gipfeln einer atemberaubenden Bergwelt. Durch ein Massaker wurde hier die legendäre Gastfreundschaft der Schotten aufs Bitterste missbraucht. So düster Glencoe bei dicken Wolken wirken kann – wenn die Sonne ihre Strahlen wie rettende Leuchtfeuer durchs Tal schickt, eröffnet sich eine Traumkulisse, die jedem in Erinnerung bleibt.

Tal der Tränen

Das wohl spektakulärste Tal der Highlands liegt 25 km südlich von Fort William und ist ein National Nature Reserve. Die Straße wurde 1785 von Soldaten angelegt, die den Pass nur **Devil's Staircase** nannten. Immer wieder diente das wilde Hochlandtal als **Drehort**: für Hitchcocks Thriller »The Thirty-Nine Steps«, Mel Gibsons »Braveheart«, »Highlander«, »Rob Roy« und »Harry Potter« – hier wurden die Brücke ins Niemandsland und Hagrids Hütte in XXL-Format gebaut. Im James-Bond-Streifen »Skyfall« stand im Tal das Elternhaus des britischen Geheimagenten (▶Das ist Schottland S. 8/9). Im Glencoe soll der keltische Sagenkönig Fingal gehaust haben, der die Wikinger bezwang. Und die Hexe Bean Nighe, die im River Coe ihre Kleider wäscht. Wer sie erblickt, muss sterben. Wen wundert es, dass sie am Vorabend des Massakers gesichtet wurde.

Rinderraub und Clanfehden

Campbells und MacDonalds

Anfang des 14. Jh.s fochten die Campbells und MacDonalds noch Seite an Seite für Robert the Bruce, der den MacDonalds zum Dank das Tal schenkte. Selten gab es dort mehr als 500 Menschen, die von zähen Bergschafen und schwarzem Hochlandvieh lebten. Um 1500 erreichten die politischen Spannungen durch das Wohlstandsgefälle zwischen Lowlands und Highlands auch das abgelegene Tal. Viehdiebstähle zwischen den Clans waren an der Tagesordnung. Die Rivalität zwischen den regierungstreuen Campbells, den späteren Dukes of Argyll, und den unabhängigen MacDonalds spitzte sich zu bis zum **Atholl Raid** – der Rinderraub der MacDonalds bei den Campbells sorgte 1685 für böses Blut. Zudem kollidierten zwei Lebensarten: alt und neu, freies Hochland und nüchterne Zentralregierung. Das Massaker war das dunkelste Kapitel langer Clanzwistigkeiten im Glencoe und ein feiger Versuch der Regierung, die **Kontrolle über die Highlands** zu gewinnen.

GLENCOE ERLEBEN

GLENCOE VISITOR CENTRE

b. Glencoe, PH49 4HX
Tel. 01855 81 13 07
www.nts.org.uk/glencoe
https://discoverglencoe.scot

GLENCOE HOUSE €€€€

Erbaut wurde die Nobelherberge 1896 für Lord Strathcona, der in Kanada mit der Canadian Pacific Railway ein Vermögen verdiente. Er ließ das elegante Herrenhaus für sich und seine große Liebe Isabella erbauen. Glanzpunkte setzen sieben luxuriöse Suiten mit antikem Mobiliar, offenen Marmorkaminen und Panoramablick vom Loch Leven bis zum Pap of Glencoe. Das exklusive Dinner wird in der eigenen Suite serviert. Im Nachbarhaus gibt es sechs weitere Suiten mit Küche, Garten und Whirlpool.
Glencoe PH49 4HT, Tel. 01855 81 11 79, http://glencoe-house.com

BALLACHULISH HOTEL €€€/€€

Charmantes Haus an der Küstenstraße in der Nähe der Ballachulish-Brücke und mit ausgezeichneter Küche. Entspannen Sie nach dem Dinner vor dem knisternden Kaminfeuer oder in der Bibliothek.
Ballachulish PH49 4JY
Tel. 0844 8 55 91 33
www.ballachulishhotel.com

LOCHLEVEN SEAFOOD CAFÉ €

Genau das Richtige für eine Pause: fangfrischer Fisch aus dem See und toller Blick zum Pap of Glencoe
North Ballachulish
Tel. 01855 821 048

Never trust a Campbell!

Das Massaker von Glencoe

Nachdem **Wilhelm von Oranien** 1690 in Irland seinen schottischen Rivalen Jakob II. besiegt hatte, bot er am 27. August 1691 den Highlandclans, die gegen ihn gekämpft hatten eine Amnestie, wenn sie bis zum 1. Januar 1692 einen Treueeid ablegten. **Alastair MacDonald** ließ sich Zeit, den Eid zu leisten – zu viel Zeit, wie sich herausstellen sollte. Seine mehrtägige Verspätung, die eigentlich dem winterlichen Reisewetter geschuldet war, nahm der König zum Anlass, ein Exempel zu statuieren. Am 1. Februar traf **Robert Campbell of Glenlyon** mit 120 Mann bei Alastair MacDonald ein und begehrte Gastrecht, das ihm für zwei Wochen gewährt wurde. Im Gepäck hatte er allerdings die Order aus Edinburgh, zu einem noch unbestimmenden Termin alle ansässigen MacDonalds zu töten. Am **12. Februar 1692** kam der Befehl. Noch vor Morgengrauen wurden die MacDonalds im Schlaf von den Campbells niedergemetzelt. Wer fliehen konnte, ging in die Berge, doch die meisten starben im eisi-

Von Gletschern und Vulkanen geformt: Der gewaltige Buachaille Etive Mòr im Glencoe ist Traumziel für Trekkingfans, Skifahrer und Filmemacher.

gen Winter. Das blutige Massaker war ein politischer Skandal, allerdings wurde niemand zur Rechenschaft gezogen. Das Schlimmste für viele war der Missbrauch der Gastfreundschaft, die den Schotten heilig ist. Generationen lernten »Never trust a Campbell«. Die Ära der MacDonalds fand in der Schlacht von ►Culloden 1746 ihr endgültiges Ende. Alastair, 14. Chief of Glencoe, der als kleines Kind das Massaker überlebt hatte, kämpfte an der Seite von »Bonnie Prince Charlie«. Nach ihrer Niederlage wurden die Häuser der MacDonalds niedergebrannt, ihr Vieh weggetrieben und der Clanchief inhaftiert. Über vergangene Zeiten und das Leben im Hochland erzählt das reetgedeckte **Glencoe Folk Museum**.

Glencoe Folk Museum: Main Street | April – Okt. Mi. – So. 11 – 15 Uhr Erw. £ 3 | www.glencoemuseum.com

Atemberaubend

Wanderparadies

Steil und heftig ist der Aufstieg vom Meer zum Gipfel des **Pap of Glencoe** in 742 m Höhe, unvergesslich der Ausblick ins Tal und auf die Fjorde von Loch Leven und Loch Linnhe. Einen ganzen Tag sollten Sie sich Zeit nehmen, um den Abschnitt des berühmten **West Highland Way** zwischen King's House Hotel und Kinlochleven über die Sepentinen des Devil's Staircase zu laufen (www.westhighlandway.org). Etwa drei Stunden dauert die herrliche, 4 km lange Wanderung durch die verborgene Welt von **Coire Gabhail**, auch als Lost Valley bekannt. In der fantastischen Berglandschaft sollen die MacDonalds das Vieh versteckt haben, das sie ihren Nachbarn gestohlen hatten.

Ab auf die Piste

Glencoe Mountain

Im Sommer bietet das Resort mit atemberaubendem Blick auf Rannoch Moor und den knapp über 1000 m hohen **Buachaille Etive Mòr** Sesselliftfahrten, **Mountainbiketouren, Bergwandern**, Klettern und leckeres Essen im Panorama-Blockhaus-Café. Im Winter treffen sich im ältesten **Ski-Center** Schottlands die Könner auf der »Flypaper«, der längsten und steilsten schwarzen Piste im Königreich, während die Anfänger auf dem aussichtsreichen Plateau üben. Auch Snowboarden, Rodeln, Langlauf und Lawinenrettungstraining sind hier möglich.

Sessellift: tgl. 10– 16.15 Uhr (letzte Bergfahrt) | Erw. £ 13.20, Kinder £ 8.80 | www.glencoemountain.co.uk

Skyfall und James Bond

Glen Etive

Von der A82 zweigt eine kleine Single Track Road ins obere Glen Etive ab. Filmfreunde kennen diese Szenerie aus dem Bond-Klassiker »Skyfall«. Interessanterweise hatte die Familie von Bond-Erfinder Ian Fleming tatsächlich einen Landsitz in diesem rauen Hochlandtal.

HADDINGTON UND EAST LOTHIAN

Council Area: East Lothian | **Einwohner:** 8800

Meer, Wind und ein Fels, den Massen jener gänsegroßen Seevögel bevölkern, die ihren Namen dem Bass Rock verdanken. Schottlands sonnige Ostküste rund um das hübsche Haddington ist Pilgerziel für Naturliebhaber, besitzt aber auch klassische Herrenhäuser mit filmreifer Historie und fantastische Golfplätze.

HADDINGTON UND EAST LOTHIAN ERLEBEN

https://haddingston.org.uk
https://north-berwick.co.uk
https://www.visiteastlothian.org

GREYWALLS €€€€

Golfer lieben den legendären Muirfield Course, bereits 1744 dokumentiert und berühmt durch die British Open Championships. Das Gourmetrestaurant Chex Roux blickt direkt aufs 9. Loch. Beim Afternoon Tea werden herzhafte Sandwiches, hausgemachte Scones und Sweets zu Champagner gereicht. Wohltuende Entspannung versprechen die Massagen von Margaret Winn. Sir Edwin Lutyens entwarf das bezaubernde Landhaus mit 23 Zimmern 1901 im edwardianischen Stil, für den wunderschönen Garten zeichnete Gertrude Jekyll verantwortlich.
Duncur R, Muirfield, Gullane EH31 2EG, Tel. 01620 84 21 44
https://greywalls.co.uk

MAITLANDFIELD HOUSE €€€€/€€

Zum gemütlichen Landhaushotel im Riverside Quarter, dessen Anfänge bis auf das Jahr 1654 zurückgehen, gehören Stilmöbel, Himmelbetten und eine schnuckelige Brasserie, in der fangfrische Muscheln von der Westküste und zartes Lamm aus den Lammermuir Hills serviert werden.
24 Sidegate, Haddington EH41 4BZ, Tel. 01620 82 65 13
www.maitlandfieldhouse.co.uk

Haddington hat was

Haddington

Nur eine halbe Autostunde trennt ▶Edinburgh von Haddington mit **netten kleinen Läden** und Galerien in denkmalgeschützten Gebäuden des 17. und 18. Jh.s. Das klassizistische Rathaus wurde 1748 von William Adam entworfen. **Größte Pfarrkirche Schottlands** ist die im 14. Jh. begonnene, 63 m lange Kirche St. Mary's, die »Lamp of Lothian«, mit zwei Fenstern des Glasgower Präraffaeliten Burne-Jones. Das Gotteshaus liegt idyllisch am Ufer des Tyne, der von der dreibogigen Nungate Bridge aus dem 16. Jh. überspannt wird. Aus dem 17. Jh. stammt das vom Stadtrat genutzte **Haddington House** mit Rosengarten, der bis Sonnenuntergang geöffnet ist. In der High Street 91 ist die deutsche Café-Konditorei Falko eine gute Adresse für Kaffee und Kuchen (www.falko.co.uk).

Eleganter Klassizismus

★ Lennoxlove House

Liebe, Dramen und Intrigen – der Stammsitz der Dukes of Hamilton hat alles gesehen. Die Herzogin von Lennox, »La Belle Stewart«, hinterließ im 17. Jh. ihrem Neffen £ 50 000, um ein Haus zu kaufen, unter der Bedingung, dass es »Lennox's Love« getauft werde. Sehenswert sind die Familienporträts von Raeburn, van Dyck und Lely, das Porträt des Reformators John Knox und ein Piano, auf dem Chopin gespielt haben soll. Vom tragischen Schicksal der Queen of Scots zeugen die Totenmaske **Maria Stuarts** und das Schmuckkästchen mit jenen umstrittenen, wohl gefälschten Kassettenbriefen, die ihre Beteiligung an der Ermordung ihres zweiten Gemahls Darnleys beweisen sollten (►Interessante Menschen). Im weiten Park mit betagten Bäumen und einer 600 Jahre alten Kastanie grasen weiße Hochlandrinder.

Führungen: April - Okt. Mi., Do., So. 12, 13, 14, 15 Uhr
Erw. £ 10, Kinder kostenlos | http://lennoxlove.com

Oldtimer der Lüfte

National Museum of Flight

Das Museum an der B1347 bei East Fortune stellt »fliegende Kisten« wie Messerschmitt, Sea Hawk und Spitfire aus sowie eine Boeing 707 und eine **Concorde**, die 2003 ihren letzten Flug absolvierte.

April - Okt. tgl. 10 - 17, Nov. - März Sa., So. 10 - 16 Uhr
Erw. £ 12.50, Kinder £ 7.50 | www.nms.ac.uk

Schottlands Saltire

National Flag Heritage Centre

In einem Taubenschlag des 16. Jh.s im nahen **Athelstaneford** erzählt eine audiovisuelle Schau die Entstehung der **schottischen Nationalflagge**. Laut Legende träumte Piktenkönig Angus am Vorabend einer Schlacht gegen Angeln und Sachsen vom hl. Andreas, der ihm den Sieg versprach. Am nächsten Morgen zeigten sich am blauen Himmel Wolken in Form eines Kreuzes. Die so ermutigte piktische Armee errang den Sieg, St. Andrew wurde Schutzheiliger Schottlands und das weiße Kreuz vor blauem Grund Nationalflagge ►Abb. S. 370.

Athelstaneford Parish Church, Main Street, Athelstaneford
April - Okt. tgl. 9 - 18 Uhr | Eintritt frei
https://scottishflagtrust.com/the-flag-heritage-centre

Vater des Naturschutzes

Dunbar

Nur die Ruine einer mittelalterlichen Burg ist oberhalb von Dunbars Hafen erhalten. Das Renaissancerathaus stammt aus dem 17. Jh., das **Lauderdale House** am Ende der High Street wurde 1792 unter der Regie von Robert Adam mit einer eleganten Fassade und zwei Seitenflügeln versehen. In Nr. 128 an der High Street kam 1838 John Muir zur Welt. Wie er in Kalifornien den Yosemite und Sequoia National Park ins Leben rief und zum Gründervater der mächtigsten Umweltorganisation der USA wurde, erfährt man im **John Muir's Birthplace Museum**. Auch der Park westlich von Dunbar mit Blick über die Belhaven Bay und schönen Naturlehrpfaden wurde nach Muir benannt.

John Muir's Birthplace Museum: Mo. - Sa. 10 - 17, So. 13 - 17 Uhr
Eintritt frei | www.jmbt.org.uk

Spektakuläre Lage

Tantallon Castle

Auf einem 30 m hohen Felsvorsprung kauert an der Küste die Ruine von Tantallon Castle, 1374 für den Douglas-Clan aus rotem Sandstein

Sie segeln mit großer Grazie über die steilen Kliffs, sind kühne Sturzflieger, aber lausig im Landen: Jede Reise führt die Basstölpel wieder zum heimatlichen Bass Rock.

erbaut. Befestigt mit Wall, Graben, Ecktürmen und Torhaus widerstand es den Angriffen von James IV. und James V. Erst Cromwells Truppen gelang es 1651, die Burg einzunehmen und zu zerstören.
HES | tgl. 9.30 – 17.30, Okt. – März bis 16.30 Uhr | Erw. £ 6

Felsen der hunderttausend Flügel

North Berwick

In North Berwick, auch das »schottische Biarritz« genannt, widmet sich das **Coastal Communities Museum** in der School Road der Lokalgeschichte. Das **Scottish Seabird Centre** am Hafen punktet mit Wissenswertem zu Seevögeln, 3D-Filmen im Wildlife Theatre, Webcams und Café sowie Bootstrips zur vorgelagerten Vogelinsel Bass Rock. Einen preisgekrönten Gin produziert die kleine Brennerei **NB Gin** (Touren Di.– Sa 17 Uhr, £ 25, www.nbdistillery.com)

★ Bass Rock

Keine 2 km vor der Küste ragt der Bass Rock über 100 m aus dem Meer, ein Vulkankegel aus dunkelgrau verwittertem Säulenbasalt. Die frühere Gefängnisinsel ist heute ein **Paradies für Seevögel**. Hunderttausende von Basstölpeln, Papageitauchern und Trottellummen nisten hier.

Coastal Communities Museum: Mi. – Sa. 10 – 16 Uhr | Eintritt frei, www.coastalmuseum.org | **Scottish Seabird Centre:** Feb. - März, Sept. - Okt. tgl. 10 - 17, April – Aug. 10 – 18, Nov. – Jan. bis 16 Uhr Erw. £ 11.95, Kinder £ 7.95 | https://seabird.org | Einstd. Felsumrundung per Boot: Ostern – Okt., Erw. £ 26, Kinder £ 10 | 1 Std. 15 Min. im Schnellboot zu Lamb, Craig-leith & Bass Rock, Erw. £ 32, Kinder £ 22, weitere Touren s. Website | zweiter Anbieter für Bootstouren: Sula Boat Trips | www.sulaboattrips.co.uk

Verbessern Sie Ihr Handicap

Gullane

Golferherzen schlagen beim Anblick des legendären **Muirfield Course** in Gullane garantiert höher. Auf dem berühmten Platz der Honourable Company of Edinburgh Golfers finden immer wieder die Scottish Open statt. Der Club ging aus den 1744 gegründeten »Gentlemen Golfers of Leith« hervor, dem ersten Golfclub der Welt – zehn Jahre vor dem Royal Ancient Golf Club in ►St. Andrews.

www.gullanegolfclub.com

Classic Car Collection

Aberlady Bay

Sandstrand, Dünen und Großbritanniens erstes Vogelschutzgebiet zeichnen die Aberlady-Bucht aus. Eine Meile östlich von Aberlady sind im **Myreton Motor Museum** glänzende Oldtimer zu bestaunen, darunter erste Minis, ein Benz von 1897 und ein 1927er Rolls Royce.

Myreton Motor Museum: tgl. 10.30 – 16.30 Uhr | Erw. £ 7, Kinder £ 3 www.myretonmotormuseum.co.uk

Der perfekte Rahmen

Gosford House

Das neoklassizistische Haus, 1790 von Stararchitekt Robert Adam entworfen und 1891 von William Young für den 10. Earl of Wemyss vollendet, liegt in einer riesigen Parklandschaft, 10 km nördlich von Haddington. Die prächtige Marmorhalle im italienischen Stil und die Bildergalerie mit Werken von Botticelli, Murillo und Rubens können auch für Empfänge gebucht werden. Außerdem gehört der Championship Links Course Craigielaw zum Anwesen am Firth of Forth.

Ostern und Juli/Aug. im Rahmen von Führungen, s. Website | Erw. £ 8 www.gosfordhouse.co.uk

The Edinburgh Malt

Glenkinchie Distillery

Inmitten wogender Kornfelder steht bei Pentcaitland seit 1837 das Backsteingebäude der kleinen Glenkinchie-Destille, laut Etikett »The Edinburgh Malt«. Der Duft des Classic Malt erinnert an grünes Gras mit einem Hauch Vanille, Apfel und Lilien. Im ehemaligen Dörrboden, in dem früher die gekeimte Gerste zum Trocknen ausgebreitet wurde, zeigt heute eine Miniaturdestille alle Schritte der Whiskyherstellung.

Touren: tgl. 10–17 Uhr (im Sommer Shuttle-Bus aus Edinburgh, s. Website) | Erw. ab £ 19 | www.malts.com | ▶Baedeker Wissen S. 268 – 271

★★ HEBRIDEN

Council Areas: Western Isles, Highland, Argyll and Bute

»Hav bred ey«, Inseln am Rande des Meeres, nannten die Wikinger die sturmumtosten Hebriden vor der Westküste Schottlands. Nur 50 der rund 500 Inseln sind bewohnt. Einsame Sandstrände und traumhafte Buchten, rätselhafte Steinkreise, Tweed und torfigen Whisky gilt es am rauen Ende Europas zu entdecken.

Portree ist Pflichtziel auf Skye. Einladend reihen sich am Hafen bunte Häuschen – hinter der gelben Fassade verwöhnt das »Sea Breezes« mit fangfrischen Muscheln.

Die Abendsonne taucht den Leuchtturm am Neist Point in warmes Licht. Er markiert der Schifffahrt den nordwestlichsten Punkt der Insel Skye.

★★ Isle of Skye (Inner Hebrides)

Wilde Wolkeninsel

Größte der Inneren Hebriden

Häufige Wetterwechsel sind ein besonderer Reiz von Skye, das von den Wikingern Sküyo genannt wurde, Wolkeninsel. Auf Gälisch heißt die mit gut 10 000 Bewohnern populärste Insel Eilean a Cheo, Nebelinsel. Wenn sich die Gipfel der Cuillins unter dicken Wolken verstecken und nur wenige Minuten später erste Sonnenstrahlen über die steilen Hänge im Kletterparadies laufen, werden Sie die besondere Faszination der Misty Isle verstehen. Am Südende der **Halbinsel Sleat**, wo die Fähre von Mallaig anlegt, umgibt das viktorianische **Armadale Castle** einen Schlosspark mit exotischen Bäumen. Im Museum wird hier die Geschichte der MacDonalds lebendig, den »Lords of the Isles«, die bis zum 15. Jh. fast die gesamten Hebriden und die nordirische Antrimküste beherrschten. Lange verpönt, wird das klangvolle **Gälisch** wieder verstärkt gesprochen – das Sabhal Mor Ostaig veranstaltet Sommerkurse. Etwas weiter eröffnete 2017 die **Torabhaig Distillery** als zweite Whisky-Destille auf Skye ihre Pforten.

Armadale Castle: April – Okt. Mi. – Sa. 9.30 – 17.30 Uhr | Erw. £ 8, Kinder £ 5 | www.armadalecastle.com | **Sabhal Mor Ostaig**: Sleat Tel. 01471 88 80 00 | www.smo.uhi.ac.uk | **Torabhaig Distillery**: tgl. 10 – 17 Uhr | Touren ab £ 10 | www.torabhaig.com

Einsame Bucht zwischen schroffen Bergen

★ Loch Scavaig

Vom Dörfchen **Elgol** schippert der Kutter »Bella Jane« zum Loch Coruisk und Loch Scavaig, mit Panoramablick auf die dramatischen Basaltfelsen der Black Cuillins. Keine Straße führt in die einsame Bucht, die William Turner 1831 auf die Leinwand bannte. Wenn Sie trittsicher sind, können Sie auch nach Elgol zurückwandern. Für Segler ist die versteckte Ankerbucht mit Seehundbänken der absolute Traum.

Bella Jane: Bootsfahrten April – Okt. | Retourticket Erw. £ 32, Kinder £ 20 | 3 Stunden | www.bellajane.co.uk

Ambitionierte Kletterer kommen an den Cuillin nicht vorbei

★ Cuillin Hills

Gewaltige geologische Kräfte haben sie aus den Sockeln riesiger Vulkane geformt. Wind und Wasser gaben ihnen über Jahrmillionen Gestalt, mächtige Gletscher den letzten Schliff. Von den 12 Munros der Black Cuillin ist der Sgurr Alasdair mit 992 m der höchste. Die steil abfallenden Geröllfelder erfordern alpine Erfahrung, und vielerorts versagt wegen des eisenhaltigen Gesteins der Kompass den exakten Dienst. In das **Glen Sligachan** können auch ungeübte Tourengeher laufen, um den Ausblick auf die grandiosen Gipfel zu genießen. Zum Bergsteigerhotel Glen Sligachan gehören Museum, Mikrobrauerei, preisgekrönte Whiskybar und ein ausgezeichnetes Restaurant. Wunderschöne Felsenbecken mit türkis schimmerndem, kristallklarem Quellwasser, das von Wasserfällen gespeist wird, warten bei den **Fairy Pools** an der Straße nach Glenbrittle – ein 2,4 km langer Weg führt in einer guten Stunde vom Parkplatz (£ 5) zu den vielbesuchten »Feenbecken«.

Königin von Skye

Portree und die ★★ Halbinsel Trotternish

Hochherrschaftlich ist der Name der Inselhauptstadt: »Port-an-Righ«, auf Gälisch »Hafen des Königs«. Im 2500-Seelen-Städtchen reihen sich **bunte Häuschen** um den gezeitenabhängigen Hafen mit Blick zum Sound of Raasay. Im heute quirligen Royal Hotel nahmen »Bonnie Prince Charlie« und Flora MacDonald 1746 Abschied (►Baedeker Wissen S. 252). Konzerte, Theater und Kino bietet täglich das **Aros-Skye Heritage Centre** (Sligachan Rd, www.aros.co.uk).

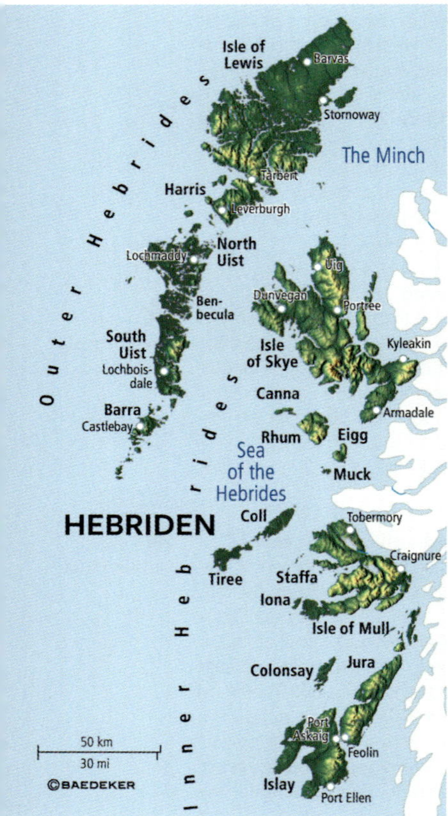

Von Portree aus führt die bisweilen sehr schmale A 855 auf einer Rundfahrt über die nördliche Halbinsel Trotternish. Von Loch Fada und Loch Leathan hat man einen ersten Blick auf den **Old Man of Storr** (►Abb. S. 35). Dem 50 m hohen Basaltmonolithen leisten kleinere Felsnadeln Gesellschaft – The Old Man's Wife, Castle und Dog. Weiter nördlich lohnt die kleine Schlucht von **Lealt** einen Zwischenstopp. Noch ein Stück weiter verdankt der **Kilt Rock** seinen Namen dem tartanähnlichen Muster des Basaltfelsens. Auf keinen Fall sollte man sich die **Quiraing Needles** entgehen lassen. Von einer kleinen Passhöhe der Straße genügen ein paar Schritte, um die gen Küste abrutschenden, bizarr verwitterten Basalthänge bestaunen zu können. Diese Stelle genießt auch bei Werbefilmern einen ausgezeichneten Ruf. Versierte Wanderer laufen hier über den grünen Grat zum Old Man of Storr und weiter gen Portree, den Blick aufs Meer immer linker Hand. Kurz nachdem die Nordspitze der Halbinsel passiert ist, geben sieben reetgedeckte Cottages des **Skye Museum of Island Life** Einblick in das Leben um 1900. Der Rückweg verläuft über den **Fährhafen Uig**, wo die Fähren nach Harris und North Uist ablegen. In der **Brauerei** nebenan sollten Sie das preisgekrönte Skye Red Ale probieren.

ISLE OF SKYE ERLEBEN

PORTREE I- CENTRE
Bayfield House, Bayfield Road
Portree, Isle of Skye IV51 9EL
Tel. 01478 62 29 92
www.isleofskye.com
www.visitscotland.com

»Over the sea to Skye« heißt das alte Volkslied, das zum Outlander-Titelsong wurde. Seit 1995 macht eine Autobrücke zwischen Kyle of Lochalsh (mit Bahnhof) und Kyleakin die die Fährfahrt unnötig. Es gibt aber zwei Fährverbindungen mit dem Festland, von Mallaig und Glenelg (www.calmac.co.uk, www.skyeferry.co.uk). Die Fähren von Caledonian MacBrayne pendeln täglich zwischen Mallaig (mit Bahnhof) und Armadale. Die Fähre zwischen Glenelg und Kylerhea ist abenteuerlich klein. Sechs Tage die Woche steuern CalMac von Mallaig sowie AML von Arisaig aus die Small Isles Eigg, Muck, Rum und Canna an (►S. 242). Es empfiehlt sich, Plätze für Autos im Voraus zu buchen. Infos zu Busverbindungen auf Skye unter www.travelinescotland.com.

KINLOCH LODGE €€€€
Charmant, diskret, bezaubernd – in der viktorianischen Lodge genießen Sie umgeben von Porträts illustrer Vorfahren der MacDonalds Spitzenküche. Meister am Herd ist Jordan Webb, der für seine asiatisch inspirierten Menüs gern Langusten aus dem Loch Eishort, Black Pudding aus Dunvegan, Salat und Gemüse aus Orbost und Hochlandwild aus dem Norden der Insel wählt. Die Bar hat 122 Whiskys zur Auswahl.
Sleat, Isle of Skye IV43 8QY
Tel. 01471 83 33 33
http://kinloch-lodge.co.uk

THE THREE CHIMNEYS €€€€
Eat. Sleep. Retreat – vielfach preisgekrönt und längst Legende für luxuriöse Suiten und unvergessliche Dinner bei Kerzenschein mit exquisiten Menüs von Scott Davies und seiner Brigade. Probieren Sie hausgemachten Räucherlachs, Haggis und Heilbutt mit geräucherten Muscheln oder das Käse-Soufflé mit Strathdon Blue.
Colbost, Dunvegan, Isle of Skye IV55 8ZT, Tel. 01470 51 12 58
https://threechimneys.co.uk

THE TWO BYRES €€€
Wunderschönes Ökoferienhaus der Dualchas-Designer in Waternish
www.thetwobyres.co.uk

BOSVILLE HOTEL €€€/€€
Mitten in Portree mit gutem Restaurant und netter Merchant Bar
9-11 Bosville Terrace, Portree IV51 9DG, Tel. 01478 61 28 46
www.bosvillehote.co.uk

OLD SCHOOL RESTAURANT €€
Herzhafte Land- und Wildküche in einem alten Schulhaus. Tipp: Ochsenbäckchen in Ale und Veggie-Haggis
Dunvegan, Tel. 01470 521421
www.oldschoolrestaurant.co.uk

SEA BREEZES €€
Populäres Fischlokal am Portree Pier mit Langusten und Jakobsmuscheln aus Uist, Skye-Muscheln in Weißwein und toller Meeresfrüchteplatte
Quay Street, Portree, Tel. 01478 61 20 16, https://sea-breezes-skye.co.uk

Vermächtnis der einflussreichen MacLeods: die wehrhafte Burg Dunvegan

Skye Museum of Island Life: Ostern bis Sept. Mo. – Sa. 1 – 17 Uhr | Erw. £ 5 | www.skyemuseum.co.uk | **Brewery**: tgl. 10 – 18, So. bis 17 Uhr | https://skyeale.com/brewery

Feen, Kreuzfahrer und die Herren der Insel

Dunvegan Castle

Seit mehr als 800 Jahren ist die Felsenfestung am Loch Dunvegan **Stammsitz der MacLeods**. Jahrhundertelang stritten sie mit den MacDonalds von Armadale um die Vorherrschaft auf Skye. Aus dem 14. Jh. stammen die ältesten Teile der heutigen Anlage, der Fairy Tower entstand um 1500. Legenden um Feen und Kreuzfahrer ranken sich um die sogenannte **Fairy Flag** (An Bratach Sith), ein Stück Seide aus Rhodos oder Syrien, das auf das 4. – 7. Jh. datiert ist. Dieses Kriegsbanner, Talisman der MacLeods, soll den Clan zweimal aus höchster Bedrängnis gerettet haben. Beachtung verdienen auch die Familienporträts von Ramsay und Raeburn, Briefe von Sir Walter Scott sowie dem berühmten Londoner Gelehrten **Dr. Samuel Johnson**, der hier mit seinem Freund, dem Edinburgher Journalisten James Boswell auf ihrer Hebridenreise 1773 Station machte – nachzulesen in Boswells übersetztem Reisebuch, ein echter Schottland-Klassiker. Informiert wird auch über die Musik und Dichtung der MacCrimmons mit alten Dudelsäcken, Werke der gälischen Dichterin MacLeod of Rodel und des Harfenisten Ruaraidh Dall Morrison.

April – Mitte Okt. 10 – 17.30 Uhr | Schloss und Gärten Erw. £ 13, nur Gärten £ 14, Kinder £ 9. Mit dem Dunvegan-Ticket lässt sich für weitere £ 10 / Kinder für £ 7 eine 25-min. Bootsfahrt vom Pier unterhalb der Burg zur Seehundkolonie unternehmen, Mitte Mai – Sept. tgl. 10 – 17 Uhr | www.dunvegancastle.com.

Waternish

Tradition besitzt die Gerberei **Skyeskyns** nördlich von Dunvegan Castle. Hier kann man zusehen, wie die Lammfelle bearbeitet werden und warme Boots und Felle in allen Farben entstehen.

Skyeskyns: 17 Loch Bay, Waternish | tgl. 9.30 – 17.30, Nov. – März bis 16.30 Uhr | Eintritt frei | www.skyeskyns.co.uk

★ Duirinish und Neist Point

Zum Ende der Welt

Von Dunvegan führt eine kleine Single Track Road auf die Halbinsel Duirinish, vorbei am **Three Chimneys** (►S. 231). Die Streusiedlung Glendale liegt wunderbar in einem Talkessel. Bei **Skye Weavers** wird noch aktiv gewebt (www.skyeweavers.co.uk). Die Straße führt weiter bis zur spektakulären Landspitze Neist Point (s. unten).

★ Talisker Distillery

Als »The King o' Drinks« …

… pries Robert L. Stevenson den nach Meer und Torf duftenden Talisker Whisky aus der Classic-Malt-Reihe (►Baedeker Wissen S. 268 bis 271). Gebrannt wird er am Loch Harport beim Dörfchen Carbost in der 1830 von den Gebrüdern MacAskill gegründeten Destillerie. 2022 fanden große Umbau- und Ausbauarbeiten statt (tgl. 10–17 Uhr, Tour Erw. £ 20, www.malts.com/en-gb/distilleries/talisker).

Eine unerwartete Delikatessen-Adresse befindet sich etwas oberhalb von Talisker: **The Oyster Shed** serviert tatsächlich in einem Schuppen frische Austern aus dem Fjord, aber auch Krabben, Hummer, Muscheln und Räuchlachs von den Hebriden (Mo. – Sa. 11 – 17 Uhr, www.theoysterman.co.uk).

BAEDEKER MAGISCHE MOMENTE

PERFEKTE BLAUPAUSE

Am westlichsten Zipfel der Isle of Skye steht ihr Wächter: Knapp eine Stunde dauert die Wanderung vom Parkplatz zum **Neist Point Lighthouse** am Rand steiler Klippen über der schäumenden See. Bei genug Zeit sollten Sie die vier Kilometer zum Waterstein Head weiterlaufen, einem mächtigen Tafelberg über der tosenden Brandung in der Moonen Bay. Hier einfach mal hinsetzen und mit windrosa Wangen dem Meer lauschen. Mit etwas Glück lassen sich Kegelrobben, Schweinswale und sogar Orcas sichten (www.isleofskye.com, ►Abb. S. 228).

Isle of Mull (Inner Hebrides)

Adler mit der Sonne im Auge ...

Hotspot für Seeadler

lautet im Gälischen der poetische Name für einen der größten Vögel Europas. Die von nur 3000 Menschen bewohnte drittgrößte Hebrideninsel ist einer der besten Orte, um die seltenen Seeadler zu beobachten. Bei Dervaig gibt es einen Unterstand, der den Blick auf ein Nest bei Loch Frisa ermöglicht. Im Sommer kann man von Wildhütern geführte Touren dorthin buchen.

Hübschester Hafen der Hebriden

★ Tobermory

Die **kunterbunten Häuschen** der Inselhauptstadt (800 Einw.) sind ein Wahrzeichen der Hebriden geworden. Jedes zweite Häuschen am Pier ist Café, Pub oder Souvenirladen. Nicht nur beim alljährlichen Folk Festival im Mai und dem klassischen Mendelssohn on Mull Festival im Juli ist Tobermory Touristenmagnet, beliebter Seglertreff und Fährhafen in einem. Hier starten auch **Whale-Watching**-Bootstrips. Im **An Tobar Arts Centre** oberhalb des Hafens arbeiten junge Künstler, gibt es Ausstellungen und ein Café. Whiskyfreunde werden den Weg in die 1990 reaktivierte **Tobermory Distillery** von 1798 am Ende der Main Street finden, wo ein leicht torfiger Single Malt produziert wird. Die Farben der See spiegeln sich auf der formschönen Keramik im Shop der **Mull Pottery**.

Segler gehen gern in der Bucht von Tobermory vor Anker.

ISLE OF MULL ERLEBEN

MULL I-CENTRE
The Pier, Craignure
Tel. 01680 81 23 77
www.isle-of-mull.net
www.visitmullandiona.co.uk

45 Min. brauchen die Autofähren von Caledonian MacBrayne ab ▶Oban bis nach Craignure. Auch die Fähre von Fionnphort nach Iona wird von Calmac betrieben.
www.calmac.co.uk

GLENGORM CASTLE €€€€/€€€
Schönstes Gemach ist das Crannoch-Zimmer mit viktorianischer Badewanne. Entspannen Sie bei einen Whisky vor dem Kamin der Bibliothek. In den einstigen Stallungen werden Lunch, Kaffee und Kuchen serviert. Auch eigene Fleischverarbeitung.
8 km nordwestl. von Tobermory
Isle of Mull PA75 6QE
Tel. 01688 30 23 21
www.glengormcastle.co.uk

HIGHLAND COTTAGE €€€
Das preisgekrönte Hotel von David und Jo Currie ist Mitte April – Okt. geöffnet. Die kleinen, aber feinen Zimmer haben Himmelbetten und einen himmlischen Blick auf die Bucht. Besonders empfehlenswert: Kammmuscheln aus der Tobermory Bay und Krabben aus Croig.
Breadalbane St., Tobermory, Isle of Mull PA75 6PD, Tel. 01688 30 20 30, www.highlandcottage.co.uk

THE MISHNISH TOBERMORY €€€/€€
Hotel und Pub, direkt an der bunten Hafenfront gelegen, sind nicht nur zum Folkfestival angesagter Treff in Tobermory mit süffigen Ales.
Tobermory, Isle of Mull PA75 6NT
Tel. 01688 30 25 00
http://themishnish.co.uk

Staffa Tours: Schiffstouren nach Staffa Mai - Sept. ab Tobermory sowie ab Oban und Iona | £ 55 - 70 | www.staffatours.com
An Tobar: tgl. 10 - 16 Uhr | Eintritt frei | www.comar.co.uk
Tobermory Distillery: tgl. 10 - 17 Uhr | Touren Erw. ab £ 15
https://tobermorydistillery.com | ▶Baedeker Wissen S. 268
Mull Pottery: 45 Main Street (Workshop an der Straße nach Salen) tgl. 10 - 17 Uhr | www.mullandiona.art

Strategisch günstig

Duart Castle

Auf einem Felsen am Sound of Mull thront der im 13. Jh. begonnene **Stammsitz der MacLeans**. Ende des 17. Jh.s verfiel er und wurde erst 1911 restauriert. Sehenswert sind die Verliese, Festräume und der auf 1360 datierte Bergfried mit einer Ausstellung zur Clangeschichte.
April, Okt. Sa. - Mi. 11 - 16, Mai - Sept. tgl. 10.30 - 17 Uhr
Erw. £ 8.50, Kinder £ 4 | www.duartcastle.com

Basaltbögen am Meer

Carsaig Arches

Wer die abgelegene Südküste ansteuert, kann vom Carsaig Pier in gut 5 Stunden zu den **mächtigen Toren und Tunnels** am Malcolm's Point laufen, die die tosende Brandung ausgewaschen hat (13 km). Die steinige Route empfiehlt sich allerdings nur für Trittsichere mit Kondition.
www.walkhighlands.co.uk/mull

Vor 50 Millonen Jahren ...

McCullochs Fossil Tree

... wurde auf der Ardmeanach-Halbinsel ein 12 m hoher Baum von Lava eingeschlossen. Ein 8 km langer, teilweise anspruchsvoller Fußweg führt von den steilen Wilderness-Klippen am Nordufer des **Loch Scridain** von Tiroran (Parkplatz) zu dem fossilen Baum.

Inselhüpfen zwischen den Inneren Hebriden

Keltische Buchkunst und Botschaft des Friedens

Iona

Nur zehn Minuten braucht die Fähre von Fionnphort auf Mull nach Iona, das auch von ►Oban als Tagesausflug angesteuert werden kann. Iona war schon lange eine **keltische Druideninsel**, als **St. Columba** hier 563 ein Kloster gründete und mit der Christianisierung Schottlands began. Heute leben rund 150 Menschen auf Iona, in Baile Mòr**,** was auf Gälisch »große Stadt« bedeutet. Vom **Dun-I,** einem 101 m hohen Hügel hinter der Abtikirche, kann man bei gutem Wetter gut 30 Inseln sehen. Das 4 m hohe, auf das 9. Jh. datierte **St. Martin's Cross** vor der Kirche zieren Darstellungen von Menschen, Tieren und die Hl. Familie. Mehr als 60 schottische, irische und norwegische Herrscher haben auf dem Friedhof der **Iona Abbey** ihre letzte Ruhe gefunden, darunter Kenneth MacAlpin, der Pikten und Skoten zu einem Königreich einte, sowie Duncan und Macbeth – laut Shakespeare das Opfer und sein Mörder. Ein Buch so schön und aufwendig verziert, dass es das Werk von Engeln sein müsse. So beschreiben Reisende das um 800 im Kloster verfasste **Book of Kells**, eine Evangelienhandschrift mit kunstvollen Illustrationen auf feinstem Kalbsleder. Heute schmückt sich das Trinity College in Dublin mit dem Weltdokumentenerbe, das zum Schutz vor plündernden Wikingern nach Irland gebracht wurde.
Abtei: HES | April – Sept. tgl. 9.30 – 17.30, sonst Mo. – Sa. 10 – 16 Uhr | Erw. £ 9.50, Kinder £ 5.50 | www.welcometoiona.com
https://iona.org.uk | www.calmac.co.uk

» Gott schuf Himmel und Erde, und als er fertig war, schaute er hinunter und warf eine Handvoll Brillanten ins Meer – die Hebriden. «

Schottischer Zusatz zur Schöpfungsgeschichte

Nur bei gutem Wetter wird Fingals Höhle auf der Basaltinsel Staffa angelaufen.

Wunderwelt aus schwarzem Basalt

★ Staffa

Sechs Seemeilen nordöstlich von Iona liegt die Basaltinsel Staffa, die von Mull oder Iona mit dem Boot erreichbar ist. »Staffa ist eines der großartigsten Naturwunder in der Welt« notierte der Forscher Sir Joseph Banks 1772 in seinen Reiseaufzeichnungen und stellte das bis Mitte des 19. Jh.s bewohnte winzige Eiland erstmals der Welt vor. Reihe um Reihe ragen sechseckige **schwarze Basaltsäulen** aus dem Meer, die sich vor Jahrmillionen beim Erkalten von Lava formten. Laut Legende sind sie das Werk des keltischen Sagenkönigs Fingal. Ein literarisches Ereignis war das angebliche Heldenepos seines Sohnes Ossian (►Kingussie S. 88), das trotz berechtigter Zweifel bei Europas Romantikern zum Kult wurde.

Das geologische Weltwunder Staffa zog sie alle an. Wer Glück mit dem Wetter hat, wird wie Theodor Fonane, Sir Walter Scott und Königin Victoria in die 69 m lange **Fingal's Cave** hinabsteigen, die mit ihren bizarren Basaltsäulen und riesigen Bündelpfeilern in den schillerndsten Farben an eine Kathedrale erinnert. Den keltischen Namen »An Uaimh Binn« (musikalische Höhle) verdankt sie dem dröhnenden Echo von Wind und Wellen, die sich an den dunklen Felswänden brechen. Das dramatische Spiel inspirierte **Felix Mendelssohn-Bartholdy** im Sommer 1829 zu seiner Hebriden-Ouvertüre, pure Melancholie in h-Moll, als Vorspiel seiner Schottischen Symphonie. Auf Mull und Iona wandelt im Juli das Musikfest »Mendelssohn on

Kulinarische Alternative: Statt einem Spritzer Zitrone ein paar Tropfen Laphroaig auf die fangfrischen Muscheln, das verleiht den Austern auch eine pfeffrige Note.

Mull« auf den Klangspuren des Komponisten. 1831 bannte William Turner den Aufruhr der Elemente in der Fingal-Höhle farbgewaltig auf die Leinwand.

NTS | Tagestouren mit dem Schiff ab ▶Oban, Tobermory, Fionnphort und Iona | www.staffatours.com | www.staffatrips.co.uk

★ Coll und Tiree

Surfen und Schlemmen

Die beiden kleinen, fast baumlosen Inseln sind per Flugzeug oder Fähre tgl. von ▶Oban und untereinander im Sommer per Fähre erreichbar. Tiree mit knapp 900 Bewohnern, weißen Dünen und endlosen Sandstränden wie Gott Bay ist Hochburg der **Windsurfer**, auf Coll, etwas felsiger und von Hochmooren durchzogen, leben nur 150

Menschen. Zu Recht preisgekrönt ist das Gannet Restaurant im hübschen **Coll Hotel** mit sensationellem Blick zu die Treshnish Isles. Probieren Sie Grahams Krabbensuppe und fangfrischen Hummer und zum Nachtisch Fudge Brownies mit selbst gemachtem Eis. Wer auf eigenem Kiel anreist, kann an sechs Murings in der Arinagour Bay festmachen und die Liegegebühr im Hotel bezahlen. Coll gehört auch zu den schottischen **Dark Sky**-Orten, wo Sie den Nachthimmel völlig frei von Lichtverschmutzung bestaunen können.

€€€ Coll Hotel €€: Tel. 01879 23 03 34, https://collhotel.com
www.calmac.co. uk | www.isleoftiree.com | https://visitcoll.co.uk

★ Islay (Inner Hebrides)

Ein Hauch von Lagerfeuer

Alte und neue Brennereien

Die südlichste der Inneren Hebrideninseln gilt als Heiliger Gral der Whiskywelt, der selbst schon eine Marke ist (▶Baedeker Wissen S. 268 – 271). Islay ist die Heimat einer wachsenden Anzahl von Brennereien – Nr. 9 war 2018 Ardnahoe bei Port Askaig (https://ardnahoedistillery.com). Diageo arbeitet an der Wiedereröffnung der Port Ellen Distillery. In Planung ist auch eine Destille von Firkin Whisky. Außerdem besitzt Islay (sprich »Eila«) herrliche Strände und mit dem Machrie-Golfplatz bei Port Ellen einen Championship Course. Die erste legale Destille entstand vor 200 Jahren am Nordende der Inselhauptstadt **Bowmore**. Ihren 12 Jahre alten Single Malt beschreibt die **Bowmore Distillery** gern als »Vanilleeis am Lagerfeuer«. Die 1769 geweihte Kilarrow-Kirche in Bowmore ist die einzige **Rundkirche** aus dieser Zeit. Der Legende nach sollen die runden Mauern den Teufel daran hindern, sich in irgendeiner Ecke zu verstecken.

Die zur Jahrtausendwende aus dem Dornröschenschlaf erwachte viktorianische **Bruichladdich Distillery** produziert mit Octomore den rauchigsten Whisky der Welt. Und einen ausgezeichneten Gin für Wacholderliebhaber. Den leichtesten Islay Malt, aber auch mit deutlichem Seeluftaroma, produziert die **Bunnahabhain Distillery** (sprich »Bunna'-hejven«) bei Port Askaig. Sensationeller Sammlerwhisky: der Bunnahabhain 2016 Spring Season Single Cask – es gibt nur eine Flasche pro Kunde! Der Großteil der **Caol Ila Distillery** (sprich »Cull Eela«) wird für Blends von Johnnie Walker und Bell's verwendet, nur ein kleiner Prozentsatz bleibt für den rauchig-reifen Classic Single Malt. Der Caol Ila Moch überrascht nach anfänglich maritimen Noten mit Honigsüße und zitronigem Aroma.

Aktuelle Infos zu Öffnungszeiten und Touren (immer vorab buchen, die Spezialtouren auch frühzeitig) auf den jeweiligen Websites.
Ardnahoe (mit Café): https://ardnahoedistillery.com | **Bowmore**: www.bowmore.com | **Bruichladdich**: www.bruichladdich.com
Bunnahabhain: https://bunnahabhain.com | **Caol Ila**: www.malts.com

ISLAY ERLEBEN

BOWMORE I-CENTRE
The Square, Bowmore PA43 7UP
Tel. 01496 30 51 65
www.islayinfo.com
www.islay.scot

WHISKY FESTIVAL & TOUREN
Ende Mai treffen sich Freunde des Uisge Beatha auf dem Islay Festival of Music & Malt, zu dem Führungen und Whiskyproben in allen Brennereien der Insel gehören (www.islayfestival.com, https://feisile.co.uk). Highlights sind die Open Days von Ardbeg und Bruichladdich sowie das Ceilidh bei Bunnahabhain (www.islayinfo.com). Die vermutlich größte Auswahl an Islay Malts hat die Bar des Lochside Hotel in der Shore Street von Bowmore (www.lochsidehotel.co.uk). Don't drink and drive! Wer trinkt, sollte das Auto stehen lassen. Islay in vier bis acht Tagen, inkl. aller Destillerien mit besonderen Tastings, Kost und Logis im Cottage, Guest House oder Hotel sowie einheimischen Chauffeur-Guides und einen 10-tägigen Whisky-Segeltörn auf dem Zweimastschoner »Flying Dutchman« zum Islay Festival bietet Reisekultouren an (www.reisekultouren.de). Zur Einstimmung: Der preisgekrönte Film »The Angels' Share« erzählt mit viel Humor von der Versteigerung eines letzten Fasses des legendären Malt Mill, der bis 1962 auf dem Gelände der Lagavulin Destillerie produziert wurde – und von dem doch jeder weiß, das er nicht mehr existiert.

Flybe fliegt zweimal täglich von Glasgow in 45 Min. direkt nach Islay. Zwischen Kennacraig/Kintyre und Port Askaig sowie Port Ellen fahren regelmäßig Fähren, die für die Überfahrt etwa 2 Stunden brauchen.
www.flybe.com
www.calmac.co.uk

ISLAY HOUSE €€€€/€€€
Zum eleganten Country House, das seit dem 17. Jh. am Loch Indaal thront, gehören Traumsuiten und das ausgezeichnete Jib Door Restaurant. Die Peat Cutter Bar hat außer allen Islay Malts auch exklusive Fassabfüllungen der Scotch Malt Whisky Society.
Bridgend, Isle of Islay PA44 7PA
Tel. 01496 81 02 87
www.islayhouse.co.uk

KILMENY COUNTRY GUEST HOUSE €€€
Die 5 Zimmer des schnuckeligen Farmhauses sind liebevoll in Rosa, Apricot und Gold eingerichtet.
Ballygrant, Isle of Islay PA45 7QW
Tel. 01496 84 06 68
www.kilmeny.co.uk

THE HARBOUR INN €€€/€€
7 geschmackvolle große Zimmer mit Panoramablick am Hafen von Bowmore. Preisgekrönt: die Fischgerichte.
The Square, Bowmore, Isle of Islay PA43 7JR, Tel. 01496 81 03 30
www.harbour-inn.com

GLENEGEDALE HOUSE €€/€
Das B & B zwischen Port Ellen und Bowmore ist wie ein Stück Zuhause, mit tollem Frühstück. Die großzügigen Gästehäuser sind auf dem Anwesen verteilt. Probieren Sie unbedingt Rachels homemade Haggis!
Glenegedale, Isle of Islay
PA42 7AS, Tel. 01496 30 04 00
www.glenegedalehouse.co.uk

Newcomer und mächtige Malts

Intensive Inselwhiskys

Gefeierter Newcomer ist Anthony Willis von der **Kilchoman Distillery**, die erst 2005 anheizte. Sein Kilchoman Machir Bay, der vier Jahre in alten Bourbon-Fässern und dann nochmal im Oloroso-Sherry-Fass reift war 2017 Whisky des Jahres. Espresso, scharfer Pfeffer und ein Hauch von Seegras lassen sich an der Südküste im Finish des intensiven **Ardbeg Corryvreckan** schmecken, der seinen Namen dem gefürchteten Meeresstrudel nördlich von Islay verdankt. Nachdem **Laphroaig** zum Lieblingswhisky von Prince Charles wurde, trägt jede Flasche der Brennerei das Symbol des Prince of Wales auf dem Etikett. Geliebt oder gehasst, beim **Lagavulin** scheiden sich die Geister. Sein torfig-rauchiger Geschmack ist so unverwechselbar wie die schneeweißen Lagerhäuser am Meer, wo die mächtigen Malts reifen.

Aktuelle Infos zu Öffnungszeiten und Touren (immer vorab buchen, die Spezialtouren auch frühzeitig) auf den jeweiligen Websites: **Kilchoman Distillery**: https://kilchomandistillery.com | **Ardbeg Distillery**: im Old Kiln Café gibt es Tastings, Sandwiches und hausgemachte Kuchen | das Seaview Cottage, früher Heim des Brennereimanagers, hat drei hübsche DZ zum Übernachten | www.ardbeg.com | **Laphroaig Distillery**: www.laphroaig.com | **Lagavulin**: www.malts.com
Port Ellen (in Bau): www.malts.com

Jura, Colonsay und die Small Isles

Insel der Hirsche

Isle of Jura

In zehn Minuten bringt die Fähre Besucher von Port Askaig auf die »Hirschinsel« mit großen Herden von Rotwild – Jagden arrangiert das Jura Hotel in Craighouse (www.jurahotel.co.uk). Die 784 m hohen Doppelgipfel **The Paps** (Brüste) besteigen Sie am besten vom Fährhafen Feolin aus. Beim Jura Whisky Festival im Mai dreht sich alles um den überraschend sanften Malt der **Jura Distillery** in Craighouse. Im einsamen Barnhill Farmhouse verfasste **George Orwell** 1949 seinen Zukunftsroman »1984« vom totalitären Überwachungsstaat – die Angst vor Verlust der Privatsphäre ist im Zeitalter von genetischem Fingerabdruck, Datenklau und Cyberwar aktueller denn je.

https://isleofjura.scot | **Jura Distillery:** Mo.–Fr. 10 –16 Uhr
Touren s. Website | www.jurawhisky.com

Whirlpool, Wale und Wildlife

★ Corryvreckan Whirlpool

Im schmalen Sund zwischen Jura und Scarba befindet sich der **drittstärkste Meeresstrudel der Welt**. Seine Tidenströmung kann 10 Knoten erreichen und bis zu 5 m hohe Wellenberge aufbauen. Bei Bootstouren zum berüchtigten Wasserwirbel lassen sich auch Wale, Delfine, Seehunde und Seevögel beobachten.

Whirlpool Special Tour: Seafari Adventures, Ellenabeich, Easdale

Erw. £ 45, Kinder £ 30 | www.seafari.co.uk | 2 – 4 Std. Bootsfahrten zum Strudel mit dem Katamaran »Sea Leopard I7« und der »Venturer« ab Ardfern am Loch Craignish | Erw. £ 46 – 50 | www.craignishcruises.co.uk, https://whirlpool-scotland.co.uk

Bei Ebbe zum Wikingerschiff

Colonsay und Oronsay

Die nach St. Columba und seinem Gefährten St. Oran benannten Inseln sind per Autofähre von ▶Oban oder Port Askaig/Islay erreichbar. Colonsay ist ein Paradies für Seevögel, Fischotter und Seehunde. Gartenfreunde sollten sich die prachtvollen Rhododendren der **Colonsay House Gardens** ansehen. **Kiloran Beach** ist einer der feinsten Sandstrände der Hebriden. Bei Ebbe können Sie in gut zwei Stunden nach Oronsay hinüberlaufen, um das steinerne Keltenkreuz **Oronsay Great Cross** und ein **Wikingergrab** zu besichtigen – der Mann wurde in seinem Schiff beerdigt, sein Pferd neben ihm.

Colonsay House Gardens: Das Gartencafé serviert im Sommer Di. und Do. 12 – 17 Uhr köstliche Kuchen und Sandwiches
www.colonsay.org.uk

Leinen los!

Small Isles

Ein herrlicher ganztägiger Törn von Mallaig und Arisaig aus bedient die Small Isles Muck, Rum, Eigg und Canna. Sie können unterwegs für eine Weile aussteigen und auf der Rückfahrt wieder einsteigen. Besonders lohnt der Besuch von Rum und Eigg. Das gebirgige **Rum** (Rhum) wurde 2009 von seinen 30 Bewohnern dem Scottish Natural Heritage Trust abgekauft. Auf der Insel leben Hirsche, Schwarzschnabel-Sturmtaucher und Seeadler. Ein verstecktes Juwel ist **Kinloch Castle**, das Ende des 19. Jh.s als Jagdschloss für Sir George Bullough entstand. Der viktorianische Sandsteinpalast wird derzeit renoviert. Die Insel **Eigg**, bereits seit über 20 Jahren im Besitz ihrer 100 Bewohner, ist Schottlands Vorzeigemodell für Ökostrom – 95 % des Strombedarfs werden heute mit Wasserkraft, Wind- und Solarenergie erzeugt. Schon vom Schiff aus sieht man die gewaltigen Pechsteinpfeiler des 393 m hohen **An Sgurr**. An die Karibik erinnert der weiße Sandstrand von Laig Bay.

Fähren: www.calmac.co.uk; www.eiggtime.com
Eigg: https://isleofeigg.org | **Kinloch Castle:** Führungen unter www.isleofrum.com/things-to-do/kinloch-castle/

Outer Hebrides · Western Isles · Nah-Eileanan Siar

Das raue Ende Europas

Spröde Schönheit

Nicht selten eskortieren Delfine die Überfahrt von Ullapool zu den Äußeren Hebriden. Wind- und wettergepeitscht, mit unberührten weißen Sandstränden, zerklüfteten Küsten und kargen Hügeln, bieten die 14 bewohnten Inseln knapp 28 000 Menschen eine Heimat. Im 9. Jh.

WHALES & WILDLIFE

Eine riesige Fontäne schießt aus dem Blasloch, ein dunkler Rücken taucht ab und dann der große Moment: Die Fluke ragt steil aus dem Wasser, während der Wal in Zeitlupe in die Tiefen des Meeres entschwindet. Whale Watching ist für viele ein Lebenstraum. Von Stornoway aus bietet **Stornoway Seafari** unvergessliche Touren zu den Tummelplätzen von Walen, Delfinen und Orcas vor den Küsten der Äußeren Hebriden an – beste Sichtungszeit ist April bis Oktober. Auf den 2- bis 4-stündigen Trips können Sie auch Seehunde, Seeadler und Papageitaucher beobachten (2,5 std. Whale & Dolphin Trip, £ 65 pro Person, Stornoway Harbour, Tel. 0800 246 56 09, www.stornowayseafari.com).

übernahmen die Wikinger das Kommando. Erst 1280 wurden die Inseln von Norwegen an Schottland zurückgegeben. Bis zum »Small Crofters Act« 1885 hatten die Kleinbauern, Schäfer und Fischer auf den Inseln praktisch keinerlei Rechte gegenüber ihren Landlords. Wer sich nicht fügte, wurde vertrieben. Viele der betuchten Gutsherrn, die im 19. Jh. die Western Isles für sich entdeckten und den Clanchiefs abkauften, hatten wenig Interesse an Pächtern. Hungersnöte taten ein Übriges, um die Bewohner zur Emigration zu zwingen und die Inseln zu entvölkern. Im presbyterianischen Norden – Lewis, Harris und North Uist – bleiben sonntags aus religiösen Gründen die Geschäfte, Pubs und viele Restaurants geschlossen. Die früher strikten »Sabbat«-Regeln haben sich jedoch schon gelockert.

Lewis · Leodhais

★★ Standing Stones of Callanish

Schönster Steinkreis Schottlands
Die fast 5 m hohen Stelen der steinzeitlichen **Megalithkultstätte** sind Wahrzeichen der Western Isles. Am besten kommen Sie zum Sonnenaufgang. Aufgestellt wurden die 47 Steine vor rund 5000 Jahren. Die kreis- und strahlenförmig gesetzten Menhire bilden ein keltisches Kreuz, in der Mitte steht ein 5 t schwerer Monolith, umringt von 13 Steinen. Wie der Ring of Brodgar auf ▶Orkney und Stonehenge in Eng-

Wahrscheinlich waren die Stehenden Steine von Callanish eine Art Kalender, mit dem die Sommer- und die Wintersonnenwende vorausgesagt werden konnten.

land, diente Callanish (Calanais) vermutlich zur Sonnenverehrung und Zeitberechnung – die Sonne geht zu den Äquinoktien genau hinter der westlichen Steinreihe auf. Auch die Mondphasen wurden verfolgt: Alle 19 Jahre ergibt sich eine geradezu magische Stellung des Erdtrabanten, so als würde er über die nahen Hügel im Süden zur Erde tanzen.
HES | **Steinkreis** Eintritt frei | **Visitor Centre**: April – Okt. Mo. – Sa. 10 – 17 Uhr | »Story of the Stones« Erw. £ 3.50 | https://calanais.org

Schachmatt im Schloss

★ Lews Castle

Etwa ein Drittel der Bewohner der Äußeren Hebriden (21 000 Einw.) lebt in der Hauptstadt **Stornoway**. Im weiten Naturhafen landen die Fähren von Ullapool. Ein gelungenes Revival feierte das viktorianische Lews Castle, einst das Zuhause von Seifenkönig Lord Leverhulme. 1918 erwarb der Gründer des heutigen Unilever-Konzerns die Inseln Lewis und Harris, um dort eine moderne Fischfangflotte zu stationieren. Er wollte den Fisch per Straße (»Golden Road«) und Bahn nach Harris bringen, dort verarbeiten und dann in die schottischen Ballungsgebiete liefern. Doch die Pläne stießen bei den Inselbewohnern auf sture Missachtung, sodass er 1923 Stornoway einem Trust vermachte und den Rest der Insel verkaufte. Nach umfassender Restaurierung konnte 2016 im Schloss das neue **Museum nan Eilean** über Frühgeschichte, die gälische Sprache, Fischfang und das traditionelle Leben auf Lewis eröffnen. Schauen Sie sich die Lewis Chessmen an, ein Satz von 78 Schachfiguren aus Walrossstoßzähnen, die Ende des 12. Jh.s vermutlich in Norwegen hergestellt wurden und als die besterhaltenen mittelalterlichen Spielsteine gelten. 11 der Originalsteine besitzt das National Museum in ►Edinburgh, die anderen das British Museum in London.

Legen Sie eine Pause im Schlosscafé ein. Im Castle können Selbstversorger in den gehobenen Ferienwohnungen von Together Travel schick übernachten. **An Lanntair** heißt am Hafen das junge Kulturzentrum mit Galerie, Café und Kino. Und noch ein Tipp für Krimifreunde: die spannende »**Lewis-Trilogie**« des Schotten Peter May.

Museum nan Eilean: Di.–Sa. 10–17 Uhr | Eintritt frei
www.lews-castle.co.uk
€€€€ **Together Travel**: www.togethertravel.co.uk
An Lanntair: Kenneth St. | www.lanntair.com

Junger Scotch

Abhainn Dearg Distillery

Nach fast 200 Jahren kam 2011 in Uig an der Westküste der erste Whisky der Äußeren Hebriden auf den Markt. Mit viel Leidenschaft, aber ganz einfach wird in der einzigen Brennerei der Western Isles alles noch von Hand gemacht, und die Führung ist sehr persönlich.

Touren n. V. | £ 10
www.abhainndearg.co.uk

Mehr Hebriden-Feeling geht kaum

★ Blackhouse Village

Wie Bauern und Fischer früher in reetgedeckten dickwandigen Cottages am Meer lebten, können Sie nördlich im **Hebridendorf Gearrannan** nachvollziehen. Buchen können Sie auch eins der Häuschen mit Blick auf den Atlantik.

Dorf: April – Okt. Mo. – Sa. 9.30 - 17.30 Uhr | Erw. 3.10
Cottages: €€, Hostel: Bett ab 25 p. P. | Tel. 01851 64 34 16
http://gearrannan.com

OUTER HEBRIDES · WESTERN ISLES LEWIS UND HARRIS ERLEBEN

www.visitouterhebrides.co.uk
www.isle-of-lewis.com
www.explore-harris.com

STORNOWAY INFORMATION CENTRE

26 Cromwell Street, Stornoway
Isle of Lewis
Tel. 01851 70 30 88
www.welovestornoway.com

ZWEISPRACHIG

Gälisch ist auf den Western Isles sehr lebendig – Hinweisschilder sind überall zweisprachig, Ortsnamen oft auch nur in Gälisch angegeben.

Autofähren fahren täglich von Uig/Skye nach Tarbert, von Oban nach Lochboisdale und von Ullapool nach Stornoway, das von Glasgow aus auch angeflogen wird. Fast alle Orte auf der Doppelinsel Lewis und Harris sind gut per Bus erreichbar. Von Leverburgh auf Harris pendeln regelmäßig Fähren hinüber nach Berneray/North Uist.
www.calmac.co.uk

HARRIS TWEED

Katherine und Mairi suchen jedes Stück selbst aus: klassische Blazer mit abgestepptem Samtkragen, Sakkos und Westen in Fischgrät und Glencheck, Tweed-Mäntel als sichtbares Stil-Statement.
Sommer Mo. – Sa. 9.30 – 17.30
The Harris Tweed Company
Grosebay, Harris, ►Abb. S. 442
www.harristweedco.co.uk

SCARISTA HOUSE €€€€

Muscheln und Sand so weit das Auge reicht, das Hotel bietet Entspannung pur, die Küche ist vom Feinsten – probieren Sie die über Torffeuer geräucherten Jakobsmuscheln von der Insel Uist und das Lagavulin Sorbet.
Sgarasta Bheag, Isle of Harris
HS3 3HX, Tel. 01859 55 02 38
www.scaristahouse.com

BLUE REEF COTTAGES €€€

Steinzeithäusern gleich ducken sich zwei grasgedeckte Fels-Cottages an die atemberaubende Küste von West-Harris. Am Panoramafenster genießen Sie Sonnenuntergang, Adlerflug und Wolkentanz. Drinnen erwartet Sie nachhaltiger Selbstversorger-Luxus mit fair gehandelten Lebensmitteln.
Scarista, Isle of Harris HS3 3HX
Tel. 01859 55 03 70
www.stay-hebrides.com

CALADH INN €€€/€€

Das größte Hotel von Stornoway trennen nur 800 m vom Fährterminal. Schottische Spezialitäten und ausgezeichnetes Salatbuffet im Eleven Restaurant.
James Street, Stornoway
Isle of Lewis HS1 2QN
Tel. 01851 70 27 40
www.caladhinn.co.uk

ARDHASAIG HOUSE €€

Nur 4 km nördlich von Tarbert verwöhnen Katie Macaskill und ihr Team mit exquisiter Küche – der Hummer ist der Star der Show. Nette Zimmer im Tartanmuster.
Isle of Harris HS3 3AJ
Tel. 01859 50 25 00
http://ardhasaig.co.uk

OBEN: Seit fast 50 Jahren fertigt Donald John Mackay in Luskentyre den begehrten Harris Tweed.
UNTEN: Dahinter kommt nur noch die offene See. Laut Guinnessbuch der Rekorde ist der 1862 errichtete Leuchtturm am sturmumtosten Butt of Lewis der windigste Ort in ganz Großbritannien.

Reetgedeckte Hebridenhäuser

Blackhouse Museum

Bis 1966 wohnte eine Familie im **Crofthouse bei Arnol**, jetzt ein Museum mit Teestube und Shop. Die Bezeichnung »Blackhouse« kam erst 1850 auf, als die weiß verputzten Häuser vom Festland auf den Inseln Fuß fassten und sich markant gegen die dunklen, doppelwandigen Hebridenhäuser abhoben, wo Mensch und Vieh unter einem Dach lebten.
HES | 42 Arnol | April – Sept. Mo.,Di., Do. – Sa. 9.30 – 17.30, Okt. – März 10 – 16 Uhr | Erw. £ 7, Kinder £ 4

Urzeitlicher Wolkenkratzer

Dun Carloway Broch

Hoch über dem Dörfchen Carloway im Heidemoor thront als Relikt der Eisenzeit ein von keltischen Stämmen im 4. Jh. v. Chr. erbauter **Wehrturm** mit 16 m Durchmesser. Das 3 m dicke, doppelwandige Mauerwerk ist auf einer Seite bis in 10 m Höhe erhalten (HES).

Harris · Na Hearadh

Strandurlaub

Tarbert

Beim **Fährhafen** Tarbert sind Lewis und Harris zusammengewachsen. Vom 800 m hohen Hausberg Clisham reicht die Fernsicht bei klarem Wetter bis zum Festland. Von Tarbert aus umrundet die A 859 die wildromantische Westküste mit traumhaften Sandstränden am **Sound of Taransay**. Die aussichtsreiche, aber schmale Golden Road folgt der zerklüfteten Ostküste. In Luskentyre ist der Tweedweber Donald John Mackay zu Hause (s. links). Karibikfeeling mit türkisfarbenem Meer verspricht **Scarista Beach** zwischen Borve und Northon.

Schwerer Stoff

★ Harris Tweed

»Clo Mhor«, das »große Tuch«, nennen die Inselbewohner den begehrten Wollstoff, der wie kein anderer die Ursprünglichkeit seine Herkunft transportiert. Wie vor Jahrhunderten wird das warme wetterfeste Tuch auf Lewis, Harris, Uist und Barra in Heimarbeit gewebt. Das Rohmaterial liefern Inselschafe, meist Kreuzungen aus **Blackface und Cheviot,** die das ganze Jahr draußen grasen. Nach der Schur wird zuerst gefärbt und dann gesponnen. Seine Bekanntheit verdankt das Wolltuch der weitsichtigen Insellady Cathrine Dunmore, deren Mann kurz vor seinem Tod 1835 Harris gekauft hatte. Als Hofdame Queen Victorias nutzte sie ihre Beziehungen zum Hochadel so erfolgreich, dass Harris Tweed bald auf allen Landpartien getragen und zum textilen Synonym britischer Lebensart wurde. Echten Harris Tweed erkennen Sie am geschützten Label mit dem »**Orb**« aus Reichsapfel und Malteserkreuz. Heute wacht die Harris Tweed Authority mit Argusaugen über das Gütesiegel, gehen drei Viertel des Stoffes in den Export. 90 % produziert die Weberei **Harris Tweed Hebrides**. Authentischen Brit-Look in bester Qualität bekommen Sie bei der **Har-**

BARRA, BENBECULA, NORTH & SOUTH UIST ERLEBEN

WWW.ISLE-OF-NORTH-UIST.CO.UK
WWW.SOUTHUIST.COM
WWW.ISLEOFBARRA.COM

Autofähren fahren täglich von Uig/Skye nach Lochmaddy/North Uist und von Mallaig nach Lochboisdale/South Uist und Castlebay/Barra. Im Norden pendelt von Berneray/South Uist eine Fähre nach Leverburgh auf Harris. Von Benbecula fliegt Loganair nach ▶Edinburgh, ▶Glasgow, Stornoway, Sumburgh, ▶Inverness und Barra. Der Flugplan auf Barra richtet sich nach den Gezeiten. Flugzeuge können dort nur bei Ebbe abheben, da der Strand Tráigh Mhór als Startbahn dient.
www.calmac.co.uk

HEATHBANK €€€/€€
Nettes, kleines Familienhotel bei Castlebay mit leckerem Seafood
Northbay, Isle of Barra HS9 5YQ
Tel. 01871 89 02 66
www.barrahotel.co.uk

ISLE OF BARRA BEACH HOTEL €€€/€€
Das westlichste Hotel in Großbritannien hat einen Speisesaal mit spektakulärem Blick über den weißen Sand des Tangasdale Beach auf die Wellen des Atlantik. Unser Tipp: im hauseigenen kleinen Kino »Whisky Galore« oder »Tropic of Sheep« gucken. Für Selbstversorger und Familien empfiehlt sich das Bolt Hole Ferienhaus mit TV, iPod docking system und Küche samt Mikrowelle. Wer will, kann sich einen Mini oder ein E-Bike mieten und damit die Insel erkunden.
Tangasdale Beach, Tangasdale
Isle of Barra HS9 5XW
Tel. 01871 810 383
www.isleofbarrahotel.co.uk

ORASAY INN €€€/€€
Charmante Besitzer und tolle Fischgerichte. Das Fleisch stammt von eigenen Highland Cattles und Hebridenlämmern. Einfach göttlich: die Desserts, sehr nett: die 4 Zimmer.
Lochcarnan, Isle of South Uist HS8 5PD
Tel. 01870 61 02 98
www.orasayinn.co.uk

UIG SANDS RESTAURANT €€€/€€
Frischer Fisch, Hummer, geräucherter Lachs und saisonale Gerichte aus regionalen Zutaten bestimmen die Speisekarte in dem wunderschön gelegenen Restaurant mit fantastischem Ausblick auf die Uig Sands.
Timsgearraidh, Isle of Lewis
Tel. 01851 67 23 34
www.uigsands.co.uk

ris Tweed Company in Grosebay (▶S. 247). Traditionelle Schneider wie junge Labels arbeiten mit dem Stoff, auch Converse, Ralph Lauren und Walker Slater lassen die Webstühle auf Harris rattern.
Harris Tweed Hebrides: 25 North Beach St, Stornoway, Isle of Lewis | Tel. 01851 70 28 62 | www.harristweedhebrides.com

Inselhüpfen zwischen den Äußeren Hebriden

Atemberaubender Airport

★ Barra

Barra rühmt sich der weltweit einzigen **Landepiste auf einem Sandstrand**, der nur bei Ebbe angeflogen werden kann. Zweimal pro Tag kommt eine 19-sitzige Twin Otter aus ▶Glasgow. Mit Glück können sie ein Standby-Ticket nach Benbecula ergattern, bei gutem Wetter ein fantastischer **Sightseeing-Flug**. In Barras Hauptort **Castlebay** legen die Fähren von ▶Oban an. Mit dem Boot können Sie zum **Kisimul Castle** übersetzen. Ab 1314 herrschten hier die Barra Mac Neils, legendäre Seefahrer und Piraten. Ende des 18. Jh.s brannte die Burg aus und wurde erst in den 1940ern vom 45. Clanchief, einem amerikanischen Architekten, restauriert. Sein Sohn verpachtete die Burg für 1000 Jahre an Historic Scotland, weshalb heute die erstaunliche Wohnlichkeit in der von außen so abweisenden Festung zu besichtigen ist. **Seekajaktouren, Wanderungen und Felsklettern** bietet Clear Water Paddling in Castlebay.

Barra Airport: www.hial.co.uk/barra-airport
Kisimul Castle: HES | derzeit wegen Renovierung geschlossen
Clear Water Paddling: www.clearwaterpaddling.com

Nur bei Niedrigwasser: Wo normalerweise Muschelsucher am Meer entlangschlendern, landen auf Barra auch Propellermaschinen.

HELDIN DER HIGHLANDS

Nach der Niederlage von Culloden im April 1746 war »Bonnie Prince Charlie« monatelang auf der Flucht. Weil der Young Pretender als Nachfolger von Maria Stuart Anspruch auf die britische Krone erhob, die sein Großvater James II. verloren hatte, waren auf den Kopf des Prinzen stattliche £30 000 ausgesetzt. Er hetzte von Versteck zu Versteck in den Highlands und auf den Äußeren Hebriden, bis er auf South Uist der jungen Flora MacDonald begegnete. Eine Hochlandromanze?

Bis heute ist **Charles Edward Stuart** für viele Schotten eine Heldenfigur, die in vielen Volksliedern besungen wird.

»Bonnie Prince Charlie« nimmt Abschied von Flora MacDonald (G. W. Joy, 1746).

Der Prinz war in Italien aufgewachsen und von dem unerschütterlichen Vorsatz beseelt, die Krone für die Stuarts zurückzuerobern. Am 23. Juli 1745 erreichte er an Bord einer französischen Fregatte den Strand der Hebrideninsel Eriskay. In kurzer Zeit gelang es dem charismatischen Prinzen, die schottischen Clans zu mobilisieren und den Engländern bei Prestonpans eine empfindliche Niederlage zuzufügen. Mit Kilt, weißer Kokarde und dem Andreasstern zog er in Edinburgh ein. Nächstes Ziel sollte London sein. Doch bei Derby kam der Kriegszug ins Stocken. Die Highlander wollten zurück, um ihre Ernte einzubringen, die Generäle stritten sich. Das Heer des Prinzregenten zog sich nach Norden zurück, wo es schließlich am 16. April 1746 im sumpfigen Dumossie-Moor bei ►**Culloden** von den Engländern vernichtend geschlagen wurde. Das blutige Ende ging als Jakobitenaufstand in die Geschichte ein. Charles selbst als »**Bonnie Prince Charlie**« – der schöne Prinz Charlie. **Flora MacDonald** kam auf South Uist als Tochter eines Pachtbauern zur Welt. Sie war 24 bei ihrer Begegnung mit dem Prinzen. Ihr Stiefvater kommandierte auf Benbecula königliche Truppen und hatte Flora um Hilfe gebeten, ob aus Liebe zur jakobitischen Sache oder um den Zorn der Regierung zu vermeiden, falls der Prinz auf der Insel gefunden würde, bleibt ungeklärt.

Auf der Flucht

Als Floras »irische Magd Betty Burke« in Frauensachen verkleidet, stach der Prinz mit ihr am 27. Juni 1746 von Benbecula aus mit einem Ruderboot in See

Das Grab von Flora MacDonald in Kilmuir

»over the sea to Skye«. Dort hatten sie noch eine Begegnung mit Rotröcken zu überstehen, die sich über die klobigen Stiefel der »Magd« wunderten. In der Nähe von Arisaig bestieg der Prinz dann ein französisches Schiff, das absurderweise »L'Heureux« hieß. Zum Abschied überreichte er seiner Retterin in Portree eine Haarlocke mit den Worten: »For all that has happened, I hope, Madam, we shall meet at St. James'. I will reward you there for what you have done.« Doch es sollte kein Wiedersehen geben, nicht romantisch und schon gar nicht im Königspalast von London. Der verbitterte junge Prätendent haderte im römischen Exil für den Rest seines Lebens mit seinen verpassten Chancen. Eine echte Liebesbeziehung hatten die beiden übrigens nie, auch wenn es sehr romantisch wäre.

Mut und Treue

Flora wurde indes wegen Fluchthilfe auf Dunstaffnage Castle eingekerkert. Im Zuge einer Generalamnestie kam sie 1747 frei und heiratete Allan MacDonald. Als dieser sich mit seinem Clanchef verkrachte, wanderte das Paar 1774 nach Amerika aus, kämpfte auf britischer Seite im amerikanischen Unabhängigkeitskrieg, kehrte aber schließlich nach Schottland zurück. 1790 starb Flora MacDonald auf Skye und wurde in Kilmuir beigesetzt. Ihr viel besuchtes Grab trägt Dr. Samuel Johnsons Worte: »Ihr Name wird in der Geschichte erwähnt werden und, wenn Mut und Treue Tugenden sind, in Ehren genannt.«

Letzte Ausfahrt der Hebriden

Bishop's Isles

Menschenleere Strände, Lochs und zerklüftete Küsten mit bizarren Klippen haben auch die kleinen vorgelagerten Bishop's Isles, die meisten unbewohnt und mit einer wunderbar wilden Aura. Im Mittelalter übertrug James VI. sie dem Bischof der westlichen Inseln, damit sie der Piraterie abschworen. Einzig **Vatersay** ist bewohnt, weshalb es durch einen Damm mit Barra verbunden wurde. Bekanntester Exportschlager sind die Folk-Musiker der Vatersay Boys. **Mingulay** und andere Inseln sind nur von Vögeln und Robben bevölkert.

Mingulay Boat Trips: Bootstouren zu den Vogelinseln | 3 Std. ab £ 50 p. P. | www.mingulayboattrips.com | **Wassersport**: SUP-Verleih und Seekajaktouren zu Seehunden | Seekajak 3 Std./£ 45, pro Tag £ 90 www.barrasurfadventures.co.uk | Auftritt der **Vatersay Boys** in Glasgows Barrowland: www.youtube.com/watch?v=1VfoxVGO-mk

Wandern und Reiten

North Uist und Benbecula

Straßendämme verbinden North Uist mit Berneray im Norden sowie im Süden mit Benbecula und South Uist. Die meisten Inselbewohner leben im Fährhafen **Lochmaddy**, wo das **Taigh Chearsabhagh Museum & Arts Centre** mit Wechselausstellungen, Kreativkursen, Café und kleinem Shop über Kunst und Kultur der Äußeren Hebriden informiert. Zerklüftete Felsen, einsame Fjorde und kleine Seen bieten der Vogelwelt ideale Brutstätten, vor der Küste tummeln sich Robben, Otter und Seehunde. Rotwild, Zwergfalken, Kornweihen und Bussarde lassen sich im **Balranald Reserve** 5 km nördlich von Bayhead beobachten, das man auf einer zweistündigen markierten Wanderung erkunden kann. Ausritte am Strand, Sommercamps für Kids und Pferdefreunde bietet auf Benbecula die Reitschule in Balivanich.

Taigh Chearsabhagh Museum: Mo. – Sa. 10 – 16 Uhr | Erw. £ 3 www.taigh-chearsabhagh.or | **Uist Community Riding School**: Tel. 01870 60 28 08 | www.ridehebrides.org

Wildblumensommer

★ South Uist

Hauptort von South Uist ist der Fährhafen **Lochboisdale**. 12 km nördlich widmet sich das **Kildonan Museum** samt Café und Shop der Inselgeschichte und gälischen Sprache. Die Westküste ist ein fast durchgängiger, 40 km langer, schneeweißer Muschelstrand, eingerahmt von Dünen und den **Machairs**, die während der Wildblumenblüte zu unvergesslichen Wanderungen einladen. An der Ostküste im **Loch Druidbeg Reserve** leben viele Graugänse. Bei Askernish zeugen Ruinen vom Geburtshaus Flora MacDonalds, die »Bonnie Prince Charlie« zur Flucht verhalf. Ganz im Süden ist **Eriskay** durch einen weiteren Damm mit der Hauptinsel verbunden. Hier betrat der Prinz 1745 erstmals schottischen Boden (▶Baedeker Wissen S. 252).

Kildonan Museum: April – Okt. tgl. 10 – 17 Uhr | Erw. £ 3 https://kildonanmuseum.co.uk

INVERNESS

Council Area: Highland | **Einwohner:** 47 000

Für eine Stadt so hoch im Norden zwischen Wildnis und Ozean macht Inverness eine einladende Figur. Die unaufgeregte Hauptstadt der nördlichen Highlands ist gut zum Shoppen und Startpunkt des North Coast 500 Roadtrip, der den gesamten Norden der Highlands umrundet (▶Das ist Schottland S. 10).

Tor zu den Highlands

Schon die Pikten nutzten die geschützte Lage an der Mündung des Ness in den Moray Firth und machten den Seehafen zur Residenz ihres Reiches. Östlich vom viktorianischen **Castle**, das bis 2025 zur neuen Touristenattraktion umgebaut wird (www.spiritofthehighlands.com/future-of-castle-hill), soll Macbeth im 12. Jh. auf seiner Burg König Duncan ermordet haben – Anspruch auf das blutige Drama erhebt auch Schloss Cawdor (▶S. 258). Die Jakobiter hatten 1746 beim Kampf für die Herrschaft der Stuarts das mittelalterliche Schloss zerstört. Im Sommer können Besucher im Castle Garricon Encounter in die Rolle eines Soldaten aus der Schlacht von ▶Culloden schlüpfen. An der Esplanade erinnert eine Statue an **Flora MacDonald**, die »Bonnie Prince Charlie« zur Flucht verhalf (▶Baedeker Wissen S. 252).

❶ Boath House
❷ Contrast Brasserie
❸ The Mustard Seed
❹ Rajah

❶ Rocpool Reserve
❷ Moyness House

Wohin in Inverness?

Quirliges Stadtleben

Innenstadt

Ältestes Gebäude der Stadt ist das 1593 für die Familie Lovat erbaute **Abertarff House** in der Church Street. Im **Inverness Museum and Art Gallery** am Castle Wynd gibt es natürlich auch Erinnerungsstücke zur Entscheidungsschlacht, die den Traum der Highlander beendete, schließlich liegt ►Culloden vor den Toren der Stadt. Nebenan lässt sich das historische **Town House** mit Führungen besichtigen. Die neogotische **St. Andrew's Cathedral** aus dem 19. Jh. am Ufer des Ness ist dem Schutzpatron Schottlands geweiht. Das benachbarte **Eden Theatre** bringt Bühnenkunst in den hohen Norden. Die Ufer des Ness wurden fußgängerfreundlich ausgebaut, ein nettes Erlebnis sind die leicht vibrierenden Hängebrücken für Fußgänger.

Abertarff House: NTS, Mai – Okt. Fr. – Mo. 11 – 17 Uhr | Eintritt frei
Inverness Museum and Art Gallery: Di. – Do. 12 – 16, Fr., Sa. 11 – 16 Uhr | Eintritt frei | **Eden Court Theatre**: www.eden-court.co.uk

Inverness ist gut zum Shoppen. Wie wär's mit einem Einkaufsbummel in der Eastgate?

INVERNESS ERLEBEN

INVERNESS I-CENTRE
36 High Street, Inverness IV3 8RB, Tel. 01463 25 24 01
www.visitinvernesslochness.com

Flybe fliegt tgl. von Düsseldorf, Hannover und Stuttgart direkt nach Inverness. Alles unter einem Dach hat das Eastgate Shopping Centre, kleine Läden säumen Eastgate und High Street. Kilts und Kuschelpullover finden Sie im House of Fraser, Huntly St. 4 – 9. Die Arkaden des Victorian Market an der Queensgate beherbergen nette kleine Shops. »Simply the Best!« heißt es im Juni, wenn das Highland Festival mit Theater, Tanz, Comedy und Street Events gefeiert wird.

❶ BOATH HOUSE €€€€
Die preisgekrönte, 1825 von Archibald Simpson erbaute Regencyvilla, 5 Fahrminuten von Nairn, hat acht zauberhafte Zimmer und einen wunderschönen Garten. Im Gartencafé werden schottische und mediterrane Küche köstlich kombiniert. Beim Gourmetdinner blicken Sie auf Park und See, an dem Schwäne, Wildgänse und Enten nisten. Auf Wunsch Golf, Wildlifetouren und Rundfahrten auf den Spuren von »Outlander«.
Auldearn, Nairn IV12 5TE
Tel. 01667 45 48 96
www.boath-house.com

❷ CONTRAST BRASSERIE €€€
Die Gerichte aus regionalen Zutaten schmecken alle – bestellen Sie Wild aus den Highlands oder Muscheln und den Fang des Tages. Wer bleiben will: Das **Glenmoriston Townhouse** besitzt außerdem 30 hübsche Zimmer und in der Pianobar stehen über 250 schottische Whiskys zur Wahl.
20 Ness Bank, Tel. 0146 3 22 37 77
www.glenmoristontownhouse.com

❸ THE MUSTARD SEED €€
Das stimmungsvolle Senfkorn in einer ehemaligen Kirche am Ufer des Ness ist eines der angesagtesten und kreativsten Restaurants der Stadt – mittags und am frühen Abend (Pre Theatre) gute günstigere Menüs.
16 Fraser St, Tel. 01463 22 03 20
www.mustardseedrestaurant.co.uk

❹ RAJAH €
Mildes Kurma oder scharfes Madras Curry? Das beste indische Restaurant der Stadt hat authentische Gerichte.
2 Post Office Ave, Tel. 01463 23 71 90
www.rajahinverness.com

❶ ROCPOOL RESERVE €€€€/€€€
Im preisgekrönten georgianischen Herrenhaus unweit vom Schloss haben die luxuriösen Zimmer Wellnessbäder. Im bistroähnlichen **Rocpool Restaurant** Ecke Young St/Ness Walk ist Qualität ebenfalls Trumpf.
14 Culduthel Road, Inverness IV2 4AG, Tel. 01463 24 00 89
http://rocpool.com

❷ MOYNESS HOUSE €€
Die charmante viktorianische Villa, einst Heim des Hochlandschriftstellers Neil Gunn, besitzt sechs geräumige hübsche Zimmer und einen kleinen Garten.
6 Bruce Gardens, Inverness IV3 5EN, Tel. 01463 23 66 24
https://moyness.co.uk

Jacobite Cruises

Monstertrip

An Bord eines Dampfschiffs oder im schnellen Katamaran – mit den Jacobite Cruises können Sie von Inverness aus auf dem **Loch Ness** und dem ►Caledonian Canal rumschippern, die fantastische Hochlandszenerie genießen und nach Dino Nessie Ausschau halten.

Abfahrt: Kanalschleuse Dochgarroch Lock, 8 km südl., und Clansman Harbour am Loch Ness, z. T. mit Bustransfer aus Inveress
Touren 50 Min. bis 3 Std. | Erw. £ 18–37 |www.jacobite.co.uk

Rund um Inverness

Fort George

Mit militärischer Präzision geplant

Durch seine Doppelfunktion als Militärbasis und Touristenattraktion liefert die Festung historische Einblicke, lässt aber auch erahnen, wie es Soldaten heute dort geht. Um die bei ►Culloden besiegten Hochländer kontrollieren und Repressalien für die Rebellion durchsetzen zu können, wurde 1748 von den Engländern mit einer **Artilleriefestung** auf der Landspitze westlich von Nairn begonnen. 20 Jahre dauerte es, bis das gewaltige Fort mit Kasernen und Offizierskasino stand, das bis zu 1600 Fußsoldaten aufnehmen konnte. Schwenkbare Kanonen sicherten Bucht und Land. Einziger Eingang war eine lange Holzbrücke. Angriffe musste die Festung allerdings nie abwehren. Heute ist hier das Blackwatch-Regiment stationiert. Das **The Highlanders' Museum** widmet sich den Jakobitenaufständen und dem Hochlandregiment.

HES | tgl. April – Sept. 9.30–17.30, Okt.–März 10 –16 Uhr | Erw. £ 9.50

Cawdor Castle

Shakespeare was here – or not

Gut 10 km nordöstlich von ►Culloden spielte sich in der 1606 von William Shakespeare verfassten, blutigen Tragödie 1040 die Ermordung König Duncans durch **Macbeth**, den »Than of Cawdor«, ab. Tatsächlich wurde das Schloss aber erst im späten 14. Jh. erbaut, und Duncan fand in der Schlacht von Elgin durch Macbeth den Tod. Laut Legende wurde dem ersten Than of Cawdor im Traum befohlen, er solle seine Burg genau dort errichten lassen, wo ein von ihm mit Gold beladener Esel sich niederlassen würde. Gesagt, getan, wählte das Tier einen schönen Weißdorn zur Rast. Der auf 1370 datierte Stamm eines Weißdorns bei der Burg soll der Wegweiser für den Than gewesen sein, hier seine Festung zu bauen. Der mittelalterliche Zentralturm wurde im 16. Jh. zum Bilderbuchschloss mit **zauberhaftem Garten** erweitert – heute im Besitz von Lady Cawdor. Erwartungsgemäß gibt es eine **Shakespeare-Sammlung** und kostbare Stilmöbel. Im Sommer überlassen die Bewohner das ganze wunderbare Terrain den Besuchern.

Mai – Sept. tgl. 10 – 17.30 Uhr | Erw. £ 13.50, Kinder £ 7.50
www.cawdorcastle.com

Macbeth hat seine Schuldigkeit getan. Tausende von Besuchern wollen jeden Sommer Shakespeares Cawdor Castle samt seinem entzückenden Garten sehen.

KINTYRE

Council Area: Argyll and Bute

Nach der Trennung der Beatles zog Paul McCartney auf die Halbinsel zwischen Islay und ▸Arran. Der begnadete Melodienerfinder setzte sich in die Küche, nahm die Gitarre zur Hand und es entstand »Mull Of Kintyre«. Für den richtigen Sound sorgten die Bagpipes aus Campbeltown. Allein in England wurde der Song mehr als 2 Millionen Mal verkauft – das hatten bis dato nicht einmal die legendären Pilzköpfe geschafft. Heute erkunden Wanderer auf dem Kintyre Way die Westküste, kommen Scotch Fans zum Tasting in die ehemalige »Whiskyhauptstadt der Welt«.

Grüne Hügel und steile Klippen, viel Sandstrand und wenige Touristen – Kintyre ist das ideale Ziel für Individualisten. Eine Viertelstunde brauchen die Fähren von Portavadie/Cowal nach **Tarbert**. Anfang Juli feiert das Wassersportzentrum am Loch Fyne, das einst wichtiger Stützpunkt der Heringsfischerei war, das Seafood Festival mit

KINTYRE ERLEBEN

WWW.EXPLORE CAMPBELTOWN.COM

»TOTE TRINKEN KEINEN WHISKY«

Flüssiges Gold, Dudelsäcke und wilde Landschaften – In ihrem 5. Fall hat Pippa Bolle drei Todesfälle und die Herkunft von Millionen Litern illegalen Whiskys aufzuklären. Zwischen Leichen und Flunkereien packen die utorinnen Auerbach & Keller viel Wissenswertes zu Land und Leuten in Kintyre (List 2014).

THE ANCHORAGE BISTRO €€

Kleines preisgekröntes Fischrestaurant direkt am Fährhafen mit kreativer Küche. Unser Tipp: die Muscheln von der Westküste in Weißwein.
Harbour Street, Tarbert
Tel. 01880 82 08 81
Di., Mi. Ruhetag
https://anchoragetarbert.com

ANCHOR HOTEL & SEA BED RESTAURANT €€€/€€

Moderne Zimmer und das Fischrestaurant mit Hafenblick machen den Anker zum guten Standquartier – bestellen Sie Austern aus dem Loch Fyne und fangfrische Langusten.
Harbour Street, Tarbert PA29 6 UB, Tel. 01880 82 05 77
https://lochfyne-scotland.co.uk

Viel Grün und tolle Strände

bunten Karnevalsumzügen. Südlich bei Kennacraig legen die Fähren nach Islay (▶Hebriden) ab. Auf dem **Kintyre Way** kann man nicht nur einfach wandern, sondern auch **Geocaching** betreiben – bei der modernen Art Schnitzeljagd wird per GPS-Daten ein Schatz gesucht. An der eher einsamen Ostküste blühen in den viktorianischen **An Ceardach Gardens** im Frühjahr über 1000 Rhododendren und Azaleen.
https://tarbertlochfyne.com | https://thekintyreway.com | https://carradales.com/2019/05/an-ceardach-gardens-near-carradale-kintyre/

★ Campbeltown

Einst Whiskyhauptstadt der Welt

Dreimal pro Woche kommt im Sommer die Fähre von Ardrossan. Erst das Steuergesetz von 1823 machte legal gebrannten Whisky profitabel (▶Baedeker Wissen S. 268 – 271). Fast 30 Brennereien waren Mitte des 19. Jh.s an der Longrow in Betrieb. Heute produzieren noch Glen Scotia, Glengyle und die **Springbank Distillery** der Familie Mitchell – sensationell: der nach Seeluft duftende 21 Jahre alte Springbank. Die gesamte Produktion wird in der Destille gefertigt, heutzutage eine Seltenheit. Springbank ist zudem die älteste schottische Brennerei in Familienbesitz. Im Sommer informiert das **Heritage Centre** in der ehemaligen Longrow Church über die viktorianischen Whiskybarone und St. Kieran, den »Apostel von Kintyre«. Im August lockt das Mull of Kintyre Music Festival. Tipp für Golfer: Der **Championship**

Course Machrihanish bietet eine atemberaubende Aussicht aufs Meer. Hier lädt auch ein kilometerlanger Sandstrand zum Baden ein.
Mull of Kintyre Music Festival: www.mokfest.com
Brennerei-Tour: Springbank Mo.– Fr. s. Website | Erw. £ 10 | www.springbank.scot | **Machrihanish Golf Club**: www.machgolf.com

Der Nebel rollt vom Meer herein

Mull of Kintyre

Der Weg an die Südspitze von Kintyre dauert eine gute Autostunde oder eine Woche, wenn Sie auf dem Kintyre Way wandern. Mit einem Fußabdruck im Stein soll in **Southend** belegt sein, dass der irische Mönch **St. Columba** hier 563 erstmals schottischen Boden betrat. Die See um das Kap ist rau. »Oh, mist rolling in from the sea« – wie der Song von Paul McCartney bestätigt, sind häufig aufziehende dichte Nebel typisch. Den besten Blick hinüber bis zur nordirischen Antrimküste gewährt an klaren Tagen der Weg zum einsamen **Leuchtturm** am Mull of Kintyre.

Sie lieben das Meer? Weite schauen, Wind in den Haaren und die Füße im Sand? Am Strand der Dunaverty Bay bei Southend können Sie herrlich spazierengehen.

Die Insel gehört uns!

Isle of Gigha

Von Tayinloan setzen Fähren nach Ardminish auf der nur 10 km langen grünen Insel über, die 2001 von den Bewohner für £ 4 Mio. gekauft wurde. Nach schwierigen Zeiten ist das Eiland mit schönen Stränden, dem guten Boathouse Restaurant, Gigha Hotel sowie Cottages für Selbstversorger und drei B & Bs ein romantisches Ziel geworden. Jede Menge Wassersport wird angeboten. Seltene subtropische Pflanzen und farbenprächtige Rhododendren wachsen im **Achamore Garden**, den Sir James Horlick 1944 anlegte (www.visitgigha.org.uk).

★★ LOCH LOMOND, LOCH KATRINE & TROSSACHS

Council Areas: Argyll & Bute, West Dunbartonshire, Stirling, Perth and Kinross

Nur 20 km trennen ▶Glasgow vom größten See der Britischen Inseln und Trinkwasserreservoir der schottischen Großstädte. Wie die Berliner an den Wannsee, so zieht es die Glaswegians an die »bonnie, bonnie Banks of Loch Lomond«.

Schönster See der Schotten

»Die Königin der schottischen Seen« wurde 2003 zusammen mit den Trossachs zum ersten Nationalpark des Landes erklärt. Im Süddelta bilden Dutzende von Inseln ein fantastisches Labyrinth für Freizeitskipper. In **Balloch** lassen sich neben dem Einkaufszentrum Loch Lomond Shores im **Loch Lomond Sea Life Aquarium** Muränen, Clownfische und Otter bestaunen. Am Balloch Pier kann der 1953 vom Stapel gelaufene Raddampfer »**Maid of the Loch**« besichtigt werden. Im Park des 1808 erbauten **Balloch Castle** blühen Ende Mai farbenprächtige Rhododendren und Azaleen, im Juli finden hier die Balloch Highland Games statt. Zwischen April und Oktober schippern Ausflugsboote vom Bilderbuchdörfchen **Luss** zum ruhigeren Ostufer bei **Balmaha**. Von **Rowardennan** können Sie den 976 m hohen **Ben Lomond** besteigen oder ein Stück auf dem West Highland Way wandern können, der hier dem Ufer folgt. Begonnen hatte der Tourismusboom im 19. Jh. mit den Bestsellern von Sir Walter Scott (▶Interessante Menschen). Seine Leser wollten mit eigenen Augen die Schönheit der »Queen of the Scottish Lakes« bestaunen. Dank seiner Forellen, Lachse und Felchen ist der See auch beliebtes Anglerrevier.

LOCH LOMOND, LOCH KATRINE & TROSSACHS ERLEBEN

www.lochlomond-trossachs.org
www.lochkatrine.com

BALLOCH I-CENTRE
Old Station, Balloch Road, Balloch G83 8SS, Tel. 01389 75 35 33

BALMAHA VISITOR CENTRE
Car Park, Balmaha G63 0JQ
Tel. 01389 72 21 00

ABERFOYLE I-CENTRE
Main Street, Aberfoyle FQ8 3QU
Tel. 01877 38 12 21

SCHIFFSTOUREN
www.cruiselochlomond.co.uk
www.sweeneyscruiseco.com

ÜBER DEN WOLKEN
Rundflüge sind immer ein Erlebnis. Mit dem Wasserflugzeug der Loch Lomond Seaplanes fliegen Sie entlegene Winkel und versteckte Buchten des Loch Lomond an – fantastisch!
Loch Lomond Seaplanes
am Steg von Cameron House
Tel. 01436 67 50 30, Erw. ab £ 130
www.lochlomondseaplanes.com

CAMERON HOUSE €€€€/€€€
Das Herrenhaus am Südende des Loch Lomond bietet eine fantastische Küche von einfachen Fischgerichten im Boat House bis zum michelinbesternten Lokal von Martin Wishart. In der Great Scots Bar stehen 270 Malt Whiskys zur Auswahl. Atemberaubend sind der 18-Loch-Meisterschaftsgolfplatz The Carrick und der preisgekrönte Spa mit Infinitypool, Sauna und Hammam auf der Dachterrasse. Zum Programm gehören auch Segeln, Quad Biking und Bootsausflüge.
Loch Lomond, Dunbartonshire
G83 8QZ , Tel. 01389 75 55 65
www.cameronhouse.co.uk

MONACHYLE MHOR €€€
Preisgekrönt ist die saisonale Speisekarte von Tom Lewis in einem Farmhaus des 18. Jh.s am Loch Voil im nördlichen Bereich des Nationalparks. Das Schweinefleisch kommt von der eigenen Farm. Geboten werden auch Seafood-Kochkurse, Hirschjagd, Highlandsafaris und knuspriges Bauernbrot zum Mitnehmen.
Balquhidder FK19 8PQ
Tel. 1877 38 46 22 http://mhor.net

LODGE ON LOCH LOMOND €€€
Genießen Sie den tollen Blick auf Loch Lomond und lassen Sie sich im Colquhoun's Restaurant mit lokalen Köstlichkeiten verwöhnen. Speedboat- und Kanu-Touren, Wakeboard, Wasserski, SUP, Kajak- und Bootsverleih.
Luss, Argyll G83 8PA, Tel. 01436 86 02 01, www.loch-lomond.co.uk
www.lochlomondwakeboard.com

GLENVIEW B & B €€
Drei hübsche helle Zimmer – eines davon mit Himmelbett –, tolles Frühstück und ein großer Garten, nur zwei Gehminuten vom Seeufer.
Main Street, Luss, Loch Lomond
G83 8PA, Tel. 01389 52 88 78
www.glenview-luss.co.uk

MHOR FISH €
Knusprige Fish & Chips und fangfrische Meerestiere zum kleinen Preis
75-77 Main St, Callander
FK17 8DX, Tel. 1877 33 02 13
http://mhor.net

OBEN: Seeluft schnuppern? Der Park von Balloch Castle reicht bis zum Südufer des viel besungenen Loch Lomond. UNTEN: Im urigen Drovers Inn am Nordufer soll angeblich schon Rob Roy gezecht haben.

Mit einer jungen Version des uralten Volksliedes »**On the bonnie, bonnie banks o' Loch Lomond**« landete Schottlands erfolgreichste Rockband Runrig auf Platz 1 in den Charts. Erzählt wird von zwei Soldaten nach dem Jakobitenaufstand 1746. Der eine soll in Carlisle hingerichtet werden, der andere darf frei zum Loch Lomond zurückkehren. Die melancholische Weise wurde ein Synonym für das Heimweh der Auswanderer nach dem schottischen Hochland.
Loch Lomond Shores: tgl. 10 – 17 Uhr | www.lochlomondshores.com
Loch Lomond Sea Life Aquarium: Drumkinnon Tower, Ben Lomond Way, Balloch | Tagesticket ab £ 14.35 | www.visitsealife.com/loch-lomond
Besichtigung des 2022 sanierten **Raddampfers »Maid of the Loch«** nur mit Führung: April – Okt. Sa./So. 11 – 16 Uhr | www.maidoftheloch.org
Balloch Castle: Park Eintritt frei | **Highland Games**: www.llhgb.com

Willkommen an Bord

★ Loch Katrine

Am Trossachs Pier legen der Raddampfer »**Sir Walter Scott**« und die »**Lady of the Lake**« zu Rundfahrten über den Loch Katrine ab. Den herrlichen Uferweg nach Stronachlacher sollten Sie per Rad erkunden. Oder nehmen Sie Ihr **Fahrrad** mit an Bord der Raddampfer und radeln Sie zurück. Katrine Wheelz vermietet am Trossachs Pier Mountainbikes, Tandems, E-Bikes, Helme und Kindersitze.
Rundfahrten: April – Sept. 45 Min. Erw. £ 15, Kinder £ 9.50, 2 Std. £ 23 bzw. £ 13 | www.lochkatrine.com | **Katrinewheelz**: Fahrrad Erw. ab £ 30 pro Tag | www.katrinewheelz.co.uk

Schottlands Robin Hood

★ Trossachs

Mit »**Rob Roy**« lieferte Sir Walter Scott den schottischen Robin Hood. Robert MacGregor war Viehhändler, bevor sein verschuldeter Hof vom Duke of Montrose gepfändet und die Familie vertrieben wurde. Rob Roy wurde zum legendären Outlaw und Stoff für Hollywood – zuletzt spielte Liam Neeson den Helden der Highlands. Im richtigen Leben starb Rob Roy übrigens völlig unspektakulär 1734 in seinem Bett. Sein Grab ist auf dem Friedhof von Balquhidder. Den Spuren des Outlaw können Wanderer auf dem **Rob Roy Way** durch die bewaldeten, wildromantischen Schluchten der Trossachs folgen.
www.lochlomond-trossachs.org

Outdoor-Outfit und super Seafood

Callander

Frischen Fisch serviert **Mhor Fisch** in der Main Street (►S. 263), Wollwaren und einen gut sortierten Whiskyshop hat die **Kilmahog Woollen Mill** in einer 250 Jahre alten Wassermühle, tgl. 9 – 16 Uhr.

Wirbelnde Wasser

Falls of Dochart

Rund 30 km nördlich von Callander stürzen bei der alten Brücke von **Killin** die Dochart-Fälle zu Tal. Dabei handelt es sich weniger um einen Wasserfall als um mächtige **Stromschnellen**.

Für Fans der Outlander-Serie

Doune Castle

10 km östlich von Callander steht Doune Castle, der eindrucksvolle Stammsitz der Earls of Moray aus dem 14. Jh., bekannt als Filmkulisse für den Monty-Python-Klassiker »Die Ritter der Kokosnuss« und Game of Thrones. In **Outlander** ist die gut erhaltene Burg als Castle Leoch Sitz des MacKenzie-Clans – wer will, kann eine von Sam Heughan (Jamie Fraser) erzählte Audiotour machen.

Doune Castle: HES | tgl. April – Sept. 9.30 – 17.30, Okt. – März 10 – 16 Uhr | Erw. £ 9.50

★★ MALT WHISKY TRAIL

Council Area: Highland, Moray

Der flache Speyside ist zwar nicht so spektakulär wie die Highlands. Dafür können Sie hier von Brennerei zu Brennerei pilgern und Schottlands wichtigsten Exportartikel verkosten: den Scotch. Whisky kann nach Karamell schmecken und nach Zimt, Schokolade, Seeluft, Torffeuer oder zu Hause. Manchmal auch alles zusammen oder nach etwas ganz anderem, das Sie gerade nicht so richtig definieren können. Macht nichts, es reicht, wenn es Ihnen gefällt.

» Schottischer Whisky? Wenn du ihn in deiner Hand hältst, ist er der Puls einer kleinen Nation. «

Robin Laing, schottischer Folksänger

Wasser des Lebens

An den Ufern des Spey ist es schlicht unmöglich, dem Whisky aus dem Weg zu gehen. Die Destillen-Dichte ist zu hoch. Mehr als die Hälfte aller schottischen Brennereien liegt hier (►Das ist Schottland S. 22). Aus dem **Speyside** kommen eher milde, delikate Whiskys mit wenig Torfaroma, fruchtig-würzig und oft sehr komplex. Zum 110 km langen Whisky Trail gehören acht **Traditionsbrennereien**: Schilder mit den typischen **Kilns**, den pagodenförmigen Darretürmen, führen nach Benromach, der kleinsten Brennerei des Speyside. Es folgen Cardhu, die historische Dallas Dhu Distillery (►S. 138), Glenfiddich, The Glenlivet, Glen Grant, Glen Moray und Strathisla, die älteste Brennerei Schottlands. Alle bieten Führungen und wenn das Whisky Festival stattfindet, ist besonders viel los. Pro Standardtour sollten

MALT WHISKY TRAIL ERLEBEN

HTTPS://MORAYSPEYSIDE.COM

WHISKY FESTIVALS
Beim Spirit of Speyside Festival Anfang Mai und beim Autumn Speyside Whisky Festival in Dufftown Anfang Sept. haben Sie ausgiebig Gelegenheit, sich die Destillerien anzuschauen und das »Uisge Beatha« zu probieren.
www.spiritofspeyside.com
www.dufftown.co.uk

SPEYLARDER
Der Feinkostladen am Spey ist ideal, um sich mit Käse, Brot und Chutney, Kuchen, Wein und Kaffee für ein Picknick am Flussufer auszurüsten.
98 High Street, Aberlour
www.speylarder.com

WALKER SHORTBREAD
In Aberlour produziert die Familie Walker bereits in der dritten Generation die berühmten Biscuits, Shortbreads und Oatcakes, die zu jedem Afternoon Tea gehören. Bis heute werden sie nach dem überlieferten Rezept von Joseph Walker gebacken, der 1898 die erste Dorfbäckerei an der High Street eröffnete.
www.walkersshortbread.com

CRAIGELLACHIE HOTEL OF SPEYSIDE €€€
Das viktorianische Landhaushotel, dessen geschmackvolle, helle Zimmer auf die Flüsse Spey und Fiddoch blicken, ist eine Institution. Das Pub-Restaurant Copper Dog serviert leckere regionale Spezialitäten und süffiges Craft Bier lokaler Brauerein, Freitag- und Samstagabend gibt's Livemusik – und es gibt auch Tische draußen. In der Quaich Bar warten über 1000 Single Malt Whiskys aus aller Welt, werden super Cocktails gemixt und auch private Tastings veranstaltet.
Victoria St, Craigellachie AB38 9SR, Tel. 01340 88 12 04
https://craigellachiehotel.co.uk

THE HIGHLANDER INN €€/€
Saftig gegrillte Steaks von Aberdeen-Angusrindern mit Portobello-Pilzen sowie leckere Beef-Burger
Craigellachie AB38 9SR
Tel. 01340 88 14 46
www.whiskyinn.com

THE MASH TUN €€/€
Fünf nette Zimmer, benannt nach Speyside Malts. Einmalig an der Whisky Bar sind die Family Casks aus 50 Jahren – die »Drams« kosten von £ 5 bis £ 1500!
8 Broomfield Square
Aberlour AB38 9QP
Tel. 01340 88 17 71
www.mashtun-aberlour.com

Sie eine gute Stunde einplanen. Jede Brennerei hat ihren eigenen Charakter, aber niemand wird entlassen ohne ein »wee dram«, das obligatorische Gläschen Scotch. Fast drei Viertel vom Verkaufspreis des Whisky gehen als Steuer in den Staatssäckel. Der Scotch ist daher im Ursprungsland nicht unbedingt günstiger.
https://maltwhiskytrail.com

THE SPIRIT OF SCOTLAND

Nationalgetränk und Exportartikel Nummer eins ist der schottische Whisky. Gut eine Milliarde Pfund spült der hoch besteuerte Scotch alljährlich in die Staatskasse. Die meisten der rund 130 Destillerien liegen im Speyside, wo berühmte Marken wie The Glenlivet, Glenfiddich und Macallan zu Hause sind.

▶ **Herstellung von Scotch Whisky**

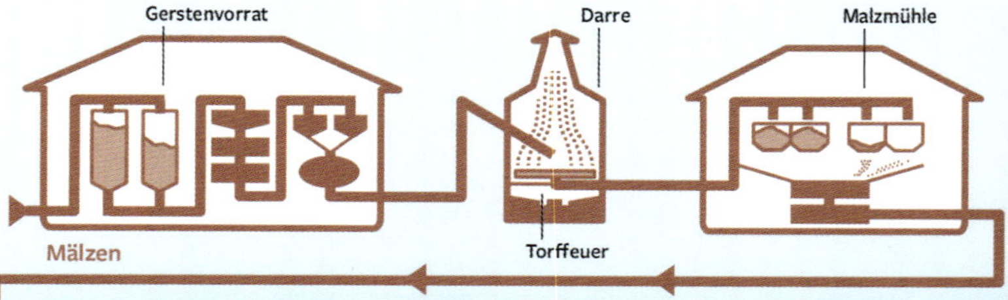

Beim Mälzen der Gerste wird die im Korn eingeschlossene Stärke in Zucker umgewandelt. Dann wird das Malz mit örtlichem Quellwasser zur Maische vermischt, in der sich der Zucker löst. Die süßliche »Würze« wird mit Hefe in hölzernen Washback-Behältern fermentiert, wobei sich der Zucker in Alkohol umwandelt.

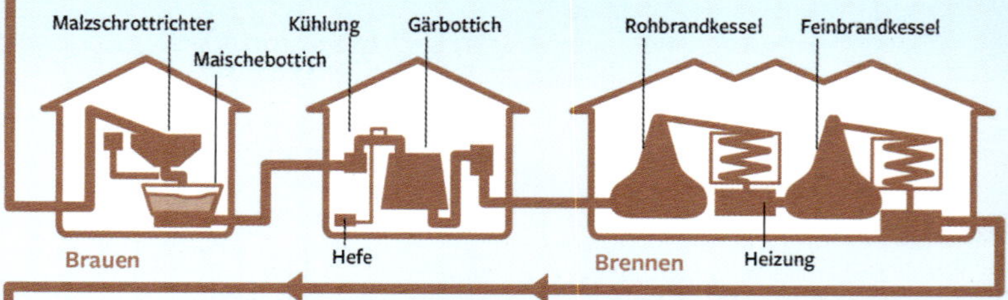

Schließlich folgt eine zweifache Destillation in großen kupfernen Brennblasen, den »Pot stills«. Bei der ersten Destillation entstehen die 20- bis 25-prozentigen Low Wines. Bei der erneuten Destillation im »Spirit Still« wird nur aus dem reinen Mittellauf, dem »Centre Cut«, die fertige Spirituose mit ca. 68 % Alkohol erzeugt.

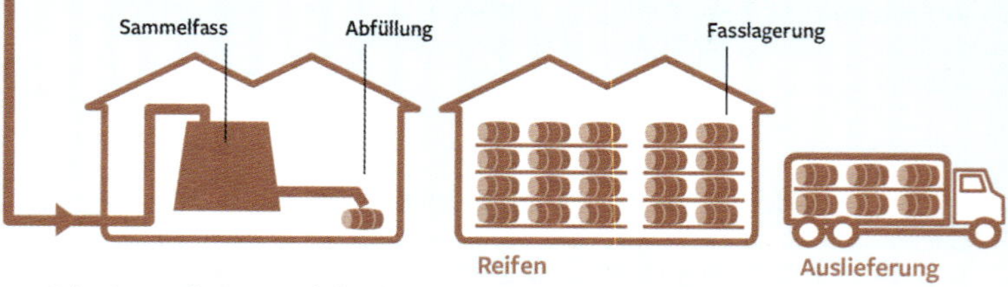

Seine Bernsteintönung erhält Whisky durch die Lagerung in Eichenfässern. Pro Jahr verliert er durch Verdunstung bis zu 2,5 % Alkohol, den »Angels' Share«. Jeder Scotch muss mindestens drei Jahre unter Zollverschluss reifen, aber die meisten lagern 8, 12 oder 15 Jahre im Holzfass.

Tak aff your dram!

Das ursprüngliche Trinkgefäß für Whisky war der »Quaich« (»Trinkschale der Freundschaft«), der an zwei Griffen in einer Runde herumgereicht wurde. Zuerst war der Quaich nur aus Holz, später aus Horn und ab dem 17. Jh. auch aus Messing, Zinn oder Silber. Um Whisky zu probieren, eignet sich am besten ein Nosing-Glas mit weitem Bauch und engem Rand, das die Aromen konzentrierter einfängt.

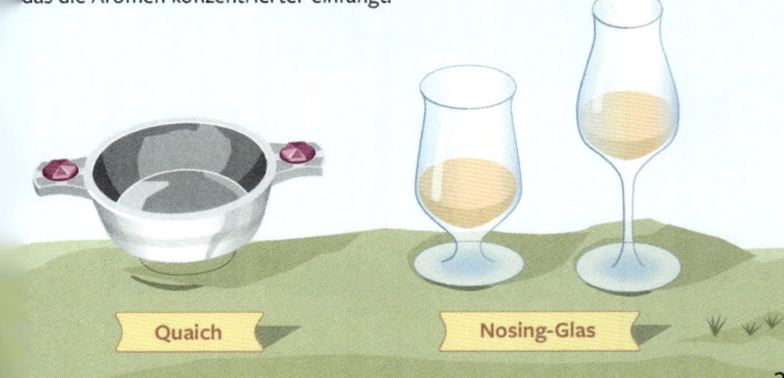

BRENNENDE LEIDENSCHAFT

Schon Nationalbarde Robert Burns meinte, »Freiheit und Whisky gehören zusammen.« Ein Getränk für alle, ohne sozialen Unterschied. Begrüßung oder Abschied, Geschäftsabschlüsse, Hochzeiten oder Beerdigung – immer wird mit einem »Dram« angestoßen, einem Schluck Scotch.

Schottischer Whisky wird aus torfrauchgetrockneter **Gerste, Hefe und Quellwasser** gemischt und zweimal gebrannt (▶Herstellung S. 268). Die Iren brennen dreimal. Die Amerikaner nehmen für ihren Bourbon Roggen und Mais und füllen ihn ausnahmslos in neue Eichenfässer ab. Diese **gebrauchten Fässer** kaufen die Schotten und lassen ihren Malt darin reifen. Je geduldiger die Brenner und Blender auf die Reifestunde warten, desto aromatischer und wertvoller wird ihr eingelagerter Schatz. Die Art der Befeuerung und Form der kupfernen Pot stills beeinflussen bei der Destillation den besonderen Charakter des einzelnen Malt. Jede Brennerei hält daher exakt an ihren **traditionellen Kesselformen** fest. Beim Austausch von Brennblasen wird sorgfältig darauf geachtet, dass die alten Formen und Größen, Gerüchten zufolge sogar die Beulen, genau nachgebaut werden. Das Kupfer reagiert während der Destillation mit Sauerstoff und trägt somit ebenfalls zum Geschmack bei. Hohe und schlanke Brennblasen wie z. B. bei Glenmorangie geben einen leichteren, kleine und dicke Brennblasen wie z. B. bei Lagavulin einen schwereren Whisky. Bei der Destillation werden der zuerst verdampfende giftige Methyalkohol im Vorlauf und die höher siedenden Fuselöle, der Nachlauf, sorgfältig abgetrennt.

Das »Wasser des Lebens« – rauchig, torfig, würzig, blumig ...

Das Kunststück erfahrener Brennmeister ist, im optimalen Moment für den Mittellauf auf den Spirit Receiver umzustellen, wo der Rohwhisky gesammelt wird – inzwischen oft per Computer gesteuert. Erst nach Freigabe durch den Zollbeamten wird die farblose Spirituose in Sherry- oder Bourbonfässer abgefüllt, die einen nussigen Geschmack, Karamelltöne oder Tannine verleihen. Bei der Flaschenabfüllung darf der Whisky nur mit Wasser und Alkoholkaramell angereichert werden. Niedrigste Konzentration für Scotch Whisky sind 40 % Alkoholgehalt.

Bei der **Distiller's Edition**, die ausgesuchten Malts eine zusätzliche Komplexität verleiht, folgt eine zweite Reifung in einem anderen Holzfass, das zuvor süße Sherry- oder Portweine enthielt. Beim **Manager's Choice** wird ein einziges Fass vom Manager der Destille zur Abfüllung in ungewöhnlichen Fasshölzern auserkoren, die zu überraschenden Geschmacksnoten führen. Pro Fass und Abfüllung gibt es nur 200 bis 600 Flaschen weltweit – ein seltener Hochgenuss für Liebhaber und Sammler.

Slàinte!

Also zum Wohl! Aber wie mundet der Scotch am besten? Das kann mitunter zur Glaubensfrage werden. Dabei eignet sich kein Getränk weniger für Bevormundungen als ein schottischer Malt. Außerdem geht es nur um eins: das Genießen. Schwenken Sie beim Tasting das Glas, um Farbe, Lichtreflexe und Glashaftung zu betrachten. Nun prüfen Sie Aromen wie Rauch und Torf, frisches Heidekraut, Seetang, Vanille oder Honigsüße mit der Nase. Erst dann sollten Lippen, Zunge und Gaumen die ganze Geschmacksvielfalt erspüren. Nehmen Sie sich Zeit und lassen Sie den Nachgeschmack ausklingen. Wer will, kann dem Malt ein paar Tropfen Wasser zufügen. Und dann halten Sie es am besten mit Robert Burns: »Tak aff your dram!« Die Gläser erhoben: Auf Schottland und sein Bestes!

Für Whiskyfreunde ...

und solche, die es werden wollen, empfehlen sich die Standardwerke wahrer Whiskykenner wie Dave Broom, Jim Murray und Charles MacLean. Sie haben fast alle Malts beschrieben, berichten über Brennverfahren, Abfüllungen und Geschmack des Whisky. News, Events und gute Links gibt es unter https://scotchwhisky.com und www.whiskymag.com. Whiskyreisen zum Selberfahren oder mit Chauffeur inklusive schöner Hotels und toller Tastings arrangiert Reisekultouren (www.reisekultouren.de). Folk und Whisky sind die beiden Leidenschaften von Liedermacher Robin Laing, der mehrere Songs und drei Bücher mit Liedern, Gedichten und Geschichten um Schottlands »Beitrag zur Menschlichkeit« verfasst hat, www.robinlaing.com.

Hauptstadt des Malt

Dufftown

Eine Urkunde der Edinburgher Nationalbibliothek belegt, dass 1494 ein gewisser John Cor acht Bollen gemälzte Gerste orderte, um Aqua vitae herzustellen. Das »Lebenswasser« der Schotten ist also über 500 Jahre alt. Im Speyside wurden im frühen 19. Jh. fast 200 Brennereien illegal betrieben, überall dort, wo es reines Quellwasser gab und die englischen Steuereintreiber eher fern blieben. Die gut organisierten Schmuggler versteckten Flaschen in Särgen, lagerten Fässer in unzugänglichen Höhlen, bildeten eigene Bürgerwehren. Und da der Brennvorgang viel Rauch erzeugte, warf man nur nachts die Brennblasen an. Das 1817 gegründete Dörfchen Dufftown wurde von der Produzentenfamilie Grant zur Hauptstadt des Malt Whisky erkoren. Entsprechend dreht sich im **Whisky and Heritage Centre** alles um das schottische Nationalgetränk, ist im Whisky Shop neben dem viktorianischen Clocktower fast jeder Speyside Malt zu haben.

www.whisky.dufftown.co.uk

Pfeffer, Vanille, Birne …

★★ Glenfiddich Distillery

Seit am Heiligen Abend 1887 von William Grant der erste Malt bei Glenfiddich destilliert wurde, befindet sich die Brennerei in Familienbesitz. Bereits in der fünften Generation wird eine halbe Meile nördlich von Dufftown der prominente Whisky produziert, der als einziger schottischer Hochland-Malt auch in der Destillerie abgefüllt wird. Die **markanten Dreiecksflaschen**, deren Etikett ein Hirsch ziert, sind Wahrzeichen für das heimatliche »Valley of the deer«. Zu William Grant & Sons Ltd., die durch ihre intensive Vermarktung seit 1963 wesentlich zum Comeback der schottischen Single Malts beigetragen haben, gehören heute auch die Destillerien Balvenie und Kininvie. 2024 feiert das erste Besucherzentrum aller schottischen Brennereien sein 55-jähriges Bestehen. Besonders sehenswert sind die 5 m hohen, von Hand aus Douglasienholz gefertigten Gärbottiche und die stimmungsvollen Soleralager. Nach Birne und Eichenholz duftet der leichte, 12 Jahre alte Malt, delikat blumig, mit Anklängen von frisch gemahlenem Pfeffer und Vanille die tief goldene Distillers Edition.

Touren: Mi. – So. 9.30 - 16.30 Uhr | Erw. £ 20 (besser vorab reservieren) | Solera-Tour mit ausgesuchten Fassabfüllungen £ 60 | Spezialtouren mit Besuch der historischen Warehouses und hauseigenen Küferei sowie Verkostung von Malts der Masterclass s. Website
Malt Barn Restaurant mit innovativer Küche | www.glenfiddich.com

Gelebte Tradition

Balvenie Distillery

Der in Bourbonfässern gereifte und für das letzte Jahr in Sherryfässer umgelagerte 12-jährige Balvenie Malt kombiniert Fruchtigkeit mit zarten Zimtnoten. Die Gerste wird teilweise noch von Hand gemälzt.

Touren: Mo. – Do. 10, 14, Fr. 10 Uhr | Erw. £ 50
www.thebalvenie.com

Geschlossener Kreislauf: Der destillierte Alkohol fließt durch den vom Zoll verplombten Spirit Safe, wo der Brennmeister Stärke und Qualität prüfen kann.

★ Speyside Cooperage

Altes Handwerk neu entdeckt

Die Auftragsbücher der Küferei in der Dufftown Road von **Craigellachie** sind voll. Wer will, kann den Böttchern bei der Arbeit zusehen. Zur Herstellung der Holzfässer, die bis zu 60 Jahre in Betrieb sind, wird amerikanische Eiche verwendet. Ausgediente Fässer kommen Lachsräuchereien als aromatisches Brennholz zugute. Am Nordende der Stadt schuf Thomas Telford 1814 eine von Steintürmen bewachte Eisenbrücke, bis 1973 die Hauptverbindung über den Spey.

Speyside Cooperage: Führungen Mo.–Fr. 9–15 Uhr | Classic Tour £ 4
Über 100 000 Eichenfässer werden hier pro Jahr für die Whiskyproduktion hergestellt und repariert | www.speysidecooperage.co.uk

Macallan Distillery

Rolls Royce unter den Malts

Ein Jahr nach Legalisierung der Whiskyproduktion baute Alexander Reid 1824 am Ufer des Spey seine Brennerei, die sich schnell einen guten Ruf erwarb. Die Wahl der seltenen Gerstensorte Golden Promise, kleine Brennblasen und die Reifung in Sherryfässern geben dem begehrten Whisky ein eigenes Profil, gepaart mit Heidehonig und Holznoten. 2018 eröffnete die Destillerie eine brandneue Anlage mit einem futuristisch wirkenden Besucherzentrum.

Sa., So. 10 – 17.30 Uhr | Tour Erw. £ 50 | www.themacallan.com

Absoluter Bestseller

★ Glen Grant Distillery

Glen Grant in Rothes ist einer der günstigsten Malts. Die Brennerei wurde um 1840 von den Gebrüdern James und John Grant errichtet. Bereits Anfang des 20. Jh.s kam Glen Grant mit seinem frischen, leicht fruchtigen Single Malt auf den internationalen Markt. Machen Sie nach der Besichtigung einen Spaziergang im viktorianischen Garten.

April – Okt. Mo.–Sa. 9.30 – 16, Nov. –März Mo. – Sa. 9.30 –15.30 Uhr
Tour Erw. £ 7.50 | www.glengrant.com

Old fashioned

★ Strathisla Distillery

Die Brennerei zehn Meilen östlich in **Keith** wurde 1786 unter dem Namen Milltown am Ufer des Isla gegründet und gehört zu den ältesten Brennereien der Welt. 1950 ersteigerten sie die Chivas Brothers, sodass Sie außer dem kräftigen Strathisla Single Malt auch den blended **Chivas Regal** probieren können. Ostern bis Oktober

Klassischer Scotch mit mildem Charakter: Mindestens zwölf Jahre reift der fruchtige, mittelschwere Strathisla Single Malt im spanischen Sherryfass.

pendelt ein historischer **Whiskyzug** zwischen Keith und Dufftown (https://keith-dufftown-railway.co.uk).
März –Nov. tgl. 10 – 16.30 Uhr | Touren ab £ 20, Chivas Blending Experience £ 60, s. Website | www.maltwhiskydistilleries.com/strathisla

Frauenpower

★ Cardhu Distillery

Als John Cumming 1824 eine Lizenz für seine Destille erwarb, hatten er und seine Frau Helen bereits 13 Jahre lang illegal Whisky gebrannt. Immer, wenn die Steuerfahnder vorbeikamen, tarnte Helen die Maische- und Gärbottiche als Brotteigbehälter. Adrett mit Spitzenhäubchen gekleidet, lud sie die Beamten stets in ihr Cottage zum Tee, während sie auf der Scheune eine große rote Flagge hisste. Sämtliche Brenner der Nachbarschaft wussten dann Bescheid, dass sie ihre Bestände so schnell wie möglich verstecken mussten. Cardhu wurde 1893 an Johnny Walker verkauft – und dessen Red Label, so geht die Legende, sei eine Hommage an **Helen Cummings** rote Warnflagge. Ihre Schwiegertocher **Elizabeth Cumming**, eine der wenigen führenden Frauen der Whiskyindustrie, verlegte die Brennerei 1872 an ihren heutigen Standort bei Knockando. Ihr Sohn wurde Direktor bei **Johnnie Walker**, der den malzig-süßen Whisky bis heute als Kern seiner Blends verwendet. Der »schwarze Felsen«, was der gälische Name bedeutet, gehört heute zu Diageos Classic Malts.
März – Okt. tgl. 10 – 17, Nov. – Feb. Di. –Sa. bis 16 Uhr
Touren Erw. ab £ 19 | www.malts.com

Die größten Brennblasen ...

Glenfarclas Distillery

... des Speyside hat die Destille 20 km westlich von Dufftown, seit sechs Generationen im Besitz der Familie Grant. Frisch, voluminös und sherrysüß ist der zehnjährige Malt. Das Maß für die Angabe des Alkoholgehalts war früher Proof. Dabei wurde der Whisky mit Schießpulver vermischt und anhand der Explosionsstärke sein Alkoholgehalt berechnet. Der danach benannte Glenfarclas 105 Proof reift ausschließlich in Sherryfässern und wird mit 60 % Fassstärke abgefüllt.
Touren: Mo. – Fr. 10.30, 12, 14, 15.30, Juli – Sept. auch Sa. Classic Tour: £ 7.50 | Connoisseur's Tour & Tasting: April– Okt. Fr. 14 Uhr £ 40 | https://glenfarclas.com

Bilderbuchschlösschen

Ballindalloch Castle

Kunst und Antiquitäten, ein bezaubernder Garten und weiter Park gehören zum Schloss, seit 1546 Stammsitz der MacPherson-Grants. Im Jahr 1860 begann Sir George mit der Zucht von **Aberdeen-Angusrindern** – heute die älteste Herde dieser Rinderrasse. Auf dem herrlichen Anwesen können Gäste auch jagen, angeln, golfen und Hochzzeiten feiern.
Ostern – Sept. So.–Do. 10 –17 Uhr (mit Tearoom) | Schloss und Garten Erw. £ 13.50 | www.ballindallochcastle.co.uk

Cragganmore Distillery

John Smith war der erfahrenste Whisky-Brenner seiner Zeit …,
… der bereits die beiden Destillerien Macallan und The Glenlivet geleitet hatte, bevor er am Zusammenfluss von Spey und Avon 1869 ein Stück Land von Ballindoch Castle pachtete, um seine eigene Brennerei am Fuße des Craggan More Hill zu errichten. Heute hat der Spirituosenkonzern Diageo den 12-jährigen Cragganmore in seine »Classic Malts« aufgenommen.
Mai –Okt. Di. –Sa. 10 – 17 Uhr | Touren ab £ 16 | www.malts.com

★★ **The Glenlivet Distillery**

Mild, frisch, mit einem Hauch von Pfirsich
Anfang 1715 hatte sich der junge Hochländer Thomas Smith im Tal des Livet niedergelassen und betrieb wie viele damals neben seiner Landwirtschaft eine kleine Schwarzbrennerei. Sein Urenkel George erwarb 1823 als Erster eine Lizenz, um auf einer Farm in Upper Drumin legal Whisky herzustellen. Mit Unterstützung des Duke of Gordon baute Smith eine Destillerie – die einzige, die sich seit 1880 per Gerichtsentscheid THE Glenlivet nennen darf. Am Ende der Tour werden ein junger Founder's Reserve aus First-Fill-Bourbonfässern, ein 15 oder ein 18 Jahre gereifter Single Malt angeboten.
März – Okt. tgl. 9.30 –18 Uhr | Touren tgl. ab £ 20 | Tipp: drei »Schmugglerpfade« zum Wandern | www.maltwhiskydistilleries.com/theglenlivet

Speyside Way

Speyside zu Fuß
Der klassische Fernwanderweg folgt dem River Spey durch das Zentrum der schottischen Whiskyherstellung bis in die ►Cairgorm Mountains nach Aviemore. Die 20 km zwischen Craigellachie und Ballindalloch sind auch für Radler und Reiter geöffnet. Auf dem gut ausgeschilderten Wanderweg kommen Sie unweit von den Destillerien Glen Grant, Glenfiddich, Balvenie und Cardu vorbei.
www.speysideway.org/craigellachie-to-ballindalloch

★★ NORTHWEST HIGHLANDS

Council Area: Highlands

Ein magischer Zauber liegt über der kargen Bergwelt, den wilden Hochmooren und einsamen Lochs. Windumtost und wolkenverhangen sind sie vielleicht nicht Everybody's Darling. Doch wenn die Sonne durchbricht, ist die Natur überwältigend und verlangt geradezu, den ganzen Tag im Freien zu verbringen.

Sie wollen raus aus dem Alltag, einfach abschalten? Dann fahren Sie von ▶Inverness auf dem **North Coast 500** einmal rund um die Northwest Highlands (▶Das ist Schottland S. 10, www.northcoast500.com). Das nördlichste Drittel Schottlands wird durch den **Great Glen** vom südlichen Hochland getrennt. In der markanten Verwerfungslinie, die ihre Entstehung einer Faltung der Erdkruste vor 400 Mio. Jahren verdankt, zieht sich der ▶Caledonian Canal von Küste zu Küste, vom Loch Linnhe bis zum Moray Firth hinauf. Die höchsten Gipfel Großbritanniens befinden sich hier – ein **Muss für Munroisten** (▶Baedeker Wissen S. 420). Viele Fjorde, die während der letzten Eiszeit geformt wurden, dringen weit ins Land vor und sind berühmt für Lachs und wilde Braunforelle. Besonders die Westküste ist durch **tiefe Lochs** zerschnitten. Manchmal führt die Straße hier hoch über die Klippen, dann wieder zum Meer, um eine goldene Sandbucht unter felsigem Grat zu offenbaren. Folgen Sie den Spuren der turbulenten Geschichte, von den traurigen Kapiteln über Auswanderung und Vertreibung bis zur romantischen Story von »Bonnie Prince Charlie« und seiner gescheiterten Rebellion. Sie können zwischen Wandern, Kajakfahren, Rafting, Angeln und tollen Wildlife Touren wählen. Vor allem aber sind es die endlose Weite und Stille, die niemand vergisst. Die Einsamkeit ist allerdings nicht naturgegeben, sondern ein Ergebnis der **Highland Clearances**, als die Landbevölkerung im 19. Jh. zugunsten der Schafzucht aus dem Hochland vertrieben wurde (▶Das ist Schottland S. 10).

Wilder, höher, weiter

»
My heart's in the Highlands, my heart is not here
My heart's in the Highlands, a-chasing the deer
A-chasing the wild deer, and following the roe –
My heart's in the Highlands wherever I go.
«

Robert Burns

Überraschende Vielfalt

Flora und Fauna

Der milde Golfstrom und die nördliche Lage der Highlands sorgen für ein klimatisches Paradox. Sobald Sie sich von der Küste entfernen, schreiten Sie wie mit Siebenmeilenstiefeln in subarktische Regionen. Während auf 1000 m nur noch widerstandsfähige Flechten, Zwergstrauchheiden und Wildgräser gedeihen, wachsen an der Küste Bäume und Sträucher, die sonst nur in Spanien oder Griechenland den Winter überdauern, wie in Inverewe Gardens nördlich von Gairloch. Im September zeigen sich die Moorgebiete im schönsten Kleid. Dann bilden Besen-, Glocken- und Grauheide mit Ginster, Blaubeere und Wacholder das bunte Mosaik der Heide – ein stimmungsvolles Farbenspiel, das Sie wunderbar mit der Linse einfangen können. Auf Bootsfahrten lassen sich Delfine, Minkwale, Robben oder Haie fotografieren, die auf Futtersuche oft in die Meerenge The Minch kom-

Für passionierte Gipfelstürmer: Im Beinn-Alligin-Massiv bei Torridon können Sie gleich mehrere Munros verbuchen.

NORTHWEST HIGHLANDS ERLEBEN

www.visitscotland.com
www.northcoast500.com
www.nwhgeopark.com

NORTH COAST VISITOR CENTRE
High Street, Thurso KW14 8 AJ

ULLAPOOL I-CENTRE
Argyle Street, Ullapool IV26 2UB
Tel. 01854 61 24 86

GALE CENTRE GAIRLOCH
Achtercairn, Gairloch IV21 2BH
Tel. 01445 71 20 71

INVER LODGE HOTEL €€€€
Alle 21 Zimmer der Nobelherberge am NC500, die auf dem Hügel oberhalb vom Hafen thront, haben Panoramablick aufs Meer. Honeymooner lieben die Iolaire Suite. Langusten und Hummer kommen fangfrisch vom Kutter, die saftigen Steaks vom Hoflieferanten Russell in Aberdeenshire. Buchen Sie eine North Coast Sea Tour, um Delfine und Wale zu sehen. An lauen Sommerabenden grasen Rehe und Hirsche vor dem Haus.
Lochinver, Sutherland IV27 4LU
Tel. 01571 84 44 96
www.inverlodge.com

THE TORRIDON €€€€/€€
Preisgekrönt ist nicht nur das Hochlandhotel mit seinen 18 wunderschönen Zimmern, sondern auch die innovative Küche von Paul Green im eleganten Restaurant 1887. Für seine Menüs nimmt er fangfrische Meerestiere von der Westküste und Highland Cattle und Tamworth-Schweine von der eigenen Farm. In der Whisky Bar können Sie 365 Malts and 120 Gins probieren (►Abb. S. 23). Preisgünstiger sind die Zimmer und die Bo & Muc Brasserie im Torridon Inn.
Torridon, Annat, by Achnasheen Wester Ross IV22 2EY, Tel. 01445 70 03 00, www.thetorridon.com

DORNOCH CASTLE HOTEL €€€
Historische Unterkunft im Herzen von Dornoch mit gutem Restaurant. Mittags wird am Wochenende auch Pizza im großen Biergarten serviert. Dort hat zudem eine kleine familiengeführte Whisky-Destille ihren Platz. Die Bar ist abends ein stimmungsvoller Ort für einen »wee dram«.
Castle Street, Dornoch IV25 3SD
Tel. 01862 81 02 16, https://dornochcastlehotel.com

FORSS HOUSE HOTEL €€€
Urgemütliches Landhaus von 1810 mit herrlichem Blick über den River Forss und ausgezeichneter Küche – unser Tipp: Scrabster-Hummer
6 km von Thurso, an der A 836
Tel. 01847 86 12 01, 14 Z.
www.forsshousehotel.co.uk

KYLESKU HOTEL €€€
Preisgekröntes Boutiquehotel am NC 500 in einer ehemaligen Postkutschenstation am Loch Glendhu. Schicke Zimmer mit Panoramablick. »Fruits de Mer« für zwei, Hummer oder Seeteufel-Curry – auf den Tisch kommt Seafood vom Feinsten.
Kylesku, Sutherland IV27 4HW
Tel. 01971 502 231
www.kyleskuhotel.co.uk

SUMMER ISLES HOTEL €€€
Romantisches Hideaway in traumhafte Lage, 3 Minuten vom Strand. Sehr geschmackvolle Zimmer mit Meerblick und eine ausgezeichnete Küche.

Achiltibuie IV26 2YG, Tel. 01854 62 22 82, www.summerisleshotel.com

BORGIE LODGE HOTEL €€€/€€
Charmantes Haus mit schönem Garten. Selbst angebautes Gemüse, Nordseefische, Lamm und Wild aus Sutherland stehen auf der Speisekarte.
Skerray, By Tongue, Crossburn KW14 7TH, Tel. 01641 52 13 32
www.borgielodgehotel.com

MACKAYS HOTEL €€€/€€
Gepflegtes viktorianisches Hotel mit hellen Zimmern und ausgezeichneter Küche im No.1 Bistro
Union Street, Wick KW1 5ED
Tel. 01955 60 23 23
www.mackayshotel.co.uk

THE CEILIDH PLACE €€€/€€
Die originellen Zimmer haben kein TV, dafür eine kleine Bibliothek, ausgesucht von schottischen Schriftstellern. Das Haus ist Kulturzentrum, Buchladen und gutes Restaurant.
14 West Argyle Street, Ullapool IV26 2TY, Tel. 01854 61 21 03
www.theceilidhplace.com

THE ARCH INN €€
Zentraler, typisch schottischer Pub mit leckerem Essen und Craft Beer der lokalen An-Teallach-Brauerei. Buchen Sie ein Zimmer zur Seeseite.
10–11 West Shore Street
Ullapool IV26 2UR
Tel. 01854 61 24 54
www.thearchinn.co.uk

THE OLD INN €€
Liebevoll dekorierte Zimmer in einer alten Postkutschenstation. Ob Lachs, Hummer oder Muscheln, alles ist fangfrisch und schmeckt vorzüglich.
Flowerdale Glen, Gairloch IV21 2BD, Tel. 01445 71 20 06
https://theoldinn.net

WEMYSS HOUSE €€
Topadresse oberhalb vom Cromarty Firth. Die Zimmer zieren Stuarts handgemachte Möbel, Stoffe und Keramik stammen aus dem Hochland. Das Brot, Jogurt und Marmelade sind hausgemacht von Christine.
Bayfield, by Tain IV19 1QW
Tel. 01862 851212
www.wemysshouse.com

men. Seehunde sind fast so zahlreich wie das Rotwild in den Bergen. Dort leben auch Baummarder, Dachse, Wildkatzen und Schneehasen. Nehmen Sie das Fernglas mit, um Moorschneehühner, Rote Milane und Ringdrosseln zu erspähen. Mit dem Boot können Sie den scheuen Seevögeln näherkommen, als Sie glauben. Auf den Felsklippen nisten Papageitaucher und Seeadler, Skuas, Lummen und Eissturmvögel.

Von Fort William nach Mallaig

Vom Caledonian Canal zu den Hebriden

Road to the Isles

Die A 830 führt von Fort William gut 70 km bis nach Mallaig, wo am nördlichen Ende von Loch Shiel die Fähren zur ►Hebrideninsel Skye übersetzen. Unterwegs erinnert am Loch Shiel das 1815 errichtete **Glenfinnan Monument** an »Bonnie Prince Charlie«, der hier im August 1745 die schottischen Clans zum Kampf gegen die Engländer vereinte (►Baedeker Wissen S. 252). Das Besucherzentrum erzählt über den Jakobitenaufstand. Auch am **Loch Nan Uamh** wird mit einem Stein des glücklosen Thronprätendenten gedacht, der nach der Niederlage von ►Culloden und monatelanger Odyssee durch die Highlands dort am 20. September 1746 mit einem französischen Schiff das Land wieder verlassen musste.

Glenfinnan Visitor Centre & Monument: NTS | April – Okt. tgl. 10 – 17, sonst bis 16 Uhr | Erw. £ 5, Familie £ 12 | Fototipp: Vom Parkplatz am Besucherzentrum führt ein Fußweg Richtung **Glenfinnan- Viadukt** – die Eisenbahnbrücke kennt jeder Harry-Potter-Fan. Oben auf dem Weg hat man einen Panoramablick auf Viadukt, Monument und Loch Shiel.

Harrys Hogwarts Express

Jacobite Steam Train

Knapp zwei Stunden dauern die Nostalgiefahrten mit der Dampflok von Fort William nach **Mallaig**. Sein Bahnhof aus dem 19. Jh. ist heute Eisenbahnmuseum. Im ausgedienten Speisewagen aus den 1950ern werden hausgemachte Spezialitäten serviert, im Glenfinnan-Schlafwagen können zehn Personen übernachten. Der historische **Dampfzug** rauschte in den Harry-Potter-Filmen als »Hogwarts Express« mit Volldampf über die 21 Bögen des **Glenfinnan-Viadukts**. Endstation ist der tagsüber quirlige Fischerei-Fährhafen Mallaig, sodass frischer Fisch das Gastro-Angebot dominiert.

Jacobite Steam Train: tgl., Tages-Retour-Ticket: Erw. £ 52, Kinder £ 30

Von Fort William nach Ullapool

Im Cabrio unterwegs? Dann das Verdeck zurückrollen!
Wer nicht die Fähre nach Skye nehmen möchte, der folgt zunächst der A82 von Fort William nach Norden durch das Great Glen via Spean Bridge bis Invergarry. Dort zweigt die A87 durch wildes und gebirgiges Hochland nach Westen ab. Kurz vor der Hebrideninsel ragen am Loch Duich die »**Fünf Schwestern von Kintail**« (NTS) auf – vier davon über 915 m hohe Munros. 16 km km westlich von Shiel Bridge befinden sich die eisenzeitlichen **Glenelg Brochs** mit 10 m hohem Mauerwerk.

Panoramastraße

Das Highlander-Schloss
Man glaubt fast, die Geschichte atmen zu können und über die Brücke zur Burg auf Zeitreise in die Vergangenheit zu gehen. Ob Regen oder Sonne, die am Schnittpunkt dreier Meeresarme frei auf einer Insel thronende Festung ist eines der meistfotografierten Motive Schottlands. Kein Wunder, dass hier »Highlander« und der James-Bond-Streifen »Die Welt ist nicht genug« gedreht wurden. Ein Steindamm führt hinüber zur mittelalterlichen Burg, gälisch die »Insel Donans«.

★ Eilean Donan Castle

Kulisse vieler Kinohits: das einsame Eilean Donan Castle

Erinnern an zu groß geratene Kuscheltiere: die zotteligen Highland Cattle

»
Hochlandrinder kann man wohl mit Geld kaufen. Halten kann man sie nur mit Liebe.
«
Schottische Züchterweisheit

Nach der Schlacht von Largs 1263 wurden die McKenzies of Kintail mit dem Castle belehnt, 1509 zog der Clan McRae als Schutztruppe der McKenzies ein. Während der ersten Jakobitenaufstände schickte Kardinal Albertoni 1719 spanische Söldner zur Unterstützung der ins Exil verbannten Stuarts. Als diese sich auf der Burg einquartierten, wurde sie von den Kanonen englischer Kriegsschiffe in Schutt und Asche gelegt. Erst 1912 – 1932 ließ John McRae den Stammsitz samt Brücke originalgetreu wieder aufbauen. Zu besichtigen sind der Bankettsaal, die Schlafgemächer und die Küche. Wer will, kann gegenüber im Cottage oder Apartment wohnen oder die ganze Burg für Hochzeiten mieten.
Burg: März, Nov. tgl. 10 –16, April – Okt. 10 – 18 Uhr | **Visitor Centre**: tgl. 10 – 15 bzw. 17 Uhr | Erw. £ 10, Kinder £ 6 | www.eileandonan-castle.com | **Übernachten**: www.eileandonanapartments.com

Wunder unter Wasser

Um den Kyle of Lochalsh

Beim Kyle of Lochalsh stellt eine **Brücke** die Verbindung zur Isle of Skye (►Hebriden) her. Vom Pier aus können Sie mit dem Glasbodenboot »**Seaprobe Atlantis**« rausschippern und Seehunde, Delfine und die Unterwasserwelt bestaunen. Östlich in den **Lochalsh Woodland Gardens** wachsen Pflanzen aus dem Himalaya, Neuseeland und Japan.

Bootsfahrt: Erw. ab £ 2/1 Std. | www.seaprobeatlantis.com | **Lochalsh Woodland Gardens:** NTS | tgl. 9 Uhr bis Dämmerung | Eintritt frei

Küste und Kunsthandwerk

Am Ufer des Loch Carron

Sie sehen aus wie Palmen, die neuseeländischen Grasbäume, die dem idyllischen Küstenort **Plockton** mit weiß getünchten Häuschen an der Hafenpromenade sein mediterranes Flair verleihen. Von Plockton führt eine schmale Straße um den weit ins Land ragenden Loch Carron herum. Auf der anderen Seite ist **Lochcarron** ein hübscher Ort mit langer Uferfront. In der Main Street stellen lokale Künstler aus.

Lochcarron Gallery: https://lochcarrongallery.co.uk

Fast wie in den Alpen

★ Über den Rinderpass nach Applecross

Hinter der €€**Kishorn Seafood Bar**, wo Sie zum Lunch unbedingt den Fang des Tages, Jakobsmuscheln oder Hummer probieren sollten (Kishorn, Strathcarron IV54 8XA, Tel. 01520 73 32 40. www.kishornseafoodbar.co.uk), geht es nach Westen auf einer steilen Gebirgsstraße mit etlichen Haarnadelkurven hinauf zum aussichtsreichen Rinderpass am **Bea-lach na Ba Viewpoint**. Dahinter fällt das Gelände wieder gut 600 m in die flache Ebene ab, wo Applecross mit feinen Sandstränden wartet.

Der »Graue« und der »Berg der Schönheit« ...

★★ Torridon

... lauten im Trekkingparadies Torridon die gälischen Namen der beiden mächtigsten Munros **Liathach** (1055 m) und **Beinn Alligin** (985 m), 750 Mio. Jahre alte Sandsteinberge mit Gipfeln aus Quarzit. Könner mit Kondition brauchen gut acht Stunden für den Auf- und Abstieg des Beinn Alligin, der mit einem fantastischen Panorama belohnt (►Abb. S. 278/279). Betreut wird das Gebiet vom NTS, der in seinem Countryside Centre an der Kreuzung von A 896 und Diabaig Road über Flora und Fauna informiert – laden Sie sich auch die Trust Trail App herunter. Auf den benachbarten Wiesen grasen Rotwild und Highland Cattle. Der Achnashellach Forest Walk führt in 5 – 7 Stunden über 15 km am Loch Clair und über den Coulin Pass bis zur Bahnstation Achnashellach.

Torridon Countryside Centre: NTS | April – Sept. So. – Fr. 10 – 17 Uhr Eintritt frei | **Aufstieg zum Beinn Alligin:** www.walkhighlands.co.uk/torridon/Beinnalligin.shtml | **Von Torridon nach Achnashellach:** www.walkhighlands.co.uk/torridon/Coulinpass.shtml

Erster Naturpark Großbritanniens ...

★★ Beinn Eighe and Loch Maree Islands National Nature Reserve

... wurde 1951 das **Beinn Eighe National Nature Reserve**. Das Besucherzentrum zwei Meilen nordwestlich von Kinlochewe informiert über Flora und Fauna von den schottischen Kiefern und Birkenwäldern bis zur Alpenazalee und Tannenbärlapp, Rotfuchs, Baummarder, Schneehase, Wanderfalke und Steinadler, die hier zu Hause sind. Zu den absoluten Highlights der Region zählt **Loch Maree** in einem langgezogenen, eiszeitlich geformten Trogtal. Der nährstoffarme See mit kleinen Inseln ist Heimat von Fischottern und Prachttauchern.

Tummelplätze der Meeresgiganten

★ Whale Cruises

An einer geschützten, sandigen Bucht erreicht man das Dörfchen **Gairloch**. Über das westliche Hochland von der Steinzeit bis heute informiert sein **Heritage Museum** an der A 832. Mit der 26 Knoten schnellen »Orca 1« können Sie von Gairloch aus für drei bis vier Stunden in den North Minch rausfahren, um **Wale, Delfine, Seehunde und Orcas** zu beobachten – beste Sichtungszeit ist April bis Oktober.

Gairloch Heritage Museum: April – Okt. Mo. – Fr. 10 – 16, Sa. 11 – 15 Uhr | Erw. £ 6 | www.gairlochheritagemuseum.org
Hebridean Whale Cruises: Pier Rd, Gairloch | Tel. 01445 71 24 58
Touren: Whales & Wildlife 2,5 Std./£ 65, Orcas 4 Std./£ 100
www.hebridean-whale-cruises.co.uk

Baumfarne, Eukalyptus und Wasserlilien

★ Inverewe Garden

Dank des Golfstroms gedeihen 10 km nordöstlich in **Poolewe** am geschützten Loch Ewe üppige **subtropische Pflanzen**, während sich Küste und Bergwelt drumherum grandios spartanisch geben. Der erst 20 Jahre alte Osgood Mackenzie erwarb die Halbinsel anno 1862 noch als reine Wildnis und lieferte bereits wenige Jahre später den Beweis, dass exotische Bäume und Sträucher auch auf nährstoffarmem Torridonsandstein und sauren Torferden wachsen können. Zu diesem Zweck reicherte er die Böden mit Lehm von der Küste an und entwässerte den Torf. Besucher können australische Baumfarne, Rhododendren aus dem Himalaya, tasmanischen Eukalyptus, neuseeländischen Oleander und südamerikanische Wasserlilien bestaunen.

NTS | tgl. April – Okt. 10 – 17 Uhr | Erw. £ 13 | Besucher können auch zusätzlich Bootsausflüge buchen.

Wilde Wasser

Corrieshalloch Gorge

Der Ausblick ist den Weg zum Südufer des Loch Broom wert! 46 m tief stürzen die **Falls of Measach** in der engen Corrieshalloch-Schlucht (NTS) zu Tal, das von einer Hängebrücke überspannt wird. Den besten Blick bietet eine Aussichtsplattform.

ATEMBERAUBENDE AUSSICHTEN

Kleine Felsen und plätschernde Bäche, ein verwunschener See und grandiose Gipfel – definitiv zwei der schönsten Wanderungen beginnen am Parkplatz zwei Meilen hinter dem Besucherzentrum des **Beinn Eighe and Loch Maree Islands National Nature Reserve**. Der moderate Woodland Trail (3 km/40 Min.) verläuft durch uralte Pinienwälder, der steilere Mountain Trail (7 km/4 – 5 Std.) führt durch eine fantastische Felsszenerie hinauf zum Conservation Cairn mit unvergesslichem Blick auf Loch Maree! (www.walkhighlands.co.uk/torridon/Mountaintrail.shtml)

Ganz in Weiß gehalten

★ Ullapool

Der **Fährhafen** zur ►Hebrideninsel Lewis hat hübsche weiß verputzte Häuschen an der Uferpromenade, wo sich kleine Läden, Cafés und gemütliche Pubs aneinanderreihen. Ein Museum in der West Argyle Street dokumentiert das Leben am **Loch Broom,** den Oskar Kokoschka mit Aquarellen auf die Leinwand bannte. Bei schlechtem Wetter ist **The Ceilidh Place** ein wunderbarer Ort zum Aufwärmen (►S. 281). Im Sommer fährt täglich die »Summer Queen« zu den vorgela-

gerten **Summer Isles**, die bis auf die Insel Tanera Mor unbewohnt sind. Die Inseln werden zum Teil zu einem Luxusresort umgestaltet.
Museum: April – Okt. Mo. – Sa. 10 – 17 Uhr | Erw. £ 5 | www.ullapool museum.co.uk | **Shearwater Cruises:** Mo. – Sa. 10 und 13 Uhr 2 Std. Erw. £ 46 | www.summerqueen.co.uk | www.tanera.org

Wasser allein als Träger von Nährstoffen

Achiltibuie Garden

Erdbeeren, Feigen und Pfirsiche, exotische Palmen und Orchideen gedeihen im solarbetriebenen Achiltibuie-Garten. Die staunenden Besucher erfahren hier, wie Pflanzen ganz ohne Boden wachsen können.
103 Achiltibuie | Mo. – Fr. 11 – 15 Uhr n. V. | Tel. 01854 62 22 02
www.thehydroponicum.com

Northwest Highlands Geopark

★ Knockan Crag National Nature Reserve

Im Rock Room des **Knockan Crag Visitor Centre** an der A 837 erfahren Sie alles über die Entstehung der Northwest Highlands und den **Moine Thrust**, eine 200 km lange tektonische Bruchlinie zwischen der Insel Skye und Loch Eriboll, wo Geologen im 19. Jh. herausfanden, wie die Kontinente vor Jahrmillionen drifteten und kollidierten, wobei sich ältere Gesteinsschichten auf deutlich jüngere schoben. Auf den **Nature Trails** ab dem Besucherzentrum können Sie in der Erdgeschichte zurückreisen und tolle Aussichten auf den Loch Assynt genießen – für den 2 km langen Knockan Crag Trail müssen Sie eine Stunde einplanen.

Charmante Idylle am Ende des Loch Broom: das Hafenstädtchen Ullapool

Für die 4,5 km lange Wanderung auf den 613 m hohen **Stac Pollaidh**, die beim Parkplatz am Loch Lurgainn startet, brauchen Sie zwei bis vier Stunden. Die zerklüfteten Hänge des Sandsteinberges bieten eine herrliche Sicht auf Assynt, die Summer Isles und Achiltibuie.
www.walkhighlands.co.uk/ullapool/knockancrag.shtml
www.walkhighlands.co.uk/ullapool/stacpollaidh.shtml

Von Lochinver nach Thurso (Sutherland / Caithness)

Wandern und Seafood schlemmen

★ Um den Loch Assynt

Rund 35 km nördlich von Ullapool erreichen Sie den wunderschönen Loch Assynt, berühmt für seine Lachse und Forellen. Nur eine Ruine zeugt am Nordufer von **Ardvreck Castle**, um 1590 für den Clan der MacLeods erbaut. Wanderer können in den einsamen Bergen kapitalen Zwölfendern, Wildkatzen und Ottern begegnen. Im Fischerhafen **Lochinver** verkauft die Highland Stoneware Pottery nette Mitbringsel. Am Ortsende beginnt der 20 km lange, beschwerliche Aufstieg auf den 731 m hohen **Suilven**. Acht bis zehn Stunden dauernt der Tagesmarsch zum Gipfel, der nur erfahrenen Bergsteigern zu empfehlen ist. Zudem macht der feuchte Untergrund der Moore den Verlauf der Strecke oft undeutlich. Nördlich im Weiler **Kylesku**, wo Sie bestes Seafood speisen können (►S. 280), fahren vom Kylesku Hotel zwischen April und September täglich Boote zum Loch Glencoul hinauf, vorbei an Vogelfelsen und Robbenbänken zu Großbritanniens höchstem Wasserfall: Die **Eas a Chual Aluinn Falls** stürzen sich 200 m tief in den Fjord.
Lochinver Töpferei: www.highlandstoneware.com
Suilven: www.walkhighlands.co.uk/ullapool/suilven.shtml
Bootsfahrten ab Kylesku: Erw. £22 | https://northwestseatours.co.uk

Eine der größten Seevogelkolonien Europas ...

★ Handa Island

... ist die von April bis September ab Tarbert in 15 Minuten per Boot erreichbare Insel vor der Scourie Bay. An den Sandsteinklippen nisten Hunderttausende von Trottellummen, Skuas, Papageitaucher, Tordalken, Eissturmvögel und Dreizehenmöwen, vor der Küste tummeln sich Robben, Delfine und Minkwale. Für den 7 km langen Inselrundweg sollten Sie gut drei Stunden einplanen.
Personenfähre von Tarbert nach Handa Island: April – Anf. Sept. Mo. – Sa. 9 –14 Uhr (letztes Boot zurück 17 Uhr)
Erw. £20, Kinder £ 10 | www.handa-ferry.com

Azurblaues Wasser und schneeweißer Strand

Sandwood Bay

Nicht nur zu einem der entlegensten, sondern zum wohl schönsten Sandstrand Schottlands führt ein 8 km langer Wanderweg nördlich von Blairmore. Am Gestade sollen der Geist eines bärtigen Matrosen und auch Meerjungfrauen gesichtet worden sein. Tatsächlich zu sehen ist eine Felsnadel im Meer, **Am Buachaille**. Von hier sind es nur noch 7 km bis zum Cape Wrath. Aufgrund starker Strömungen ist Schwimmen leider zu gefährlich. Halten Sie auf dem Weg zum Fischereihafen **Kinlchbervie** für eine Portion Fish & Chips im gemütlichen Old School Restaurant (Inshegra, Tel. 01971 52 13 83 www.oldschoolhotel.co.uk).

Die beste heiße Schokolade

★ Durness

Camper lieben die Siedlung wegen ihres Zeltplatzes an den Klippen mit Blick auf den herrlichen Sandstrand der **Sango Bay**. Hier machte schon John Lennon als Teenager Urlaub. Eine halbe Meile nordwestlich von Durness können Sie im **Balnakeil Craft Village** Kunsthandwerkern bei der Arbeit zusehen und sich im **Cocoa Mountain Café** mit heißer Schokolade, Bio-Cappuccino und handgemachten Pralinen stärken. Abenteuerlich ist ein Besuch der **Smoo Cave** in einer Bucht östlich von Durness. Wer die Tropfsteinhöhle mit Wasserfall und unterirdischem See besichtigt, kann sich gut die alten Schmugglergeschichten vorstellen – »Smoo« bedeutet »versteckter Platz«.

www.durness.org | https://balnakeilcraftvillage.weebly.com
Cocoa Mountain Café: 8 Balnakeil, Durness IV27 4PT
www.cocoamountain.co.uk | **Smoo Cave**: April – Okt.
Touren £ 10 | http://smoocavetours.weebly.com

Lassen Sie sich inspirieren

Lotte Glob Sculpture Croft

Steile Felswände und goldene Sandstrände säumen östlich von Durness den **Loch Eriboll**. Hier hat die dänische Keramikkünstlerin Lotte Glob ihr wunderschönes Studio aus Holz und Naturstein. Inspirierend: ein Spaziergang durch den farbenfrohen Garten mit fantasievollen Skulpturen mitten im Grün.

105 Laid | Loch Eriboll, Sutherland | Sculpture Croft Besichtigung n. V.
Tel. 01971 51 17 27 | https://lotteglob792300328.wordpress.com

Am Wendepunkt

Cape Wrath

Von Ostern bis Mitte Oktober setzt bei gutem Wetter eine Personenfähre südlich von Durness in zehn Minuten über den Kyle of Durness, von wo aus Shuttlebusse zur Nordwestspitze des britischen Festlandes weiterfahren. »Hvarf« bedeutet »Wendepunkt« – die sturmumbrausten Klippen dienten den Wikingern auf ihren Beutezügen als Navigationsmarke. Der Blick reicht an klaren Tagen bis zu den ▶Hebriden und den ▶Orkneys. Ein fotogener Stevenson-**Leuchtturm** weist seit 1828 der Schifffahrt den Weg – sein Ozone Café ist immer geöffnet. An den 281 m hohen **Clo Mor Cliffs** brüten Tordalken, Papageitaucher und Seeschwalben. Die Küste ist militärisches Übungsgelände, also Warntafeln und rote Fahnen beachten!

www.visitcapewrath.com

OBEN: Die schwarz-weiß gefiederten Papageitaucher nisten auf den Klippen hoch über dem Meer.
UNTEN: Lotte Glob kreiert mitten im Hochland dekorative Unikate zum Verschenken oder für den eigenen Garten.

Die Erschaffung der Einsamkeit

Bettyhill Wie viele andere Küstendörfer von Sutherland verdankt auch die Croftersiedlung Bettyhill ihre Entstehung den **Highland Clearances** (►Das ist Schottland S.10). Das Strathnaver Museum in der Farr Church erzählt vom Trauma der Highlands, zeigt ein traditionelles Cottage und Memorabilia des einst mächtigen Mackay-Clans. Fünf Stationen gehören zum spannenden Geocaching Trail des Museums.

Strathnaver Museum: Nach Sanierung Neueröffnung mit Tearoom für 2023 geplant | www.strathnavermuseum.org.uk

»
Es war eine der schönsten Reisen in meinem Leben, jedenfalls die poetischste. Ich habe nie Einsameres durchschritten!
«

Theodor Fontane, »Jenseit des Tweed«

Nördlichste Bahnstation des britischen Festlands …

Thurso … ist die Kleinstadt »am Fluss«, nordisch »Thorsa«, mit 7500 Einwohnern. Über die Lokalgeschichte informiert an der High Street das **North Coast Visitor Centre**. Surfer schätzen die Wellen der Thurso Bay, Whiskyfreunde die 2013 eröffnete **Wolfburn Distillery**. Der Fährhafen **Scrabster** ist Sprungbrett zu den ►Orkneys und wird zum Servicezentrum für erneuerbare Energie ausgebaut.

North Coast Visitor Centre: April –Okt. Di. – Sa. 10 – 17, sonst 12–16, Fr., Sa. 11 – 16 Uhr | Eintritt frei | **Wolfburn Distillery**: Henderson Park | Touren Mo. – Fr. | Erw. £ 15 | www.wolfburn.com

Von Inverness zum Pentland Firth

»Oui, c'est un beau lieu« …

Beauly … soll Maria Stuart über die damals noch intakte **Abtei** der entsprechend »schöner Ort« benannten Kleinstadt gesagt haben. Aus dem 13. Jh. stammen an der Südseite der Abtei drei Fenster mit kunstvollem Maßwerk (HES). Bei **Campbell's of Beauly** in der High Street lässt sich ein Highland Dress aus Tweed und Kaschmir erstehen.

Campbell's of Beauly: www.campbellsofbeauly.com

Kornkammer der Highlands

Black Isle Umgeben von drei Firth-Gewässern ist die Halbinsel so etwas wie das kultivierte Hochlandanhängsel von ►Inverness. Fruchtbare Böden sorgen auf der Black Isle für ertragreiche Ernten – auch die Gerste für die **Glen Ord Distillery** in Muir of Ord (www.malts.com) kommt von hier. Highlights sind die Delfine und Seehunde in den Förden von Beauly und Cromarty. Insbesondere von der Landspitze **Chanonry**

Point bei Fortrose sind im kräftigen Gezeitenstrom am Zugang im schmalen Sund mit etwas Glück Delfine sogar vom Ufer aus zu erkennen. Im Spätsommer liefern große runde Strohballen auf den abgeernteten Feldern einen seltsamen Kontrast zu den im Cromarty Firth geparkten unbenutzten Bohrinseln. Hauptort ist das Zwillingsstädtchen **Fortrose-Rosemarkie**, ein beliebter Badeort mit 18-Loch-Golfplatz.

MEERESAKROBATEN

Langsam gleitet das Boot über den tiefblauen Moray Firth. Da schießt plötzlich ein Schatten durch die See. Und noch einer. Delfine! Immer wieder schnellen sie aus dem Wasser, tänzeln, tauchen, lassen sich treiben, alles mit unnachahmlicher Eleganz, Leichtigkeit und Freude – ein vollendeter Augenblick. EcoVentures bietet am Hafen von Cromarty zweistündige **Dolphin Tours** im 300-PS-Schnellboot in den Moray Firth, wo bei einlaufender Flut oft Tümmler in der Strömung spielen. Nach einer Einführung gibt es für jeden einen wasserdichten Overall und schon geht's los (Tel. 01381 60 03 23, Erw. £ 42/2 Std., www.ecoventures.co.uk).

Seehunde und Segelschiffe

Storehouse of Foulis

In einem Lagerhaus (18. Jh.) unweit nördlich an der A 9 erzählt das Museum vom Munro-Clan, der auf dem nahen Foulis Castle seinen Stammsitz hat. Es informiert auch über die Seehunde, die man von hier aus beobachten kann. Am Ufer liegen traditionelle Fischerboote aus der Zeit um 1900 und eine 100 Jahre alte Moray Firth Yawl.

Mo. – Sa. 9 – 18, So. 10 – 17 Uhr | Eintritt frei
Restaurant und Farm Shop | www.storehouseoffoulis.com

Viktorianisches Kinderparadies

Strathpeffer

Zu Zeiten Queen Victorias gehörte das Mineralbad westlich von Dingwall zu den renommiertesten Kurorten des Landes. Bis heute findet man hier schmucke Villen, bezaubernde Gärtchen und einen 18-Loch-Golfplatz. Im Spa-Pavillon finden heute Veranstaltungen statt. Spielzeug und Fotos von Hochlandkindern des 19. Jh.s sind im viktorianischen Bahnhof im **Highland Museum of Childhood** zu bewundern, nebenan gibt es Kunsthandwerk aus der Region und ein nettes Café.

Museum of Childhood: April – Okt. Mo. –Sa. 10 – 17, So. 12 – 16 Uhr
Erw. £ 5, Kinder £ 3.50 | www.highlandmuseumofchildhood.org.uk

Handbemaltes Geschirr im Tartanmuster – eine Autostunde nördlich von Inverness begeistert Anta mit modernem Landhausstil aus den Highlands.

Nosing & Tasting

Dalmore Distillery

Das Hirsch-Emblem des Mackenzie-Clans ziert die eigenwillig geformten Flaschen der traditionsreichen Brennerei am Nordufer des Cromarty Firth, die seit 1839 Whisky produziert.

April – Okt. Mo. – Sa., Nov. – März Mo. – Fr. 11 – 17 Uhr
Tour ab £ 10 | www.thedalmore.com | ►Baedeker Wissen S. 268 – 271

Schottische Lebensart

★ Tain

Roter und gelber Sandstein verleihen den Häuschen des Badeortes am Dornoch Firth ein attraktives Aussehen. Gericht und Akademie zeigen schottischen Baronialstil des 19. Jh.s, das Tain & District Museum in der Tower Street widmet sich mit »**Tain through Time**« der Stadtgeschichte. Die **Glenmorangie Distillery** produziert in toller Lage am Wasser einen der meistverkauften Malts des Landes. Der milde Whisky, der in Bourbonfässern reift, wird in 8 m hohen »Stills« gebrannt, Schottlands höchsten Brennblasen. Außerdem brennt hier eine der größten Töpfereien seit über 50 Jahren kreative **Keramik**. Und es gibt zwei der schönsten Golfplätze des Landes. **Anta**, ein kreatives schottisches Designerteam aus dem Ortsteil Fearn hat hochwertige Hochlandprodukte mit frischen Ideen verbunden. Formschöne Keramik im Tartanmuster, Tweedtaschen und Möbel aus heimischen Hölzern versprechen den perfekten Countrystyle.

Tain Museum: April – Okt. Di. – Fr. 10 – 16 Uhr, Juli, Aug. auch So. Erw. £ 4 | www.tainmuseum.org.uk | **Glenmorangie Distillery**: Mo. bis Fr. 9 – 17 Uhr | Touren Erw. ab £ 18 | https://glenmorangie.com ►Baedeker Wissen S. 268 – 271 **Tain Pottery**: Mi. – Sa. 9 – 17 Uhr www.tainpottery.co.uk | **Anta**: Fearn, Tain | Mo. – Sa. 9.30 – 17.30, So. 10 – 17 Uhr | Anta hat auch einen Showroom in Edinburgh, Crockets Land, 91 West Bow, Victoria Street | Di.–Sa. 10 – 16 Uhr n. V. Tel. 01862 83 24 77 | www.anta.co.uk

Wer waren die Pikten?

Tarbat Discovery Centre

Die preisgekrönte Ausgrabung des einzigen schottischen Piktenklosters liegt 16 km östlich im schönen Küstenörtchen **Portmahomack** auf der Tarbat-Halbinsel. Das Museum in der Kirche gibt Einblicke in das Leben der Pikten zwischen 550 und 800.

April tgl. 13 –16, Mai – Okt. Mo. – Sa. 10 –16, So. 13 –16 Uhr
Erw. £ 5 | www.tarbat-discovery.co.uk

Goldene Sandstrände und fantastische Golfplätze ...

★ Dornoch

... reihen sich zwischen Dornoch und Helmsdale aneinander, allen voran der Royal Dornoch Championship Course. Der gepflegte Küstenort besitzt eine 1224 geweihte **Kathedrale** mit mittelalterlichen Steinmetzarbeiten. Vom Castle gegenüber steht nur noch ein Turm, heute Teil des Hotels Dornoch Castle mit ausgezeichnetem Garden Restaurant. Shoppingfreunde finden im **Dornoch Jail**, einst Stadtgefängnis, schicke Outfits, Kaschmirpullover, Kunsthandwerk und Beauty-Produkte wie Arran Aromatics (▶Magischer Moment S. 59). Der **Witch's Stone** erinnert an die letzte Hexenverbrennung auf schottischem Boden, die 1722 stattfand: Das Opfer hieß Janet Horne.

Dornoch Jail: tgl. geöffnet | www.jail-dornoch.com

Gegen den Strom

Falls of Shin

Loch Shin westlich von Dornoch ist für seine Forellen bekannt. Durch einen schmalen Grat rauscht der Shin bei Lairg als Wasserfall. Dort lassen sich von Mai bis September **Lachse** beobachten, am besten im Spätsommer. Um zu ihren Brutstätten zu gelangen, müssen sie den schnellen Strom mit wilden Sprüngen überwinden, ein echtes Schauspiel. Vom Parkplatz beim Visitor Centre (derzeit geschlossen) laufen Sie nur wenige Minuten bis zum ersten Aussichtspunkt.

Eintritt frei | https://kosdt.com/index.php/falls-of-shin-2

Eines der bittersten Kapitel schottischer Geschichte

Sutherland Clearances

Auf einer einsamen Anhöhe nordwestlich von Golspie steht weithin sichtbar die **Statue des ersten Duke of Sutherland**. Zwar wurde das Denkmal 1833 für die Verdienste des Herzogs um Kelpindustrie, Fischfang, Wohn- und Straßenbau errichtet, doch schnell symbolisierte es vor allem die **Highland Clearances** (▶Das ist Schottland S. 10). Allein in der Grafschaft Sutherland mussten mehr als 15 000 Hochländer ihre Scholle verlassen. Initiator war einer der damals reichsten Unternehmer Westeuropas, der Engländer **George Granville, Marquess of Stafford**, der eine Tochter des Earl of Sutherland geheiratet hatte. Gleich nach der Eheschließung machte sich der 27-jährige Marquess daran, seine Pächter an die Küste umzusiedeln und das Agrarland an Schafzüchter aus den Lowlands zu übergeben. Für seine »Bodenreform« ließ er neue Wohnungen, Schulen, Straßen und sogar eine eigene Eisenbahnlinie bauen, was ihm 1833 den Titel eines Herzogs einbrachte. Karl Marx sprach 20 Jahre später in der »New York Herald Tribune« von einer Aktion brutaler Willkür wie zu Zeiten Dschingis Khans. Die Erinnerung an die Clearances sitzt tief. 1996 gab es noch eine Bürgerinitiative zum Sturz der Sutherland-Statue und erst seit 2007 erinnert in Helmsdale eine Statue an die Opfer der Vertreibung, denen sich das Timespan Museum in Helmsdale und das Strathnaver Museum in Bettyhill widmen, wo Funde aus dem verlassenen Clearance Village Rosail zu sehen sind.

Helle, elegante Pracht am Meer

★★ Dunrobin Castle

Als Königin Victoria 1872 den Stammsitz der Sutherlands besuchte, soll sie ihr eigenes Schloss Balmoral als einfaches Haus gegenüber Dunrobin Castle empfunden haben. Ende des 19. Jh.s besaß der dritte **Duke of Sutherland** die größten Ländereien Westeuropas und noch heute gehört der Besitz von Lord Strathnaver zu den größten in

OBEN: Seit über 700 Jahren residieren die Sutherlands im prunkvollen Dunrobin Castle.
UNTEN: Farbenfroh markiert John o'Groats am Pentland Firth das Ende des britischen Festlands.

Schottland. Seine Geschichte begann vor über 700 Jahren, als der zweite Earl of Sutherland 1275 den Festungsturm errichten ließ. Der größte Teil des neogotischen Schlosses stammt jedoch aus der Mitte des 19. Jh.s und ist nach französischen Vorbildern erbaut. Ecktürmchen mit spitzen Kegeldächern verleihen dem Märchenschloss besonderen Charme. Höhepunkt bei der Tour durch 189 Räume ist der **Drawing Room** mit kostbarem Mobiliar im Louis-XV-Stil. Neben den Kaminen erzählen Mortlake-Tapisserien des 18. Jh.s aus dem Leben des griechischen Philosophen Diogenes. Die Familienporträts stammen von Reynolds, Romney, Ramsay und John Hoppner. Ein Kuriosum ist Earl Williams **Trophäensammlung**, ein Muss der Spaziergang durch den wunderschönen **Park** mit Seeblick. Seinen Entwurf lieferte Sir Charles Barry, der Architekt des Londoner Houses of Parliament mit dem berühmten Glockenturm. Inspiriert wurde Barry von den Anlagen in Versailles. Nicht verpassen: Von April bis September beginnen täglich um um 11.30 und 14 Uhr in der **Falknerei** die fantastischen Greifvogelvorführungen mit Habichten, Eulen und Falken.
April, Okt. tgl. 10.30 – 16.30, Mai – Sept. 10 – 17 Uhr
Erw. £ 13.50, Kinder £ 8.50 | www.dunrobincastle.co.uk

Floraler Duft und maritime Aromen

Brora

Den **18-Loch-Platz** von Brora entwarf Golfarchitekt James Braid. Herrliche Spaziergänge erlaubt der kilometerlange Sandstrand. Kenner schätzen die Malts der **Clynelish Distillery** von Johnnie Walker an der A 9. Am Ende der Führung wartet ein »wee dram« des 14-jährigen Clynelish Single Malt, der nach Minze und Vanille duftet.
Tgl. 10 – 17 Uhr | Touren Erw. ab £ 15 | www.malts.com

Dem Boom der Heringsfischerei ...

Helmsdale

... im 19. Jh. verdankt das Hafenstädtchen Helmsdale seine Entstehung. Das **Timespan Museum** in der Dunrobin Street informiert über die Highland Clearances im angrenzenden Tal von Kildonan. 1868/69 sorgte dort ein Goldrush für enorme Aufregung. Noch heute wird talaufwärts bei »Baile an Or« von Enthusiasten Gold geschürft.
März – Okt. tgl. 10 – 17, Winter Sa., So. 10 – 15, Di. 14 – 16 Uhr
Erw. £ 4 | Galerie und Café Eintritt frei | https://timespan.org.uk

Alltag der Crofter

Dunbeath

Das **Heritage Centre** im alten Schulhaus gibt die Beschreibung einer 5-km-Wanderung durch das Tal Strath of Dunbeath heraus, die bis zum abgelegenen Friedhof Tutnaguail führt, der an die Bewohner vor den Clearances erinnert. Einblicke in das Leben auf einem Kleinbauernhof (Croft) im 18. Jh. gibt das reetgedeckte **Laidhay Croft Museum.**
Heritage Centre: Di., Mi. 11 – 15 Uhr | Erw. £ 3 | www.dunbeath-heritage.org.uk | **Laidhay Croft Museum:** nördlich an der A9, mit Tearoom | tgl. 10 – 16 Uhr | Erw. £ 2.50 | http://laidhay.co.uk

Vielköpfigste Steinsetzung Schottlands

Hill o' Many Stanes

Rund 200 steinzeitliche **Megalithen im Miniformat** gehören zur gut erhaltenen, mehrreihigen Steinsetzung bei Mid Clyth, 14 km südlich von Wick. Sie diente vermutlich zur Mondbeobachtung (HES). Knapp 15 km landeinwärts sind im Moor am Fuße des Ballharn Hill drei prähistorische Grabkammern aus dem 3. Jahrtausend v. Chr. zu sehen, zwei der **Grey Cairns of Camster** sind begehbar (HES).

Bitte einsteigen!

Wick

Die Zugfahrt mit der **Far North Line** von ►Inverness am Moray Firth entlang nach Wick gehört zu den schönsten Bahnfahrten des Landes. Mit dem Spirit of Scotland Travelpass können Sie unterwegs belieblig oft aus- und wieder einsteigen und ganz entspannt die herrliche Landschaft vorüberziehen lassen. Über die Blütezeit des Heringsfangs, als die »Silver Darlings« tonnenweise in Wick angelandet wurden, berichtet das **Heritage Centre** in der Bank Row 20. Der leicht getorfte Whisky der **Old Pulteney Distillery** in der Huddart Street verdankt seine maritimen Noten dem küstennahen Standort. An den Klippen südlich der Stadt steht die Ruine einer Burg aus dem 15. Jh., der Old Man of Wick (HES). Nördlich des Flughafens thronen am Noss Head die Überreste einer Doppelburg dramatisch über dem Meer: **Castle Sinclair Girnigoe** aus der Zeit um 1500. Das Sträßchen Ebenezer Place gilt mit 2,06 m als kürzeste Straße der Welt.

Heritage Centre: April – Okt. Mo. – Sa. 10 – 16 Uhr | Erw. £ 4 | https://wickheritage.org | **Old Pulteney Distillery:** Mo. – Fr. 10 – 17, im Winter bis 16 Uhr | Touren ab £ 15 | www.oldpulteney.com

Am Ende angekommen

★ Rund um John o'Groats

Das im nordischen Stil bunt erweiterte, viktorianische ehemalige Inn von John o'Groats, heute eine Ferienunterkunft mit Selbstversorger-Lodges, markiert am Pentland Firth das Ende des schottischen Festlands (►Abb. S. 297). Vor dem Hotel installierten die Künstler Matthew Dalziel und Louise Scullion aus Dundee 2015 ihre »**Nomadic Boulders**« – drei vom Meer rund geschliffene Felsen, die nach einem Sturm am Strand gefunden wurden, sollen die gewaltige Kraft von Wind und Wasser symbolisieren. Die ganz auf Tourismus ausgelegte Siedlung geht auf den Holländer Jan de Groote (John o'Groats) zurück, der 1496 von König James IV. die Lizenz für eine Fährverbindung nach Orkney bekam. Neben Souvenirangeboten gibt es die kleine **John o'Groats-Brauerei** (www.johnogroatsbrewery.co.uk) und die 2022 eröffnete **8 Doors Distillery** (www.8doorsdistillery.com), die nördlichste Brennerei des schottischen Festlands. Wanderungen über die weiten Klippen versprechen eine fantastische Sicht bis zu den ►Orkneys, die im Sommer eine Personenfähre vom Fährhafen John o'Groats in 40 Minuten ansteuert. Eine beeindruckende Steilküste wartet am Ende des schmalen Sträßchens zum **Duncansby Head**,

Schottlands Land's End, schwindelerregend hoch und von Sturmvögeln geadelt. Nur knapp 500 m Klippenweg vom Parkplatz nach Süden liegen mit den spitzen Seefelsen The Stacks und Thirle Door unverzichtbare Hingucker, und Orkney vis-à-vis.

www.visitjohnogroats.com | €€€/€€ **Together Travel John o'Groats**: moderne, großzügige FeWos | www.togethertravel.co.uk | **Fähre**: Retour-Tagestrip nach Orkney: Erw. £ 79, Kinder £ 39,50 | **Wildlife-Touren** (90 Min.): Erw. £ 20, Kinder £ 10 | www.jogferry.co.uk

Castle Mey

Queen Mum's Sommerresidenz

Auf Schloss Mey verbrachte die Königinmutter über 40 Jahre ihren Sommerurlaub. Jetzt kommen Ende Juli gelegentlich Charles und Camilla. Dann ist das Castle geschlossen. Im Juli und August finden Highland Games statt (►Das ist Schottland S. 24).

Ostern, Mai – Sept. Mi. – So. 10.30 – 16 Uhr | Erw. Burg & Gärten £ 13 auch netter Tearoom | www.castleofmey.org.uk

★ Dunnet Head

Nördlichster Festlandpunkt Schottlands ...

... ist die Landspitze Dunnet Head. Am Leuchtturm hat man fast schon das Gefühl, man befände sich im Pentland Firth. Der Ausblick Richtung Orkney ist großartig. An der Zufahrt zur Landspitze produziert die **Dunnet Bay Distillery** neben dem Northern Sands Hotel den Rock Rose Gin – ein stilvolles Mitbringsel für Zuhause. Rosenwurz und raues Mariengras verleihen ein besonderes Aroma. Etwas weiter westlich erstreckt sich der Sandstrand von **Dunnet Bay**.

Dunnet Bay Distillery: Dunnet | Touren Mo. – Sa. 11 und 14 Uhr Erw. £ 15 | www.dunnetbaydistillers.co.uk

★ OBAN

Council Area: Argyll and Bute | **Einwohnerzahl:** 8500

Wer von ►Glasgow anreist, will in Oban meist ablegen und auf eine der vorgelagerten ►Hebrideninseln schippern. Allerdings sollte man das lebhafte Hafenstädtchen nicht ohne Shoppingtour und eine stärkende Fischmahlzeit verlassen. Und mit einem 14-jährigen Oban Single Malt nachspülen.

Das Tor zu den Inseln

Der beste Blick auf Oban gelingt vom Wasser aus. Granitene viktorianische Häuserfronten mit blinkenden Sprossenfenstern und turmsteilen Giebeln scharen sich um die denkmalgeschützte Destille, mit der 1794 in Oban alles begann. Roms Wahrzeichen mitten im Hoch-

An Obans Hafenpromenade können Sie bis spätabends shoppen.

land? Die Krönung in jeder Hinsicht ist der alles überragende runde **McCaig's Tower**, eine Nachbildung des Kolosseums, die der Bankier John Stewart McCaig Ende des 19. Jh.s für die damals stattliche Summe von £ 5000 auf den Battery-Hügel stellen ließ, als Arbeitsbeschaffungsmaßnahme und als Denkmal für seine Familie. Fähren, bunte Fischerboote und geblähte Segel vervollkommnen das ungewöhnliche Ambiente Obans – bei all den Strömungen zwischen den Inseln und den Gezeiten allerdings ein anspruchsvolles Tidenrevier.

Wohin in Oban?

Seearomen, Süße und eine Spur Salz

★ Oban Distillery

Den ersten Eindruck des »Classic Malt« (►Baedeker Wissen S. 268 bis 271) bestimmen maritime Aromen und der Duft von geröstetem Malz. Zitronen, Birnen und Feigen vermischen sich beim Tasting des mindestens 14 Jahre alten, im Bourbonfass gereiften Oban Single Malt mit einer honigsüßen Note und torfigem Rauch. 1794 gegründet, ist die Brennerei im Zentrum von Oban eine der ältesten im Land.

Stafford St | Touren: tgl. 10 – 17 | Touren Erw. ab £ 22 | Probieren Sie dazu die Schokolade der Oban Chocolate Co. | www.malts.com

Inselhüpfen durch die Hebriden

★ Bootsausflüge

Buchen Sie eine Tagestour von Oban mit dem Schiff an der Isle of Mull vorbei zur fantastischen Basaltinsel **Staffa** und nach **Iona**, Schottlands »Wiege der Christenheit«, oder fahren Sie im Schnellboot zum berüchtigten Meeresstrudel **Corryvreckan** (▶Hebriden). Vier bis neun Nächte dauern die Hebriden-Törns ab Oban.

Bootstouren: Gut 2 Std dauern die Corryvreckan Wildlife Tours im Schnellboot ab Ellenabeich südl. von Oban | Erw. £ 53 | www.seafari.co.uk | Tagesausflüge nach Mull, Iona und Staffa: www.staffatours.co.uk, www.westcosttours.co.uk | Erw. £ 42 | **Hebriden-Törns:** www.hebridescruises.co.uk | www.hebridean.co.uk

Militärgeschichte und Schokolade

Museen

Am North Pier widmet sich das **War and Peace Museum** dem Zweiten Weltkrieg und der Stadtentwicklung. Wenige Meter weiter lockt an der Promenade das Café der **Oban Chocolate Co.** mit himmlisch süßen Kreationen.

War and Peace Museum: tgl. 10 – 16 Uhr | Eintritt frei | www.obanmuseum.org.uk | **Oban Chocolate Co.:** März – Nov. Do. – Mo. 10 – 16 Uhr | https://obanchocolate.co.uk

Isle of Eriska: Schon die Anfahrt auf die romantische Privatinsel ist ein Erlebnis.

OBAN & ARGYLL ERLEBEN

OBAN I-CENTRE

3 North Pier, Oban, Tel. 01631 56 31 22, www.oban.org.uk
www.explore-oban.com

ISLE OF ERISKA €€€€/€€€

Ein Paradies mit verwunschenem Park am See ist die winzige Privatinsel mit Straßenbrücke nördlich von Oban. Seine 1884 erbaute Nobelherberge ist der perfekte Ort für besondere Anlässe. Prasselndes Kaminfeuer, edle Mahagonimöbel und schweres Silber, 21 elegante Designerzimmer und große Spa Suiten. Selbstversorger können zwischen zwei Cottages und aussichtsreichen Apartments mit Whirlpool auf der Terrasse wählen. Im preisgekrönten Restaurant werden Menüs mit Austern, Hummer und Hochlandwild serviert. Im Garten huschen abends Rehe wie Dachse vorüber. Für Wellness sorgen ein ozongefilterter 17-m-Pool, Dampfbad und Hot-Stone-Massagen, auch für Tagesgäste. Golfer erwartet ein 6-Loch-Platz am Seeufer.
Benderloch PA37 1SD
Tel. 016 31 72 03 71
https://eriska-hotel.co.uk

AIRDS HOTEL & RESTAURANT €€€€/€€€

Unglaublich ist nicht nur die Lage am Loch Linnhe, sondern auch die exquisite Küche des Hotels mit elf wunderschönen Zimmern im Landhausstil (▶Abb. S. 432). Calum, der auf Ben-

becula aufwuchs, serviert im romantischen Candlelit Restaurant Jakobsmuscheln von den Orkneys, zartes Hochlandlamm und ein göttliches Kirsch-Mandel-Soufflé. Oder kommen Sie zum Afternoon Tea mit hausgemachten Scones und Sandwiches. Für Selbstversorger: das schicke Old Smithy Cottage wird preiswerter wochenweise ab Sa. vermietet.
Port Appin PA38 4DF, Tel. 01631 73 02 36, www.airds-hotel.com

CRINAN HOTEL €€€

Fangfrische Meeresfrüchte werden bei Frances Macdonald am Crinan Canal serviert. Im Hotel und Café am Kanalufer hängen Bilder von Frances und ihrem Sohn Ross Ryan. Ross veranstaltet auch Malkurse. Segler sollten im Juli kommen, wenn das Crinan Classic Boat Festival spannende Regatten veranstaltet.
Crinan, Lochgilphead PA31 8SR
Tel. 01546 83 02 61, www.crinanhotel.com, www.crinanclassic.com

THE PERLE OBAN €€

Historisches Haus mit schicken Zimmern und Spa 5 Gehminuten vom Bahnhof und Fährterminal. Bestellen Sie im Baab Restaurant die gegrillte Goldbrasse oder in Zatar marinierten schottischen Lachs mit Tahinisauce.
Station Square, Oban PA34 5RT
Tel. 01631 70 03 01
www.perleoban.com

THE PIERHOUSE HOTEL €€€

Direkt am Loch Linnhe, der Muscheln und Langusten liefert. Die Austern kommen vom Loch Creran. Die Ferry Bar hat 110 der besten Malt Whiskys.
Port Appin Pier, Appin PA38 4DE
www.pierhousehotel.co.uk

TAYCHREGGAN HOTEL €€€/€€

Allein der Blick über Loch Awe lohnt den Aufenthalt. Schöne Zimmer in einer ehemaligen Postkutschenstation und 5-Gänge-Menü mit heimischem Wild, Fisch und tollen Desserts.
Kilchrennan, by Taynuilt
PA35 1HQ, Tel. 01866 83 32 11
www.taychregganhotel.co.uk

EE-USK €€

Fangfrischer Hummer und Muscheln, die im angesagten Klassiker auf dem Nordpier serviert werden, samt toller Aussicht über die Bucht nach Kerrera
North Pier, Oban, Tel. 01631 56 56 66, www.eeusk.com

THE OYSTER INN €€

Ob »A Fine Catch of the Day« oder frische Jakobsmuscheln, ob einen der 60 Single Malts oder ein frisch Gezapftes in der Bar mit Blick über den Fjord – hier stimmt alles. Auch 19 Zimmer zum Übernachten.
Connel, Oban PA37 1PJ, Tel. 01631 71 06 66, www.oysterinn.co.uk

SAMPHIRE SEAFOOD €€

Nicht nur Koch Andrew Maclugash ist einheimisch, auch die Muscheln, Krabben und Jakobsmuscheln sind lokal. Gemütliches Bistro am Loch Fyne – besser reservieren.
6 Arkland, Inveraray PA32 8XT
Tel. 01499 30 23 21
https://samphireseafood.com

SEAFOOD HUT €

Der Imbiss am Calmac-Fähranleger bekommt Krabben, Austern, Langusten und Hummer direkt vom Kutter – richtig gut und günstig!

Im Juni wird das Street Festival gefeiert, Anfang Aug. startet im Hafen die West Highland Yachting Week. Im Juli finden in Inveraray Highland Games statt, im August dann in Oban.
https://inveraray-games.co.uk
www.obangames.com

Von Oban über Inveraray zum Crinan Canal

Flora und ein Frosch

Dunstaffnage Castle und Marina

Was für ein Brocken von Burg! Knapp 7 km nördlich von Oban bewacht die **Felsenfestung** Dunstaffnage den Eingang zum **Loch Etive**. Die Ecktürme und das 3 m dicke Mauerwerk stammen aus dem 15. Jh., als sich die Burg im Besitz der Campbells befand, der ersten Grafen von Argyll. Der Wohnturm wurde im 17. Jh. umgebaut. Wie strategisch wichtig die Stelle war, belegt die Tatsache, dass die Könige von Dalradia – Nachbarn der Pikten –, hier schon im 7. Jh. befestigten. Sogar der legendäre königliche Stone of Scone (▶Perth) soll hier zeitweise gestanden haben. Flora McDonald wurde dafür, dass sie Bonnie Prince Charlie zur Flucht verhalf, 1746 hier eingekerkert (▶Baedeker Wissen S. 252). Auf der anderen Seite der Bucht liegen schnittige Jachten in der **Dunstaffnage Marina**. Gutes Pubessen serviert dort die Bistrobar »The Frog«.

Dunstaffnage Castle: HES | April – Sept. tgl. 9.30 – 17.30, Okt. – März Sa. bis Mi. 10 – 16 Uhr | Erw. £ 7 | **Jachthafen:** https://dunstaffnagemarina.co.uk

Typisches Towerhouse

Castle Stalker

Die Turmburg auf einem gezeitenabhängigen Inselchen im Loch Linnhe bei Port Appin ist einer der bekanntesten Hingucker Schottlands. Die Burg der MacDougalls ging 1388 in den Besitz der Stewarts of Appin über. In den 1960ern wurde die Ruine als herausragendes Beispiel für Schottlands Wohntürme im Mittelalter restauriert. Den schönsten Blick gewährt am Ufer das Café »Castle Stalker View« – probieren Sie hier das Millionaire Shortbread!

Führung April – Okt. nach Gezeiten | Tel. 01631 73 03 54 | Tour Erw. £ 20 | www.castlestalker.com | **Café:** www.castlestalkerview.co.uk

Nur eine schmale Single Track Road …

★ Über den Loch Etive schippern

… führt von der Nordspitze des Loch Etive in das einsame **Glen Etive**, Heimat des Steinadlers. Die kleine Gebirgsstraße trifft beim Kingshouse Inn auf die A 82, die weiter nach ▶Glencoe führt. Vauliscauliensermönche gründeten 1230 am Nordufer ein **Priorat**, von dem Cromwells Truppen 1654 allerdings nur ein Querhaus übrig ließen. Besucher kommen wegen des Gartens und der atemberaubenden Aussicht über den See. An der Dunstaffnage Marina legen von März bis Oktober Ausflugsboote der **Etive Boat Trips** ab, um in Halb- oder Ganztagestouren den herrlichen See zu erkunden und Seadler zu beoachten. Nach altem Familienrezept wird im **Inverawe Smokehouse** in Taynuilt der Fisch zunächst in einer Salzlauge mit Kräutern und Zucker eingelegt. Anschließend gart man die Lachse und Forellen 48 Stunden lang in Räucherkammern über Eichenholzfeuer – simply the best! Gutes Restaurant und Farm Shop mit Panoramablick über den Glen Lonan.

Ardchattan Priory Gardens: April – Okt. tgl. 9.30 – 17.30 | £ 5 | www.ardchattan.co.uk | **Etive Boat Trips:** Tel. 01631 56 56 33 oder Skipper mobil Tel. 07900 25 35 85 | 4 Std. £ 250 (bis zu 4 Pers.) | https://etiveboattrips.co.uk | **Inverawe Farmshop, Restaurant & Smokehouse** tgl. 9 – 17 Uhr | www.smokedsalmon.co.uk | www.inverawe.co.uk

Energie durch Wasserkraft

Pass of Brander

Über den Branderpass, dessen Kulisse vom majestätischen Doppelgipfel des 1126 m hohen **Ben Cruachan** beherrscht wird, erreichen Sie den gleichnamigen Staudamm. Auf einer Führung in den »Hollow Mountain« können Sie auch die Turbinen besichtigen, mit denen das Wasserkraftwerk **Cruachan Power Station** 440 MW erzeugt.

30-Min.-Führungen: Ostern – Okt. Mo. – Fr. 9.30 – 16.45 Uhr
Erw. £ 7.50 | www.visitcruachan.co.uk

Paddelnd über den See

Loch Awe

Den 37 km langen See umgeben bewaldete Hügel. Zu seinen Inselchen gehören Priest's Isle und Inishail, einst Sitz eines Zisterzienserklosters. Im **Ardbrecknish House** südwestlich von Dalmally können Selbstversorger nicht nur komfortabel nächtigen, sondern auch Kanus und Motorboote ausleihen, um den See zu erkunden. An der

Schmuckstück aus georgianischer Zeit: Das zinnenbewehrte Inveraray Castle ist seit Jahrhunderten Stammsitz der Herzöge von Argyll.

Nordspitze des Sees bewachte einst das einsamene **Kilchurn Castle** (►Abb. S. 11 oben) die strategisch wichtigen Verkehrsrouten. Sir Colin Campbell of Glenorchy ließ die Burg um 1440 erbauen, 1745 bezogen hannoveranische Truppen auf der Burg Quartier.

Ardbrecknish House: www.loch-awe.co.uk | **Loch Awe Boats:** The Boat Yard, Ardbrecknish | Tel. 07703 11 24 22 | www.loch-awe.co.uk
Kilchurn Castle: HES | April – Sept. tgl. 9.30 – 17.30 Uhr | Eintritt frei

Prunkvolles Postkartenmotiv

★ Inveraray Castle

Das charmante Städtchen **Inveraray** am Loch Fyne ist Schauplatz mehrerer Romane von Sir Walter Scott, einem Bewunderer von Inveraray Castle. Das von einem wunderschönen Park umgebene klassizistische Schloss ist Sitz der Herzöge von Argyll, einem alten Zweig des Campbell-Clans. Das Märchenschloss mit runden Ecktürmchen und zinnenbewehrtem Zentralturm entstand Mitte des 18. Jh.s auf den Fundamenten der 1457 erbauten Clanburg. Als ein verheerender Großbrand den neogotischen Prunkbau 1975 schwer beschädigte, mussten die Campbells wegen der hohen Renovierungskosten ihre Hebrideninsel Iona veräußern. Die Salons bestechen durch kostbare Stilmöbel, Beauvais-Gobelins, Aubusson-Tapisserien, Grisaillemedaillons und vergoldete Stuckornamente. In der mit 21 m höchsten Waffenhalle des Landes sind Musketen, Äxte und die typisch schottischen Breitschwerter des 18. Jh.s ausgestellt. In der Porzellansammlung können Sie Service aus Derby und Meißen bewundern. Die Familienporträts stammen von Gainsborough, Kneller, Raeburn, Ramsay und Hoppner. Der 13. Duke of Argyll bewohnt heute mit seiner Familie den Südwestflügel des Schlosses.

Historische Zeitgenossen erzählen im **ehemaligen Gefängnis** der Stadt von mittelalterlicher Folter und spektakulären Kriminalfällen des 16. – 19. Jh.s. Im früheren Gerichtssaal lassen lebensgroße Figuren vergangene Verfahren aufleben. Nebenan können Sie sich einen Kilt nach Maß schneidern lassen. Der Loch Fyne **Whiskies Shop** in der Main Street bietet eine vorzügliche Auswahl schottischer Malts und Whiskyliteratur. Schönes aus Wolle und Souvenirs bietet die **Inveraray Woollen Mill**. Der Loch Fyne ist berühmt für seine Austernzucht. Am Nordende des Sees, 10 km nordöstlich von Inveraray, führt die A 83 zur preisgekrönten **Loch Fyne Oyster Bar**, in der fangfrische Austern, Räucherlachs, Langusten und Jakobsmuscheln auf der Karte stehen. Oder kaufen Sie im Laden schottische Leckereien für ein Picknick ein. Nur ein kleines Stück weiter liegt die Farmbrauerei **Fyne Ales**.

Inveraray Castle: April – Okt. tgl. 10 – 17 Uhr | Erw. £ 14.50, Kinder £ 10.50 |Tearoom und herrlicher Park | www.inveraray-castle.com
Inveraray Jail: tgl. 10 – 17 Uhr | Erw. £ 13.50, Kinder £ 8.25 | www.inverarayjail.co.uk | **Loch Fyne Oyster Bar & Deli:** im Sommer tgl. 9 – 17 Uhr | www.lochfyne.com | **Fyne Ales Brewery:** Achadunan, Sommer tgl. 10 – 18 Uhr (sonst kürzer) | www. fyneales.com

Auf Zeitreise

Auchindrain Township

Das **Freilichtmuseum** gut 10 km südwestlich von Inveraray besitzt Langhäuser und Bauernkaten des 18. und 19. Jh.s. In den Hügeln weiden Rinder und Schafe. Nehmen Sie sich eine gute Stunde Zeit und erleben Sie, wie einst Getreide, Kartoffeln und Rüben angebaut wurden. 1962 verließ der letzte Pächter das Dorf.

Wegen Renovierung geschlossen | Rundgangplan auch auf Deutsch
www.auchindrain.org.uk

Ein Garten wie am Himalaya

Crarae Garden

Im exotischen Garten 18 km südwestlich von Inveraray blühen bis in den Juni hinein baumgroße Rhododendren, Kamelien und Magnolien, tasmanische Eukalyptusarten und chilenische Flammenbäume.

NTS | tgl. 9.30 Uhr bis Sonnenuntergang | Erw. £ 8

Bei den Pikten

Kilmartin

Gut 40 km westlich stehen auf dem Friedhof von Kilmartin piktische Grabkreuze. Im **Kilmartin House Museum** sind prähistorische Funde der Region zu sehen. Das anspruchsvolle Museum mit audiovisueller Show zum Klang bronzezeitlicher Hörner und Flöten wird bis 2023 ausgebaut.

Kilmartin House Museum: www.kilmartin.org

Kanal mit Seafood

Crinan Canal

Freizeitskipper nehmen gern den 1801 eröffneten Kanal, der von Ardishaig nach Lochgilphead verläuft und für die Schifffahrt die Strecke um den Mull of ►Kintyre abkürzt. Er ist die kürzere und vor allem sicherere Verbindung, wenn der Mull of Kintyre für Jachten unpassierbar wird. **15 Schleusenstufen**, teilweise noch von Hand bedient, verteilen sich auf gut 14 km in zauberhafter Landschaft – am Eingang punktet das **Crinan Hotel** mit Kunst und Meeresfrüchten (►S. 304).

Im Winter sind die Schleusen nur Mo. – Fr. offen, sonst bleiben sie tgl. in Betrieb; www.scottishcanals.co.uk

Residenz der skotischen Royals

Dunadd Fort

Die eisenzeitliche Festung am Ufer des Add wurde im 6. Jh. königliche Residenz des Skotenreiches Dalriada. Hier soll St. Columba 574 König Aidan gekrönt haben, empfingen die frühesten Herrscher der Legende nach auf dem »**Stone of Destiny**« die Krone Schottlands. Dann vereinte Kenneth MacAlpin Skoten und Pikten und ernannte das keltische Scone (►Perth) zur neuen Hauptstadt. Dorthin kam auch der »Schicksalsstein«, der 1296 nach London entführt wurde und erst 1996 nach ►Edinburgh Castle zurückkehrte. Ein Fels auf dem Hügel trägt eine **Ogham-Inschrift** – die runenähnlichen, nach dem Keltengott Ogmios benannten, ältesten gälischen Schriftzeichen wurden im 4. Jh. in Irland entwickelt und bis zum 9. Jh. verwendet (HES).

Die Biber sind eingezogen

Dubh Loch

Was 2009 als Versuch der Einbürgerung von Bibern nach Schottland begann, wurde zehn Jahre später von der Regierung offiziell als Erfolg verbucht. Um die Biber und Anzeichen ihrer Aktivitäten zu sehen, wandern Sie in zwei Stunden gut 5 km um den Dubh Loch im **Knapdale Forest**. Morgens und abends sind sie Nager am aktivsten. Die Wanderung beginnt am Parkplatz Barnluasgan an der B8025, 10 km westlich von Lochgilphead.

www.scottishbeavers.org.uk, https://scottishwildlifetrust.org.uk

★★ ORKNEY ISLANDS

Council Area: Orkney Islands

Monumentale Kammergräber, Sonnentempel und Steinzeitdörfer bringen es ans Tageslicht: Lange bevor in Ägypten die Pyramiden standen, blühte auf Orkney eine Hochkultur, die Maßstäbe setzte. Der spröde Reiz des Archipels zwischen Atlantik und Nordsee erwächst aus grünen Hügeln und azurblauer See, nordischem Klima und intensivem Licht. Gestrickt, gefilzt oder gewoben werden aus der Wolle der Inselschafe Lieblingspullover und Kuschelschals. Der Orkney Craft Trail vereint kreative Kunsthandwerker, die durch Mythen, Natur und Tradition auf Orkney inspiriert sind.

»
Die Magie von Orkney besteht aus Stille, Einsamkeit und tiefen, wunderbaren Rhythmen von Meer und Land, Dunkelheit und Licht.
«

George Mackay Brown, der »Sänger der Inseln«

Grüne Hügel und azurblaues Meer

Die Melancholie der Highlands suchen Sie hier vergebens. Die meist flachen Inseln sind von sattgrünen Weiden, sanften Stränden und Vogelkolonien geprägt. Nur die Insel Hoy wirkt gebirgig. Ihre Steilküste aus rotem Sandstein steuern Sie mit der Autofähre von Scrabster nach Stromness an. Die Schiffe begleiten nicht selten Delfine, Robben oder Zwergwale. Die kürzeste Entfernung zwischen dem festländischen John o'Groats und der Südspitze der Insel South Ronaldsay beträgt sieben Seemeilen. Nur 17 der 68 nahezu baumlosen Inseln sind bewohnt. Genau umgekehrt wie in ▶Shetland, heißt es, die Orcadians seinen Bauern mit einem kleinen Fischerboot. Fruchtbare Böden sorgen für eine ertragreiche Landwirtschaft. Hummer- und Krabbenfischerei sind wichtig und die Tiere landen auch auf dem Teller. Bedeutender Arbeitgeber ist die Ölbranche, die in der Bucht von Scapa Flow eine große Verladestation für Tanker betreibt.

Über und unter Wasser ...

Wandern, Wassersport & UNESCO-Welterbe

... überrascht Orkney mit Weltklasse-Niveau. Die in Scapa Flow versenkte deutsche Flotte des ersten Weltkriegs zieht erfahrene Taucher aus aller Welt an. Wanderer verbringen auf Hoy gern einen ganzen Tag, um zum St. John's Head oder Old Man of Hoy zu laufen. Die wichtigsten der prähistorischen Stätten stehen als »**Heart of Neolithic Orkney**« auf der UNESCO-Welterbeliste. Den Highland Park Single Malt und lokale Spezialitäten wie Hummer und Farmhauskäse sollten Sie auf jeden Fall probieren. Der traumschöne Golfplatz in Stromness verführt sogar Novizen zum Abschlag. **Höhepunkte im Jahr** setzen das Jazz Festival im April, das Folk Festival im Mai und das St. Magnus Festival im Juni mit klassischen Konzerten, Theater und Jamsessions.

Schottland trifft auf Skandinavien

Lange Geschichte

Noch bevor in Ägypten die Pyramiden standen, bauten sich die ersten Siedler auf Orkney Steinbungalows, gewaltige Steinkreise, Tempel und Gräber. Auch die Menschen der Bronze- und Eisenzeit sowie später die Pikten und Wikinger hinterließen deutliche Spuren – Orkney war ein nordisches Drehkreuz für wechselnde Zivilisationen. Jahrhundertelang gehörte Orkney dann wie ▶Shetland, die ▶Hebriden und Nordschottland zu Norwegen. Noch heute sehen die nördlichsten Untertanen der Krone ihre Heimat eher in Skandinavien. Noch bis ins 17. Jh. wurde das altnorwegische »**Norn**« gesprochen, auch der Name Orkney stammt vom nordischen »Orc« für wilder Bär. Die Ära der norwegischen **Jarls-Herrscher** erzählt die Orkneyinga Saga. Nach der **Schlacht von Largs 1263** verloren die Norweger bis auf Shetland und Orkney ihre schottischen Ländereien. **1468/69** verpfändete Christian I. die Inseln als Sicherheit für die Mitgift seiner Tochter Margaret – the **Maid of Norway** –, die James III. von Schottland heiratete. Doch die Schuld wurde nicht bezahlt und die Orkneys blieben bei den Schotten. Schlimm trieb es Graf Patrick Stewart, der für seine Taten 1615 in Edinburgh hingerichtet wurde. Während beider Weltkriege war die Bucht von Scapa Flow **Hauptstützpunkt der britischen Flotte**.

Wohin auf Mainland?

★ Kirkwall

Knapp ein Drittel der 22 000 Orkadier lebt in Kirkwall auf der Hauptinsel Mainland. Vom Hafenpier führt die Fußgängerzone mit kleinen Läden wie der Boutique von Sheila Fleet (▶S. 320) zur **Kathedrale St. Magnus**, die 1137 von Jarl Rognvald dem Heiligen begonnen wurde und im Juni Schauplatz eines Musikfestivals ist. Ende des 15. Jh.s

Wandern Sie zu den spektakulären Steilklippen am St. John's Head auf Hoy.

war das 75 m lange Gotteshaus aus Sandstein im Wesentlichen fertig. Die mächtigen normannischen Säulen fallen durch ungleiche Abstände auf. 1263 wurde Haakon, König von Norwegen, hier begraben, später aber nach Trondheim überführt. Das St. Magnus Centre informiert über den Heiligen und den Kirchenbau. Schräg gegenüber stehen die Ruinen des mittelalterlichen **Bishop's Palace**. Auf der anderen Straßenseite liefert der 1607 vollendete **Earl's Palace** ein Beispiel für die Renaissancearchitektur in Schottland. Wo die Palace Road auf die geschäftige Broad Street mit kleinen Shops und netten Kneipen trifft, erzählt das **Orkney Museum** die Inselgeschichte. Es befindet sich im Tankerness House, 1574 erbaut und für drei Jahrhunderte das Heim der betuchten Kaufmannsfamilie Baikie of Tankerness. In der Holm Road liegt die **Highland Park Distillery**. Die 1798 gegründete Brennerei mit traditionellem Malzboden produziert einen kräftigen, rauchigen Malt (►Baedeker Wissen S 268–271). Auf halbem Weg zwischen Hafen und Brennerei werden im Scapa Court 12 die traditionellen **Orkney-Korblehnstühle** in Handarbeit hergestellt.

BAEDEKER ÜBERRASCHENDES

6X UNTERSCHÄTZT

Genau hinsehen, nicht daran vorbeigehen, einfach probieren!

1. POSTMODERNE AUF ORKNEY

Sensationell ist nicht nur die Sammlung moderner britischer Künstler wie Hepworth oder Eliasson, sondern auch, wo sich die Galerie versteckt: im brillianten Pier Arts Centre von **Stromness**. (►**S. 315**)

2. GLAUBENSSACHE

Die großen Religionen dieser Welt spielen in **Glasgows St. Mungo Museum of Religious Life & Art** mit Zen-Garten die Hauptrolle, als Kult, Lebenssinn und Philosophie. (►**S. 205**)

3. FANGFRISCH

Ein profaner Schuppen oberhalb der Talisker-Destille wird nur von jenen Insidern nicht übersehen, die wissen, dass der **Skye Oyster Shed** hier Preziosen aus dem Meer wie Snacks serviert, und nicht nur Austern. (►**S. 233**)

4. HOME OF THE SCOTTISH FLAG

Die wohl älteste Flagge Europas, the Saltire, hat eine unscheinbare, aber charmante Heimat in einem alten Taubenturm im winzigen **Athelstaneford**, 35 Kilometer östlich von Edinburgh. (►**S. 244**)

5. MÄRZ-ROADMOVIE

Frostiges Zwielicht und gepuderte Munros bieten ein fast unwirkliches, aber spektakuläres Schauspiel, wenn Sie die **Highlands** im Winter bereisen. (►**S. 276**)

6. SCHOTTISCHE KÜCHE

Selbst im entlegenen Hochland und auf den Inseln finden Sie Slow Food, Gourmetkost und Bauernmärkte mit Bioprodukten aus erster Hand. (►**S. 428**)

Bishop's & Earl's Palace: HES | April – Sept. So. – Do. 9.30 – 17.30, Sa. 10 – 17 | Erw. £ 7 | **Orkney Museum**: Mo. – Sa. 10.30 – 17 Uhr Eintritt frei | **Highland Park Distillery:** April–Okt. tgl. 10 –17, sonst Di. – Sa. | Touren alle zwei Std. | Erw. ab £ 30 https://highlandpark.co.uk | **Scapa Crafts Orkney Chairs**: Mo.– Fr. 10 – 17 |www.scapacrafts.co.uk

Anpfiff zu Weihnachten

Ba' Games

Zur Yuletide, 25. Dezember und Neujahr, treten bei einer Art Fußballspiel die »Uppies« der Oberstadt gegen die »Downies« der Unterstadt mit bis zu 200 Spielern an. The Ba' erinnert an die Teilung der Stadt, als Graf Henry St. Clair Ende des 14. Jh.s die inzwischen verschwundene Burg kontrollierte und der Bischof das Land »zu ihren Füßen«. Die Grenze war der **Kirk Green**, bis heute Startpunkt des Spiels, das auf den Straßen durch die ganze Stadt unter Beteiligung der Passanten ausgetragen wird (www.bagame.com).

Die ersten norwegischen Jarle

Orkneyinga Saga Centre

Die Ausstellung im Dorf **Orphir**, 16 km südwestlich, gibt eine gute Einführung in die Orkneyinga-Saga der Wikinger. Sie wurde vermutlich um 1200 von einem Isländer verfasst. Zu sehen sind auch Überreste einer Festhalle der Wikinger und eine mittelalterliche Rundkirche, die ein Kreuzritter Anfang des 12. Jh.s erbauen ließ.

Tgl. 9 – 17 Uhr | Eintritt frei | www.orkneyislands.info

Totenkult und Sonnentempel

★★ Maes Howe

Von der A 965 westlich von Kirkwall sieht es einfach aus wie ein Grashügel. Im Innern aber erwartet Sie das **besterhaltene steinzeitliche Kammergrab Europas**. Seine Architekten schichteten Stein auf Stein mörtellos genau übereinander. Als das auf 2700 v. Chr. datierte Grab 1812 etdeckt wurde, war es leer. Mitte des 12. Jh.s waren Wikinger in den 10 m langen Gang zur Hauptkammer eingedrungen und hatten Runen in die Steine geritzt. Dass die Nordmänner hier vor einem Sturm Zuflucht suchten, »Ingigerth, die schönste aller Weiber sei« und »Haakon den Schatz aus diesem Hügel« schaffte, lauten drei der vielen Inschriften. Als wirklicher Schatz erwies sich ein Drachen-Graffiti, das zum meistverkauften Motiv der Schmuckindustrie auf den Inseln wurde. Mit Maes Howe wurden auch die Jahreszeiten bestimmt. Zur Wintersonnenwende am 21. Dezember fallen die Sonnenstrahlen direkt in den Eingang der in den letzten Jahren am Ness of Brodgar entdeckten »Steinzeit-Kathedrale« (Structure Ten) ausgerichtet. Die Freilegung wird jeden Sommer fortgesetzt. Immer klarer werden Zusammenhänge zwischen den Zeugnissen der Jungsteinzeit, die als »**Heart of Neolithic Orkney**« UNESCO-Welterbe sind.

HES | Besichtigung nur im Rahmen von Führungen ab Maeshowe Visitor Centre in Stenness | April – Sept. tgl. 9.30 – 17.30, Okt.– März 10 –16 Uhr | nur mit Reservierung | Erw. £ 9.50, Kinder £ 5.50

Zeremonieller Steinkreis

Standing Stones of Stenness

Auf der Landzunge zwischen Loch Harray und Loch Stenness stehen noch vier von ehemals zwölf Steinen, die im dritten Jahrtausend v. Chr. einen Steinkreis mit 30 m Durchmesser bildeten. Im direkten Umfeld wurden Reste des Steinzeitdorfes »Barnhouse« entdeckt.

Mai –Sept. regelmäßig kostenlose Führungen durch den Orkney Ranger Service, der am Ring of Brodgar einen Info-Stand unterhält.

★★ Ring und Ness of Brodgar

Kultstätte oder Kalendarium?

Doppelt so groß wie das südenglische Stonehenge ist 500 m weiter der **Ring of Brodgar**. Rund ein Drittel seiner 60 Steine blieb an ihrem Platz, der höchste ragt fast 5 m in den Himmel – ein Anblick, den Sie nicht vergessen werden. Der Ring wird auf die Mitte des 3. Jahrtausends v. Chr. datiert. Zu jenem Zeitpunkt war das benachbarte **Ness of Brodgar** schon seit 1000 Jahren bebaut – die jährlichen Ausgrabungen dort sind derzeit die spannendsten und bedeutendsten steinzeitlichen Ausgrabungen in Europa. Damit ist die Fundstätte 800 Jahre älter als Stonehenge. Lieferte entgegen bisheriger Thesen der Norden im Neolithikum die Ideen für den Süden Britanniens? Diente der riesige **Steinkreis** als Kultstätte oder Kalender? Warum fand die zeremonielle Aufgabe des Ness um 2200 v. Chr. mit der Schlachtung mehrerer hundert Tiere statt. Ein Rätsel ist auch, wie die tonnenschweren Megalithen über die baumlose Insel transportiert wurden. Historiker vermuten, dass sie auf einer Art Rutsche aus Schlick und Tang gezogen wurden.

Ring: offen und Eintritt frei | Mai –Sept. kostenlose Führungen des Orkney Ranger Service ab Parkplatz | **Ness**: Führungen während der Ausgrabungen, tgl. und kostenlos | www.nessofbrodgar.co.uk

Über 5000 Jahre sind vergangen – und die Steine stehen noch immer. Meterhoch ragen die mächtigen Monolithe des Ring of Brodgar in den orkadischen Himmel.

★ Stromness

Hafenstadt am Hoy Sound

In das vordergründig graue Städtchen mit gut 2000 Einwohnern kann man sich verlieben. Der Ort mit seinen dickwandigen Natursteinhäusern, die alle ihre Schmalseite der im Winter sturmgepeitschten Wasserfront zuwenden, wirkt wie aus einem Guss. Dächer und Hauptstraße sind meist aus Flagstone-Platten gelegt. Der Aufschwung begann Ende des 17. Jh.s, als die Hudson's Bay Company in Stromness eine Zweigniederlassung aufmachte und viele Seeleute für den Handel mit Nordkanada anwarb. Hier lag der letzte Frischwasserbrunnen vor der Arktis. Walfänger und Expeditionen nahmen hier letzte Verpflegungsrationen an Bord. So mancher der für ihr seemännisches Geschick bekannten Orcadians heuerte auf den Schiffen an, die vor Anker gingen, darunter auch Scotts R. R. S »Discovery« (►Dundee) und die legendäre HMS »Bounty«, deren meuternde Besatzung nach Tahiti floh. Bühne zeitgenössischer Kunst ist das **Pier Arts Centre** in der Victoria Street 28, wo auch Werke von Barbara Hepworth ausgestellt sind. Im **Stromness Museum** können Sie Spannendes über die Steinzeitsiedlung Skara Brae, über die Hudson's Bay Company, Zug- und Seevögel, den Walfang und das Schicksal der 1919 versenkten deutschen Kriegsflotte erfahren.

Die **Orkney-Brauerei** nördlich in Quoyloo veranstaltet täglich Führungen. Weltweit einzigartig ist das **European Marine Energy Centre** in der Back Road, ein Testzentrum für Energiegewinnung aus dem Meer. Entwickler können auf den Orkneys ihre Prototypen für Gezeiten- und Wellenkraftwerke im Wasser testen (www.emec.org.uk).

Pier Arts Centre: Di. – Sa. 10.30 – 17 Uhr, Aug. auch Mo.
Eintritt frei | www.pierartscentre.com

Stromness Museum: Mo. – Sa. 10 – 17 Uhr| Erw. £ 5
www.stromnessmuseum.org.uk

Orkney Brewery: Touren Erw. £ 11 | www.orkneybrewery.co.uk

SKARA BRAE

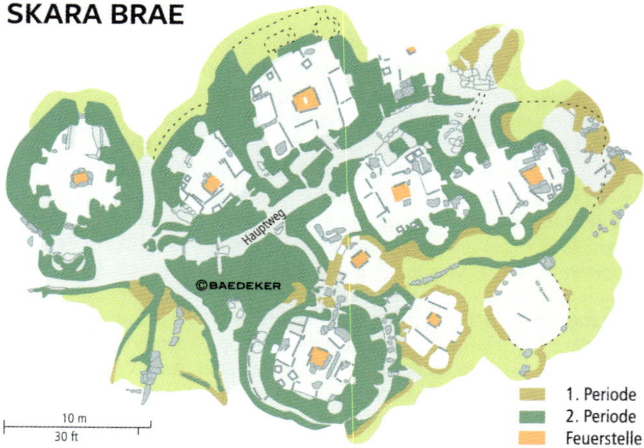

★★ Skara Brae

Zurück in die Steinzeit

Wohnlichste prähistorische Stätte ist das Steinzeitdorf 17 km nördlich von Stromness. Es war zwischen 3100 und 2500 v. Chr. wahrscheinlich kontinuierlich bewohnt. Das **Besucherzentrum** erzählt von Viehzucht und Ackerbau treibenden Menschen, die aus flachen Steinen und Platten zehn Hütten aufschichteten und deren Bruchsteinmauern mit Erde und Kompost bedeckten. Erhalten blieb sogar die Inneneinrichtung: Feuerstellen, Bettkästen aus Steinplatten, die mit Stroh gefüllt waren, und eine ebenfalls steinerne, schrankähnliche Konstruktion. Gelegentlich gibt es auch eine Nische mit Abflussrinne – das stille Örtchen, wie man vermutet. Abgesehen von zwei Bauten der ersten Phase sind nur Überreste der größeren Häuser aus der zweiten Bauphase erhalten. Im Unterschied zu den frühen Behausungen war hier die Bettstatt nicht in die Wände eingebaut, sondern in den Wohnraum integriert. Die Häuser von Skara Brae lagen gut konserviert unter einer dicken Sandschicht, bis ein Sturm sie 1850 freilegte. Forscher nehmen an, dass die Steinzeitmenschen von einer **Naturkatastrophe** heimgesucht wurden, die ihr Dorf verschüttete. Man fand nur die Skelette eines Jungen und eines Greises. Einige Funde sind in der gut aufgemachten Ausstellung zu sehen. Die wichtigsten Funde sind heute im National Museum of Scotland in ►Edinburgh ausgestellt.

Die Tickets schließen den Besuch des um 1620 von Bischof Graham erbauten **Skaill House** ein, mit Erinnerungen aus 400 Jahren – das Fell eines weißen Tigers aus Indien im Salon erinnert sehr an den feuchtfröhlichen Silvester-TV-Klassiker »Dinner for One«.

HES | April – Sept. tgl. 9.30 – 17.30, Okt. – März tgl. 10 –16 Uhr
Erw. £ 12, Kinder £ 7

Zutritt nur bei Ebbe

Birsay

Noch ein Kleinod früherer Besiedlung – diesmal aus dem Mittelalter. Die nur bei Ebbe zu Fuß erreichbare **Gezeiteninsel** war mal Orkneys Hauptstadt. Vom einstigen Machtzentrum zeugen Siedlungsreste mit typischen Langhäusern der Wikinger, die Ruine der ersten orkadischen Kathedrale des 11. – 13. Jh.s und Reste des Earl's Palace im Dorf Birsay, die an die Grafen aus dem 17. Jh. erinnern.

Baukunst ohne Mörtel

Broch of Gurness

Von Evie Village führt eine Stichstraße zum Wehr- und Wohnturm der Pikten aus dem 1. Jh. v. Chr., der bis in die Wikingerzeit um das 9. Jh. besetzt blieb, wie die Reste von Langhäusern in der Umgebung belegen. Die fensterlosen Brochs wurden aus Steinen aufgeschichtet und bestehen aus einem zylindrischen Innenbau und einer sich nach oben verjüngenden Außenwand. Zwischen beiden verliefen Gänge, während Treppen die oberen Stockwerke zugänglich machten.

HES | April – Sept. tgl. 9.30 – 17.30 Uhr | Erw. £ 6

Anno dazumal

Corrigall Farm Museum

Rund 20 km südwestlich beim Dörfchen Brough erzählt ein tolles kleines Museum in einem viktorianischen Farmhaus vom ländlichen Alltag der Orkadier vor 150 Jahren.

Derzeit wegen Renovierung geschlossen

Eisiges Grab für die Flotte des Kaisers

Scapa Flow

Während beider Weltkriege war die weite Bucht von Scapa Flow **Hauptbasis der britischen Flotte**. Nach der Kapitulation des deutschen Kaiserreiches wurden hier die restlichen Schiffe der deutschen Kriegsmarine interniert, um auf den Abschluss des Friedensvertrages zu warten. Mehr als 4700 Mann Besatzung harrten sieben Monate auf den Schiffen aus, ohne an Land gehen zu dürfen. Am 21. Juni 1919 befahl Admiral von Reuter die Selbstversenkung der Flotte. Die Männer öffneten die Luken, sprengten die Druckkessel, und **74 Schiffe** fanden ein eisiges Grab, um die Auslieferung der Schiffe zu verhindern. Die meisten wurden später gehoben und verschrottet; heute liegen noch sieben der Kolosse auf dem Grund der Nordsee. Trotz starker Strömung erkunden jedes Jahr Tausende von Tauchern die Wracks im zehn Grad kalten Wasser. Nur Tauchgänge zur »**HMS Royal Oak**« sind nicht gestattet. Das britische Schlachtschiff war im Oktober 1939 vor Anker liegend von einem deutschen U-Boot torpediert worden. Es sank in nur 15 Minuten und wurde zum Seemannsgrab für über 800 Mann der Besatzung – an sie erinnern die Schiffsglocke in St. Magnus und der Memorial Garden am Strand von Scapa. Italienische Kriegsgefangene mussten daraufhin mit Betonblöcken die Zufahrten sichern – die **Churchill Barriers** verbinden seither die Inseln.

OBEN: Skara Brae – Spaziergang durch Reihenhäuser der Steinzeit. UNTEN: Ein Stück Himmel aus den Zeiten des Krieges: Die Fresken der Italian Chapel erhielten durch Antonella Papa ihre einstige Leuchtkraft zurück.

Im Rausch der Tiefe

Die Skipper der »Invincible« kennen die Gewässer wie ihre Westentasche (www.scapa-flow.co.uk). Tauchfahrten zu den Wracks der deutschen Flotte vermittelt auch Johns Diving Charters (Polrudden House, Peerie Sea Loan, Kirkwall, www.scapaflow.com).

Tauchgänge zu den Wracks

Inselhopping

Wie Helgoland, nur viel wilder

★ Hoy

Die zweitgrößte Insel Hoy verlangt mit ihrer traumhaften Hügel- und Klippenlandschaft geradezu nach einer Tageswanderung. Schon der kurze Fährtripp von Stromness nach Moaness im Osten von Hoy bietet beste Orkney-Perspektiven. Von Moaness verkehrt im Sommer ein Kleinbus durch das einsame Rackwick Glen zum Steinstrand von Rackwick. Sie können die 9 km auch laufen. Nach rechts geht es die Klippen hinauf zur fantastischen Felsnadel des **Old Man of Hoy**. Lautlos segeln in der Tiefe Eissturmvögel, Alken und Basstölpel um den roten Sandsteinfinger, an dessen Sockel sich die schäumende Brandung bricht. Die Nordwestspitze kann sich rühmen, eines der höchsten Kaps von Großbritannien zu besitzen, den 346 m ins Meer abfallenden **St. John's Head** (►Abb. S. 311). Vom Old Man laufen Sie gut 4 km zurück nach Rackwick. Im einsamen Rackwick Glen haust laut Sir Walter Scott ein Troll im 5000 Jahre alten **Dwarfie Stone**. Seine Grabkammer wurde von Steinzeitmenschen aus einem wuchtigen Felsblock gemeißelt. Nachmittags bringt die Fähre zurück nach Stromness.

Das Wunder von Camp 60

★ Italian Chapel

Zu den italienischen Kriegsgefangenen, die eingesetzt wurden, um die Lücken im Archipel mit Betonblöcken gegen feindliche Schiffe zu sichern, gehörte Domenico Chiocchetti. Zusammen mit seinen Kameraden baute der Künstler 1943 auf **Lamb Holm** direkt am Meer aus zwei Lagerhütten mit Wellblech, Backsteinen und dekorativen Fresken die kleine italienische Kapelle – das »Wunder von Camp 60«, das Besucher bis heute bewegt. 1960 kehrte Chiocchetti zurück, um sein Werk zu überarbeiten. Die Freundschaft mit Italien blieb. 2015 wurden die Fresken von einer Römerin restauriert. Nebenan produzieren und verkaufen die **Orkney Wine Company** und die **J. Gow Rum Distillery** ihre alkoholischen Erzeugnisse.

Italian Chapel: März – Okt. tgl. 10 – 16, sonst 10 – 13 Uhr | Erw. £ 3.50 | www.orkney.com/listings/the-italian-chapel | **Orkney Wine Company / Rum Distillery:** tgl. 10 – 15 Uhr www.orkneywine.co.uk.

Gobelins mit Meerblick

South Ronaldsay

Hauptort auf South Ronaldsay ist der schmucke kleine Hafen- und Fährort **St. Margaret's Hope**. Hier landen die Autofähren von Gills

ORKNEY ERLEBEN

KIRKWALL ICENTRE
The Travel Centre
West Castle Street, Kirkwall
Orkney KW15 1GU
Tel. 01856 87 28 56
www.orkney.com
www.orcadian.co.uk

FESTIVALS
Das Orkney Folk Festival im Mai und das St. Magnus Festival im Juni locken auch internationales Publikum an.
https://orkneyfolkfestival.com
www.stmagnusfestival.com

Autofähren der Northlink Ferries verkehren ganzjährig zwischen Scrabster und Stromness / Mainland (Dauer 90 Min.) sowie zwischen ▶Aberdeen und Kirkwall / Mainland (Dauer 6 Std., www.northlinkferries.co.uk). Nur 1 Stunde brauchen die Pentland Ferries zwischen Gills Bay und St. Margaret's Hope /South Ronaldsay (www.pentlandferries.co.uk). Mai – Sept. gibt es Personenfähren (www.jogferry.co.uk) von John o'Groats nach Burwick / South Ronaldsay mit Busanschluss nach Kirkwall. 3–4x wöchentlich pendeln Northlink-Fähren zwischen Kirkwall und und Lerwick/Shetland. Per Flugzeug erreichen Sie Kirkwall von ▶Glasgow, ▶Edinburgh, ▶Aberdeen und ▶Inverness. Loganair fliegt nach Eday, North Ronaldsay, Sanday, Stronsay, Westray und Papa Westray (www.loganair.co.uk).

SHEILA FLEET
Die Schmuckdesignerin Sheila Fleet lässt sich durch die Landschaft ihrer Heimatinsel und von Symbolen der Pikten, Wikinger und Kelten inspirieren. In ihrer Galerie stellen auch andere Künstler der Orkneys aus.
Tankerness, Gallery, Café, Shop
Mo. – Sa. 10 – 17, So. ab 11 Uhr.
30 Bridge Street, Kirkwall. Filialen in Edinburgh, Glasgow und St. Andrews, https://sheilafleet.com

ORKNEY CRAFT TRAIL
Die Wolle der weißen, gefleckten oder dunkelbraunen Schafe, die vor dem Inseldeich von North Ronaldsay Seetang statt Gras knabbern, ist heiß begehrt. Pullover, Schals und Taschen aus der weichen Wolle verkauft Woolshed in Evie/Mainland am Orkney Craft Trail. Er führt zu Goldschmieden, Bildhauern, Malern, Töpfereien, Möbeldesignern und anderen Kunsthandwerkern der Inseln.
www.creative-orkney.com

THE FOVERAN RESTAURANT WITH ROOMS **€€€**
Fangfrische Jakobsmuscheln, Orkney-Rind und North-Ronaldsay-Lamm – Paul und Roddy kochen super. Top ist auch die Lage oberhalb von Scapa Flow. Dazu 8 hübsche Zimmer und leckeres Frühstück.
St. Ola, Kirkwall KW15 1SF
Tel. 01856 87 23 89
www.thefoveran.com

FERRY INN **€€/€**
Klein, aber fein mit Blick über den Hafen von Stromness. Probieren Sie die Fischgerichte oder Rindersteaks mit Whiskysauce.
10 John Street, Stromness
KW16 3AD, Tel. 01856 85 02 80
www.ferryinn.com

Meer und Mondlicht spiegeln sich im filigranen Schmuck von Sheila Fleet.

Bay auf dem Festland an. Ganz im Süden der Insel legen die Passagierfähren von John o'Groats an. Von St. Margaret's Hope aus führt eine kleine Stichstraße nach Hoxa zu einer interessanten Werkstatt mit Ausstellung. Bei den Motiven ihrer Wandbehänge, die in Gobelintechnik aus Shetlandwolle, schwedischem Leinen und amerikanischer Baumwolle entstehen, lassen sich Leila Thomson und ihre Tochter Jo in ihrer **Hoxa Tapestry Gallery** von der Natur auf Orkney inspirieren.

Hoxa Tapestry Gallery: Neviholm, Hoxa | April – Sept. Mo. – Fr. 10 – 17.30, Sa., So. 14 – 17 Uhr | www.hoxatapestrygallery.co.uk

Steinzeitdeko

Rousay

Die Sandsteininsel nördlich von Mainland ist bekannt für ihre zahlreichen **prähistorischen Grabanlagen** wie die große Grabkammer von Blackhammer Cairn aus dem dritten Jahrtausend v. Chr. oder das 25 m lange Kammergrab des Midhowe Cairn – ein mächtiges, in den Dünen gestrandetes Totenschiff. Nicht weit entfernt steht auch die 3 m hohe Wehranlage des eisenzeitlichen Midhowe Broch.

HES | www.visitrousay.co.uk

Auf der westlich von Rousay gelegenen Insel **Egilsay** wurde 1115 der hl. Magnus ermordet. Ihm ist die im 12. Jh. mit einem Rundturm im irischen Stil erbaute Wikingerkirche **St. Magnus Church** geweiht.

Die Venus von Orkney

Westray

Bei Ausgrabungen eines neolithischen Dorfes in den Dünen nördlich der Burgruine **Noltland Castle** fanden Archäologen 2009 eine 3,5 x 3 cm große Sandsteinfigur, die 5000 Jahre alte »Venus von Orkney«, die älteste Figur eines Menschen, die je in Schottland gefunden wurde. Ein Jahr später konnte am selben Grabungsort die 4000 Jahre alte Tonfigur der »Frau von Westray« freigelegt werden. Zwar fehlt ihr Kopf, doch Brandspuren belegen, dass auf dem Rumpf einst eine Tonkugel saß. Beide Figuren zeigen die Form eines A, die ein Symbol für Fruchtbarkeit sein könnte. Vielleicht handelt es sich aber auch schlicht um Kinderspielzeug. Die Inselgeschichte erzählt das **Westray Heritage Centre** in Pierowall, wo die »Orkney Venus« zu bewundern und in Form köstlicher Shortbread-Kekse auch mitgenommen werden kann. Entlang der Küste von Westray gibt es außerdem Überbleibsel von Wikinger-Bootshäusern und die monumentale Klippe **Noup Head**. Während der Brutzeit nisten hier Tausende von Eissturmvögeln, Dreizehenmöwen, Trottellummen und Tordalken. Alles gute Gründe, die 90-minütige Überfahrt von Kirkwall nach Westray anzutreten.

Westray Heritage Centre: Mai – Sept. So. 13.30 – 17, Mo. –Sa. 9 –12, 14 – 17, So. ab 13.30 Uhr | Erw. £ 3 | www.orkney.com/explore/westray

Kürzester Linienflug der Welt

★ Papa Westray

Planmäßig braucht das Flugzeug für die 2,7 km von Westray nach Papa Westray zwei Minuten, bei Rückenwind 47 Sekunden – laut Guinnessbuch der Rekorde der kürzeste Linienflug der Welt! Die Inselbewohner kümmern sich genossenschaftlich um den Naturschutz und die beiden auf 3700 v. Chr. datierten Steinzeithäuser des **Knap of Howar**. Wie Skara Brae waren sie unter einer dicken Sandschicht konserviert, bis ein schwerer Sturm sie wieder freilegte. Die doppelwandigen Trockenmauern bestehen aus dünnen Sandsteinplatten, deren Zwischenräume mit Lehm und Muschelschalen gefüllt wurden. In den Häusern fand man Spatel, Schlegel und Steinbohrer aus Walbein (HES). Am nahen **North Hill** nisten Tausende von Skuas und Küstenseeschwalben.

www.papawestray.co.uk

Viel Wind, Weite und Natur

Sanday

Die »Sandinsel«, die selten auf der bucket-list steht, ist ein wunderbares Ziel für stundenlange Strandspaziergänge. Die Bucht Otters Wick lohnt wegen ihrer **Seehundkolonien**. Das mächtige steinzeitliche Kammergrab des **Quoyness Cairn** auf der Halbinsel Elsness ist auf die Zeit um 2900 v. Chr. datiert (HES).

PERTH

Council Area: Perth and Kinross | **Einwohner:** 50 000

Wer mit Bus und Bahn durch Schottland reist, kommt am Verkehrsknotenpunkt Perth nicht vorbei. Scone Palace am Stadtrand der einstigen Hauptstadt war jahrhundertelang Krönungsort der schottischen Monarchen. Heute punktet die City am Ufer des Tay mit interessanten Galerien und ausgezeichneten Restaurants.

Cittaslow City

Erst zum Diamantenen Thronjubiläum der 2022 verstorbenen Königin Elisabeth II. wurde Perth zur siebten Stadt Schottlands erhoben. Perth ist Schottlands erste Cittaslow City. Inspiriert durch die Slow-Food-Bewegung sind die Ziele von Cittaslow eine Verbesserung der Lebensqualität durch Entschleunigung auf Plätzen, in Geschäften, Ca-

1 Kinloch House
2 63 Tay Street
3 The North Port
4 Deans Restaurant
5 Greyfriar's Bar

1 Gleneagles
2 Pitcullen Guest House
3 Sunbank House Hotel

fés und Restaurants, durch Handwerkskunst, Echtheit der Produkte, Geschmack und Gesundheitsbewusstsein. Schottische Rheinromantik verspricht der Blick vom **Kinnoull Hill** auf den mäandernden Tay, zum Einkaufsbummel lädt die High Street mit kleinen Shops und Bistros.

Wohin in Perth?

Vernichtender Bildersturm

Rund um St. John

Bereits im 12. Jh. wurde der Grundstein für die Pfarrkirche St. John gelegt, wo der wortgewaltige Reformator **John Knox** (►S. 386) 1599 eine flammende Rede gegen Götzendienst hielt, die einen verheerenden Bildersturm auslöste, dem der Großteil sakraler Kunstschätze und Klöster in Schottland zum Opfer fiel. Rundum wurden die Gassen verkehrsberuhigt und es haben sich Restaurants und Cafés auch mit Außenterrassen angesiedelt. 2024 soll die benachbarte ehemalige **City Hall** nach einem kompletten Umbau als Museum öffnen und so das Zentrum weiter aufwerten.

Von Skotenkönig Kenneth II. bis zu James VI. empfingen jahrhundertelang alle schottischen Monarchen im Scone Palace die Krone Schottlands.

Hotspots der Erde
Das auf 1425 datierte Wohnhaus von Sir Walter Scotts »Fair Maid of Perth« (1828), Catharine Glover, dient heute als Besucherzentrum der Royal Scottish Geography Society, die spannend über Erdbeben und Vulkanismus informiert. Catherine Glover hatte mutig, aber letztlich ohne Erfolg versucht, den Mord an James I. zu verhindern.

★ Fair Maid's House

North Port | Mai– Okt. Do. – Sa. 11.30 – 16.30 Uhr | Eintritt frei
www.rsgs.org

Ältestes Hochlandregiment
Im **Balhousie Castle** wird die Geschichte des Black-Watch-Regiments erzählt, das 1739 zur »Befriedung« der Highlands gegründet wurde. Den Namen verdankt es seinem grün-blau-schwarzen Tartanmuster. Der 2018 eröffnete Queen Mother Room widmet sich der Königinmutter, die 65 Jahre Ehrenoberst des Regiments war.

Black Watch Museum

Hay Street | tgl. 9.30 – 16.30 Uhr | Erw. £ 7.50, Kinder £ 3.50
www.theblackwatch.co.uk

Lokalgeschichte
Die Exponate im Museum an der George Street 78 reichen von Piktensteinen und aristokratischen Porträts bis zum größten Lachs, der je im Königreich gefangen wurde – es war die Anglerin Georgina Ballantine, die den 29 kg schweren Fisch 1922 aus dem Wasser zog.

Perth Museum Art Gallery

April – Okt. tgl. 9.30 – 16.30, sonst 10 – 16 Uhr | Erw. £ 10

Künstlerisches Power-Paar
Die Gemälde des schottischen Koloristen **John Duncan Fergusson** spiegeln südfranzösische Sonne – eine gute Idee gegen Winterblues also, seine Arbeiten und die seiner Frau, der Tänzerin **Margret Morris**, im neoklassizistischen Rundbau des alten Wasserwerks zu besuchen.

Fergusson Gallery

Do. – Mo. 10 – 16.30 Uhr | Eintritt frei | www.culturepk.org.uk/museums-and-galleries/the-fergusson-gallery

Rund um Perth

Jede Menge Geschichte
»Und jetzt zur Krönung lad' ich euch nach Scone« zitiert Shakespeare in »Macbeth« den Krönungsort der schottischen Monarchen, inklusive Macbeth und Robert The Bruce. Keine 3 km nördlich der City von Perth wurden einst die Könige inthronisiert. Kenneth MacAlpin, der Pikten und Skoten einte, erhob Scone [sku:n] im 9. Jh. zur königlichen Residenz und brachte den **schottischen Krönungsstein** hierher. Der »**Stone of Destiny**« wurde 1296 von Edward I. nach Westminster Abbey in London entführt und kehrte erst 1996 zurück. Der »Schicksalsstein« befindet sich heute auf ►Edinburgh Castle. Aufge-

★ Scone Palace

stellt war er auf dem **Moot Hill**, den man laut Legende mit Erde aus allen Landesteilen aufgeschüttet hatte. Bei jedem Treueeid auf einen neuen König brachten die Clanchiefs einen Stiefel voll Erde mit, um auf eigenem Boden zu schwören. Die Anfang des 19. Jh.s im viktorianischen Stil umgebaute Residenz ist heute Sitz der Earls of Mansfield, deren Ahnen auf Porträts in der Long Gallery zu sehen sind. Zu den Schätzen des Palastes gehören eine Porzellansammlung mit Servicen aus Meißen, Sèvres und Derby, elegante Chippendale-Möbel, Elfenbeinschnitzereien des 17. und 18. Jh.s sowie höchst eigenwillige, um 1730 angefertigte Pappmachéarbeiten der Gebrüder Martin aus Paris. Im Laden gibt es hausgemachte Whisky-Marmelade und Apfel-Chutney – im Old Kitchen Restaurant wird die Marmelade zu warmen Scones serviert. Im herrichen Landschaftspark mit fünfeckigem Labyrinth und gewaltigen Kiefern tummeln sich Fasane, im Sommer zeigen Falkner Vorführungen mit Greifvögeln.

April– Okt. tgl. 9.30 – 16, Mai – Sept. tgl. 9.30 – 17 Uhr
Erw. £ 16.50, Kinder £ 12
https://scone-palace.co.uk

Mut zur Liebe

Hunting-tower Castle

Das kleine Schloss 4 km westlich bestand zunächst aus zwei Einzeltürmen, die im 17. Jh. durch ein Gebäude vereint wurden. Die Holzdecken zieren schöne Gemälde aus der Zeit um 1540. Der Legende nach wagte Dorothea, die Tochter des ersten Earls, den 3 m-**Maiden's-Leap**-Sprung von einem Turm zum anderen, um nicht mit ihrem Geliebten erwischt zu werden – und am nächsten Tag brannten die beiden durch.

HES | April – Sept. tgl. 10 – 17, Okt. – März 10 – 16 Uhr | Erw. £ 7

Formschön

Crieff

Das Visitor Centre an der Muthill Road von Crieff informiert über das Landleben im 18. Jh. und die Herstellung von **Caithness Glass** – unter der Woche können Sie den Glasbläsern bei der Arbeit zusehen.

Caithness Glass: tgl. 9 – 17 | Eintritt frei
www.caithnessglass.co.uk

Moorhuhn-Hype

★ Glenturret Distillery

Seit 1775 wird westlich von Crieff am Ufer des Turret Whisky gebrannt. Der blumig-nussige Single Malt ist Basis des bekannten Blended Scotch Famous Grouse. Sein Moorhuhn (Grouse) auf dem Label wurde zum Vorbild für eines der erfolgreichsten Computerspiele überhaupt: die »Moorhuhnjagd«, ein Werbespiel für die meistverkaufte Marke Johnnie Walker. Beim Tasting im **Famous Grouse Experience** erfahren Sie, dass der Whisky auch Anteile von Highland Park (Orkney) und Macallan (Speyside) enthält, kein schlechter Tropfen also.

Tgl. 10 – 18, Nov. – Feb. bis 17 Uhr | Touren ab £ 15
https://theglenturret.com | ▶Baedeker Wissen S. 268 – 271

PERTH & PERTHSHIRE ERLEBEN KARTE S. 323

PERTH I-CENTRE

45 High Street, Perth PH1 5TJ
Tel. 01738 45 06 00
www.perthcity.co.uk
www.perthshire.co.uk

GOLF & FESTIVALS

Perthshire bietet für jedes Handicap fantastische Möglichkeiten. Gleneagles, Blairgowrie und Murrayshall rangieren ganz oben in den Weltranglisten aller Golfplätze. Günstiger können Sie auf den Plätzen Glenisla, Alyth, Muthill, Crieff oder Comrie spielen (www.golfperthshire.com).
Im Mai lockt das Perth Festival of the Arts viel Publikum an (www.perthfestival.co.uk). Das Perth Theatre und die Perth Concert Hall sorgen das ganze Jahr über für vielseitige Unterhaltung (www.horsecross.co.uk).

❶ KINLOCH HOUSE €€€€

►Baedeker Wissen S. 446

❷ 63 TAY STREET €€€

»Regional. Ehrlich. Einfach.« ist das Motto von Graeme Pallister, der am Herd des preisgekrönten Gourmetlokals beim Tayufer steht. Wie wär's zum Lunch mit hausgemachter Pasta an Meeresfrüchten oder Wachtel mit Stornoway Blackpudding und Butterbohnen?
63 Tay Street, Perth, Tel. 01738 44 14 51 | www.63taystreet.com

❸ THE NORTH PORT €€€/€€

Mit Lamm von der Black Isle, fangfrischem Fisch und Käse aus Perthshire verwöhnt das junge, sehr geschmackvoll eingerichtete Lokal.
8 North Port, Perth
Tel. 01738 58 08 67
www.thenorthport.co.uk

❹ DEANS RESTAURANT €€€/€€

Willie and Margo Dean servieren leckere, kreative Gerichte aus lokalen Erzeugnissen – stylisches Ambiente. Zusätzlich werden auch gehobene Apartments im Zentrum angeboten.
77–79 Kinnoul Street, Perth
Tel. 01738 64 33 77
www.letseatperth.co.uk

❺ GREYFRIAR'S BAR €

Winziger Pub mit Livemusik, guten Ales und knusprigen Fish 'n' Chips
15 South St, Perth
Tel. 01738 63 30 36

❶ GLENEAGLES €€€€

►Baedeker Wissen S. 446

❷ PITCULLEN GUEST HOUSE €€

Schöne Stoffe und modernes Design verleihen dem sympathischen Gästehaus ein besonderes Flair. Tolles Frühstück mit frischen Früchten. 10 Minuten-Spaziergang vom Zentrum.
17 Pitcullen Cresent, Perth
PH2 7HT , Tel. 01738 62 36 25
www.hrs.de

❸ SUNBANK HOUSE HOTEL €€

Auf der Ostseite des Tay in einem kleinen Park ist das anspruchsvolle Hotel mit 11 schönen Zimmern eine charmante, familiengeführte Adresse. Frische, unkomplizierte Küche aus regionalen Zutaten.
50 Dunkeld Road, Perth PH2 7BA
Tel. 01738 47 98 88
www.sunbankhouse.com

UP UP AND AWAY

Frühmorgens wird der riesige Ballon mit Heißluft gefüllt, um dann Meter um Meter ganz langsam und lautlos in den Sonnenaufgang zu schweben. Frei wie ein Vogel, durchatmen, loslassen. Der besondere Reiz am **Ballonfahren** liegt darin, dass man nie weiß, wohin die Fahrt geht. Ob über sonnengelbe Rapsfelder, Schottlands Schicksalsburg Stirling Castle oder den einsamen Lochan na h-Achlaise im Rannoch Moor, bestimmt allein der Wind. Lassen Sie sich überraschen ... Die Flüge dauern je nach Thermik 60 bis 90 Minuten, mit Aufbau 3–4 Stunden (ab £ 194 p. P., Creiff Rugby Club, Braidhaugh, Crieff PH7 4HP, Tel. 01952 21 27 50, www.virginballoonflights.co.uk).

Outlander und Outlaw

Drummond Castle Gardens

Die breite Buchenallee, die ein paar Minuten südlich von Crieff zu einem Burgensemble führt, verspricht viel Pomp. Aber nicht die auf einem Höhenzug liegenden Schlossgebäude sind hier der Hingucker, sondern die terrassierten Gärten aus dem 17. Jahrhundert. Die perfekte Maniküre ist am besten von der obersten Stufe zu überblicken. Rob Roy was here, respektive Liam Neeson. Auch die Fantasyserie Outlander kam vorbei und machte die Gärten so richtig bekannt.

Mai tgl. 13 – 17, Juni – Sept. 11 – 17, Okt. 11 – 16 Uhr
Eintritt Erw. £ 10, Kinder 4 | www.drummondcastlegardens.co.uk

★ PITLOCHRY

Council Area: Perth and Kinross | **Einwohner:** 2500

Seit Queen Victoria das Dorf Pitlochry 1842 mit einem Tea-Stop-over adelte, ist die Zeit irgendwie stehengeblieben. Die von Anhöhen gerahmte Sandsteinkulisse ist absolutes Postkarten-Idyll.

Das Städtchen in der geografischen Mitte Schottlands ist für sein **Theaterfestival** zwischen Mai und Oktober bekannt. Das »Theatre in the Hills« besitzt einen wunderschönen **Garten** mit Pflanzen aus aller Welt, der auch als Amphitheater genutzt wird. Eine besondere Attraktion ist flussaufwärts die frei zugängliche 300 m lange **Salmon Ladder** am Staudamm. Über 7000 Lachse kämpfen sich zwischen April und Oktober über 34 Stufen den River Tummel flussaufwärts, um zu ihren Laichgründen zurückzukehren. Dabei überwinden sie die 20 m zum Loch Faskally. Auf der anderen Flussseite liefert das moderne **Pitlochry Dam Visitor Centre** Infos zum Leben der Lachse wie zur Wasserkraft in Schottland. Baumstammwerfen, Hammerschleudern und Dudelsackwettbewerbe gehören im September zu den **Highland Games** (►Das ist Schottland S. 24). Die **Heathergems Factory** in der Atholl Road 22 bietet Schmuck, Seifen und Souvenirs mit Heidekraut. Auf Golfer wartet ein schöner 18-Loch-Platz.

Wo Lachse Treppen steigen

Festival Theatre: Tel. 01796 48 46 26 | https://pitlochryfestivaltheatre.com | 1,5 Std. Gartenführung £ 5 | www.explorersgarden.com | **Pitlochry Dam Visitor Centre:** tgl. 10 – 16.30 Uhr | Eintritt frei www.pitlochrydam.com

Klein, aber fein

Blair Atholl Distillery

Nicht nur informativ, sondern auch sehr unterhaltsam sind die Führungen durch die wundervoll erhaltene, mit Efeu überwachsene Brennerei, deren Anfänge auf das Jahr 1798 zurückgehen. Ein Großteil ihres leicht fruchtigen Malt wird für die Blends von Bell's verwendet.

Tgl. 10 – 17 Uhr | Führungen ab £ 18 | www.malts.com

Rund um Pitlochry

Whisky-Idylle im Wandel

Edradour Distillery

Schottlands ehemals kleinste Brennerei war lange Zeit sehr publikumswirksam. Doch schon vor Corona wurde es ruhiger in den Hügeln oberhalb von Pitlochry. Wie es weitergeht, wird sich zeigen. Die Brennerei geht auf das Jahr 1825 zurück. Während der Prohibition besaß Edradour eine äußerst lukrative Geschäftsbeziehung zum Mafiaboss Frank Costello und schmuggelte für ihn Blends über Neu-

PITLOCHRY ERLEBEN

PITLOCHRY I-CENTRE
22 Atholl Rd, Pitlochry, Tel. 01796 47 22 15, www.pitlochry.org

FONAB CASTLE €€€€
▶446

THE OLD MILL INN €€€
Geschmackvolle Zimmer in einer historischen Mühle im Zentrum, gute lokale Spezialitäten und Livemusik mit Rock und Country Blues
Mill Lane, Pitlochry PH16 5BH
Tel. 01796 47 40 20
www.theoldmillpitlochry.co.uk

ATHOLL PALACE SPA HOTEL €€€€/€€€
Mit Blick auf das Tummeltal, Spa und Pool, einem Museum, Gärten und Waldwegen. Das 1878 gebaute Schlosshotel besitzt auch 1–4-Bett-Lodges auf dem Anwesen.
Pitlochry, Perthshire PH16 5LY
Tel. 01796 47 24 00
www.athollpalace.com

CRAIGATIN HOUSE & COURTYARD €€
Boutique-B & B in gelungen modernisiertem viktorianischem Haus, mitten in der Natur, und doch nur fünf Gehminuten von Pitlochrys Zentrum
165 Atholl Road, Pitlochry PH16 5QL, Tel. 01796 47 24 78
www.craigatinhouse.co.uk

fundland in die USA. Neben der Classic Range gibt es heute auch eine torfige Variante, den Ballechin Single Malt.
Touren und Shop sind derzeit coronabedingt geschlossen.
www.edradour.com | ▶Baedeker Wissen S. 268–271

Königliche Aussicht

Loch Tummel

Auf dem Weg zu Blair Castle können Sie einen Abstecher zum langen, buchtenreichen Loch Tummel einplanen und am **Queen's View** wie einst Königin Victoria die wunderschöne Aussicht genießen. Je weiter Sie nach Westen kommen, umso einsamer wird es. Schwarzbraun und baumlos ragt der 1083 m hohe Kegel des **Schiehallion** in den Himmel, einer der leichteren Munros, für dessen Auf- und Abstieg von 10 km gut 5 Stunden eingeplant werden sollten.

Wild, einsam und atemberaubend

★ Rannoch Moor

Am Nordfuß des Schiehallion erstreckt sich der **Loch Rannoch**. Seine westliche Fortsetzung bildet das scheinbar endlose, mit 130 km² **größte zusammenhängende Moor Großbritanniens**. Wenn auch eine unwirtliche Gegend, so übt die baumlose Landschaft doch einen magischen Zauber aus. Zwischen Torfmoosen und Glockenheide wachsen Blaubeeren, Wollgras und Zwergbirken. Kein Wunder, dass hier Szenen von »Trainspotting« und »Outlander« gedreht wurden. Die einspurige

OBEN: Wilde Wasserläufe, Sümpfe und Seen – der West Highland Way führt durch das abgelegene Rannoch Moor.
UNTEN: In der Edradour Distillery lässt man sich Zeit, um vor der Verkostung die Farbe, Lichtreflexe und Glashaftung des Scotch zu prüfen.

Stichstraße B 846 endet bei der kleinen, isolierten **Rannoch Bahnstation** an der Hochlandstrecke zwischen Fort William (►Caledonian Canal) und ►Glasgow.

Das **€€€€ Moor of Rannoch Hotel** mit fünf hübschen Zimmern am Bahnhofsgebäude macht aus seiner Abgeschiedenheit eine Tugend – kein TV, kein WiFi, kein Radio, dafür servieren Scott und Steph Do. bis Mo. ein ausgezeichnetes Dinner mit Halbpension | Tel. 01882 63 32 38 http://moorofrannoch.co.uk.

Frische Bagels, Vollkornbrot und saftiger Karottenkuchen

Blair Atholl Watermill

In der 1613 erbauten Wassermühle in der Ford Road von Blair Atholl wird das Korn nach alter Tradition gemahlen. In der Bäckerei duftet es nach frischem Brot und auch der Tearoom serviert leckere Kuchen und Scones aus dem eigenen Mehl. Es gibt außerdem Backkurse.

April - Okt. Mi.–Mo. 9.30–15.30 Uhr | http://blairathollwatermill.co.uk

Schneewittchen und Aschenputtel hätten sich hier wohlgefühlt: Der siebte Duke of Atholl ließ das Bilderbuchschloss Blair Castle erbauen.

Märchen mit Leibgarde

Blair Castle

Den weiten Talgrund von Garry beherrscht das schneeweiße Schloss der Grafen von Atholl, seit dem 17. Jh. das komfortable Zuhause der Familie Murray. Durch eine Gunst Königin Victorias darf Blair Castle bis heute Europas einzige legale Privatarmee unterhalten, die **Atholl Highlanders** – warum, erfahren Sie bei der spannenden Schlossführung. Am letzten Maisonntag tritt die tartanberockte Armee zu einer farbenprächtigen Parade an, ansonsten spielt ein Dudelsackbläser aus ihren Reihen vor der Burg berühmte Hochlandweisen.

Eine breite Lindenallee führt zur Ostfront des Märchenschlosses, das viermal erobert worden ist. Auch der Aufstand der Jakobiter schrieb ein Kapitel in der langen Geschichte des Castle, wo Bonnie Prince Charlie zu Gast war, bevor er 1746 die blutige Schlacht von ►Culloden verlor. Der Hauptturm der mittelalterlichen Festungsanlage erhielt erst im 19. Jh. seine oberen Stockwerke, als die Burg im georgianischen Stil umgestaltet wurde. Mehr als 30 Räume laden zur Entdeckungsreise ein, darunter die **sensationelle Waffensammlung** der Murrays mit Musketen aus der Schlacht von Culloden sowie Porträts von Maria Stuart. In der **Ahnengalerie** hängen Arbeiten von Ramsay, Lely und Raeburn, der auch den Geigenvirtuosen Neil Gow im Ballsaal porträtierte. Der erste Marquis von Atholl in Cäsarenpose wurde von Jakob de Wet auf der Leinwand verewigt. Die Salons des 18. Jh.s bestechen durch kostbare Stilmöbel, Chinoiserien und Sèvres-Porzellan. 175 Geweihe zieren den viktorianischen Ballsaal, der Speisesaal beeindruckt mit prachtvollem Stuck und einem Deckenrondell der vier Jahreszeiten. Im zweiten Stock zeigt eine Genremalerei den vierten Herzog und seine Familie in Hochlandtracht. Fast ausschließlich aus Ginsterholz gefertigt wurde das Mobiliar im Derby-Ankleidezimmer, die Brüsseler Tapisserien im Gobelinzimmer gab Charles I. in Auftrag.

Obstbäume, Kräutergarten, kleine Seen und die Ruine eines keltischen Kirchenleins finden Sie im herrschaftlichen Schlosspark, der zu ausgedehnten Spaziergängen einlädt. Der Nachwuchs kann auf dem Abenteuerspielplatz toben oder im Red Deer Park Hochlandwild und zottelige Highland Cattle bestaunen.

April –Okt. tgl. 10 –17 Uhr, letzter Einlass eine Stunde vor Schließung | Erw. £ 16, Kinder £ 9.50 | www.blair-castle.co.uk | Auf dem Anwesen können Sie auf einem Campingplatz oder in Lodges übernachten, jagen, fischen und mit Highland Ponys reiten gehen. https://atholl-estates.co.uk.

Home of Country Clothing

House of Bruar

Feinste Wollwaren und Outfits von Johnstons of Elgin, Babour, Musto und Aigle, mollige Shetlandpullover, superweiche Kaschmirschals, schicke Tweedkostüme oder das passende Golfequipment – im elegan-

Scottish Harrods: schick shoppen im House of Bruar

ten House of Bruar, nur 5 km nördlich von Blair Castle direkt an der A 9, hat man die beste Auswahl von allem, was Schottland zu bieten hat.
Tgl. 9 – 17, Food Hall ab 8.30 Uhr | www.houseofbruar.com

Skifahrer und Snowboarder ...

Ski Centre Glenshee

... finden nordöstlich von Pitlochry an den Hängen des Cairnwell, Meall Odhar und Glas Maol zwischen 650 und knapp 1000 m rund 40 km Pisten und 21 Lifte. Das größte Skigebiet Schottlands bietet Abfahrten aller Schwierigkeitsgrade, eine Skischule und Leihausrüstung. Im Sommer kommen Mountainbiker und Wanderer zum Glenshee mit rustikalem Café an der Talstation..
Cairnwell Sessellift: Ende Mai – Sept. tgl. 9.30 – 16.30
Retourticket Erw. £ 12 | www.ski-glenshee.co.uk

Viel Grün, kleine Treppchen und plätschernde Bäche

Aberfeldy und Loch Tay

Wenn Sie wie einst Robert Burns (▶Interessante Menschen) von Aberfeldy durch die verwilderte Schlucht zu den drei Wasserfällen von Moness hinaufsteigen, werden Sie verstehen, was den Nationalbarden inspirierte. »Come let us spend the lightsome days in the Birks of Aberfeldy«, dichtete er über das Wäldchen am Hügel, wo heute ein Naturpfad an den steinernen Treppen des Urlar entlangführt. Fast filigran wirkt die fünfbogige Dorfbrücke über den Tay, die William Adam 1738 für General Wade entwarf. Der wollte mit seiner Erschließung der Highlands vor allem ihrer Unzugänglichkeit für englische Truppen ein Ende setzen. Die **Watermill** ist eine hervorragende Mischung aus Tearoom, Galerie und Buchladen (www.aberfeldy watermill.com). Westlich in **Fortingall** wächst auf dem Kirchhof der älteste Baum Großbritanniens: die Eibe soll 3000 – 5000 Jahre alt sein. Eine schmale Straße führt ins wunderschöne **Glen Lyon** und über den 1215 m hohen Ben Lawers zum langgestreckten **Loch Tay** zwischen Kenmore und Killin, einem der schönsten Seen Schottlands.

Folk und Fischadler

Dunkeld und Birnam

Eine siebenbogige Brücke von Thomas Telford verbindet seit 1809 20 km südöstlich von Pitlochry die Zwillingsortschaften Dunkeld und Birnam, ein Ergebnis viktorianischer Reiselust, mit adretten, spitzgiebligen Häuschen. Am Ufer des Tay ragt die gotische **Kathedrale** auf, 1318 begonnen und kurz nach ihrer Vollendung 1560 von den Reformatoren zerstört. Das dachlos gebliebene Kirchenschiff und der große Nordwesttum stammen aus dem 15. Jh., der Chor dient nach wie vor als Pfarrkirche. In Dunkeld lebten die piktischen Könige. Im 6. Jh. gründete der hl. Columba hier eine Siedlung, die später durch keltische Mönche eine Abtei erhielt. Als Kenneth MacAlpin 843 die Reiche der Pikten und Schotten vereinte, erhob er Dunkeld und Scone (►Perth) zu seinen Residenzen. In der Cathedral Street hat der populäre Folksänger **Dougie MacLean** von »Caledonia« seinen Laden. Zusammen mit seiner Frau Jenny, die als Künstlerin auch seine Albencovers gestaltet, organisiert er ein eigenes Folkfestival, das »Pertshire Amber«, das Ende Oktober stattfindet (www.dougiemaclean.com).
Nur knapp 3 km östlich von Dunkeld unterhält der Scottish Wildife Trust am **Loch of the Lowes** ein Infozentrum und einen Vogelbeobachtungsposten. Hauptattraktion ist von April bis August ein Paar der erfolgreich wieder eingeführten Fischadler, die keine 150 m vom Beobachtungsposten ihr Nest haben – Fernglas nicht vergessen!
Loch of the Lowes Visitor Centre & Wildlife Reserve:
https://scottishwildlifetrust.org.uk

★ SHETLAND ISLANDS

Council Area: Shetland Islands

Sie wollen alles hinter sich lassen? Dann sind die Shetlands genau das Richtige. Schroff und schön zugleich trotzen die nördlichsten Vorposten Großbritanniens dem stürmischen Nordatlantik. Die Inseln begeistern mit Wildblumenblüte, Nordlichtern, Fiddlemusik und dem artenreichsten Vogelparadies.

Wind, Wolle, Weite

Auf den Shetland Islands ticken die Uhren anders. Wind- und wettergepeitscht, gut 100 Seemeilen vor der schottischen Nordküste nur mit erheblichem Zeitaufwand erreichbar und trotz **Golfstrom** auch im Sommer selten wärmer als 15°C, sind die etwas mehr als 100 Inseln nicht gerade einladend. Und genau darin liegt einer ihrer vielen Vorzüge. Nur 16 Inseln sind bewohnt. Mehr als ein Drittel der 23 000 Insulaner lebt in Lerwick auf Mainland. Das Land ist felsig und karg, die See stürmisch, das Klima feucht. Schmale Straßen schlängeln sich an Windrädern vorbei zu fantastischen Felsklippen. Im Frühjahr ist der niedliche Nachwuchs der unzähligen Schafe und Shetland Ponys auf den Wiesen unterwegs. Zwischen 60 und 61 Grad Nord liegen die Shetlands auf gleicher Höhe wie das norwegische Bergen und die Südspitze Grönlands. Gute Voraussetzung für die Aurora Borealis, wenn **Polarlichter** am Himmel als grüne Bänder und violette Bögen die langen Winternächte in leuchtende Farbsymphonien verwandeln – die Mirrie Dancers, wie sie auf den Shetlands heißen. Zum **Mittsommer** ist es dagegen 19 Stunden hell. Was dann bleibt, ist eine endlose Dämmerung, der goldene »Simmer Dim«.

Walk on the wild side

Und weit und breit keine Menschenseele …

Die Shetlands rocken im Vergleich zu den sanften ►Orkneys: Ihre beispiellose Felsenvielfalt machte das Archipel zu einem von drei schottischen **Geoparks**. Schroffe Klippen wechseln ab mit weiten Deckenmooren und durch eiszeitliche Gletscher tief eingeschnittene Buchten, die sogenannten **Voes**. Auf den nahezu baumlosen Hügeln der größeren Inseln wirken im Sommer die Farben von Ginster, Erika, Narzissen, Pechnelken und Orchideen besonders intensiv. An klaren Tagen ist das Licht dramatisch und man hat fast das Gefühl, bis Norwegen schauen zu können. Vor mancher Haustür lagern noch frisch gestochene Torfsoden, um für das Herd- und Kaminfeuer im Winter getrocknet zu werden. Wanderer und Mountainbiker finden aufregende Strecken. Wassersportler haben die Wahl zwischen mehr als 350 Seen und der Grenzenlosigkeit des Ozeans. Für Fliegenfischer sind die Lochs mit Braun- und Regenbogenforellen ein wahres Paradies, Hochseeangler schwärmen von den Angelrevieren vor der Küste. Anders als ihre Landsleute haben die Fischer der Shetlands übrigens mehrheitlich für den Brexit gestimmt. Sie hoffen realitätsfern, dass ihre Industrie ohne strenge Fangquoten der EU wieder auf die Beine kommt, obwohl die Bestände durch Überfischung deutlich geringer geworden sind. Golfspieler fasziniert die Aussicht einer Mitternachtspartie auf dem nördlichsten Golfplatz der Britischen Inseln.

Schwertwale, Seevögel und Shetlandponys

Natur pur

Delfine, Wale und Orcas, die vor der Küste Kegelrobben jagen, Otter beim Familienausflug oder Skuas, Tordalken und Papageitaucher, die zu Hunderttausenden über den Steilklippen am Sumburgh Head und

Vom ewigen Wind und den Wellen des Nordatlantik geformt: die gewaltigen Basaltfelsen vor Eshaness auf Mainland

den Vogelinseln Foula und Unst kreisen – **Bootsausflüge** und die geführten Touren mit **Shetland Nature** werden Sie nicht vergessen. Kurze Beine, dichte Mähne und ein weiches Fell sind Kennzeichen der struppigen **Shetlandponys**, die das ganze Jahr im Freien leben. Schon zu Zeiten der Wikinger sollen sie die Inseln bevölkert haben. Im 19. Jh. dienten die zähen Shetties als Zugpferde in den britischen Kohlegruben oder zogen die Pflüge der Crofter. Heute sind die kleinen Kraftpakete vor allem Liebling der Kinder und Ponywandern steht hoch im Kurs – bitte nur streicheln und nicht füttern! Zu den besten Züchtern gehören Tommy und Mary Isbister. Auf ihrer Farm am **Burland Croft Trail** leben auch heimische Hühner, Rinder und Schafe. Tommy hat außerdem traditionelle Shetlandholzboote (»Yoals«) gebaut und ist ein bekannter Fiddle Maker. **Ausritte** mit Islandpferden am Strand und über die Insel Burra können bei Houlls Horses & Hounds auf Burra gebucht werden.

Bootstouren: tgl. Touren ab Lerwick | Erw. ab £40 | www.shetlandseabirdtours.com | **Shetland Nature**: Tagestour £ 135 p.P. | www.shetland-nature.net | **Burland Croft Trail**: Tondra, Juni – Sept. Mo. – Sa. 11 – 17 Uhr | www.shetland.org/visit/plan/areas/central-mainland
Houlls Horses and Hounds: www.houllshorsesandhounds.co.uk

Auf halbem Weg zwischen Schottland und Norwegen

Nordisches Erbe

Mehr noch als auf ▶Orkney ist das skandinavische Erbe spürbar. Auch. Auch auf den Shetlands belegen **steinzeitliche Fundstätten** eine prähistorische Besiedlung. Im 9. Jh. landeten die Drachenboote der **Wikinger** auf der Suche nach neuen Ländereien. Sie waren übers Meer gekommen und unterwarfen die heimischen Pikten. Fast 700 Jahre währte die skandinavische Herrschaft, bis eine Ehe die Verbindung beendete. Als Christian I. die Mitgift für seine Tochter Margret nicht begleichen konnte, gingen Shetland und ▶Orkney an die Norweger. Geblieben sind nordische Ortsnamen wie Tondra, Fetlar und Yell.

Das größte Feuerfestival Europas

★ Up Helly Aa

Am deutlichsten wird die wilde Vergangenheit am letzten Dienstag im Januar beim Up Helly Aa. Halb Shetland verkleidet sich zum »Ende aller heiligen Zeit«. Monatelang wird dafür ein 10 m langes Wikingerschiff gezimmert, das bei Fackelschein in einer prächtigen Parade durch das nächtliche Lerwick getragen wird. Angeführt vom Guiser Jarl und seinen bis zu 1000 Gefolgsleuten mit Hörnerhelm, Streitaxt und Kettenhemd. Als Symbol für den Jahresanfang geht das

Man hört sie kommen: Wenn beim Up Helly Aa tausend Mann durch das nächtliche Lerwick marschieren, um wie zu Zeiten der Wikinger bis morgens zu feiern.

Drachenboot unter stimmungsvollem Schlachtgesang in Flammen auf. Tausende Zuschauer kommen zum wilden Wikingergelage, das bis zum nächsten Morgen dauert.
www.uphellyaa.org

Neu nach altem Muster

Homemade

Aus der Wolle der Inselschafe werden die berühmten **Shetlandpullover** nach immer neuen, jedoch der Tradition verhafteten Mustern gestrickt. Die meisten entstehen in Heimarbeit – folgen Sie den Schildern am Straßenrand. Als Wendy Inkster vor Jahren auf East Burra aus der Wolle eines alten Fair-Isle-Pullovers ihren ersten Teddy strickte, ahnte sie nicht, wie gefragt die farbenfrohen Kuscheltiere werden sollten. Heute beliefert sie Bärenfreunde rund um den Globus mit ihren handgemachten **Burra Bears** (►Abb. S. 343). Als 2013 der Sohn von Prinz William und Kate geboren wurde, zog auch ein kleiner Burra-Bär in das Kinderzimmer von HRH Prince George ein. Wie die Bären entstehen? Schauen Sie doch bei Wendy zuhause vorbei oder nehmen Sie im Shetland Museum in Lerwick ein Bärchen für zu Hause mit. Der **Arts & Crafts Trail** führt zu den Ateliers von 21 Künstlern und Kunsthandwerkern auf den Inseln (http://shetlandartsandcrafts.co.uk/craft-trail).
Burra Bears: Meadows Rd, Houss, East Burra | www.burrabears.co.uk
Hochwertige Wollwaren direkt vom Hersteller gibt es in Lerwick im **Shetland Knitwear**, 60 – 62 Commercial St, sowie online unter www.shetlandknitwear.com. Neueste Trends und feinste Ware der Shetlands und Fair Isle zeigt im Oktober die **Shetland Wool Week** | www.shetlandwoolweek.com

»
Wenn in Shetland kein Wind wehte, erschrak man regelrecht.
«
Krimiautorin Ann Cleves, »Die Nacht der Raben«

Versiegender Reichtum und erneuerbare Energien

Nordseeöl, Ökostrom und Urlauber

Ihren Wohlstand verdanken die Inseln 30 Ölfeldern. Pipelines pumpen das Nordseeöl nach **Sullom Voe**, von wo aus es Supertanker in alle Welt bringen. Nach 50 Jahren und Milliarden Barrel **Öl und Gas** beginnen die Vorkommen in der Nordsee zur Neige zu gehen. Jahrzehntelang bescherten sie den Shetlands einen enormen Boom, neue Straßen, Häuser, Jobs und Europas größten Ölhafen. Inzwischen ist Ernüchterung eingekehrt, werden die Förderzahlen gedrosselt. Seit dem Ölpreisrutsch steigt die Arbeitslosigkeit. 2016 ging das bekannteste Ölfeld Brent zu Ende – es gab dem Nordseeöl seinen Handelsnamen und fließt auch in unser Heizöl. Die Entsorgung der riesigen Förder-Plattformen ist eine Herkulesaufgabe und wird Milliarden kosten. Das raue Wetter nutzt die Inselgruppe zunehmend für Öko-

SHETLAND ERLEBEN

LERWICK I-CENTRE
Market Cross, Lerwick ZE1 0LU
Tel. 01595 69 34 34
www.shetland.org
www.shetland-heritage.co.uk

Die Autofähren von Northlinkferries fahren tgl. von Aberdeen (12,5 Std.) und 3–4 x wöchentlich von Kirkwall (5,5 Std.) nach Lerwick, innerhalb der Shetlands gibt es tgl. Fährverbindungen auf den Routen Bressay – Lerwick, Laxo – Whalsay, Toft – Yell, Yell – Fetlar, Vidln/Lerwick – Skerries und West Burrafirth – Papa Stour. Die Linien Grutness – Fair Isle und Walls – Foula werden nur Di., Do. und Sa. befahren (www.northlinkferries.co.uk, www.shetland.gov.uk/ferries). Von Kirkwall, Aberdeen, Edinburgh, Glasgow und Inverness aus fliegen Flybe und Loganair nach Sumburgh / Mainland. Von Tingwall, 12 km westlich von Lerwick, gibt es mehrmals pro Woche Flüge nach Foula, Papa Stour, Skerries und zur Fair Isle. Letztere wird auch von Sumburgh aus angeflogen (www.loganair.co.uk).

SHETLAND FIDDLING
Wer die traditionelle Fiddle Music kennenlernen will, sollte Sa. in Lerwick in The Lounge (4 Mounthooly St) einkehren, wo Bands wie Rock Salt & Nails, Fiddlers Bid und Hom Bru auftreten. Um den 1. Mai wird das Shetland Folk Festival (www.shetlandfolkfestival.com), im Aug. das Fiddle Frenzy (www.shetlandarts.org) und im Okt. das Shetland Accordian and Fiddle Festival veranstaltet (www.shetlandaccordionandfiddle.com).

BUSTA HOUSE €€€
Zartes Shetlandlamm, würziger Orkney Cheddar und knuspriger habarber Crumble – im Pitcairn Room wird Exquisites für Feinschmecker geboten. Der stilvolle Barabend ist bei über 150 Malts gesichert. Die 22 wunderschönen Zimmer tragen Namen von Nachbarinseln – Linga hat ein herrliches Himmelbett aus dem 18. Jh., Muckle Roe einen Traumblick über Busta Voe.
Busta, Brae, Mainland, Shetland ZE2 9QN, Tel. 01806 52 25 06
www.bustahouse.com

SUMBURGH HOTEL €€€/€€
An der Südspitze von Mainland liegt das solide Hotel perfekt direkt am Meer neben den Ausgrabungen von Jarlshof. Auch das Vogelschutzgebiet von Sumburgh Head ist nicht weit – genau wie der Flugplatz.
Sumburgh ZE3 9JN
Tel. 01950 46 02 01
www.sumburghhotel.com

HERRISLEA HOUSE HOTEL €€
Nordwestlich von Lerwick liegt das familienfreundliche Haus mit neun liebevoll eingerichteten Zimmern. Im Phoenix Restaurant reizen die Riesengarnelen und der Gravedlachs.
Veensgarth, Tingwall, Shetland ZE2 9SB, Tel. 01595 84 02 08
www.herrisleahouse.co.uk

BODS FÜR SELBSTVERSORGER
Wer eine urige Hostel-Reise mit Selbstversorgung mag, findet gut verteilt neun umgerüstete Fischerhäuschen. Meist schön gelegene, spannende Locations mit Geschichte – Schlafsack mitbringen!
www.camping-bods.com

Das Leben ist ein Ponyhof: Shetties sind das ganze Jahr draußen.

strom durch Wind- und Wellenenergie. Seit 2016 speist im Bluemill Sund von Yell das erste **Gezeitenkraftwerk** Strom ins schottische Netz. Shetland bemüht sich erheblich um den **Ausbau des Tourismus**. Allzu viele Urlauber sind es bislang freilich nicht. Wirklich viele kommen nur, wenn ein Kreuzfahrtschiff Hunderte von Menschen kurzfristig nach Lerwick bringt.

Wohin auf Mainland?

Nördlichste Stadt Großbritanniens

★ Lerwick

Herz der 90 km langen Hauptinsel Mainland und Heimat von einem Drittel aller Shetländer ist Lerwick mit 7500 Einwohnern. In Sichtweite vom Fährterminal künden riesige Tanks und Kräne vom Geschäft mit dem Öl. Das lebendige, im 17. Jh. gegründete Städtchen verdankte seinen Aufschwung im 18./19. Jh dem Walfang und der Heringsfischerei. Am Hafen widmet sich das **Shetland Museum** dem Bootsbau und der Geschichte der Inseln. Das benachbarte Kulturzentrum **Mareel**, Shetlands topmoderner Nabel von Kunst, Kultur und Film, serviert im nordischen Chic vor Panoramafenstern den ganzen Tag gute Küche. Während das Spinnrad summt, erfahren Sie im **Shetland Textile Museum**, worum sich 1870 das Leben am heimatlichen Herd drehte und wie Pullover und Spitzendeckchen entstanden. Den besten Blick über das Hafenstädtchen haben Sie vom 1882 errichteten Uhrturm der Town Hall – drinnen überraschen prächtige Bleiglasfenster.

Shetland Museum: Di.–Sa. 10–16, So. ab 12 Uhr | Eintritt frei, Shop und Café | www.shetlandmuseumandarchives.org.uk | **Mareel**: Tel. 01595 74 55 00 | www.shetlandarts.org/venues/mareel | **Shetland Textile Museum:** Böd of Gremista | Mai –Sept. Di.–Sa. 11–16 Uhr | Erw. £ 3 Shop mit Wollwaren der Inseln | www.shetlandtextilemuseum.com

Stadtpark mit See und Broch

Loch Clickhimin

Loch Clickhimin, 2 km südwestlich, bietet sich für Spaziergänge mit schönen Ausblicken auf Hafen und Meer an. Clickhimin Broch ist eine gut erhaltene und zugängliche piktische Rundturmanlage auf einem Inselchen im See, entstanden vor etwa 3000 Jahren.

Der gefährliche Weg in die Freiheit

★ Scalloway Museum

In der alten Inselhauptstadt erinnert das Scalloway Museum an den »**Shetland Bus**«, eine geheime Bootsverbindung, mit der ab 1940 aus dem besetzten Norwegen über 3500 Männer, Frauen und Kinder in Sicherheit gebracht wurden. In unscheinbaren Fischerbooten, ab 1943 drei amerikanischen Schnellbooten, konnten Juden, politisch Verfolgte und enttarnte Widerstandskämpfer fliehen und auf dem Rückweg Spione nach Nordeuropa eingeschleust werden, um den Widerstand in Norwegen zu unterstützen. Außer Angriffen der deutschen Luftwaffe gefährdete vor allem schwere See die 300 km weite, fünftägige Überfahrt durch die stürmische Nordsee.

Castle Street | Mai – Sept. Mo. – Fr. 11 – 16, So. ab 14 Uhr
Erw. £ 3, Kinder £ 1 | www.scallowaymuseum.org

Postindustrielles Kunstsilo

Bonhoga Gallery

In der ehemaligen Getreidemühle in Weisdale stellen lokale Künstler und **Kunsthandwerker** in der Bonhoga Gallery ihre Arbeiten aus, Shetlands erster Galerie. Tolles Café!

Mi. – So. 10.30 – 16.30 Uhr | www.shetlandarts.org /venues/bonhoga

Sandbrücke zum Silberhort

St. Ninian's Isle

Ein nur bei Ebbe begehbarer, 500 m langer Sandstreifen macht aus dem Inselchen 15 km nördlich von Sumburgh Head im Sommer eine Halbinsel. Nach dem einsamen Strandspaziergang stoßen Sie auf die Ruine einer Kapelle. Hier wurde 1958 einen Silberschatz gefunden, den die Mönche wohl vor den Wikingern vergraben hatten. Der Schatz ist in Edinburgh, Repliken finden Sie aber in Lerwick's Shetland Museum.

www.shetland-heritage.co.uk/st-ninians-isle

OBEN: Im Hafen von Lerwick liegen Jollen, Jachten und Kutter.
UNTEN: Auch der Sohn von Prinz William und Kate hat ein Burra-Bärchen im Kinderzimmer.

JARLSHOF

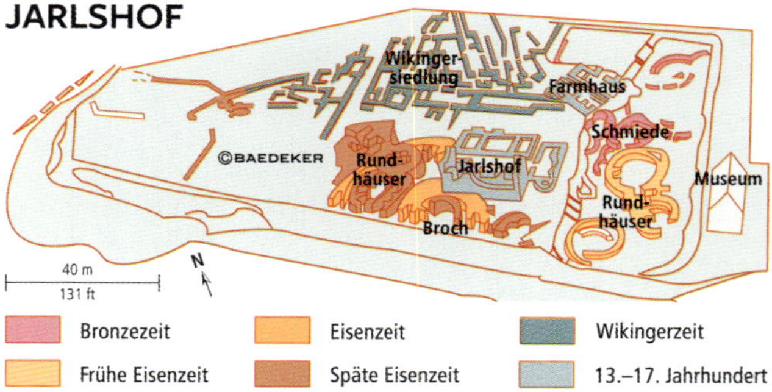

★ Jarlshof & Sumburgh Head

Von der Steinzeit bis ins Mittelalter

Prunkstück nordatlantischer Besiedlungsspuren ist der Jarlshof neben dem kleinen Sumburgh Airport. Die archäologische Sensation wurde 1905 nach einer Sturmflut entdeckt. Die ältesten Funde sind zwar Tonscherben aus der Jungsteinzeit, die ersten Gebäude stammen aber aus der Bronzezeit – der halb zerfallene Broch diente den Pikten als Wohnturm. Die Langhäuser der Wikinger waren einst mit Stroh gedeckt und besaßen bereits einfache Rauchabzüge. Ein mittelalterlicher Hof wurde im 16. Jh. Landsitz der berüchtigten Earls Robert und Patrick Stewart, Herrscher über Orkney und Shetland. Ein kleines Museum erläutert die Ausgrabungen. Der Name Jarlshof hat keine historische Bedeutung, sondern stammt von Sir Walter Scott, der ihn in seinem Roman »Der Pirat« verewigte. Auf dem nahen **Sumburgh Head** nisten Hunderttausende von Skuas, Papageitauchern und Trottellummen.

HES | April - Sept. Mi.-Sa. 9.30-17.30 Uhr | Erw. £ 7, Kinder £ 4
So.-Di. Eintritt frei (Besucherzentrum geschl.)
www.shetland-heritage.co.uk/jarlshof

★ Kliffwandern

Wilder Nordwesten

Atemberaubend sind die Kliffs von **Erne's Stack** bei Sandness und von Dore Holm beim Fischerdorf **Stenness**. Den Besuch des gewaltigen Porphyrbogens **Gate of Giants** und die wellenumtosten Basaltklippen von **Eshaness** (►Abb. S. 337) werden Sie nicht vergessen. Noch weiter nördlich bietet der einsame **Ronas Hill**, mit 452 m die höchste Erhebung von Shetland, den besten Überblick – und einen kleinen Schauder, wenn man ganz oben plötzlich vor einem Kammergrab steht. In Eshaness erzählt das **Tangwick Haa Museum** im ehemaligen Haus eines Lairds von vergangenen Zeiten. Bevor Sie nach Lerwick zurückfahren, empfiehlt sich Busta House für eine Pause (►S. 340).

Tangwick Haa Museum: Mai - Sept. tgl. 13 - 17 Uhr
Eintritt frei | www.tangwickhaa.org.uk

Technologiewandel in Europas größtem Ölhafen

Sullom Voe

Am tiefen Voe-Fjord enden die Unterwasserpipelines von der Nordseefeldern und befüllen Mega-Tanker, die jeder bis zu 450 000 Tonnen Öl transportieren können. 1993 verursachte der liberianische Öltanker »Braer« vor Sumburgh eine **Ölkatastrophe**, als er auf ein Riff lief. Dabei strömten 84 500 t Rohöl ins Meer, Tausende von Seevögeln fielen der Havarie zum Opfer, Lachsfarmen und Muschelbänke mussten vernichtet werden. In Sullom Voe wird gutes Geld verdient, doch die Zeit »nach dem Öl« ist längst Standard-Thema. Weg von Öl und Gas, hin zu grüner Energie durch Windkraft und Wasserstoff. Neue **Windparks** und Gezeitenkraftwerke sollen entstehen. Beteiligt sind Energieriesen wie Shell, BP und Total, Technologiekonzerne wie Babcock, ABB, Hitachi, die Universität Glasgow und ein Technologiezentrum aus Aberdeen, gefördert mit Mitteln der schottischen Regierung.

www.sullomvoe.org.uk

Islandhopping

Vogelparadiese

Bressay

★

Noss

Bei gutem Wetter empfiehlt sich ein Ausflug von Lerwick zur vorgelagerten Insel Bressay. Die Kliffs am **Ward of Bressay** versprechen atemberaubende Aussichten und am südlichsten Punkt eine Bootsfahrt durch die Orkneyman's Cave. Auf der Weiterfahrt zur unbewohnten Nachbarinsel Noss können Sie einen Blick auf die Seehundkolonie von Green Holm werfen. Ein Muss für Vogelfreunde ist das **Noss National Nature Reserve**. Auf den am Noup über 180 m aufragenden Sandsteinklippen nisten im Sommer die putzigen Papageitaucher, Trottellummen, Tordalken, Eissturmvögel und Basstölpel, während in den Mooren auf der Insel Skuas und Schmarotzerraubmöwen brüten.

Skyscraper der Eisenzeit

Mousa Broch

Die 15-minütige Überfahrt von Sandwick nach Mousa lohnt wegen des eisenzeitlichen Mousa Broch (HES), dem in Schottland besterhaltenen Beispiel der piktischen Wohn- und Wehrtürme. Er ist gute 13 m hoch und an der Basis 15 m breit. In der zentralen Halle war die Feuerstelle und wurde das Vieh gehalten, in den drei umliegenden Räumen lebten und schliefen die Bewohner.

Bootsfahrten: April – Sept. Abfahrt So. – Fr. 11.30, Rückfahrt 14.30 Uhr | Erw. £ 18 | www.mousa.co.uk

Wildblumen und Seevögel im Sucher

Yell

Das auf 1672 datierte **Old Haa o' Brough'** in Burravoe stellt lokale Künstler, Flora und Fauna und den Naturfotografen Bobby Tulloch vor.

Old Haa Museum: April – Sept. Mo. – Do., Sa. 10 – 16, So. 14 – 17 Uhr www.bobbytulloch.com | Eintritt frei | https://oldhaa.com

Noch mehr Vögel und ein Wohnzimmer im Wartehäuschen

★ Unst

Wer sich noch nicht sattgesehen hat, fährt mit den kleinen, preiswerten Autofähren über Yell nach Unst, wo knapp 640 Menschen leben. Am nördlichsten Kap im Königreich tost der Atlantik gegen die Gneisklippen von **Hermaness**. Sie sind die Heimat Hunderttausender von Skuas, Papageitauchern und den seltenen Schwarzbrauenalbatrossen. Das National Nature Reserve Visitor Centre an der Shore Station von Burrafirth informiert im Sommer täglich 9 bis 17 Uhr über das Vogelparadies, das Sie auf einem vierstündigen Rundweg erkunden können – vergessen Sie ihr Fernglas nicht. Wenn Sie den Leuchtturm auf dem 61 m hohen **Muckle Flugga** erspähen, haben Sie endlich den nördlichsten Punkt der Britischen Inseln im Blick – 1854 erbaut, natürlich von der Ingenieursfamilie Stevenson. Sie interessieren sich für Botanik? Dann wandern Sie im Nature Reserve **Keen of Hamar**. Wind, Regen und Frost haben hier ein Schuttfeld zurückgelassen, das wie eine Mondlandschaft wirkt. Alle Pflanzen wachsen hier nur als Miniaturausgabe, darunter das endemische Shetland-Hornkraut.

Dem siebenjährigen Bobby Macauley verdankt Unst die wohl ausgefallenste Bushaltestelle der Welt. Als der Vorgängerbau an der A 968 zwischen Baltasound und Haroldswick 1996 dem Wetter zum Opfer fiel und kein neuer Unterstand gebaut wurde, beklagte sich der junge Fahrgast darüber in der Lokalzeitung. Binnen Kürze stand **Bobby's Bus Shelter**, ein rotes Bushäuschen, das die Anwohner seither mit Sofa, Tisch und Topfpflanzen, TV und Telefon je nach Jahreszeit im-

Auf den erdigen Vorsprüngen der sturmumtosten Steilküsten sind die putzigen Papageitaucher zu Hause, die auf den Shetlandinseln Tammie Norries heißen.

mer wieder neu dekorieren (www.shetland.org/blog/bobbys-bus-shelter). Großes Thema auf Unst ist seit einigen Jahren die mögliche Einrichtung eines Spaceports für Lastenflüge ins Weltall in der Nähe der früheren Militärbasis.

Auf gleicher Breite wie Sankt Petersburg

Foula

Nur Vogelliebhaber wagen die zweistündige Überfahrt nach Foula, 20 Seemeilen vor der Westküste. Im Sommer tuckert dreimal pro Woche ein Boot von Walls/Mainland herüber und versorgt die 28 Bewohner. Vielleicht buchen Sie das abgelegene Burns Cottage (http://www.selfcateringfoula.co.uk) für eine echte Auszeit auf einer der abgelegensten Inseln Schottlands mit vielen Ponys, noch mehr Schafen und faszinierenden Steilklippen, wo sich Basstölpel, Eissturmvögel und die größte **Skuakolonie** Großbritanniens beobachten lassen.

www.shetland.org/visit/plan/areas/foula, www.foulaheritage.com

★ Fair Isle

Partnerbörse für Zugvögel

Außenposten im Atlantik

Je nach Wetter und Seegang kann die Überfahrt zur Herausforderung werden, aber es lohnt sich! 24 Seemeilen trennen Fridarey, so der alte nordische Name für das »**friedliche Eiland**«, von Mainland. Knapp drei Stunden braucht das Postschiff ab Grutness, das im Sommer dreimal, donnerstags abwechselnd ab Lerwick, im Winter einmal pro Woche zur Fair Isle fährt. Direct Flight fliegt von Tingwall, im Sommer samstags auch von Sumburgh zur Fair Isle. Nur 70 Menschen, aber Hunderttausende von Vögeln leben hier, darunter Eissturmvögel, Basstölpel, Tordalken, Sturmschwalben, Papageitaucher, Skuas und Dreizehenmöwen, zu denen sich im Frühjahr und Herbst unzählige Zugvögel gesellen. Das **Fair Isle Bird Observatory** brannte leider 2019 ab und muss erst wieder ersetzt werden, was auch die Übernachtungsmöglichkeiten einschränkt. Fair Isle war schon früh besiedelt, wie ein prähistorischer Wall beweist, der die Insel in zwei Hälften teilt. Im Lauf der Jahrhunderte ist manche Crew, deren Schiff an den Klippen der Shetlands zerschellte, auf Fair Isle wieder an Land geworfen worden. Unter ihnen waren 1588 mehr als 300 Männer der »El Gran Griffón«, Flaggschiff der spanischen Armada, und im 19. Jh. die 465 deutschen Amerikaauswanderer der »Lessing«. Laut Legende wurden die typischen **bunten Fair-Isle-Strickmuster** von den Spaniern beeinflusst. In Heimarbeit handgestrickte Pullover, Schals und Mützen sind bis heute Exportartikel Nr. 1.

NTS | www.fairisle.org.uk | **Fair Isle Bird Observatory** :www.fairislebirdobs.co.uk | Wer im Gästehaus von Kathy Coull wohnt, kann auch Kurse im **traditionellen Spinnen und Stricken** belegen | Upper Leogh, Fair Isle ZE2 9JU | Tel. 01595 76 02 48 | www.kathycoull.com

★★ ST. ANDREWS

Council Area: Fife | **Einwohner:** 18 000

Auf dem Old Course haben sie alle gespielt. Die Großen des Golfsports, die auf dem geheiligten Rasen alle fünf Jahre zu den British Open abschlagen – nach Regeln, die bis heute der Royal and Ancient Golf Club festsetzt. St. Andrews ist das Schmuckstück der Ostküste. An der ältesten Universität des Landes lernten sich Prinz William und Kate kennen, hier wurde ihre Hochzeit verkündet. Die kilometerlangen feinen Sandstrände sind nicht nur an lauen Sommerabenden tolle Treffpunkte. Dass St. Andrews maßgeblich von der Uni geprägt ist, bestätigen seine vielen historischen Bauten und lebhaften Studentenkneipen um College und Market Street.

Wiege des Golfsports

Eine ständige frische Brise und Wind aus immer wieder wechselnden Richtungen lässt die Bälle auf den Links an der Küste gern mal vom Kurs abkommen. Der legendäre **Old Course** (Par 72) zieht sich direkt am Meer entlang. Ursprünglich wurde über 22 Löcher gespielt, erst 1836 reduzierte man den Golfplatz auf 18 Löcher – »9 out and 9 home«. Wegen der enormen Größe des Doppelgrüns sind Putts von 30 m und mehr zwingend. Hinter dem ersten Abschlag thront das klassizistische Clubhaus des 1754 gegründeten **Royal & Ancient Golf Club**, Sitz der obersten Regelbehörde des internationalen Golfsports – mit Ausnahme der USA. Um auf dem Old Course zu spielen, brauchen Sie Geduld und Glück, denn der Andrang ist sehr groß und über die Teilnahme entscheidet täglich ein Losverfahren, aber auch das eigene Handicap. Um 6.30 Uhr beginnt der erste Vierer-Flight.

www.standrews.com | ▶Baedeker Wissen S. 350

Wohin in St. Andrews?

The Home of Golf

★ British Golf Museum

Selbst wenn Sie kein Golf spielen, sind die manikürten Grüns einen Blick wert. Im Museum wird Ihnen der in Schottland keineswegs elitäre Golfsport vom Mittelalter bis heute nähergebracht. Die Ausstellung zeigt die im Laufe der Zeit verwendeten Ballarten, Schläger, Spielregeln und Techniken und erzählt über berühmte Meisterschaften, Spitzenspieler, Schlägerbauer, Golfarchitekten und Greenkeeper. Wichtige Protagonisten waren **Tom Morris**, Vater und Sohn, die beide Mitte des 19. Jh.s mehrfach Sieger der »Open« waren. Golfgeschichte schrieben auch Harry Vardon, um 1900 sechsfacher Open-Sieger, Lady Margret Scott, die Ende des 19. Jh.s dreimal die Ladies Championships gewann und Nick Faldo als einer der besten europäischen

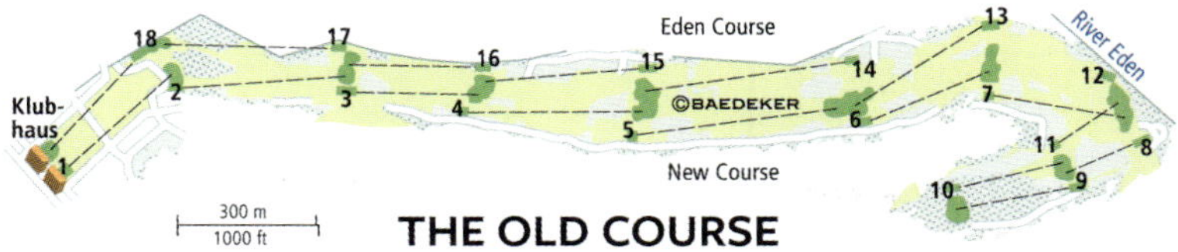

THE OLD COURSE

1 Burn
2 Dyke
3 Cartgate Out
4 Ginger Beer
5 Hole o'Cross Out
6 Heathery Out
7 High Out
8 Short
9 End
10 Bobby Jones
11 High In
12 Heathery In
13 Hole o'Cross In
14 Long
15 Cartgate In
16 Corner of the Dyke
17 Road
18 Tom Morris

Golfer aller Zeiten. The Golden Bear **Jack Niklaus** beendete hier 2005 seine Weltkarriere – und wurde zu einem der international führenden Golfplatzarchitekten. **Tiger Woods** siegte 2000 in St. Andrews mit nur 25 Jahren als jüngster »Grand Slam«-Gewinner aller Zeiten.

Bruce Embankment | tgl. 10 – 16 Uhr | Erw. £ 12
www.britishgolfmuseum.co.uk

Faszinierende Unterwasserwelt

Aquarium

Wenige Schritte entfernt begeistert das Aquarium mit Haibecken und offenem Pool für Seehunde – um 10.30 Uhr ist täglich Fütterung. Bestaunen Sie Rochen, Pinguine, Meerkatzen und Leguane. Bei schönem Wetter empfiehlt sich die Strandterrasse mit Café und Seeblick.

The Scores | tgl. 10 – 17 Uhr | Erw. £ 13, Kinder £ 11
www.standrewsaquarium.co.uk

Göttlicher Segen für die Auld Alliance

Cathedral

In der schottischen Kirchengeschichte spielte St. Andrews eine gewichtige Rolle. Laut Legende landete hier der hl. Regulus im 4. Jh. mit den Gebeinen von St. Andreas – wahrscheinlicher ist allerdings, dass die Reliquien erst im 8. Jh. hierher kamen. Die Balken des Andreaskreuzes finden Sie auch auf der schottischen Flagge. Schon bald war der kleine Ort Bischofssitz. Um 1200 folgte der Bau mehrerer Kirchen, der gewaltigen Kathedrale und der Burg. Im 15. Jh. galt St. Andrews als Zentrum religiöser und geistlicher Macht, 1472 folgte die Ernennung zum Erzbistum. Mit 102 m Länge und 49 m Breite war die 1160 begonnene Kathedrale einst das **größte Gotteshaus in Schottland**. Zur Weihe 1318 erschien sogar Robert the Bruce (►Baedeker Wissen S. 67). Zwei Jahrhunderte später gaben sich hier James V. und Marie de Guise das Jawort und besiegelten die »Auld Alliance« mit Frankreich. Nach seiner Zerstörung während der Reformation diente der Sakralbau als Steinbruch, sodass nur Teile der spätromanischen Ostfront, der Westfassade und des südlichen Seitenschiffs sowie ein Torhaus erhalten sind. Vom Turm der kleinen

CHIPPEN. PITCHEN. PUTTEN

Bereits im Mittelalter befassten sich Adlige und Nichthochwohlgeborene in Schottland ernsthaft mit einem Spiel, zu dem Ball und Stock gehören.

Laut Legende war es ein Schäfer, der aus Langeweile mit seinem Hirtenstab Kieselsteine in einer Hasengrube versenkte. Belegt ist, dass James IV. sich 1504 einen neuen Satz Golfschläger gönnte, Maria Stuart eine begeisterte Golferin war und ihr Sohn, James VI., nachdem er für die englische Krone nach London gezogen war, den ersten Golfplatz außerhalb Schottlands anlegen ließ. Regelgerecht gespielt wurde erstmals in **St. Andrews**, nachdem 1744 erste Golfregeln ausgestellt worden waren. Sein **Royal & Ancient Golfclub** bestimmt seit 1897 die internationalen Golfregeln und auf den Plätzen in St. Andrews finden in allen Jahren, die mit einer Fünf oder einer Null enden die **British Open** statt – Ausnahme war 2022 wegen der Corona-Pandemie. Auch wenn Sie nicht auf dem Old Course in St. Andrews spielen dürfen, gibt es bei landesweit gut **550 Golfplätzen** mehr als genug Alternativen. Und das zu ganz normalen Preisen, denn Golf ist **Volkssport**. Eigentlich spielt jeder. Auch Urlauber dürfen gerne aufs Green. Selbst das Handicap wird nicht kleinkariert gesehen.

In die Neigung eines Grüns

Ziel ist bekanntermaßen, den kleinen Golfball mit möglichst wenig Schlägen über die kurz geschnittenen Rasenbahnen der Fairways zum Green zu befördern, um dort einzulochen. Es wird grundsätzlich an der Stelle weitergespielt, wo der Ball landet. Dieser sollte daher ebensowenig im Rough der umliegenden Wasserläufe, Wiesen und Sträucher landen, wie in den künstlich angelegten Hindernissen der Sandbunker – gesucht werden darf ein Ball maximal fünf Minuten. Zum Golfset gehören bis zu 14 verschiedene Schläger. »Hölzer« dienen für Treib- und Weitschläge, die löffelartigen »Eisen« für kurze Schläge. Mit dem Pitching Wedge lässt sich der Ball schön hoch und doch kurz aufs Grün bringen, mit dem Putter wird auf dem Green im Hole eingelocht. Nur wenigen gelingt ein Swing direkt ins Loch, »Hole in one« genannt. Die meisten sind schon mit einem Bogey, einem Schlag über Par, mehr als zufrieden und freuen sich über ein Birdie bei einem Schlag unter Par so sehr, dass sie am »19. Loch«, der Clubbar, gerne eine Runde ausgeben. Schönes Spiel!

Auf dem Friedhof der Kathedrale ruht seit 1875 auch Golflegende Young Tom Morris, der dreimal hintereinander die British Open gewann.

Kirche St. Rule, die Bischof Robert im 12. Jh. von Meistern aus Yorkshire für Augustinermönche errichten ließ, hat man einen herrlichen Blick über die Stadt – der Turm ist derzeit geschlossen.
HES | Museum tgl. 10 – 17 Uhr | Erw. £ 3.50, Kinder £ 2

Schottlands kleinste und älteste Hochschule

University

An der 1413 von Bischof Henry Wardlaw gegründeten Universität sind heute rund 7000 Studenten eingeschrieben. Die 1747 zusammengelegten Colleges St. Salvator, seit 1450 in der North Street, und St. Leonard (1511 gegründet) beherbergen in ihren schönen alten Gebäuden die Geistes- und Naturwissenschaften. In dem 1538 von Kardinal Beaton ins Leben gerufenen St. Mary's College hat die theologische Fakultät ihren Standort. St. Salvator enthält in seiner Collegekapelle die Kanzel aus der Stadtkirche Holy Trinity, wo der Reformator John Knox seine ersten Predigten hielt, die Kapelle von St. Leonard lohnt wegen ihrer kunstvollen Grabmäler aus dem 16. und 17. Jh. eine Besichtigung. Ein Baum, unter dem **Maria Stuart** beim St. Mary's College gesessen haben soll, steht immer noch. Im **Wardlaw Museum** wird die Geschichte und das Wirken der historischen Uni präsentiert.
Wardlaw Museum: 7 The Scores | Mo. –Fr. 11 – 19, Sa., So. 10 – 17 Uhr | Eintritt frei | www.st-andrews.ac.uk/museums

ST. ANDREWS ERLEBEN

ST. ANDREWS I-CENTRE
70 Market Street, St. Andrews KY16 9NU, Tel. 01334 47 20 21
www.expore-st-andrews.com
Golfplätze: www.standrews.com

Feb. bis April locken das Fife Jazz Festival, Film, Poetry und On The Rocks Students Arts Festivals. Im Juli folgen die Highland Games (▶Das ist Schottland S. 24). Die Lammas Fair im Aug. ist einer der ältesten Jahrmärkte.

SWILCAN LOFT €€€/€€
Teriyaki-Lachs aus dem Loch Duart, saftige Steaks von der Black Isle oder Spinat-Gnocchi mit Lanarkshire Blue-Käse, tolle Weine und coole Cocktails – und als Rundumpanorama im 4. Stock der weltberühmte Golfplatz
The Old Course Hotel
Tel. 01334 47 43 71
www.oldcoursehotel.co.uk

THE SEAFOOD RISTORANTE €€€/€€
Steinbutt, Scholle, Seehecht – alles köstlich serviert mit Blick auf die See
Bruce Embankment
Tel. 01334 47 94 75
www.theseafoodrestaurant.com

FORGAN'S €€
Wo Robert Forgan einst die besten Eisenschläger für den Golf Club produzierte, gibt es heute tolle Ceilidhs, den besten Brunch und süffiges Craft Beer in stylischem Ambiente.
110 Market Street, Tel. 01334 46 69 73, www.forgans.co.uk

THE OLD CHEESE SHOP €€
Hier dreht sich alles um Käse, dazu werden zu Lunch und Dinner im Hof passende Weine und Bier serviert.
141 South St, Tel.01334 47 73 55
http://oldcheeseshop.co.uk

THE OLD COURSE HOTEL, GOLF RESORT & SPA €€€€
Die Nobelherberge wurde wiederholt zum besten Golfresort Großbritanniens gekürt. Schöner kann man nicht logieren als in einem der 174 traumhaften Zimmer und Suiten mit Blick auf den West Sands Beach und das 17. Loch des Old Course. Für Entspannung sorgt der luxuriöse Kohler Water Spa mit 20-m-Pool, Fitness Centre, Hydrotherapie und Dachgarten – buchen Sie eine Golfermassage! Beste schottische Küche servieren das edle Road Hole Restaurant, Swilcan Loft (s. links), Hams Hame und Jigger Inn. Die Bar punktet mit über 300 Single Malts.
Old Station Road, St. Andrews KY16 9SP, Tel. 01334 47 43 71
www.oldcoursehotel.co.uk

RUFFLETS €€€
Country House in einem bezaubernden Park, nicht weit von Golfplatz und Strand. Genießen Sie im Terrace Restaurant schottische Klassiker bei romantischem Kerzenlicht.
Strathkinness Low Road
St. Andrews KY16 9TX, Tel. 01334 47 25 94, www.rufflets.co.uk

NETHAN HOUSE €€
Zentral, gemütlich und umgeben von netten Bars und Restaurants, um die Ecke von der Universität St. Andrews
17 Murray Park, St Andrews
KY16 9AW, Tel. 01334 47 21 04
www.nethan-standrews.com.

OBEN: Das noble Old Course Hotel blickt auf den berühmtesten Golfplatz der Welt.
UNTEN: Im Golfmuseum wird gezeigt, dass Bälle um 1840 mit Federn gestopfte Lederhäute waren.

Wo und wie man im 19. Jh. einkaufte ...

St. Andrews Heritage Museum

... erzählt das Fischerhäuschen aus dem 16. Jh. an der North Street 12. Im Sommer sollten Sie sich in den bezaubernden Garten setzen.

Mi. -So. 12–16 Uhr | Eintritt frei | https://standrewsmuseum.com

Luxuspalast oder Knast

Castle

Nur 400 m von der Kathedrale thronen die Überreste der um 1200 begonnenen Bischofsburg auf einem Felsen über dem Meer. Hier lebte Kardinal Beaton in höchstem Luxus, bis er 1546 von Protestanten ermordet wurde. Allerdings wurde hier auch der protestantische Reformator John Knox (►S. 386) gefangen gehalten und zur Sklavenarbeit auf einer französischen Galeere verurteilt. Wie und wem die Flucht aus dem Burgverlies durch den unterirdischen Gang gelang, berichtet das Visitor Centre. Die Ruinen von Burg und Kathedrale finden ihr natürliches Pendant 3 km weiter südlich in den bizarren Basaltfelsen »Rock and Spindle« – ein schöner Abschluss des Küstenspaziergangs in St. Andrews.

HES | April – Sept. Mi.– So. 10 – 17, Okt. – März bis 16 Uhr
Erw. £ 9.50, Kinder £ 5.50

Kirchenkunst und Himmelskunde

St. Andrews Museum

Das vergoldete mittelalterliche St. -Salvator-Zepter und ein 1575 in London angefertigter Sternhöhenmesser sind Highlights des viktorianischen Stadtmuseums an der Doubledykes Road im Kinburn Park.

April – Sept. Mo.–Sa. 10 – 17, So. 12 – 16, Okt. – März Mi. – So. 10.30 bis 16 Uhr | Eintritt frei | www.onfife.com/venues/st-andrews-museum

ST. KILDA

Council Area: Western Isles | **Auskunft:** www.kilda.org.uk

Die Regierung hatte 1930 eine Krankenschwester geschickt, die den letzten drei Dutzend Insulanern den Umzug aufs Festland schonend beibringen sollte. So fand die zweitausendjährige Besiedlung ihr Ende, machten Seevögel und Soayschafe die fünf sturmumbrausten Inseln im Nordatlantik zu ihrer Heimat.

Am Ende Europas

Nur Ruinen der Häuser auf der kargen Hauptinsel **Hirta** sind geblieben, die 65 km westlich der Äußeren Hebriden liegt. Hirta wird heute vom Militär als Radarstation genutzt. Hunderttausende von Seevögeln brüten hier, darunter Papageitaucher, Eissturmvögel und eine der größten Kolonien von **Basstölpeln** weltweit. Nur hier kommen

zwei Arten von Mäusen und der St.-Kilda-Zaunkönig vor. Die **Soay-Schafe** der Insel sind Europas einzige jungsteinzeitliche Zuchtschafrasse, die mindestens seit den Wikingern das Eiland bevölkert. Vor der Küste lassen sich Wale und Riesenhaie beobachten. Letztere ernähren sich übrigens nur von Plankton. Mit 424 m besitzt die atemberaubende Steilküste von Conachair/Gabbro die höchsten Kliffs der Britischen Inseln. Dank des klaren Meerwassers ist St. Kilda auch ein ausgezeichnetes Tauchrevier. 1986 wurde das Archipel Schottlands erste **UNESCO-Welterbestätte**. Zwischen Mitte April und Mitte September starten von Leverburgh/South Harris **Bootstouren** von den Äußeren Hebriden als Tagesausflüge nach St. Kilda.
Wenn die Winterstürme vorbei sind, beginnen alljährlich die **»Work Parties«** des NTS. Zweimal haben Interessierte zwischen Mai und Mitte Juni die Möglichkeit, auf die Insel zu kommen, um zwei Wochen bei Ausgrabungen und dem Wiederaufbau der alten Cottages zu helfen. Sechs der Steinhäuser von 1860 dienen als Unterkunft für freiwillige Helfer. Coronabedingt finden derzeit keine Work Parties statt.
NTS | Bootstouren: ab £ 220 p. P. | www.seaharris.co.uk/kilda, www.kildacruises.co.uk, www.visitouterhebrides.co.uk | Juni und Juli fährt die Hebridean Princess zweimal nach St. Kilda www.hebridean.co.uk

★★ STIRLING

Council Area: Stirling | **Einwohner:** 46 000

Weit und breit nichts als sanfte Hügel. Man muss kein Militärstratege sein, um zu erkennen, dass Stirling Castle denkbar günstig liegt. Zwei Nationalhelden kämpften in Sichtweite des Burgfelsens um Schottlands Unabhängigkeit: 1297 siegte »Braveheart« William Wallace an der Stirling Bridge über die Engländer, 1314 triumphierte Robert the Bruce in der Entscheidungsschlacht bei ▸Bannockburn und etablierte Schottland als Nation.

Stolze Schicksalsburg

Festung, Lustschloss, Garnison – der 76 m hohe Burgfelsen war jahrhundertelang Brennpunkt der Geschichte. Von hier konnte die Mündung des River Forth ebenso gut kontrolliert werden wie der Zugang zu den Highlands. Auch als Handelsstadt besaß Stirling seit dem Mittelalter einen Namen. Im Visitor Centre an der Castle Esplanade werden **1000 Jahre Stadtgeschichte** audiovisuell lebendig. Dort steht auch ein Denkmal für Robert the Bruce (▸Baedekier Wissen S. 67).

BAEDEKER ÜBERRASCHENDES

6X FÜR KINDER

Langeweile verboten

1. PRINZESSIN POMP

Bühne frei für Kids im **Stirling Castle**! Sie dürfen in Klamotten schlüpfen, die während der Renaissance in Mode waren. (►**S. 356**)

2. FÜR KLEINE SCHLAUBERGER

Speiseeis aus Stickstoff machen, Kartoffeln durch Tennisschläger ballern – das **Glasgow Science Centre** macht interaktiv schlau. Plus dieser Turmblick! (►**S. 206**)

3. KINDER-MUSEUM

Kinder wollen spielen. Womit und wie in aller Welt früher gespielt wurde, hat das **Museum of Childhood** an der Royal Mile in Edinburgh gesammelt. Erwachsene erinnern sich ... (►**S. 157**)

4. GÄNSEHAUT-GARANTIE

Gegen die humorvollen **Geistertouren** durch Edinburghs düstere Vergangenheit und spukige Gassen ist Halloween bloß ein Kindergeburtstag. Nicht für die Kleinsten! (►**S. 146**)

5. AUGE IN AUGE

Den Luftzug der Schwingen von Adler, Eule und Falke spüren. Und dann ein Selfie mit dem Krummschnabel machen, mit **Dunrobin Castle** im Hintergrund. (►**S. 296**)

6. MEERES-AKROBATEN

Langsam gleitet das Boot durch den tiefblauen Moray Firth. Da schießt plötzlich ein Schatten durch die See. **Delfine!** Ein unvergessliches Abenteuer. (►**S. 293**)

★★ Stirling Castle

Prachtpalast der Stuarts

Panoramablick

Beste Besuchszeit st nachmittags, wenn die Touristenbusse abgefahren sind. »Wenn über den Hochlandbergen der Ball der untergehenden Sonne wie eine Feuerkugel hängt«, notierte Theodor Fontane 1860 in seinem Reisetagebuch, eröffnet der Panoramablick von den Burgwällen »das lieblichste Bild, das die schottische Landschaft gewähren kann«. Wie das Schloss von ►Edinburgh thront auch Stirling Castle auf dem bewaldeten Kegel eines erloschenen Vulkans. Generationen von Monarchen haben hier Zeichen ihrer Regentschaft hinterlassen. Die heutige Burg stammt aus dem 15./16. Jh., als die Stuarts in Stirling residierten.

Burg tgl. 9.30 – 18, Okt. – März bis 17 Uhr | Erw. £ 16.50, Kinder £ 10
Audioguides und geführte Rundgänge inklusive | Souvenirshop, Café und interaktiver Kinderparcours | www.stirlingcastle.scot

Herrscher, Hofdamen und Heroen

Royal Palace

Highlight ist zweifellos der von James V. in Auftrag gegebene königliche Palast. Aufwendig restauriert, erstrahlt er heute wieder wie um 1540, als französische Steinmetze die Ausführung im **prunkvollen Renaissancestil** übernahmen, der alle gekrönten Häupter Europas beeindrucken sollte. Die Decke im Audienzsaal schmücken farbenfrohe Repliken der berühmten **Stirling Heads**. 34 dieser Eichenmedaillons zierten einst die königlichen Gemächer. Die »Stirling-Köpfe« sind Porträts schottischer und europäischer Monarchen wie James V. und seine beiden Frauen, adliger Hofdamen und verdienter Bürger, römischer Herrscher oder antiker Helden. Die erhaltenen Originale können Sie im Obergeschoss sehen. Dort wird auch erklärt, um welche gekrönten Häupter und Heroen es sich handelt, wie die Repliken aus hartem Eichenholz gemeißelt und die verschiedenen Farbschichten aufgetragen wurden, um die Pracht der Renaissance zeigen zu können.

Die Jagd nach dem Einhorn

Unicorn Tapestries

Im inneren Saal der Königin erzählen sieben Wandteppiche von der »Jagd des Einhorns«, einer mittelalterlichen **Allegorie der Liebe** oder auch Parabel der Passion Christi. Über die Entstehung der originalen Wandteppiche, die vermutlich in Paris von einem unbekannten Meister entworfen und 1495 – 1505 in Brüssel gewebt wurden, ist wenig bekannt. John D. Rockefeller Jr. gefielen sie so sehr, dass er sie für 1 Million Dollar erwarb und 1937 dem Metropolitan Museum of Art in New York vermachte. Sicher ist, dass auch James V. zwei flämische Renaissanceteppiche mit Bildern des Einhorns besaß. Nach Vorbild der New Yorker Einhorn-Reihe wurden die jetzigen Teppiche 2001 bis 2014 in den **Stirling Tapestries** in Originaltechnik mit von Hand gefärbten Baumwoll- und Seidenfäden nachgewebt. Pigmentuntersuchungen hatten ergeben, dass die Farbenpracht durch Gelbkraut, Ackerröte und Färberginster für Blau erzielt wurde. Vier Jahre dauerte es, bis die beiden ersten Teppiche fertig waren: »Die Jagd beginnt« und »Das Einhorn am Brunnen«. Vor dem Wasserbecken wird es von Jägern aufgespürt, die zeitgemäß in Leder, Samt, Brokat und Pelz gekleidet sind. Von den gut 100 Pflanzen, die man auf den Teppichen sieht, konnten 85 identifiziert werden wie der prominente Kirschbaum hinter den Jägern. Der dritte und vierte Teppich stellen dar, wie das bereits verwundete Einhorn zu fliehen versucht, über den Strom springt und sich mit Hufen und Horn verzweifelt zur Wehr setzt. Auf dem fünften Bild von einer Jungfrau listenreich angelockt, wird es auf dem sechsten gefangen und von Lanzen durchbohrt. Die visuelle Darstellung der Geschichte endet auf dem siebten Teppich mit der Gefan-

Am Ende wird das edelste aller Fabeltiere doch eingefangen.

STIRLING ERLEBEN

STIRLING I-CENTRE
Old Town Jail, St. John St, Stirling FK8 1EA, Tel. 01786 47 50 19
www.explore-stirling.com
www.yourstirling.com

Gute Einkaufsmöglichkeiten bieten die Fußgängerzone der King Street, die viktorianische Stirling Arcade und das Thistle Shopping Centre beim Bahnhof.

HERMANNS €€€
Der Tiroler Besitzer Hermann Aschaber serviert Gehaltvolles vom schottischen Blackpudding bis zu Tiroler Schnitzel, Strudel und Spätzle.
58 Broad St, Tel. 01786 45 06 32
www.hermanns-restaurant.co.uk

BIRDS AND BEES €€
Modernes Bistro im Grünen mit saftigen Steaks und Biergarten
Easter Cornton Rd, Causewayhead, Tel. 01786 47 36 63, www.thebirdsandthebees-stirling.com

INDIAN COTTAGE €€/€
Solide indische Spezialitäten im unteren Teil der Innenstadt
11 Dumbarton Road
Tel. 01786 47 88 89, www.stirlingindiancottage.com

CROMLIX HOUSE €€€€
Als erster Brite seit 77 Jahren gewann Andy Murray 2013 das Wimbledon-Turnier. Nahe seiner Heimatstadt Dunblane eröffnete der Tennisstar ein Jahr später das viktorianische Herrenhaus mit Gourmetrestaurant, See, Tennisplatz und Privatkapelle für Gäste, die heiraten wollen. Stilvolle Antiquitäten zieren die 15 Zimmer und Suiten, die nach prominenten Schotten benannt sind wie Robert Burns, William Wallace und Radsportlegende Chris Hoy.
Kinbuck FK15 9JT, Tel. 01786 82 21 25, https://cromlix.com

THE PORTCULLIS €€€/€€
Nette Zimmer auf 3-Sterne-Niveau und stimmungsvoller Pub mit kleinem Biergarten am Zugang zur Burg
Castle Wynd, Tel. 01786 47 22 90
www.theportcullishotel.com

genschaft des schneeweißen Fabelwesens, dem Symbol für Reinheit, Freiheit und bedingungslose Liebe – sein Horn sollte laut Legende Wunder bewirken und heilende Kräfte besitzen.

Kapelle, Kochbücher und Kostümparade

Great Hall, Royal Chapel und Great Kitchens

Die 1503 unter James V. erbaute **Große Halle** mit Stichbalkendecke, Bleifenstern und Galerien ist die größte ihrer Art in Schottland. 1566 gab Maria Stuart hier ein dreitägiges Fest, um die Taufe ihres Sohnes James zu feiern. An der Nordseite des Oberen Hofes steht die **königliche Kapelle**, ein eleganter Frührenaissancebau, den James VI. für die Taufe seines Sohnes Henry 1594 errichten ließ. 1628 wurde die Kapelle von Valentine Jenkins mit Fresken dekoriert. In der alten Royal Chapel war **Maria Stuart** mit nur neun Monaten 1543 zur Queen of Scots gekrönt worden. Ältester Teil der Burg ist der Nether Bailey von 1381. Das kleine Gebäude diente als Gefängnis. Welch enormen Aufwand es vor 500 Jahren bedeutete, das Essen für üppige Bankette in der Great Hall zu kochen, zeigt die **Küche** unter der Großen Batterie – werfen Sie auch einen Blick in die Kochbücher mit mittelalterlichen Rezepten für Pies, Puddings und Wild. Spannend **für Kinder**: In den Schlossgewölben erfährt der Nachwuchs auf einem interaktiven Parcours alles über die verschiedenen Rollen bei Hofe – auf Wunsch im passenden Kostüm. Die wechselvolle Schlossgeschichte dokumentieren die **Castle Exhibitions** neben dem Queen Anne Garden. Jedes Castle hat seine verrückten Anekdoten, so auch Stirling. So soll die lebenslustige Maria Stuart Fußball gespielt haben – zumindest notierte sie das angeblich, und man fand Jahrhunderte nach ihr in einer geheimen Doppelwand einen Ball aus Schweinsblase.

So nobel wohnte der Adel

Argyll's Lodging

Burgführungen schließen auch das Stadthaus am Castle Wynd ein, das von Sir William Alexander erbaut wurde, dem Gründer der Kolonie Nova Scotia im heutigen Kanada. Die turmbewehrte Lodge gehört zu den besterhaltenen Renaissancebauten Schottlands. 1656 kam sie in den Besitz des Earl of Argyll, nach dem sie benannt ist. Die Räume vermitteln einen Eindruck, wie luxuriös der Adel Ende des 17. Jh.s lebte.
HES | derzeit wegen Sanierung geschl. | www.stirlingcastle.scot

Tolbooth & Nightlife

Altstadt

Die Altstadt erstreckt sich von der Burg hinunter in die Ebene. In der Broad Street lohnt das Norrie's House von 1671 einen Blick. Gegenüber krönt ein Einhorn das mittelalterliche Mercat Cross. Der im 19. Jh. als Gericht, Rathaus und Gefängnis genutzte Tolbooth ist heute Kulturzentrum. Lust auf Nachtleben? Auf der Tollbooth-Webseite finden Sie Tipps für Musik und Ausstellungen. Das Castle ist der beste Hintergrund für ein Open-Air-Rockkonzert auf der Esplanade.
www.culturestirling.org/tolbooth

Royale Taufstätte

Holy Rude Church

Bei so vielen Royals über die Jahrhunderte brauchte es eine stattliche Kirche, um Krönungen und Taufen durchzuführen. Südöstlich der Burg, durch eine Senke getrennt, steht die gotische Church of the Holy Rude. Hier erhielt 1567 Maria Stuarts einjähriger Sohn **James VI.** die Königsweihen – die Krönungsandacht hielt der Reformator John Knox. Gleich nebenan wurde **Cowane's Hospital** liebevoll renoviert. Im großen Saal der Guild Hall kann man nun Kaffee trinken – aber auch draußen auf der Terrasse. Eindeutig das stimmungsvollste Café der Altstadt. Das im 17. Jh. erbaute Haus diente ursprünglich als Armenhaus.
Mai – Sept. tgl. 11 – 16, Gottesdienste So. 11 Uhr
Eintritt frei | www.holyrude.org

OBEN: In Renaissancegewändern wird im königlichen Palast von der Geschichte der Burg erzählt.
UNTEN: Farbenfrohe Replik des Stirling Head von König James V.

Schottische Maße

Smith Art Gallery and Museum

Unterhalb des Schlosses in der Dumbarton Road lädt die 1874 gegründete Kunstgalerie zu einem Besuch ein. Neben der beachtlichen Kollektion schottischer Maler sind hier der erste Curlingstein von 1511, das schottische Maß (Stirling Jug) von 1457, alte Tartans und eine Statue der Justitia zu bewundern, die so alt ist, dass ihre Augen noch unverbunden sind! Neben der Galerie bietet Ailie's Garden Aktivitäten für Kinder und Picknickplätze.

Do. – So. 11 – 18 Uhr | Eintritt frei
www.smithartgalleryandmuseum.co.uk

Rund um Stirling

264 Stufen zu Ruhm und Aussicht

National Wallace Monument

Auf dem Abbey Craig, einem Hügel nordöstlich von Stirling an der Straße nach Dunbley, erhebt sich das weithin sichtbare Wallace Monument. Der 67 m hohe Turm, der mit Spenden bis 1869 erbaut wurde, erinnert an den Sieger der Schlacht um die Brücke von Stirling, **William Wallace**. Heroisch im Kilt, mit wildem Blick und blau-weiß bemaltem Gesicht verkörperte Mel Gibson den Nationalhelden 1996 im fünffach oscarprämierten Hollywoodfilm »**Braveheart**«, der den Freiheitskämpfer international bekannt machte.

Die Ausstellung im Turm stellt Fakten, Mythen und Legenden vor. Mehrere historische Quellen belegen, dass Wallace eine Hüne von 1,96 m und damit schon durch seine Körpergröße ein Anführer war. Um 1270 geboren, befand er sich im besten Mannesalter, als Englands König Edward I. versuchte, Schottland zu erobern und sich die Krone zu sichern. Plündernd und mordend zogen Edwards Soldaten durchs Land und hinterließen eine Schneise der Verwüstung. Auch Williams Vater soll von den Engländern erschlagen worden sein. Der berühmte Barde Blind Harry, der im 15. Jh. mündliche Überlieferungen sammelte, bestätigt in einem Gedicht, dass Wallace 1297 den englischen Sheriff von Lark tötete, nachdem dieser die Geliebte von Wallace ermordet hatte. Wenig später führten die Schotten unter dem nun vogelfreien Wallace einen erfolgreichen Guerilla-Krieg gegen die Besatzer, der am 11. September 1297 in der Niederlage der englischen Truppen am Forth bei Stirling gipfelte, die von den Schotten bis nach Nordengland vertrieben wurden. Doch die Engländer kamen zurück und mit seiner Niederlage 1298 in Falkirk war Wallace Glückssträhne zu Ende. Im August 1305 fiel er einem Verrat zum Opfer, wurde bei Glasgow gefangen genommen, nach London gebracht und dort grausam hingerichtet.

Nov. – Feb. tgl. 10.30 – 16, März tgl. 10 – 17, April – Okt. tgl. 9.30 – 17, Juli, Aug. bis 18 Uhr | Erw. £ 10.75, Kinder £ 6.75
www.nationalwallacemonument.com

Fast wie in der Serengeti

Blair Drummond Parks

Auf der Fahrt im Auto durch das Wildgehege nordwestlich von Stirling können Sie Elefanten, Giraffen, Zebras, Breitmaulnashörner, Löwen, Lemuren, Strauße und Schimpansen in freier Wildbahn beobachten. Seit 2018 gehört ein Amur-Tiger zu den Highlights, 2022 folgte ein neues See-löwen-Areal. Kinder begeistert die Seelöwenfütterung und Flugschau mit Greifvögeln.

Ende März – Okt. tgl. 10 – 17.30, letzter Einlass 16.30
Erw. £ 18.50, Kinder £ 14 | www.blairdrummond.com

Das größte Talent im britischen Tennis

Dunblane

Das Städtchen nördlich von Stirling besitzt mit seiner 1228 geweihten **Kathedrale** ein herausragendes Beispiel gotischer Baukunst. Besondere Beachtung verdienen das ovale Ruskinfenster, das Chorgestühl des 15. Jh.s und ein keltisches Kreuz aus dem 9. Jh. im nördlichen Querschiff. Ein Gedenkstein erinnert an die furchtbare Tragödie von 1996, als ein bewaffneter Amokläufer in der Grundschule 16 Kinder und ihre Lehrerin erschoss. 20 Jahre später trat einer der traumatisierten Schüler, die das Massaker überlebt hatten, an die Spitze der Tenniswelt. Es war der zweimalige Wimbledonsieger **Andy Murray**, der ebenso Olympiagold wie den Davis Cup gewann und 41 Wochen lang die Nummer 1 der Weltrangliste war. Mit **Cromlix House** (►S. 359) eröffnete er in der Nähe auch eine Nobelherberge (www.andymurray.com).

Schauinsland und Picknickstop

Castle Campbell

Die Burg im reizvollen **Dollar Glen**, nur eine halbe Fahrstunde von Stirling Richtung Osten, müssen Sie nicht mit tausend anderen Besuchern teilen. Selbst als Ruine ist das Castle der einst mächtigen Campbells beeindruckend. Schön exponiert, mit steilen landschaftlichen Flanken und romantisiert durch lichten Laubwald. Erbaut wurde die Burg im 15. Jh. und blieb lange im Besitz des » Red Fox« Colin Campbell, dem ersten Earl of Argyll. Maria Stuart war dort genauso zu Gast wie ihr protestantischer Gegner John Knox. Cromwells Truppen brannten die Festung 1650 nieder, Burghof, Bergfried und die Great Hall lohnen dennoch einen Blick.

HES | derzeit wegen Renovierung geschlossen

Extravagante Kulisse

Dunmore Pineapple

Architektonische Besonderheit ist die **steinerne Ananas** im Dunmore Park nordwestlich von Airth. Das Gartengebäude mit der 15 m hohen Kuppel in Form einer Ananas wurde 1761 von einem unbekannten Meister entworfen. Der Turm kann zwar nicht besichtigt werden, aber der ummauerte Garten ist ein hübscher Picknickplatz.

NTS | Garten tgl. 9.30 Uhr bis Sonnenuntergang
Eintritt frei

H

HINTER-GRUND

Direkt, erstaunlich, fundiert

Unsere Hintergrundinformationen beantworten (fast) alle Ihre Fragen zu Schottland.

Seit über 500 Jahren Nationalsymbol Schottlands: die Distel (Thistle) ►

DAS LAND UND SEINE MENSCHEN

Trotz überschaubarer Größe hat Schottland jede Menge zu bieten: atemberaubende Landschaften und charmante Städte, prächtige Schlösser und bezaubernde Gärten, Golf, Gespenster und Whisky, beste Meeresfrüchte und gastfreundliche Menschen mit viel Humor.

Schottische Symphonie

Welcome to Scotland

Auf den ersten Blick erscheinen die »rolling hills of the Borders« wie die herannahenden Wogen eines grünen Ozeans, die sich südwärts der englischen Grenze entgegenwerfen. Sanfte, weit geschwungene Hügel und fruchtbare Täler formen die **Southern Uplands**, wo wehrhafte Burgen und stimmungsvolle Abteiruinen von einer turbulenten Geschichte zeugen. Die romantische Natur der Grenzregion muss man erlebt haben, um zu verstehen, warum die Historienromane von Sir Walter Scott zu Bestsellern wurden und einen Schottlandboom auslösten, der bis heute anhält.

Idyllen und Innovationen

Die flachen bis hügeligen **Lowlands** sind durch die beiden weit ins Land reichenden Mündungstrichter von Clyde und Forth vom Meer geprägt. Über 80 Prozent aller Schotten leben im zentralen Tieflandgürtel. Hier liegen die beiden größten Städte, einige der schönsten Schlösser des Landes und der berühmteste Golfplatz der Welt. In den Lowlands wurden entscheidende Schlachten für die Unabhängigkeit geschlagen, die schottische Aufklärung geboren und die industrielle Revolution eingeläutet. Ob Kohlebergbau, Textilfabriken oder Eisen und Stahl – am Clyde und Forth boomte die Wirtschaft, machten Tüftler und Techniker bahnbrechende Erfindungen, von Watts Dampfmaschine bis zum Klonschaf Dolly. Heute setzen Hightech, die Hauptstadt Edinburgh und die Trendcity Glasgow neue Akzente. Trotz kühler Temperaturen gilt die Küste von East Lothian als schottisches Biarritz.

Highlands & Hebriden

In Schottland nieselt es häufig, regnet es oft und schüttet es kräftig. Und im nächsten Moment bricht die Sonne durch die dicke Wolkendecke und verzaubert die Lochs, Glens und Bens im **Hochland** mit dramatischem Licht. Die See vor den einsamen schneeweißen Stränden leuchtet türkis, fast wie in der Karibik. Unvergesslich ist ein Sonnenaufgang, wenn noch leichter Morgennebel über den viel besungenen Gestaden von Loch Lomond liegt, atemberaubend die orgelnde Brandung an den Steilküsten der **vorgelagerten Inseln**. Wasser, Wind und eiszeitliche Gletscher haben die großartige Bergwelt ge-

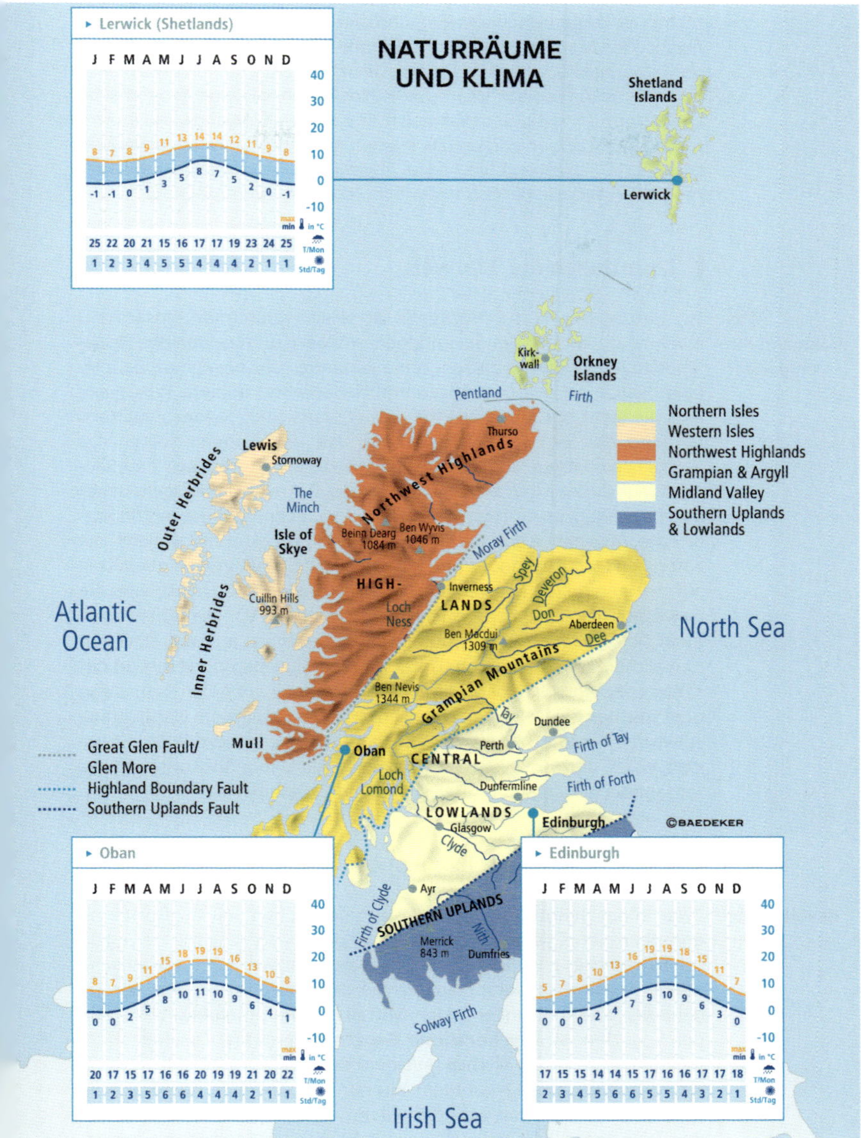
NATURRÄUME UND KLIMA
Lerwick (Shetlands)
J F M A M J J A S O N D
40 30 20 10 0 -10
8 7 8 9 11 13 14 14 12 11 9 8
-1 -1 0 1 3 5 8 7 5 2 0 -1
max min in °C
25 22 20 21 15 16 17 17 19 23 24 25
T/Mon
1 2 3 4 5 5 4 4 4 2 1 1
Std/Tag
Shetland Islands
Lerwick
Kirk-wall
Orkney Islands
Pentland Firth
Northern Isles
Western Isles
Northwest Highlands
Grampian & Argyll
Midland Valley
Southern Uplands & Lowlands
Thurso
Northwest Highlands
Lewis
Stornoway
Outer Hebrides
The Minch
Isle of Skye
Beinn Dearg 1084 m
Ben Wyvis 1046 m
Moray Firth
Spey
Deveron
Inverness
HIGH-LANDS
Cuillin Hills 993 m
Inner Hebrides
Atlantic Ocean
Loch Ness
Don
Aberdeen
Ben Macdui 1309 m
Dee
North Sea
Grampian Mountains
Ben Nevis 1344 m
Tay
Dundee
Perth
Firth of Tay
Mull
Oban
CENTRAL
Great Glen Fault/ Glen More
Highland Boundary Fault
Southern Uplands Fault
Loch Lomond
Dunfermline
Firth of Forth
LOWLANDS
Glasgow
Edinburgh
©BAEDEKER
Clyde
Oban
J F M A M J J A S O N D
40 30 20 10 0 -10
8 7 9 11 15 18 19 19 16 13 10 8
0 0 2 5 8 10 11 10 9 6 4 1
max min in °C
20 17 15 17 16 16 20 19 19 21 20 22
T/Mon
1 2 3 5 6 6 4 4 4 2 1 1
Std/Tag
Ayr
Firth of Clyde
SOUTHERN UPLANDS
Nith
Merrick 843 m
Dumfries
Solway Firth
Irish Sea
Edinburgh
J F M A M J J A S O N D
40 30 20 10 0 -10
5 7 8 10 13 16 19 19 18 15 11 7
0 0 0 2 4 7 9 10 9 6 3 0
max min in °C
17 15 15 14 14 15 17 16 16 17 17 18
T/Mon
2 3 4 5 6 6 5 5 4 3 2 1
Std/Tag

formt mit kargen Hochebenen, schroffen Felsen, tiefblauen Seen und mystischen Mooren. Wanderer ud Gipfelstürmer zieht es in die Cairngorm Mountains, zum Ben Nevis als höchstem Berg im Königreich oder auf die Cuillin Hills der Isle of Skye. Noch mehr als eine geografische Landschaft ist es ein Sehnsuchtsort. Die wilden Highlands und sturmumtosten Hebriden wirken, als stammten sie aus einer anderen Zeit. Mehr als 500 Inseln gehören dazu, ungezähmt, ursprünglich und einsame Klasse. Wer sie bereist, will wiederkommen – versprochen.

Tour durch die Tierwelt

Was können Sie erspähen?

Ein besonderer Reiz Schottlands ist seine wohltuende Einsamkeit. Noch heute können Sie die entlegenen Moore und Heiden des Hochlands tagelang durchstreifen, ohne jemandem zu begegnen. Schottland besitzt einige der größten naturbelassenen Gebiete Westeuropas, die nicht nur Traumziel für Trekkingfans sind, sondern auch ein Paradies der Tierwelt. Naturfreunde und Vogelkundler sollten das Fernglas einpacken. Über den Hebriden kreisen Turmfalken und Seeadler, auf Orkney und Shetland nisten Eissturmvögel, Papageitaucher und Basstölpel. Im Cairngorm National Park leben Wildkatzen und Rothirsche, Auerhähne und die einzige Rentierherde Großbritanniens. Die zotteligen Hochlandrinder und Millionen von Schafe grasen ganzjährig auf den gebirgigen Rauweiden. Für ihre Forellen und Lachse sind die Gewässer der Uplands und Highlands berühmt. Vor der Küste tummeln sich Delfine, Orcas, Robben und Riesenhaie, letztere ernähren sich allerdings von Plankton. Unternehmen Sie eine Bootsfahrt an der Küste oder eine Off-Roadtour im Allradfahrzeug auf einer Natursafari oder machen Sie gleich einen ganzen Urlaub daraus. Beim Naturschutz spielt der **National Trust for Scotland** eine besondere Rolle. Er besitzt, erhält und verwaltet nicht nur Schlösser und prähistorische Stätten, sondern auch Moore, Berggipfel und Felsklippen.

Schottisch, britisch, europäisch?

Bevölkerung

Zwar bildet Schottland seit 1707 den nördlichen Teil Großbritanniens, aber nichts wäre unpassender, als die schottische mit der englischen Identität gleichzusetzen. So ist beispielsweise die schottische Küche beinahe so hervorragend wie die französische, von der sie dank der »Auld Alliance« einen Gutteil übernommen hat. Urtugend der Schotten ist ihre **herzliche Gastfreundschaft**. Der legendäre Geiz hingegen ist ein Mythos, aus dem Bedürfnis entstanden, chronischen Engpässen mit subtilem Humor zu begegnen. Letzterer ist auch den viel zitierten Schottenwitzen eigen, die nur belegen, dass man hier gerne über sich selbst lacht. Historisch Bewanderte verbin-

OBEN: Highland Cattle leben dank ihres dicken Fells das ganze Jahr über frei in den Hochlandtälern.
UNTEN: Die glasklaren Flüsse sind Heimat von Bachforellen, die gern zehn Pfund auf die Waage bringen.

Lage:
von 55° bis 61° nördlicher Breite und
von 1°50‘ bis 9° westlicher Länge
(einschließlich Inseln), umgeben von Nordsee und
Atlantischem Ozean

Fläche:
78 783 km²,
davon entfallen 3096 km²
auf 1732 Seen (Lochs)

Einwohner:
5,5 Mio. (2022)
Glasgow **635 000**
Edinburgh **527 000**
Aberdeen **229 000**
Dundee **149 000**

Bevölkerungsdichte:
70 Einwohner/km²

Zeit:
MEZ +1

Staat

Staatsoberhaupt:
Königin Elizabeth II.
Regierungschefin:
Nicola Sturgeon

Religion

Konfessionslos
37%

Church of Scotland
32%

Römisch-katholisch
16%

Andere christliche Konfessionen
6%

Flaggen

Nationalflagge

Lion Rampant

Die Nationaflagge zeigt ein weißes Andreaskreuz im blauen Tuch. Der hl. Andreas, Bruder des hl. Petrus, verbreitete das Christentum in Kleinasien und wurde laut Legende 69 n. Chr. in der Stadt Patras an einem schrägen Kreuz hingerichtet.

Wappen und Flagge der schottischen Könige zeigen seit 1332 einen roten steigenden Löwen auf goldenem Grund, umgeben von einem roten Doppellilienbord. Er ist eigentlich dem Königshaus vorbehalten, wird aber trotzdem häufig bei Fußball-Länderspielen als alternative Flagge verwendet.

Wirtschaft

Bruttoinlandsprodukt:
(ohne Öl und Gas)
£ 162 Mrd. (2020)
BIP/Kopf: £ 29629 (2020)
Arbeitslosenquote: 3,2 % (2021)

Wichtige Wirtschaftszweige:
Finanzwesen, Transportausrüstung, Erdöl (Nordseeöl), Erdgas, erneuerbare Energien, Tourismus, Whisky

Haupthandelspartner:
Europa, USA

Währung & Banken:
Pfund Sterling
Neben der Bank of England dürfen die Bank of Scotland, die Royal Bank of Scotland und die Clydesdale Bank eigene Banknoten herausgeben.

Klimastation Edinburgh

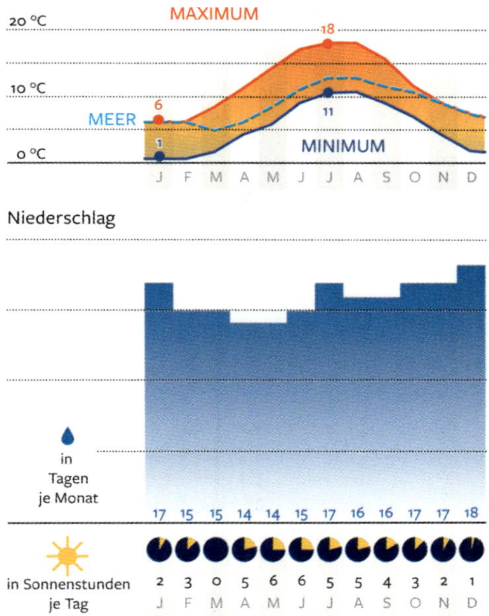

Schottischer Whisky in Zahlen

Weltweit liegt schottischer Whisky im Trend. Die Top-Abnehmer sind die USA (Export 2021: £ 790 Mio.) und Frankreich (£ 387 Mio.). Deutschland liegt mit £ 148 Mio auf Platz 7.

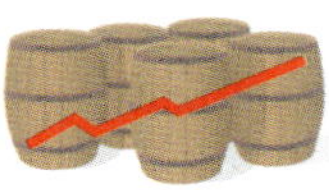

2021 erwirtschaftete schottischer Whisky fast £ 4,5 Mrd. für die britische Handelsbilanz.

Durch den Export werden landesweit £ 139 in der Sekunde verdient.

Jede Sekunde werden 39 Flaschen schottischen Whiskys verschifft.

1,9 Mio. Pfund war der höchste Preis, der je für eine Flasche Scotch auf einer Auktion gezahlt wurde: eine 6-l-Flasche Macallan »Fine and Rare 60 Year Old« (Sotheby's, 2019).

Über 20% der britischen Nahrungsmittelexporte sind schottischer Whisky.

Herbststimmung im Hochland: Stille Seen, endlose Weite und das Highlanderschloss der MacLeods Eilean Donan Castle, das drei Meeresarme unter Kontrolle hat.

den den hohen Norden Großbritanniens mit ewigem Schwerterklingen. Wer will, kann Schauplätze wilder Clankämpfe aufsuchen und in Bannockburn die berühmteste Schlacht um Schottlands Unabhängigkeit nacherleben – zum 700-jährigen Jubiläum hatten die Schotten 2014 in einem Referendum allerdings für den Verbleib im Vereinigten Königreich gestimmt. Nach dem Brexit-Votum Großbritanniens 2016 stemmte sich Schottland erfolglos gegen einen Austritt aus der EU – und treibt nun ein neues Unabhängigkeitsreferendum voran.

Stadt, Land, Insel

Auf Schottland entfällt ein Drittel der Fläche Großbritanniens, aber nicht einmal ein Zehntel der britischen Bevölkerung. Mit der Einwohnerdichte von 70 Einw./km² liegt Schottland weit unter dem britischen Durchschnitt (240 Einw./km²). Die meisten der **5,5 Millionen Schotten** leben im **Central Belt** in und um Glasgow und Edinburgh, während keine 20 Prozent in den Highlands und auf den Inseln wohnen. Die Bevölkerungsentwicklung auf den 93 bewohnten Inseln verläuft sehr unterschiedlich. Viele Inseln verzeichnen weiter einen Bevölkerungsrückgang, kleine Inseln in Selbstverwaltung wie Eigg und Gigha sind in. Orkney Mainland boomt sogar und wäre laut jüngster Umfragen für viele Schotten ein Lieblingswohnort.

Wer gehört zum Clan?

Ursache der ungleichen Bevölkerungsverteilung ist die Landesnatur, aber auch historische Entwicklungen haben dazu beigetragen. Bis ins 18. Jh. galt im Hochland das Clansystem. Oberhaupt war der **Clanchief**, der eine Gruppe niedriger Adliger unter sich hatte. Sie waren ihm zu Militärdienst und Lehensdiensten verpflichtet. Unter diesen standen die **Clansmen**, die kollektiv in Sippen kleinbäuerliche Lehen, die **Crofts**, bewirtschafteten und daneben ihren Lehnsherren dienstbar waren. Das Land befand sich im Gemeinbesitz des Clans, mit dem jeder Clansman durch Rechte und Pflichten verbunden war. Insgesamt gab es im Hochland fast **180 Clans** (►Baedeker Wissen S. 440), die räumlich weitgehend voneinander getrennt Gerste, Hafer und später auch Kartoffeln anbauten und Rinderzucht betrieben. Nach der Vereinigung mit England 1707 wurde das Clansystem offiziell aufgelöst, in der Praxis aber erst nach der Niederlage der Jakobiten bei Culloden 1746 brutal unterdrückt. Die Ländereien der rebellischen Clans, die den Thronprätendenten »Bonnie Prince Charlie« unterstützt hatten, gingen an Königstreue über, die nun mit **Feudalrechten** ausgestatteten »**Lairds**«.

Highland Clearances

Weil für die neuen **Großgrundbesitzer** die Schafzucht als Grundlage für den wachsenden Wollbedarf der Textilindustrie weit profitabler war als Verpachtung, wurden ab Mitte des 18. Jh.s fast zwei Drittel der ansässigen Pächter und Kleinbauern von ihren Höfen vertrieben. Allein zwischen 1840 und 1860 mussten fast 100 000 Schotten ihre Scholle verlassen (►Das ist Schottland, S. 10).

Politischer Sprengstoff: die Landreform

Kurz vor den Parlamentswahlen im Mai 2016 hatte Regierungschefin Nicola Sturgeon die heftig umstrittene Landreform verabschiedet, die mehr Land in Bürgerhände geben und so die **Abwanderung stoppen** soll. Die ungleiche Verteilung von Grund und Boden ist ein hochemotionales Thema in Schottland. Weniger als 440 Großgrundbesitzern gehört mehr als die HÄlfte des privaten Landes. Erst nachdem Schottland 1999 ein eigenes Parlament erhalten hatte, wurde das feudale Bodenrecht abgeschafft. Nach dem neuen Gesetz können Kommunen jetzt auch Land gegen den Willen des Gutsherrn kaufen, wenn dieser einer nachHaltigen Entwicklung im Wege steht, etwa für einen Windpark oder ein Gewerbegebiet.
Sogenannten Absentees, abwesenden Landlords in den Highlands, wird das Kaufrecht mietender Kleinpächter entgegengestellt. Das hat auch wiederholt zum Kauf von Land durch Bürgergemeinschaften geführt, sogar auf Inseln wie Eigg und Rum. Gleichzeitig wirken die leeren Landstriche anziehend auf betuchte Magnaten, für die ein Highlandgut mit Berg und Fluss ein Schnäppchen ist. Gegen Exklusivität und mögliche Aussperrung laufen die egalitären Schotten Sturm und die Regierung wird aufgefordert, **die Highlands den Schotten** und Touristen vorzubehalten.

Konfessionen

Auch in puncto Religion glauben die Schotten nicht an Ämter-Hierarchie und unterscheiden sich damit von den Engländern. **John Knox** setzte 1560 nach calvinistischem Vorbild die schottische Reformation (Confessio Scotica) durch und gründete die presbyterianische

Church of Scotland. Ihr fühlen sich heute aber nur noch 18 % der Bevölkerung zugehörig, ein dramatischer Rückgang in den letzten 20 Jahren. Die Mehrheit gehört nach neuesten Zahlen keiner Glaubensgemeinschaft mehr an, 12 % sind Katholiken. Mit der Scottish Episcopal Church gibt es eine anglikanische Kirche, außerdem eine kleine jüdische Gemeinde und Moscheen in Glasgow und Edinburgh.

Wie wird verwaltet und regiert?

Council Areas und Capital

Schottland ist in **32 kommunale Verwaltungsbezirke** eingeteilt: Sie reichen von City Councils wie Aberdeen, Edinburgh oder Glasgow bis zu ehemaligen Grafschaften (Angus, Fife) und großen Gebieten wie den Highlands mit fast 26 000 km². Seit dem ausgehenden Mittelalter Hauptstadt von Schottland ist **Edinburgh**. Der kulturelle Mittelpunkt Schottlands ist heute nach London das erfolgreichste Dienstleistungszentrum ganz Großbritanniens.

Das schottische Parlament

Das Vereinigte Königreich hat keine geschriebene Verfassung und ist kein föderaler Staat, obwohl Wales, Schottland und Nordirland eigene Regionalparlamente besitzen. Die Rechte des schottischen Parlaments sind im **Scotland Act** von 1998 festgelegt und wurden durch den Scotland Act 2016 erweitert. Nach 292 Jahren erhielt Schottland **1999 wieder ein eigenes Parlament**. Am 25. März 1707 war das damalige schottische Parlament durch die Union mit England zugunsten eines gemeinsamen Parlaments in London aufgelöst worden. Eine breite Kampagne für »**Devolution**« führte nach dem Wahlsieg Tony Blairs 1997 zu einem Referendum, bei dem die Mehrheit für ein schottisches Parlament stimmte. Seine Befugnisse entsprechen etwa denen eines deutschen Landesparlaments: Bildung und Kultur, Gesundheit, Umwelt, regionale Wirtschaft und Finanzen, Rechtssystem und Kommunalverwaltung. Die Londoner Zentralregierung hat das Sagen in der Außen-, Wirtschafts-, Sozial- und Verteidigungspolitik. Bei den **Parlamentswahlen 2021** lagen Regierungschefin **Nicola Sturgeon** und die Scottish National Party (SNP) mit 64 von 129 Sitzen vorn. Sie bildeten daraufhin nach 14 Jahren Alleinregierung erstmals eine Koalition mit den Grünen (▶Baedeker Wissen, S. 162/163).

Holyrood

Die ersten beiden Legislaturperioden wurden von einer Koalition aus Labour und Liberaldemokraten dominiert, mit der **Schottischen Nationalpartei (SNP)** als größter Oppositionspartei. Als frühe Amtshandlungen verabschiedete das Parlament wichtige Gesetze wie die längst überfällige Abschaffung des Feudalrechts. 2007 wurde die SNP unter **Alex Salmond** stärkste Partei. Bei den Wahlen 2011 erzielte sie die absolute Mehrheit, damit hatte das lange angestrebte Referendum über die schottische Unabhängigkeit grünes Licht.

Referendum zur Unabhängigkeit

Die Volksabstimmung am **18. September 2014** wurde zum Topthema, die Kampagnen – **Yes Scotland** (mit der SNP, den Grünen und den Sozialisten) und **Better Together** (Labour, Liberaldemokraten und Konservative) – teilten das Land in zwei Lager, trennten Familien und Freunde. Ausgleichende Stimmen hatten es schwer. Am Ende entschieden **55,3 % den Verbleib im Vereinigten Königreich**. Unmittelbar nach der Niederlage im Referendum trat Alex Salmond als SNP-Vorsitzender und First Minister zurück. In beiden Funktionen wurde seine Stellvertreterin **Nicola Sturgeon** (▶Interessante Menschen) zur Nachfolgerin gewählt, sodass Schottland nun nicht nur seine erste Regierungschefin hat, sondern auch die drei größten Parteien im schottischen Parlament von Frauen geführt werden.

Brexit ist keine schottische Option

Schottland ist traditionell europafreundlich, braucht EU-Fördergelder und auch EU-Migranten, um seine Wirtschaft in Schwung zu halten. Das Brexit-Votum am **23. Juni 2016**, mit dem eine Mehrheit aller Briten für einen **Ausstieg aus der EU** stimmte, war für Schottland ein Schock – fast zwei Drittel der schottischen Wähler hatten für den Verbleib in der EU votiert. Danach versuchte die Regierung in Edinburgh ähnlich wie für Nordirland zumindest einen europafreundlichen schottischen Sonderstatus zu vereinbaren – ohne Erfolg. Die britische Regierung vollzog den Brexit ungeachtet aller Proteste Anfang 2020 und verließ 2021 auch den EU-Binnenmarkt. Damit fehlt Schottland jetzt auf wichtigen Feldern der freie Zugang zu EU-Programmen, wie zum Beispiel dem akademischen Austausch-Programm Erasmus. Bei den schottischen Wahlen 2021 warben SNP und Grüne für ein zweites Unabhängigkeitsreferendum und bildeten eine gemeinsame Regierung. Im Sommer 2022 kündigte die neue Koalition für Herbst 2023 ein **zweites Unabhängigkeitsreferendum** an. Das ist aber nur mit Zustimmung Londons rechtlich möglich und die ist derzeit eher unwahrscheinlich. Gegen einen **Scexit** sprechen unweigerliche wirtschaftliche Turbulenzen und die hohen Subventionen, die Schottland aus London erhält (▶S. 380). Viele Schotten waren durch das erfolgreiche Impfprogramm während der Pandemie auch froh, Teil des Königreichs zu sein. Wie sich die Unabhängigkeitsfrage unter der referendumskritischen Premierministerin Liz Truss entwickelt, ist offen.

Wirtschaft: Öl, Hightech, Whisky und Touristen

Finanzen und Forschung

Die schottische Wirtschaft unterscheidet sich in vielen Kennziffern kaum von der britischen. Wachstum und Produktivität sind ähnlich hoch, **Dienstleistungen** erzielen mehr als drei Viertel vom Bruttosozialprodukt. 2022 lag die Arbeitslosenquote mit 3,2 % sogar unter der gesamtbritischen (3,7%). Edinburgh ist zweitgrößter Finanzplatz im Vereinigten Königreich. Die schottische Bevölkerung ist gut ausgebil-

OBEN: Stolz werden die auf der Landwirtschaftsschau in Mallaig errungenen Pokale präsentiert. Fischfang und Schafzucht sichern bis heute das Einkommen vieler Küstenbewohner.
UNTEN: Bestseller weltweit ist der Scotch – The Glenlivet am Malt Whisky Trail erhielt 1823 die erste Lizenz zum Brennen.

det, die Universitäten zählen zu den besten der Welt. Edinburgh und Dundee gelten als erfolgreiche Standorte der Computerbranche mit vielen jungen Startups – am Roslin Institute bei Edinburgh wurde Dolly the Sheep geklont.

Öl und Ökostrom

Seit den 1970ern sind die Gewinne aus dem Öl- und Gasgeschäft ein Hauptwirtschaftsfaktor. Die **Ölbranche** in und um Aberdeen beschäftigt mehr als 100 000 Menschen. Aber der Rohstoff ist endlich und die Erschließung neuer Ölfelder ist aus Klimaschutzgründen heftig umstritten. Deshalb will die schottische Regierung neue Lizenzen nur noch restriktiv vergeben – wenn überhaupt, während die britische Regierung hier bislang noch nicht umdenkt. **Erneuerbare Energien** durch Windparks, Wasser- und Gezeitenkraftwerke sind längst erklärtes Ziel der Politik. Bis 2030 will Schottland sich komplett mit Ökostrom versorgen. Trotz relativ weniger Sonnenstunden können immer mehr Haushalte ihren Stromverbrauch mit Solaranlagen zumindest teilweise abdecken. 2016 ging mit Longannet das letzte schottische Kohlekraftwerk vom Netz. 2022 schloss das AKW Hunterston, 2023 soll Dounreay, 2028 Torness folgen (▶Baedeker Wissen, S. 378).

Exportschlager

Mit £ 5 Mrd. pro Jahr sind die Exporte der Lebensmittelindustrie sogar noch höher als die Ölausfuhren. Gut drei Viertel davon generiert der **Scotch**, ein globaler Bestseller. In den rund 130 aktiven Brennereien werden über eine Milliarde Flaschen im Jahr abgefüllt, von denen 90 % ins Ausland gehen. In den letzten fünf Jahren sind £ 1 Mrd. in den Ausbau von Destillerien investiert worden. Die Branche hat rund 10 000 Mitarbeiter. Allein der weltgrößte Getränkekonzern Diageo will eine weitere Milliarde Pfund in seine schottische Whiskyproduktion investieren. Neue Destillerien und Lagerhäuser sind in Planung und Hunderte von neuen Jobs sollen geschaffen werden.

Schafe, Schafe, Schafe ...

Drei Viertel der Landesfläche werden landwirtschaftlich genutzt, aber Ackerbau, Forstwirtschaft und Fischerei tragen gerade mal ein Prozent zur Wirtschaftsleistung bei. Mindestens zehnmal so viele **Schafe** wie Bewohner zählt Schottland. Die Tiere leben das ganze Jahr auf den Weiden, bis man sie einmal jährlich zur großen Schur zusammentreibt – ein Spektakel, das sich anzuschauen lohnt. Obwohl die Gewässer in und um Schottland zu den fischreichsten Europas zählen, steckt die **Fischerei** seit Jahren in der Krise. Die EU-Bestände sind überfischt und um die Fangquoten tobt ein Konflikt mit Island und den Färöern. Die Mehrheit der Fische und Meeresfrüchte stammt sowieso längst aus den ökologisch umstrittenen **Aquakulturen** an der Westküste, um die Hebriden, Shetland und Orkney Islands. Die Fische werden in Zuchtbecken, Netzgehegen oder Meereskäfigen gemästet, statt in der wilden See groß zu werden. Schottischer Farmlachs ist eines der lukrativsten Exportprodukte und wird weltweit verkauft.

ERNEUERBARE ENERGIEN

Das Land zwischen Atlantik und Nordsee ist wie kaum eine andere Region Europas dazu prädestiniert, Wind, Wellen und Gezeiten für die Stromerzeugung zu nutzen. Mehr als die Hälfte des schottischen Stromverbrauchs wurde 2021 durch erneuerbare Energien gedeckt. Mit Abstand größte Quelle ist die Windkraft. 2030 sollen bis zu 50 GW mithilfe von Offshore-Wind produziert werden.

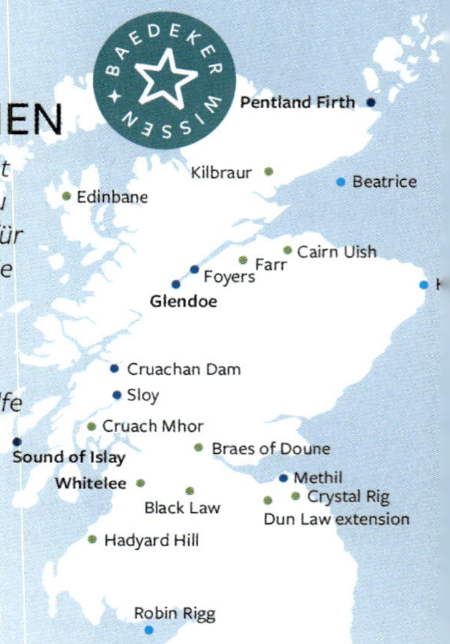

▶ **Meeresenergie**
Gezeitenenergie ist attraktiv, weil Ebbe und Flut sich verlässlich vorausberechnen lassen. Pilotprojekte gibt es vor Islay und Orkney sowie im Pentland Firth. Sie sollen ab 2025 pro Jahr 2000 Haushalte mit Strom versorgen und gleichzeitig 2200 Tonnen Kohlendioxid einsparen.

▶ **Lage der größten Kraftwerke**
Vor allem die Offshore-Industrie boomt derzeit. 2022 waren 17 Windparks mit einer Gesamtleistung von ca. 25 GW geplant.

- Offshore-Windanlage
- Onshore-Windparks
- Pumpspeicherkraftwerke
- Gezeitenkraftwerk

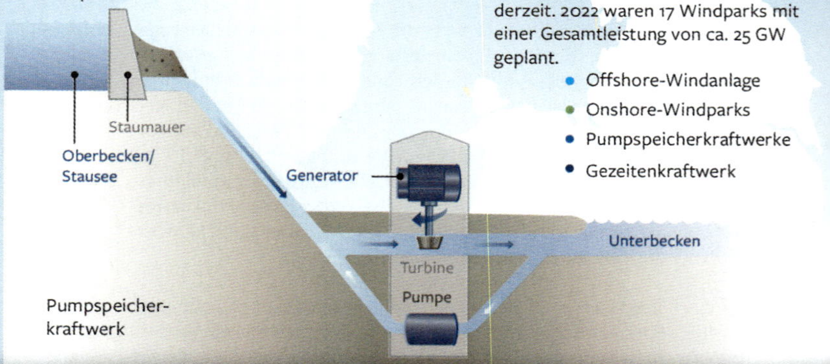

Pumpspeicherkraftwerk

▶ **Ertrag der erneuerbaren Energien in MW (1. Quartal 2022)**

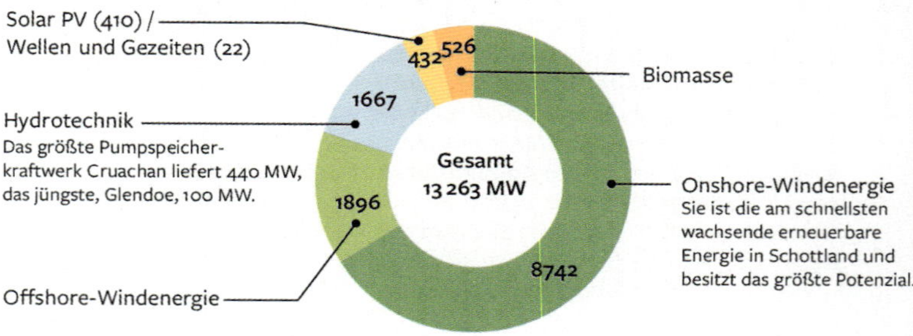

Windenergie

Whitelee bei Eaglesham in Renfrewshire ist mit 215 Turbinen eine der größten Windfarmen Europas. Jede der 110 m hohen Turbinen hat eine Leistung von 2,3 MW. Mit insgesamt 539 MW installierter Leistung kann Whitelee bis zu 350 000 Haushalte versorgen.

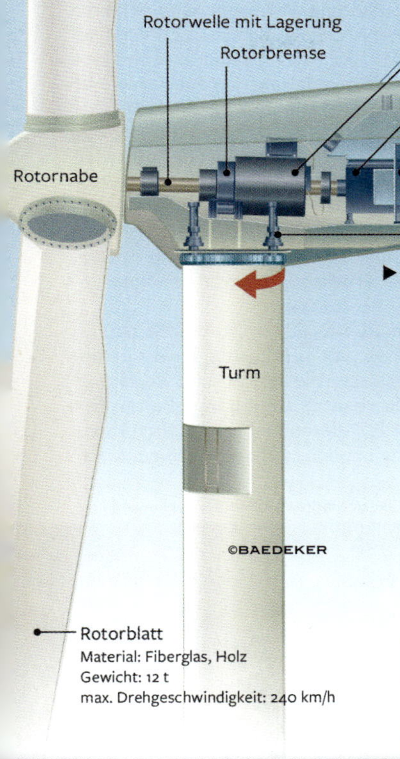

Offshore-Windkraft

Schottlands größte Offshore-Windfarm Beatrice liegt im Moray Firth und liefert seit 2019 mit 84 Turbinen 588 MW. Mit Hywind Scotland ging 2017 der weltweit erste kommerzielle, schwimmende Windpark an den Start. Seine in 100 m Tiefe verankerten Turbinen erzeugen 30 MW.

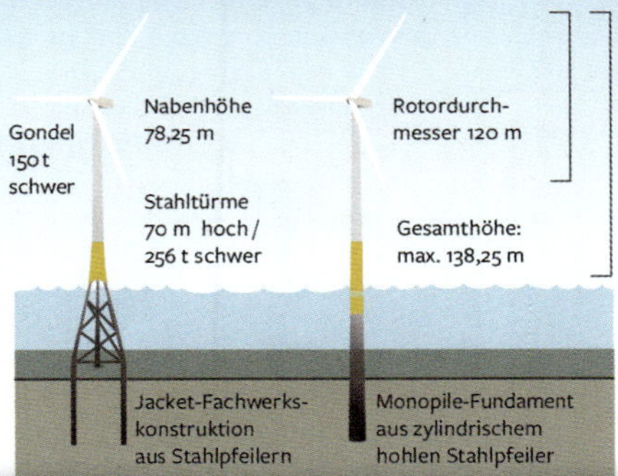

Einsparung von Kohlendioxid

in Mio. Tonnen

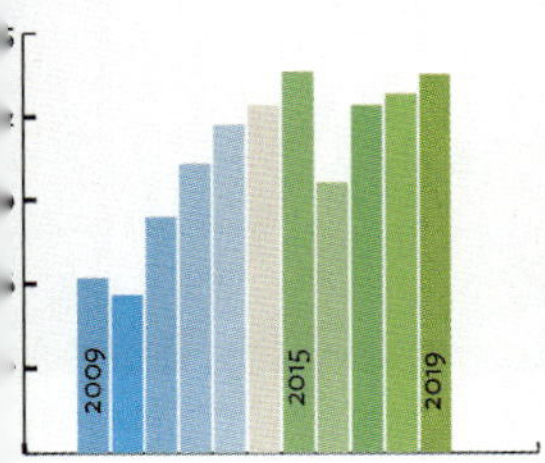

Anteil erneuerbarer Energien am Stromverbrauch im Vergleich, 2021

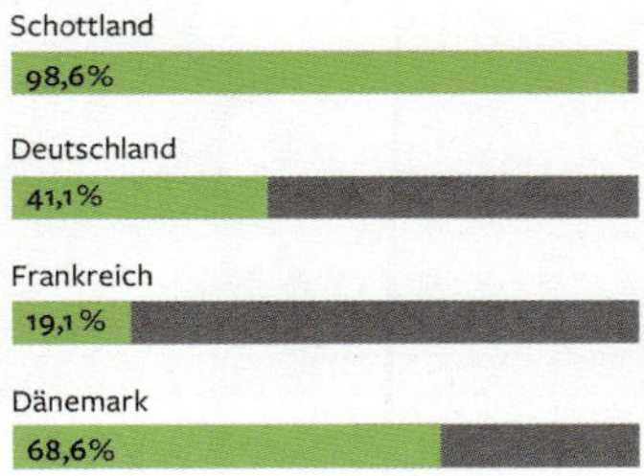

Aktuelles zum Ausbau der erneuerbaren Energien: www.scottishrenewables.com

Tourismus im Wandel

Wichtiger Wachstumszweig ist der Tourismus. Über 15 Millionen Besucher kamen vor Corona jedes Jahr in den hohen Norden – nach den Briten und Amerikanern lagen die Deutschen mit rund 350 000 Besuchern auf Platz drei. Wie es »nach« Corona weitergeht, wird sich erst zeigen müssen. 2021 entdeckten die Briten ihr eigenes Land neu und füllten so die Tourismus-Lücken aus. Doch viele Restaurants und Hotels leiden unter der doppelten Herausforderung von Pandemie und Brexit und suchen händeringend Personal. Was bislang durch den Zuzug aus EU-Ländern ausgeglichen war, entfällt aufgrund der strikten Brexit-Bestimmungen. Insbesondere in den abgelegenen Regionen der Highlands, aber auch in den Whisky-Destillen macht sich der Mangel an europäischen Mitarbeitern bemerkbar. Das setzt die bisherige Wachstumsbranche erheblich unter Druck und die schottische Regierung versucht immer wieder – bislang ohne Erfolg – die Regierung in London zur Aufweichung der Regeln für Arbeitsmigration zu bewegen.

Was bringt der Brexit?

Großbritanniens Entscheidung, der EU den Rücken zu kehren, hat für Tourismus, Wissenschaft und Wirtschaft spürbar negative Auswirkung und das Europa-Gefühl gestärkt. Die schottische Regierung strebt deshalb für Herbst 2023 ein **zweites Unabhängigkeitsreferendum** an. Ob Nicola Sturgeon das Referendum so gestalten kann, dass es auch ohne die Zustimmung Londons auf rechtmäßige Weise

Feiert die Windkraft: Graffiti von Rogue One in Glasgows Mitchell Street

abgehalten werden kann, ist fraglich – wie vieles andere auch. Schottland drinnen und England draußen hieße eine harte Grenze. Vorteil könnte sein, dass Edinburgh für Banken aus London interessant wird. Dass etwa zwei Drittel der schottischen Exporte in den Rest des Königreichs gehen und nur ein Fünftel in die EU wäre ein Grund, sich für die Insel zu entscheiden. Welche Einnahmen die Staatskasse eines unabhängigen Schottlands hätte, hängt stark vom Öl und Gas in der Nordsee ab – Ölpreis und Förderung sind in den letzten Jahren deutlich gefallen. Pro Kopf verzeichnet Schottland niedrigere Einnahmen, aber höhere Ausgaben als im Königreich, müsste also nach einer Unabhängigkeit die Steuern erhöhen oder sparen. Völlig offen ist, wie viel der britischen Staatsschulden Schottland zu schultern hätte. Würden die Schotten weiter mit Pfund bezahlen, mit Euro oder mit einer eigenen Währung? Auch das Ende Großbritanniens wäre kompliziert.

GESCHICHTE

Lange bevor in Ägypten die Pyramiden entstanden, blühte auf Orkney eine Hochkultur. Im Mittelalter kämpften »Braveheart« und Robert the Bruce für die Freiheit Schottlands, gründete John Knox eine neue Kirche. Seit dem Brexit 2016 mehren sich in Schottland die Stimmen für die EU und ein Ende des Vereinigten Königreichs.

Die Anfänge

Früheste Zeugnisse

Vor mehr als 5000 Jahren bringen Jäger und Sammler aus dem Mittelmeeraum Kenntnisse zu Ackerbau und Viehzucht mit. Auf **Orkney** entstehen während der **Steinzeit** gewaltige Monumente – allein der Ring of Brodgar auf der Hauptinsel Mainland ist doppelt so groß wie das südenglische Stonehenge. Das Hügelgrab Maes Howe ist auf einen jüngst entdeckten Sonnentempel ausgerichtet, dessen Freilegung erst begonnen hat als »Heart of Neolithic Orkney«, das heute UNESCO-Welterbestätte ist. Vom Kontinent wandern um 650 v. Chr. eisenzeitliche **Kelten** unter Führung einer Kriegerschicht ein, was durch Kampfwagenfunde belegt ist. Sie errichten ihrerseits Hügelfestungen, kennen aber bereits auch stadtähnliche Siedlungsmuster.

Bollwerke der Römer

Die Römer landen in England 43 n. Chr. und errichten die Provinz Britannia. Zwischen 80 und 83 versuchen sie unter dem Kommando von Agricola vergeblich, Schottland zu erobern. Durch Forts zwischen Clyde und Forth sichern sie die Nordgrenze. Ab 122 entsteht auf Befehl Kaiser Hadrians das nach ihm benannte Befestigungswerk zwischen den Mündungen von Solway und Tyne. Noch weiter nördlich errichten Legionäre um 142 den **Antonine Wall** zwischen Firth of Forth und Firth of Clyde, der jedoch nur 25 Jahre hält. Unter den Angriffen der Pikten und Skoten von Norden sowie der eingewanderten Angelsachen müssen die Römer um 410 abziehen.

Christianisierung

Zur selben Zeit beginnt **St. Ninian** den Pikten das Christentum zu predigen, später gefolgt vom Iren **St. Columba**. Er gründet das Kloster **Iona** und vollendet bis zu seinem Tod 597 die Christianisierung Schottlands. Die Synode von Whitby führt 664 zum Ausgleich der irisch-keltischen und angelsächsisch-römischen Kirche.

Königreich Schottland

Entstehung des Königreichs

Die 297 erstmals urkundlich erwähnten **Pikten** (röm. Tätowierte) errichten ein Reich nördlich des Firth of Forth. Die **Skoten** greifen von Irland aus die Westküste des römischen Britannien an und errichten um 500 in Argyll und auf den westlichen Inseln das Königreich Dalriada mit der Felsenfestung Dunadd. Skotenführer **Kenneth MacAlpin** (Kenneth I.) vereinigt 843 sein Herrschaftsgebiet mit dem der Pikten und ernennt das keltische Scone zur Hauptstadt des Reiches **Alba**, das ab dem 10. Jh. **Königreich Scotia** heißt. Unter Malcolm II. (1005 bis 1034) umfasst das Königreich etwa die heutigen Grenzen Schottlands.

Wikingerüberfälle

Nach dem Überfall auf das Inselkloster Lindisfarne in Northumbria anno 793 nehmen die Wikingerraubzüge massiv zu. Im 9. Jh. besetzen und besiedeln sie nicht nur die Hebriden. Die **Jarls von Orkney** beherrschen Caithness, Sutherland und Teile von Ross, die bis 1266 unter norwegischer Hoheit bleiben.

Verhältnis zu England

König Malcolm III. heiratet 1068 Margarethe, die Schwester des angelsächsischen Kronprätendenten Edgar. Unter ihm kommt es zum **Ausgleich mit den Angelsachsen** und den Normannen, die 1066 England erobert hatten. Mit der Einführung des Lehenswesens wird das keltische Königreich Schottland im 12. Jh. zu einer Feudalmonarchie englisch-kontinentalen Musters. Im 13. Jh. wird eine zentrale Verwaltung nach englischem Vorbild eingeführt und das Städtewesen entwickelt sich. König Alexander II. akzeptiert 1237 die Tweed-Solway-Linie als Schottlands Südgrenze. Nach dem Tod seines Sohnes verheiratet Alexander III. seine Enkelin **Margaret (the Maid of Norway)** mit Erik II. von Norwegen. Sie wird 1286 als schottische Königin anerkannt. Als sie vier Jahre später stirbt, führt der Streit um ihre Nachfolge zum Dauerkonflikt mit England. 1291 erhält John Balliol die schottische Krone und leistet Edward I. von England den Lehnseid. Wegen Unfähigkeit wird John Balliol 1296 zur Abdankung

GESCHICHTE

DIE ANFÄNGE

3500 v. Chr.	Jäger und Sammler bringen aus dem Mittelmeeraum Ackerbau und Viehzucht mit.
um 650 v. Chr.	Kelten wandern vom Kontinent ein.
80 – 410	Römer versuchen vergeblich, Schottland zu erobern. Hadrian- und Antoninewall markieren die Nordgrenze.
5./6. Jh.	Christianisierung duch St. Ninian und St. Columban
Ende 8. Jh.	Wikingerraubzüge nehmen massiv zu.

KÖNIGREICH SCHOTTLAND

843	Skoten und Pikten vereinen sich zum Königreich Alba.
1286 - 1290	Margaret (Maid of Norway) wird schottische Königin.
1297	»Braveheart» William Wallace siegt bei Stirling Bridge.
1314	Robert the Bruce schlägt die Engländer bei Bannockburn und erklärt Schottland für unabhängig.
1542	Die Krone geht an Maria Stuart, die 1567 zugunsten ihres Sohnes abdanken muss.
1560	John Knox vollendet die Reformation, Schottland wird presbyterianisch.

UNION DER KRONEN

1603	James VI. von Schottland wird als James I. des Vereinigten Königreichs gekrönt.
1688	Die Glorreiche Revolution bringt Wilhelm von Oranien auf den Thron – Beginn der Jakobitenaufstände
1692	Massaker von Glencoe

GROSSBRITANNIEN

1707	Union of the Parliaments, die Geburtsstunde von Great Britain
1745/46	Die letzte Rebellion unter Bonnie Prince Charlie endet mit der blutigen Niederlage von Culloden und der Zerschlagung der Hochland-Clans.
18./19. Jh.	Goldenes Zeitalter der schottischen Aufklärung und Highland Clearances, die Vertreibung der Bauern aus dem Hochland zugunsten der Schafzucht
Ab 1970	Förderung des britischen Nordseeöls
1999	Erstmals seit 1707 gibt es in Edinburgh wieder ein schottisches Parlament.
2014	Beim Unabhängigkeitsreferendum stimmen über 55 % der Schotten für den Verbleib im Königreich.
2016	Brexit: Im Juni votieren die Briten für den EU-Austritt.
2021/2022	Die neue schottische Regierungskoalition aus SNP und Grünen kündigt für den Herbst 2023 ein neues Unabhängigkeitsreferendum an.
2022	Queen Elizabeth II stirbt, neuer König wird Charles III.

SCHOTTLANDS KÖNIGE UND KÖNIGINNEN

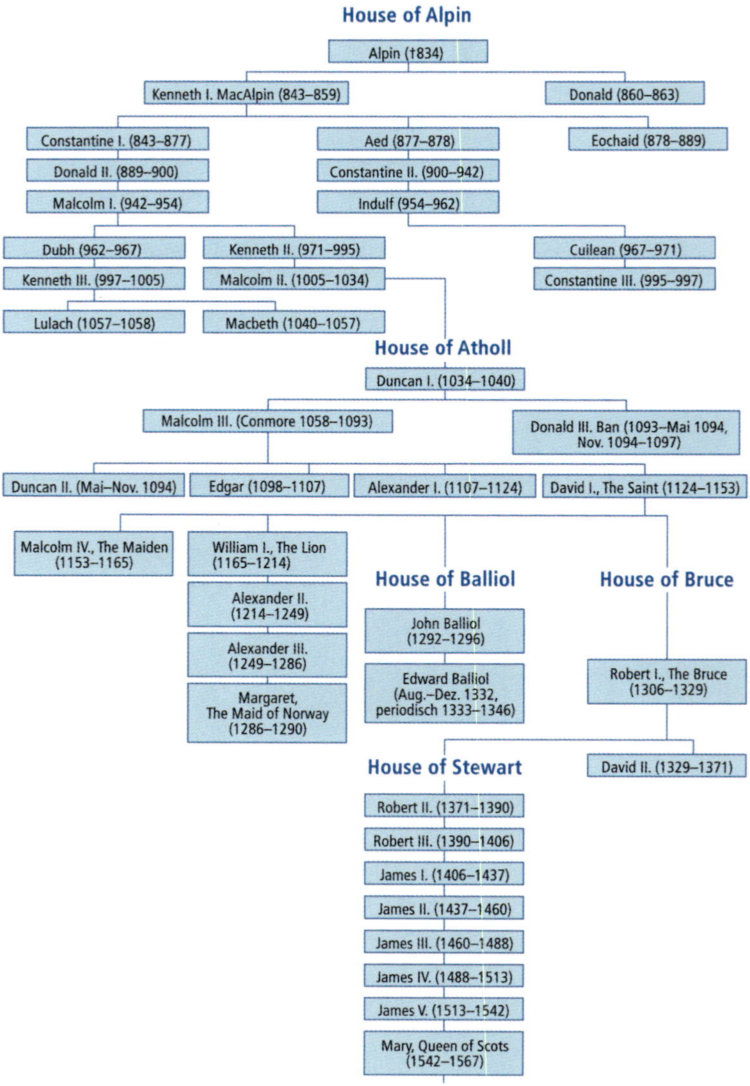

gezwungen, und Edward I. verwüstet Schottland in einem Feldzug. Er setzt Statthalter ein und verfrachtet den legendären Krönungsstein, den »Stone of Scone«, nach London. Vom Adel erpresst er die Bestätigung seiner Oberhoheit. Die Schotten suchen Hilfe in Frankreich und verbünden sich zur »**Auld Alliance**«.

Wallace-Revolte

Währenddessen organisiert der junge »Braveheart« Sir **William Wallace** of Ellerslie 1297 eine Revolte gegen England. Er siegt 1297 in der Schlacht an der **Stirling Bridge**, wird jedoch im nachfolgenden Sommer bei Falkirk geschlagen und 1305 in London grausam hingerichtet. John Comyn und Robert the Bruce setzen den schottischen Widerstand fort. 1306 ermordet Bruce Comyn und wird zum König gekrönt, jedoch exkommuniziert. Frankreich erkennt ihn 1309 an, im selben Jahr wird das erste Parlament einberufen.

Robert the Bruce

Bruce beginnt Kriegszüge nach Nordengland und ist nach dem glorreichen **Sieg über die Engländer 1314** in der **Schlacht von Bannockburn** als Robert I. unumstrittener König. Nach päpstlicher Intervention zugunsten Englands unterzeichnen **1320** Kirchenmänner und schottische Adlige die »**Declaration of Arbroath**«, die den Papst dazu bringen soll, die schottische Unabhängigkeit von England anzuerkennen. **Robert I., the Bruce**, der die Auld Alliance erneuert, wird 1324 vom Papst und 1328 von England als rechtmäßiger schottischer König bestätigt (▶Baedeker Wissen S. 67). Er hinterlässt ein konsolidiertes Reich, das unter David II. (1329 – 1371) in zahlreiche Konflikte verwickelt wird.

Stuart-Herrscher

Als David II. kinderlos stirbt, schlägt die Stunde der Stewarts als Thronprätendenten. Ihr Name leitet sich von der Bezeichnung für einen Hofmarschall ab, denn als solche hatten es die Stewarts zu großem Ansehen gebracht. Robert the Bruce gibt seine Tochter dem High Stewart of Scotland zur Frau, sein Enkel besteigt 1371 als Robert II. den schottischen Thron. Er begründet die **tragisch-berühmte Stewart-Dynastie**, die erst unter Mary Queen of Scots (▶Interessante Menschen) die französische Schreibweise Stuart annimmt. Nicht von ursprünglich königlichem Geblüt, haben es die Stuarts schwer, sich gegen die mächtigen Landesfürsten wie die Douglas in den Lowlands, die MacDonalds im Nordwesten oder die Lords of the Isles durchzusetzen. James I. versucht mit Gewalt den Hochadel zu unterwerfen und fällt 1437 einem Mord zum Opfer. Sein Sohn, James II., entmachtet den Douglas Clan. Er ersticht beim Essen in Stirling Castle den Earl of Douglas. James III. überlebt mehrere Attentate seiner Brüder und diverser Douglas, bevor er 1488 auf dem Schlachtfeld stirbt. Beim International Edinburgh Festival 2014 feierte die Dramatikerin Rona Munro mit »The James Plays«, einer Trilogie über diese drei Stuart-Könige, einen beachtlichen Erfolg.

James IV. Die Krönung James' IV. läutete 1488 die schottische **Renaissance** ein. Der König unterwirft die Clans im Hochland, fördert Kunst und Literatur und gründet 1495 die Universität Aberdeen. Er besiegelt den Frieden mit England 1503 durch die Heirat mit Margaret Tudor, der Schwester des späteren englischen Königs Heinrich VIII. Als dieser allerdings der Heiligen Liga gegen Frankreich beitritt, kommt James seinem alten treuen Bündnispartner Frankreich zu Hilfe. Im englisch-schottischen Bruderkrieg findet James IV. in der Schlacht bei **Flodden 1513** den Tod, der Thron fällt an seinen minderjährigen Sohn James V.

James V. Der übernimmt nach zwei konfliktreichen Regentschaften zwischen profranzösischen und proenglischen Interessen 1528 die Regierung. Zunächst stärkt er die Position des Königs gegen den Adel: Er unternimmt 1529/1530 eine Strafexpedition gegen die Borderers und unterdrückt blutig die Clans im Hochland und auf den westlichen Inseln. Als **leidenschaftlicher Katholik** mit profranzösischer Einstellung heiratet er 1538 die Französin Marie de Guise und fördert die Papstkirche. James V. geht radikal gegen Kirchenreformer vor, während sein Kontrahent, Heinrich VIII. von England, den reformatorischen Bestrebungen immer mehr Raum gibt – er fürchtet eine päpstlich-katholische, französisch-schottische Allianz zu seinem Nachteil.

Schottisch-englische Konflikte Als ein Treffen zur Verständigung beider Herrscher scheitert, kommt es 1542 zum Krieg. Zunächst siegen die Schotten bei Haddon Rig, erleiden aber bei Solway Moss eine schwere Niederlage. Nach dem Tod des Königs geht 1542 die **schottische Krone** an James' minderjährige Tochter Maria Stuart, für die ihre Mutter Marie de Guise die Regentschaft führt. **Maria Stuart** (▶Interessante Menschen) heiratet Franz, den Sohn von Frankreichs König Heinrich II., und wird von diesem zur Königin von England proklamiert. Nach der militärischen Niederlage der Franzosen verzichten diese 1560 im Vertrag von Edinburgh auf ihre Ansprüche in Schottland.

John Knox und die Church of Scotland Eine feurige Predigt von John Knox 1559 in Perth führt zum Bildersturm, die **Reformation** wird zur Revolution. Die Konflikte enden durch die von Knox verfasste »**Confessio Scotica**«, die den Calvinismus zur Staatsreligion erklärt. Ab 1560 predigt Knox in St. Giles in Edinburgh wider die Papisten und führt dabei einen jahrelangen Streit mit der katholischen Maria Stuart. Sein Hauptwerk, »The First Book of Disciplines«, liefert 1569 die Grundlage der presbyterianischen, selbstbestimmten Kirche, die sich von den durch die Gemeinde gewählten Ratsmännern (presbyteroi) herleitet. In Knox universalem Erziehungssystem kann jeder, der die Bibel lesen kann, direkt mit Gott kommunizieren. Mit seinen Bildungsideen legt er den Grundstein für die schottische Aufklärung. Aber sein **Presbyterianismus** bringt ihm auch den Beinamen »Freudentöter« ein, denn Unterhaltung, sogar Kirchenmu-

OBEN: Maria Stuart war eine schöne, leidenschaftliche, aber widersprüchliche Frau. UNTEN: Ihr schonungsloser Gegenspieler wurde der streitbare Reformator und Kirchengründer John Knox.

sik, sind in der von ihm begründeten **Church of Scotland** verpönt. Nach dem Tod von König Franz II. von Frankreich kehrt seine katholische Gemahlin **Maria Stuart** 1561 nach Schottland zurück. Nach ihrer Abdankung schließen Elizabeth I. von England und James VI. von Schottland 1586 ein **Defensivbündnis gegen Frankreich** und sichern sich im Vertrag von Berwick gegenseitig Glaubensfreiheit zu. Der Sohn von Maria war 1584 mit 17 Jahren volljährig geworden. Trotz der Hinrichtung seiner Mutter 1587 durch Elizabeth I. hält sich der calvinistisch erzogene James VI. an den mit Elizabeth geschlossenen Vertrag.

Union der Kronen

James I., König von Schottland und England

Als Königin Elizabeth 1603 nach 45-jähriger Regierungszeit stirbt, folgt ihr Neffe König James VI. von Schottland als James I. auf den englischen Thron. Er begründet die Personalunion der schottischen und englischen Kronen, die »**Union of Crowns**«. James I. regiert ein Königreich von vier Mio. Engländern und Walisern, dazu etwa je eine Mio. Schotten und Iren.

Charles I.

Charles I. beruft von 1629 bis 1640 das Parlament nicht mehr ein. Er baut nicht zuletzt unter dem Einfluss seiner katholischen französischen Gattin Henrietta Maria ein autokratisches Königtum und eine bischöflich-hierarchische Kirchenverfassung auf, die in Schottland zur Gegenwehr führt: Mittels des **National Covenant** verpflichten

Romantisierend: James Hamiltons »Massaker von Glencoe« (1884)

sich Adel und Geistlichkeit vertraglich zur Wahrung der reformatorischen Errungenschaften. Die Covenanter stellen eine Armee auf, siegen über die königlichen Truppen und zwingen 1641 Charles I. zu garantieren, dass künftig alle Regierungsentscheidungen nur mit Zustimmung des Parlaments erfolgen.

Bürgerkrieg

Gleiche Rechte werden den Engländern jedoch versagt, so kommt es zum Bürgerkrieg zwischen König und Parlamentariern in England, der sich auch auf Schottland auswirkt. Nach wechselvollem Kriegsverlauf ergibt sich Charles I. im Mai 1646 der schottischen Armee, lehnt allerdings weitere Reformen ab. Daraufhin wird er an englische Militärs ausgeliefert. Nach einem Prozess durch das »Rumpfparlament« in London wird Charles I. am 30. Januar 1649 hingerichtet und zeitgleich sein Sohn Charles II. von einer Adelsoligarchie in Schottland zum neuen König ausgerufen. Der neue starke Mann in England, Oliver Cromwell, schickt darauf seine Armee nach Schottland, die es bis 1652 erobert und innenpolitisch neu ordnet. Acht Jahre später wird der ins französische Exil geflohene König Charles II. bei seiner Rückkehr begeistert begrüßt. Er errichtet allerdings in der Folgezeit ein **absolutistisches Königtum** bis zu seinem Tod 1685.

Glorreiche Revolution

Sein Bruder, der Katholik James VII. (II.), übernimmt die Königswürde, scheitert in seiner Kirchenpolitik und flieht ins französische Exil. Nun ist im Rahmen der friedvollen Glorious Revolution 1688 der Weg frei für James' protestantischen Schwiegersohn **Wilhelm von Oranien**, der als William III. mit Königin Mary den englisch-schottischen Thron besteigt. Die Anhänger der Stuarts in Schottland zetteln noch im gleichen Jahr einen Aufstand an, den ersten von zahlreichen **Jakobitenaufständen**, benannt nach dem gescheiterten König Jakob VII. (James II.). Unter ihrem Anführer Lord Claverhouse, Viscount Dundee, triumphieren sie in der Schlacht von Killiecrankie über die Engländer.

Massaker von Glencoe

Ein königlicher Erlass amnestiert die Aufständischen, wenn sie vor dem 1. Januar 1692 den Treueid auf König William III. schwören. Die **MacDonalds** von Glencoe versäumen wegen schlechten Wetters den Termin und werden auf Regierungsbefehl von den **Campbells** of Glenlyon hinterhältig niedergemetzelt. Zwischen 1695 und 1700 scheitert Schottlands Versuch, in **Darien** (Panama) eine Kolonie aufzubauen – das Land ist hoch verschuldet.

Großbritannien

Königin Anne

Nach dem Tod von König William III. regiert ab 1702 seine Schwägerin, Königin Anne, Tochter von James VII. (II.). Sie beruft eine beratende Versammlung ein, um die Vereinigung der Königreiche

England und Schottland voranzutreiben. Die Schotten setzen sich mit dem Vorschlag einer Föderation mit England unter Beibehaltung eines eigenen Parlaments nicht durch, begrüßen aber die neu entstehende Freihandelszone, den Zugang zu den Kolonialmärkten und die beruflichen Aufstiegsmöglichkeiten im Vereinigten Königreich.

Union der Parlamente

Trotz des Widerstands einiger Schotten kommt es am 1. Mai 1707 zur Union der Parlamente. Es entsteht als **Vereinigtes Königreich** unter dem Namen **Großbritannien** ein neues Staatswesen, mit Flagge, Staatssiegel, Währung und Parlament. Die Thronfolge regelt, dass auf Königin Anne, die 1714 kinderlos stirbt, das protestantische Haus Hannover folgt: Mit ihm war die Enkelin James' VI. (I.) nächstverwandtschaftlich verbunden. Die **schottische Rechtsprechung und Bildungstradition** bleiben unangetastet, eine »angemessene« Zahl von schottischen Peers und Abgeordneten erhält einen Sitz im Ober- und Unterhaus in London.

Jakobitenaufstände und das Ende der Clans

Von Gleichberechtigung kann bei 45 schottischen Unterhausabgeordneten gegenüber rund 500 englischen allerdings nicht die Rede sein. Empört reagieren die Schotten auch auf den **Toleration Act von 1712**, der von den schottischen Geistlichen den Treueid auf den anglikanischen Souverän fordert. Die Vereinigung bleibt deshalb in Schottland unpopulär und zeitigt etliche Jakobitenaufstände, Versuche, die Stuarts wieder auf den britischen Thron zu bringen. Die Invasion von Royalisten mit Unterstützung Frankreichs scheitert 1708 ebenso wie die Revolte des Earl of Mar 1715. Die Folgen sind brutale Strafen, ein Gesetz zur Entwaffnung der Clans und die militärstrategische Erschließung des Hochlands. Hochländerkompanien werden aufgestellt und 1739 zum Black-Watch-Regiment zusammengefasst. Dadurch sollten die Hochlandbewohner mit Brot und Arbeit im Militärdienst politisch neutralisiert werden. Die bekannteste Rebellion der Jakobitenaufstände ist »The Rising of Forty-Five«: Der 23-jährige Charles Stewart, »**Bonnie Prince Charlie**«, Sohn von James VII., landet 1745 in Moidart und gewinnt einen Teil der Clans für seine Sache. Er nimmt Edinburgh und Perth ein und besiegt ein schottisches Regierungsheer bei Prestonpans. Mit einer Hochlandarmee erobert er Carlisle und erreicht Derby, was aber nicht den erhofften Aufstand von Jakobiten und Katholiken sowie des Bürgertums in den Städten des Tieflandes losbrechen lässt. Die sich deshalb zurückziehenden, demoralisierten Hochländer werden vom »Butcher« (Schlächter) genannten **Herzog von Cumberland** verfolgt und erleiden 1746 in der Schlacht von **Culloden** eine verheerende Niederlage – das Ende der Jakobiten als politische Kraft.

In der Folgezeit werden per Gesetz die uralten Clanstrukturen brutal zerschlagen, Kilt, Dudelsack und die gälische Sprache verboten. Gesiegt hat das fortschrittsorientierte anglo-schottische Establishment in den Handelszentren des Tieflandes, das nunmehr enorme Kräfte für den wirtschaftlichen und gesellschaftlichen Wandel freisetzt.

Schottische Aufklärung und Industrialisierung

Innerhalb von nur 100 Jahren bringt das kleine Schottland führende Dichter und Denker der schottischen Aufklärung, begnadete Künstler und Baumeister, wegweisende Industrielle und erfinderische Tüftler, Wissenschaftler und Ingenieure hervor, die so bahnbrechende Erfindungen wie die Dampfkraft, das Penicillin und das Telefon machen (▶Interessante Menschen).
Der rasante Wandel zeigt sich in den Highlands, wo die Clan-Häuptlinge nicht mehr patriarchalisch regieren. Sie verlangen zunehmend Pachtzinsen, die von den Kleinbauern oft nicht erwirtschaftet werden können. Ab 1760 breitet sich im Hochland die Schafzucht aus, im Süden dagegen entwickelt sich eine moderne Landwirtschaft. Für den armen Hochländer bleibt oft nur die Saisonarbeit, Jobs ind der Kelp-Industrie bei der Verbrennung von Seetang zu Dünger, der Eintritt in die Armee, Abwanderung in die Städte oder gar Auswanderung. In Zentralschottland entwickelt sich die Textilindustrie. 1710 beginnt die Produktion von Leinen und den berühmten Paisley-Stoffen. In der zweiten Hälfte des 18. Jh.s boomt die Baumwollindustrie,

»Die Schlacht von Culloden« von David Morier – Mitglieder der Clans Cameron und Stewart treffen 1746 auf die hannoveranischen Rotröcke.

besonders im Großraum Glasgow. Durch die Erfindung des mechanischen Webstuhls entstehen große Spinnereien wie New Lanark im Clyde Valley. Um 1800 gibt es Hochöfen in Glasgow, Lanarkshire und Ayrshire. Die Industrialisierung führt auch zum Bau eines ausgedehnten Kanalnetzes, wie dem Forth and Clyde Canal von 1790. Unter dem Einfluss der Französischen Revolution wird das Gerichtswesen verändert, eine Umverteilung der Unterhaussitze durchgesetzt und das Wahlrechts verbessert.

Highland Clearances Während das Tiefland von den Reformen und der Industrialisierung profitiert, werden die Hochlandbewohner während der Highland Clearances systematisch und gewaltsam zugunsten einer großflächigen Schafzucht vertrieben (►Das ist Schottland S. 10).

Highland-Tourismus Nach ihrem ersten Schottlandbesuch 1842 ist **Königin Victoria** so begeistert, dass sie für künftige Aufenthalte 1848 Schloss Balmoral erwirbt. Schottland entwickelt sich zur **Ferienregion betuchter Engländer**, die den Tartankult, Dudelsackmusik und Burgenromantik als touristische Highlights genießen. **Sir Walter Scott** (►Interessante Menschen) bringt in seinen Bestsellerromanen schottische Landschaft und Geschichte Millionen Lesern auch auf dem Kontinent nahe. Doch nach wie vor fühlt Schottland seine Interessen in Westminster zu wenig vertreten. Von 1853 an verlangen schottische Liberale das allgemeine Wahlrecht sowie die bevölkerungsmäßig proportionale Vertretung Schottlands im britischen Parlament. Premierminister Gladstone implementiert 1884 die Reformen.
Vom Agrar- und Textilsektor verlagert sich die Wirtschaftskraft auf Kohle, Stahl, Eisenbahn-, Maschinen- und Schiffbau. Seit der Jahrhundertmitte sind die schottischen **Werften am Clyde** weltweit führend und produzieren 1913 ca. 20 % der Welttonnage. Die Bevölkerung verdreifacht sich auf 4,5 Mio. Infolge zunehmender Sozialprobleme wird 1888 die schottische Labour Party gegründet. Die Notlage der Kleinbauern im Hochland führt zu Unruhen, die sich 1882 in den »Crofters‘ Wars« entladen. 1886 sichern die **Crofters' Acts** ihnen unkündbare Pacht und faire Pachtzinsen zu.

Selbstverwaltung Neues Selbstbewusstsein entsteht durch die wirtschaftliche Stärke Schottlands und führt 1885 zur Einrichtung des **Schottlandministeriums** und zu Gesetzesvorlagen für mehr Selbstbestimmung, den Home Rule Bills. Diese wird verstärkt von der 1886 gegründeten Scottish Home Rule Association (SHRA) gefordert, dem Sammelbecken schottischer Nationalisten aus allen Interessengruppen.

Weltkriege Bis in den Ersten Weltkrieg erlebt Schottland eine Wirtschaftsblüte vor allem im Schiffbau. Fast 10 % aller Männer zwischen 16 und 50 Jahren fallen im Ersten Weltkrieg. Im »roten« Clydeside führen die sozialen Probleme der Nachkriegszeit zu Unruhen. London schickt englische Truppen, um den »bolschewistischen Aufstand« niederzuschlagen. Die Wirtschaftskrise der 1920er trifft Schottland schwerer als England. Ab 1921 wandern 8 % der schottischen Bevölkerung aus, sodass ihre Zahl erstmals seit 1801 wieder sinkt. 1934 wird die **Scottish National Party** (SNP) gegründet und damit die Debatte über Autonomie (Devolution, Home Rule) neu entfacht. Im Zweiten Weltkrieg sterben über 60 000 schottische Soldaten.

Autonomieforderungen

Seit 1947 erarbeitet eine **Scottish National Assembly** in Glasgow einen Covenant für Schottland, der 1949 in Edinburgh begeistert verabschiedet wird: Verlangt wird Selbstverwaltung mit einem eigenen Parlament. Die von zwei Mio. Schotten unterschriebene Gesetzesinitiative bleibt aber politisch ohne Folgen, da sich keine der herrschenden Parteien Großbritanniens ihrer annimmt. Erst die Erfolge der SNP in den 1960ern zwingen die Labour-Regierung zum Umdenken. Ab 1970 werden einzelne politische Zuständigkeiten an Schottland abgetreten. 1979 soll in einem Referendum eine Teilautonomie erwogen werden, aber die Labour-Regierung fürchtet die erstarkte Schottische Nationalpartei. Sie bringt eine Klausel in die Gesetzgebung ein, der zufolge mindestens 40 % der Wahlberechtigten zustimmen müssen – das Referendum scheitert. Erst als **Margaret Thatchers** kompromisslose Politik in den 1980ern besonders in Schottland aneckt, erstarkt wieder das Unabhängigkeitsdenken. 1989 bis 1995 erarbeitet die Scottish Constitutional Convention (SCC) detaillierte Pläne für ein schottisches Parlament. Die unerwartete Wahlniederlage von Labour 1992 macht die Umsetzung allerdings unmöglich. Aber immerhin sehen sich die Konservativen zu einem symbolischen Akt genötigt: der 1296 von Edward I. von Scone entwendete »**Stone of Destiny**«, der Krönungsstein, der seither in Westminster Abbey Dienste tat, wird in feierlicher Prozession 1996 nach Edinburgh zurück gebracht.

Nach dem Wahlsieg 1997 erfüllt Labour unter den Schotten Tony Blair und Donald Dewars ein Wahlversprechen, und so wird, nachdem sich eine überwältigende Mehrheit der Schotten in einem Volksentscheid dafür ausgesprochen hatte, **1999** das erste **schottische Parlament** seit 1707 gewählt. Nach intensivem Wahlkampf entscheiden sich die Schotten beim **Referendum 2014** mit 55,3 % beim Vereinigten Königreich zu bleiben, auch weil ihnen von London zusätzliche Machtbefugnisse für das schottische Parlament versprochen wurden. Daraufhin tritt **Alex Salmond** als SNP-Vorsitzender und First Minister zurück. Neue Parteichefin und Erste Ministerin Schottlands wird seine Vize **Nicola Sturgeon** (►Interessante Menschen). Sie gewinnt die Parlamentswahlen 2016 und 2021 und gilt als wichtige Gegenspielerin der britischen Regierung. Politisch agiert sie zumeist vorsichtig, plant aber für 2023 ein neues Unabhängigkeitsreferendum.

KUNSTGESCHICHTE

Wozu dienten die prähistorischen Steinkreise? Wie sind die Brochs der Eisenzeit gebaut? Warum wurden aus Burgen wohnliche Landschlösser? Welche Rolle spielte Charles Rennie Mackintosh für den europäischen Jugendstil und wo finden Sie junge Street Art?

Vorchristliche Bauten und Runen

Die ältesten Profanbauten Schottlands liefert **Orkney** mit Skara Brae, einer Reihensiedlung der **Steinzeit**. Überhaupt verspricht Orkney eine Zeitreise durch die Frühgeschichte Schottlands. Paradebeispiel für ein steinzeitliches Hügelgrab ist Maes Howe, ein gewölbtes Ganggrab, in dem ein langer Zugang in der eigentlichen Totenkammer endet. In reichlich vorhandenen Kammergräbern ohne solches Entrée zweigen vom zentralen Hauptraum mehrere Grabkammern ab. Die Innenwände von Maes Howe zieren Runen-Inschriften aus dem

In Skara Brae auf Orkney erfüllten sich die Steinzeitmenschen den Traum vom eigenen Häuschen, und das kaum hundert Meter vom Strand entfernt.

12. Jh., die von kreuzfahrenden Wikingern hinterlassen wurden und enthüllen, dass auch Frauen Schriftführer sein konnten. Die Schriftzeichen sind heute begehrte Motive des orkadischen Schmuckhandwerks, vor allem ein Drache mit einem Schwert im Rücken.

Mystische Steinkreise

Einzelne Menhire sowie ganze Steinkreise waren vielerorts Zentrum von Kulthandlungen. Der größte Steinkreis steht auf der Hebrideninsel **Lewis** bei Callanish, der zweitgrößte auf **Orkney** mit dem Ring of Brodgar, der zu einer erst jüngst entdeckten Tempelanlage gehört. Als gesichert gilt, dass die Steinkreise der Sonnen- und Mondbeobachtung dienten. Ihre Aufstellung setzt neben weitreichenden astronomischen und mathematischen Kenntnissen auch ein gut organisiertes Gemeinwesen voraus, denn die tonnenschweren Blöcke mussten ohne Rad und Wagen über weite Strecken mit Seilen und Rollhölzern herbeigeschafft und schließlich exakt platziert werden.

Runde Wehrtürme

Brochs sind eine schottische Besonderheit. Die Hebriden, Orkney und Shetland sind gespickt mit den runden Steintürmen aus der Eisenzeit. Ab dem 2. Jh. wurden die massiven Fliehburgen mit 4 – 5 m dicken Mauern um einen Innenhof erbaut. Das Mauerwerk wurde zweischalig mörtellos aufgeschichtet, wobei die Hohlräume in regelmäßigen Abständen von überbrückenden Steinplatten versteift waren. Die dadurch entstandenen Galerien dienten als Vorratsspeicher. Fast vollständig erhalten ist der Broch von Mousa auf Shetland, andere wurden in der Folgezeit als billiges Baumaterial abgetragen.

Christliche und heidnische Symbolik

Die **Skoten** waren keltische Iren, die im Westen Schottlands in ihrem Ende des 5. Jh.s gegründeten Königreich lebten. Ihnen standen im Norden die **Pikten** gegenüber, von den Römern wegen ihrer Tätowierungen als »picti« bezeichnet, bemalte Männer. Im Zuge der Christianisierung mischten sich in der Kunst heidnisch-keltische, heidnisch-piktische und christliche Motive. Eindrucksvollstes Zeugnis dieser Epoche sind die steinernen **Reliefstelen der Pikten**. Auf ihnen sieht man abstrakte Symbole wie die Z-Rune oder Spirale, Tiere wie Schlange und Stier, Fabelwesen sowie Jagd- und Kampfszenen, die anfänglich sehr naturnah in die Steinoberfläche eingekerbt wurden. Spätestens im 8. Jh. entwickelte sich daraus eine ausdrucksvolle Reliefdarstellung, wie sie an vielen Hochkreuzen aus Stein erhalten ist, z. B. am St. Martin's Cross auf Iona oder am Kildalton Cross auf Islay. Lebensbaum, Kreise, Flechtband und Zauberknotenmotive, verwoben mit dem Kreuz als Opfersymbol, finden sich nicht nur auf den großen frei stehenden Steinkreuzen, sondern zeitgleich auch in der **Buchmalerei** wie in den kostbaren Bilderhandschriften der Klosterinsel Iona und im berühmten Book of Deer des 10. Jh.s. Vom frühchristlichen Kirchenbau sind lediglich in Whithorn, Iona und auf einigen Westküsteninseln Fundamente ausgegraben worden.

Romanische Abteien und lichte Gotik

Romanische Sakralbauten

Erst unter König Malcolm III. und seiner angelsächsischen Gattin Margarethe sowie ihrem Sohn David I. erhielt der Kirchenbau in Schottland im 11. und 12. Jh. neue Impulse, beeinflusst von der englisch-normannischen Romanik. Leider sind die oft kunstvollen Bauten während der Glaubenskriege fast vollständig zerstört worden. Zu den frühesten Kirchen der Romanik gehört die 1130 begonnene Abteikirche von Dunfermline. Die **vier großen Grenzlandabteien** Kelso, Melrose, Jedburgh und Dryburgh Abbey bestimmten fast 400 Jahre die Geschicke der Borders, bevor sie während der Reformationszeit zerstört und aufgehoben wurden. Laut Theordor Fontane die schönste unter ihnen ist Melrose Abbey – zu ihrem filigranen Figurenschmuck gehört auch ein Dudelsack pfeifendes Schwein.

Motte-and-Bailey-Burgen

Der in Frankreich im frühen 11. Jh. entwickelte Burgentyp breitete sich nach der normannischen Eroberung 1066 auch in Schottland aus. Motte bezeichnet einen, von einem tiefen Graben umgebenen Hügel in Form eines abgeschnittenen Kegels, auf dem ein hölzerner Turm stand, geschützt durch einen Palisadenzaun. Den separat gesicherten angrenzenden Hof mit Nebengebäuden nannte man Bailey. Dieser war nur durch eine Brücke mit dem Turmhügel verbunden. Da die Motte-and-Bailey-Burgen aus Holz errichtet wurden, gibt es heute nur noch die Wälle und Gräben. Besonders beeindruckend ist die Anlage von **Urquhart Castle** am Loch Ness.

Gotische Kathedralen

Die einzige mittelalterliche Kathedrale, die die Reformation von 1560 beinahe vollständig überstanden hat, ist die **Kathedrale von Glasgow,** deren Krypta und Chor mit Lanzettfenstern zwischen 1233 und 1258 entstanden. Stattliche frühgotische Bögen ziehen die Blicke der Besucher auf die prachtvolle, 32 m hohe Holzdecke aus dem 14. Jh. Als »Licht des Nordens« wurde die um 1300 geweihte **Kathedrale von Elgin** gerühmt, die hoch- und spätgotische Bauelemente vereint, heute aber nur eine Ruine ist. Die spätgotischen Bürgerkirchen des 15. Jh.s wie Holy Rude in Stirling, St. John's in Perth und St. Nicholas in Aberdeen beeindrucken mehr durch ihre Größe als durch ihren ausgefallenen Schmuck.

Wohnburgen

Im 13. Jh. veränderte sich der Burgenbau als Reaktion auf **wirkungsvollere Waffen und Belagerungstechniken**. Eine hohe massive Steinmauer ersetzte den Palisadenzaun. Unterschiedliche Türme ermöglichten die bessere Überwachung und Sicherung der Mauern mit vorgelagerten Wällen. Das Burgtor wurde durch ein Torhaus besonders geschützt, flankiert von zwei mächtigen Rundtürmen. Aus der einfachen Wehrburg wie Castle Roy in Invernessshire entwickelte sich im 14. Jh. die Wohnburg mit einem geräumigen mehrstöckigen

Grenzlandabtei: Melrose Abbey wurde 1136 von Zisterziensermönchen gegründet.

Wohnturm für den Burgherrn, Keep genannt, wie Bothwell Castle in Lanarkshire und Kildrummy Castle am Castle Trail bei Aberdeen.

Tower Houses

Mitglieder des **niederen Adels**, die Laird genannten Grundbesitzer, errichteten im 13./14. Jh. auf ihrem Hof ein Turmhaus, das im Erdgeschoss die Vorräte, darüber die große Halle und in einem weiteren Stockwerk die Privaträume des Hausherrn und seiner Familie barg. Zugang zu allen Räumen verschaffte eine Wendeltreppe in einer Ecke des Turms wie bei Drum Castle im Dee-Tal. Im ausgehenden Mittelalter fügten die Besitzer Flügelbauten an, sodass die eigenwilligen L- und Z-förmigen Turmhäuser entstanden, die zugleich eine großzügigere Innenaufteilung ermöglichten.

Prachtvolle Renaissance

Stattliche Herrenhäuser

Ab Mitte des 16. Jh.s wandelten sich die Burgen allmählich zu stattlichen Herrenhäusern. Aus der bruchlosen Verschmelzung französischer Renaissance mit eigenen Traditionen entwickelte sich nach der

Reformation der **schottische Baronialstil**. Zwar finden sich im Erdgeschoss mit Schießscharten noch Anklänge an das Tower House, doch Halle und Wohnräume wurden reich und regelmäßig durchfenstert. Ziertürme schmücken nun das Äußere ebenso wie Erker, umlaufende, mehrfach getreppte Gesimse und hübsch dekorierte Kamine. Viele dieser Herrenhäuser finden sich am **Castle Trail** in Aberdeenshire wie Castle Fraser und Craigievar Castle.

Verschwenderisch schön

Die schottischen Könige und ein Teil des Hochadels orientierten sich dagegen am französischen Schlossbau und am italienischen Palazzo. Bereits 1538 ließ James V. zu seiner Hochzeit mit Marie de Guise die Flügel des königlichen Palastes in Falkland (Fife) mit **Renaissancefassaden** von französischen Bauleuten verschönern. Der Bautrupp zog anschließend nach **Stirling** weiter und errichtete innerhalb des Burggeländes ein vierflügeliges Schloss. Innendekorationen, ob als heraldische oder allegorische Malerei oder in Form opulenter Stuckornamente, gewannen an Bedeutung und wurden meist von lokalen Werkstätten ausgeführt wie im **Edinburgh Castle**. Besonders prächtige Stuckdecken und kunstvolle Kamine besitzt **Glamis Castle**.

Vom Klassizismus zur Neugotik

Symmetrisch und elegant

Die Villen und Paläste des oberitalienischen Renaissance-Baumeisters Andrea Palladio wurden Vorbild für den klassizistischen Stil zwischen 1625 und 1750, in der Spätphase nach den regierenden Monarchen Georgian Style genannt. Die wichtigsten Vertreter des Palladianismus waren William Bruce, William Adam und sein Sohn Robert Adam. Sie gaben ihren Bauten symmetrische Grundrisse, **zurückhaltende Gliederungen** und strenge regelmäßige Fassaden. Nach den Plänen von William Bruce wurde der Palace of Holyroodhouse in Edinburgh neu errichtet. William Adam zeichnete 1721 für Floors Castle verantwortlich, das 120 Jahre später mit Erkern, Türmchen und Kaminen im Tudorstil verschönert wurde.

Robert Adam entwarf Culzean Castle bei Ayr. Strenge Symmetrie und klare Formen werden durch geschwungene Linien elegant aufgelockert. Robert Adam entwarf auch die Innenausstattung von Schlös-

Mitten in den Borders: Floors Castle befindet sich seit seiner Erbauung im Besitz der Dukes of Roxburghe und ist heute das größte bewohnte Schloss Schottlands.

sern, Möbel und Teppiche, Wanddekorationen, Stuckaturen und Türeinfassungen. Charakteristisch für Adams Stil ist die Kombination von filigranem Stuckdekor, inspiriert von Grotesken, die er während seines Romaufenthalts kennengelernt hatte, mit Büstenmedaillons und antikisierenden Figurenfriesen in zarten Pastelltönen.

Städtebau

Im 18. Jh. bot der Städtebau ein weiteres Betätigungsfeld für Architekten: Häuserzeilen, Platzanlagen und ganze Stadtviertel wurden aus einem Guss konzipiert, wie die **Neustadt von Edinburgh** ab 1767 nach den Plänen von James Craig. Die Fassaden der einzelnen Häuser wurden zu schlossähnlichen Fronten zusammengefasst, Risalite betonten Mittelachsen und Enden, schufen Symmetrie und Rhythmus. Breite Straßenzüge und zahlreiche Plätze in Rundform als Circus oder in Rechteckform als Square mit kleinen Grünanlagen lockerten das neue Stadtbild auf.

Porträt- und Landschaftsmalerei

Die Malerei begann in Schottland erst ab der Mitte des 18. Jh.s eine wichtige Rolle zu spielen. Die Porträtkunst avancierte zur Hauptaufgabe, und einer der bedeutenden Porträtisten war **Allan Ramsay**. Nach mehrjährigem Studienaufenthalt in Italien ließ er sich in London nieder, betrieb jedoch über Jahre hinweg ein zweites Atelier in seiner Heimatstadt Edinburgh. Seine Bildnisse sind überaus lebendig in Feinmalerei gestaltet.

Henry Raeburn wuchs ebenfalls in der Hauptstadt auf, wo er ab 1785 rasch zum führenden Porträtmaler aufstieg. Seine Bildnisse von Sir Walter Scott, den Clanchiefs der Highlands und Edinburgher Notabeln wirken mit kräftigem Pinselstrich realitätsnah. Das ihm zuzuschreibende Gemälde des einbeinig eislaufenden Reverend Robert Walker (1784) gilt als Ikone der schottischen Porträtmalerei. Einen Kreis einbeinig zu laufen, war Vorraussetzung für die Aufnahme in die Edinburgh Skating Society, dem ältesten britischen Eislaufclub.

Alexander Nasmyth, gleichfalls gebürtiger Edinburgher, studierte in Rom, um anschließend zum Wegbereiter der schottischen Landschaftsmalerei zu werden.

Historismus und Jugendstil

19. Jahrhundert

Als **Victorian Style** entzündete der Historismus und das Arts and Crafts Movement ein Feuerwerk an historisierenden Formen von der Neugotik bis zum Neubarock. Museumsbauten entstanden als Musentempel in griechisch-römischem Kolossalstil, Bahnhöfe, Theater, Schulen und Bibliotheken schwelgten in neubarocken Formenspielen. Alexander »Greek« Thomson entwarf mehrere Kirchen für Glasgow, während William Playfair ab 1850 in Edinburgh die National Gallery im Greek Revival Style errichten ließ. Im neugotischen New

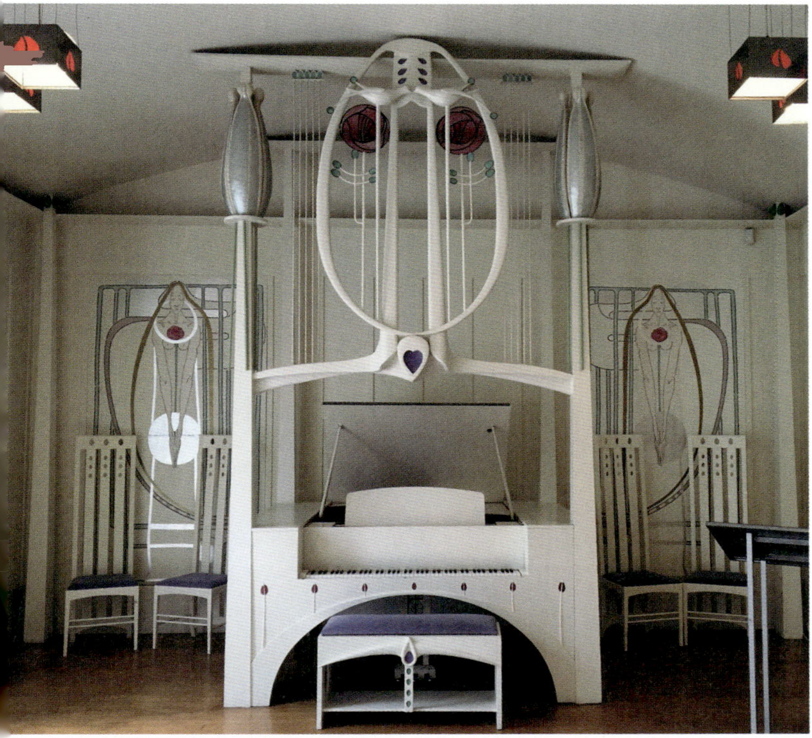

OBEN: Ein Meisterwerk des Art nouveau ist Mackintoshs weißer Musiksalon im House for an Art Lover in Glasgow.
UNTEN: Die besondere Faszination von Mackintosh beruht auf seiner spürbaren Leidenschaft für elegante Farben und poetische Details.

Baronial Style prunkten mit Blair Castle und Brodick Castle die Schlossbauten von David Bryce und Gillespie Graham. Balmoral wurde zum Inbegriff eines Mittelalterschlosses aus dem 19. Jahrhundert.

Jugendstil

Ende des 19. Jh.s protestierte der Jugendstil, englisch Modern Style oder Liberty genannt, gegen den viktorianischen Konformismus, setzte schwungvoll fließende Formen und ornamentale Linienspiele dagegen. 1893 trafen an der Kunstakademie in Glasgow »The Four« zusammen – die Schwestern Margaret und Frances MacDonald sowie die angehenden Architekten Herbert McNair und **Charles Rennie Mackintosh**. Gemeinsam entwickelten sie einen eigenwilligen neuen Stil als schottische Variante des europäischen Jugendstils. Als schönstes Wahrzeichen der Stadt schuf Mackintosh die derzeit im Wiederaufbau befindliche Glasgower Kunstakademie und löste damit bis nach Wien Reaktionen aus (►Baedeker Wissen S. 200).

Landschafts- und Genremalerei

Die Weiterentwicklung der schottischen Landschaftsmalerei aus romantischer Sicht betrieben in der ersten Hälfte des 19. Jh.s **John Thomson** als Autodidakt mit Palettmesser in expressiver Manier und

»Frühlingserwachen« (1899): Edward A. Hornel, Mitbegründer der »Glasgow Boys«, verlieh seinen realistischen Bildern mit natürlichen Farben mehr Atmosphäre.

der Glasgower **Horatio McCulloch**. Letzterer verband topografische Genauigkeit mit melodramatischer Inszenierung und wurde zum bewunderten Maler verklärter Hochlandszenerien. Der Pfarrerssohn aus Cults in Fife, **David Wilkie**, avancierte mit anekdotenreichen, detailgenauen Schilderungen des schottischen Landlebens in London zum Maler »Seiner Majestät für Schottland«, vor allem seit dem Staatsbesuch von König George IV. im Jahr 1822 in Edinburgh. Der am Edinburgh College of Art ausgebildete **Thomas Faed** verdankte seine Popularität realistischen Szenen der einfache Leute wie seine Momentaufnahme der Highland Clearances »Die letzten des Clans verlassen die Heimat« von 1865.
Religiöse und historische Themen bevorzugte der aus Aberdeen stammende **William Dyce**, der ab 1836 in London lebte und Wegbereiter der Präraffaeliten wurde, die ihre Inspiration aus den Werken nationaler Dichter wie Keats, Tennyson oder Shakespeare schöpften, was dazu beitrug, dass ihre gewagte Malerei schließlich Anerkennung fand. Mit atmosphärisch präzisen, lichtdurchströmten Naturwiedergaben und stimmungsvollen Seestücken machte sich **William McTaggart** als schottischer Impressionist einen Namen. In der zweiten Hälfte des 19. Jh.s verlor Edinburgh seine Vorrangstellung an Glasgow, wo nicht nur der industrielle Aufschwung, sondern auch innovative Kunstentwicklungen stattfanden. In den 1880ern und 1890ern sorgte das Künstlerkollektiv der »**Glasgow Boys**« um James Guthrie, James Paterson, Joseph Crawhall und Edward A. Hornel für Aufsehen. Die Malergruppe, die sich gegen den etablierten Kunstbetrieb wandte und in die schottische Natur zog, um dort zu malen, war maßgeblich vom französischen Impressionismus, der Schule von Barbizon und der Haager Schule beeinflusst.

20. und 21. Jahrhundert

Futuristische Architektur

Nach dem Ersten Weltkrieg beherrschte der **Funktionalismus** die Architektur, setzte der amerikanische Stil im Wohn- und Fabrikbau zeitlose moderne Akzente. Meister der Postmoderne nach dem Zweiten Weltkrieg wurde Sir **James Stirling**, der europaweit baute, darunter 1971 das Arts Centre der University of St. Andrews und in Deutschland die Stuttgarter Staatsgalerie – 1981 erhielt er mit dem Pritzker Architekturpreis die in der Fachwelt höchste Auszeichnung. Eine gelungene Mischung aus Modernität und Respekt vor der Kulturgeschichte zeigt das Museum für die **Burrell Collection** in Glasgow. Das 1998 von **Sir Norman Foster** entworfene Auditorium (SEC Armadillo) am Clydeufer in Glasgow wirkt wie ein riesiges Gürteltier. Gegenüber erhebt sich das futuristische Science Centre. Mit acht internationalen Architekturpreisen ausgezeichnet, hat das 2004 eingeweihte **schottische Parlamentsgebäude** des Katalanen Enric Miralles einen markanten Akzent in Edinburgh gesetzt. 2011 bereicherte Zaha Hadid die Uferpromenade des Clyde in Glasgow mit dem eigenwilligen **Riverside Museum**. Das **Reid-Gebäude** gegenüber der Glasgow School of Art wurde «Building of the Year 2014«. Im September 2018 eröffnete in Dundee mit dem **V&A Dundee** am Ufer des Tay das erste **Design Museum** Schottlands als Ort der Inspiration und des Lernens. Das Gebäude von Kengo Kuma spiegelt die Steilklippen der schottischen Küste wider und bildet das Herzstück der Waterfront von Dundee, die bis 2030 komplett neu gestaltet wird.

Scottish Colourists

Von der Jahrhundertwende bis zum Ersten Weltkrieg nahmen die Maler der Scottish Colourists in leuchtend **dekorativen Farben** und expressivem Pinselschwung Vorgaben von Cézanne, Matisse und den Fauves auf. Zu ihnen gehörten Samuel J. Peploe, Francis C. B. Cadell und Leslie Hunter. Robert Colquhoun und Robert MacBryde, die beide in Glasgow studierten, übernahmen Farb-Form-Ideen des Kubismus. William. Cecile Walton malte sich 1920 im Stil von Manets Olympia mit ihrem Neugeborenen, Joan Eardley schuf expressive Seestücke und Szenen aus den Glasgower Elendsvierteln.

Zeitgenössische Kunst

Der Bildhauer und Grafiker **Eduardo Paolozzi** war einer der innovativsten und respektlosesten Künstler der britischen Nachkriegsmoderne. Mit seiner frühen Collagenserie bahnte er bereits Ende der 1940er der britischen Pop Art den Weg, bevor er sich großen, dem Kubismus verpflichteten Metallskulpturen zuwandte. **Ian Hamilton Finlay** meißelte eine konkrete Poesie in Stein und entwickelte seinen Garten »Little Sparta« zum Gesamtkunstwerk. Der Dramatiker und Maler **John Byrne** gestaltete auch Bühnenbilder und Albumcovers für die Beatles, Donovan und Gerry Rafferty. Mutig widmeten sich in den 1980ern die »**New Glasgow Boys**« wie Peter Howson, Ken Currie und Stephen Conroy den sozial Benachteiligten und versuchten, als amerikanische Abstraktion, Pop und Konzeptkunst den Markt beherrschten, die Figürlichkeit wieder zu beleben. **Calum Colvin** verbindet Fotografie und Malerei zu einem fantastischen Mix, indem er Personen auf Interieurs projiziert. Kommerziell einer der erfolgreichsten Künstler Schottlands ist der Autodidakt **Jack Vettriano**, dessen Arbeiten oft wie Filmszenen wirken – »The Singing Butler« wurde für eine Dreiviertel Million Pfund versteigert. Acht Jahre arbeitete der Glasgower Bildhauer **Andy Scott** an seinen 300 t schweren Pferdekopf-Skulpturen »The Kelpies«, die seit 2014 am Forth & Clyde Canal bei Falkirk fast 30 m in den Himmel ragen. Einen neuen Zugang zur Kunst vermitteln **Glasgows Graffitikünstler**, deren eigenwillige Arbeiten der City Centre Mural Trail miteinander verbindet.

Junge Kunstszene: Glasgows City überrascht mit gigantischen Graffiti, wie Smugs »Mädchen mit der Lupe«, die in der Mitchell Street Passanten aufzupickt.

Smug

INTERESSANTE MENSCHEN

Nationalbarde: Robert Burns

1759 – 1796
Dichter

In vielen Ländern rund um den Globus wird das neue Jahr mit Burns' »**Auld Lang Syne**« (»Nehmt Abschied Brüder«) begrüßt. Goethe, Herder und Fontane verehrten Schottlands Nationalbarden, der das Leben, die Frauen und den Whisky liebte. Auf einer kleinen Farm in Alloway als das älteste von sieben Kindern geboren, erwarb sich der junge Burns mit Hilfe seines Vaters eine erstaunliche Belesenheit. Seine Versuche, sich als Dichter und Bauer eine Existenz aufzubauen, schienen ohne Erfolg, als seine »Poems Chiefly in the Scottish Dialect« ihn 1786 über Nacht zum Star machten. Plötzlich öffneten sich die Salons der feinen Gesellschaft in Edinburgh für den »Ploughboy Poet«. Seine Verse im heimischen Scots wurden Ausdruck von **schottischer Identität** und Nationalbewusstsein. Der gefeierte Poet verfasste romantische Gedichte, humorvolle Balladen, politische Texte und derbe Spottlieder. Haydn, Beethoven und Mendelssohn vertonten sein Werk. Eine literarische Wallfahrtsroute folgt heute seinen Spuren mit Museen und Gedenkstätten vom Geburtshaus in Ayr bis zu seiner Stammkneipe in Dumfries. Weltweit versammeln sich Schotten am 25. Januar zum Geburtstag des Barden beim whiskyseligen **Burns Supper** mit seinen Liedern und dem von Burns besungenen Haggis, Schottlands Nationalgericht.

Stahlmagnat und Philanthrop: Andrew Carnegie

1835 – 1919
Spendierfreudiger Schotte

»Take care of your pence, the pounds will take care of themselves« – der mit 33 Jahren ungekrönte Stahlkönig Amerikas kam aus einfachsten Verhältnissen. Als Sohn eines armen Handwebers in **Dunfermline** lernte er früh, was Hunger und Arbeitslosigkeit bedeuten. In der Hoffnung auf ein besseres Leben wanderte die Familie 1848 nach Amerika aus. Dank seiner schnellen Auffassungsgabe und unbändigen Energie war Carnegie bereits mit 24 Jahren Direktor bei der Eisenbahn in Pittsburgh und verdiente nebenbei ein Vermögen im Aktienhandel, mit dem er das größte Eisen- und Stahlunternehmen der Vereinigten Staaten gründete, die **Carnegie Steel Corporation**. Die industrielle Revolution in den USA war in vollem Gange und Carnegie nutzte das erfolgreich. Der Selfmademan baute Lokomotiven- und Schienenfabriken, erschloss Erzgruben, Kohle- und Ölfelder. Doch »ein Mann, der reich stirbt, stirbt in Schande«. Und so verkaufte Carnegie, 1901 der reichste Mann der Welt, seine Unternehmen für 480 Mio. Dollar an den einflussreichsten Privatbankier seiner Zeit, J. P. Morgan, und widmete sich fortan der, wie er es formulierte, weitaus schwierigeren Aufgabe des Geldverteilens. Neben verschiedenen Pensionsfonds für seine Fabrikarbeiter und ihre Familien und den später weltweit kopierten Hero Trust Funds, die Opfern und Helfern in Unglücksfällen zur Seite stehen, wurden Stiftungen für Universitäten und andere Bildungsstätten sein größtes Anliegen. Er baute die Carnegie Hall in New York – und die in Dunfermline –, gründete Universitäten, Büchereien und Einrichtungen für den internationalen Frieden. Seine 20 Stiftungen für philanthrope Zwecke haben bis heute mehr als 1,5 Mrd. Dollar an Zuwendungen vergeben. 1898 kaufte Carnegie am Dornoch Firth **Skibo Castle** (heute ein exklusiver Club), um hier mit seiner Frau Louise den Lebensabend zu verbringen, doch nach Ausbruch des Ersten Weltkriegs kehrte er in die USA zurück, wo er 1919 starb. In Dunfermline erzählen die 2017 wiedereröffnete erste **Carnegie Library** und das **Carnegie Birthplace Museum** aus seinem Leben.

Scotland forever: Sir Sean Connery

1930– 2020
Schauspieler

Geschüttelt, nicht gerührt! Als erster **James Bond** schrieb Sean Connery Filmgeschichte. Der charmante Mime hatte sich rar gemacht in seinen letzten Jahren, trotzdem ist und bleibt der wohl bekannteste Schotte eine Ikone. Im Laufe seines Lebens verdiente der Weltstar Millionen, die Kindheit in Edinburghs Arbeitervorstadt verlief allerdings weniger glamourös. Die Schule schmiss der künftige Agent Ihrer Majestät 007 als Teenager, bevor er mit 16 der Royal Navy beitrat. Später versuchte er sich als Milchmann, Baggerfahrer und Bodybuilder. Der Durchbruch kam mit dem von Ian Fleming erdachten selbstironisch-omnipotenten britischen Geheimagenten James Bond. Das Publikum war begeistert und Sean durfte in sechs weiteren Filmen als Agent mit der Lizenz zum Töten vor die Kamera treten, bevor er 1983 endgültig von Roger Moore abgelöst wurde. In Filmen wie »Der Name der Rose«, »Das Russland-Haus« und »Jagd auf Roter Oktober« machte er sich als Charakterdarsteller einen Namen. Die Rolle ei-

nes Polizisten im Chicago der 1930er in »The Untouchables« bescherte dem Frauenschwarm 1987 den Oscar. Mit 69 Jahren spielte Sean einen Meisterdieb, der Catherine Zeta-Jones das Herz stahl – und vom People Magazine zum »Sexiest Man Alive« gewählt wurde. Sein letzter Blockbuster war 2003 »Die Liga der außergewöhnlichen Gentlemen«. Connery lebte seit Jahren im Steuerexil auf den Bahamas, mischte sich aber immer wieder in Schottland ein, auch als Geldgeber der SNP und Befürworter der Unabhängigkeit. »Scotland forever« war auf seinem rechten Unterarm tätowiert. Im Jahr 2000 verlieh ihm die Queen den Ritterorden, und natürlich erschien Sir Sean dazu im Kilt.

Meilenstein der Medizin: Sir Alexander Fleming

1881 – 1955
Nobelpreisträger

Eigentlich war es purer Zufall, dass der in Loudon, einem kleinen Dorf in Ayrshire geborene Arzt Alexander Fleming eine Entdeckung machte, die die Welt und sein Leben nachhaltig verändern sollte. In nicht rechtzeitig entsorgten Petrischalen eines Versuchs fand der Bakteriologe im Jahr 1928 um eine Kultur von Sporenpilzen eine bakterienfreie Zone – das erste Antibiotikum war entdeckt. **Penizillin** bedeutete den Durchbruch beim Kampf gegen Diphtherie, Scharlach, Blutvergiftung, Lungenentzündung und andere, oft tödliche bakterielle Infektionen, auch wenn noch 11 Jahre vergehen sollten, bevor mit der Produktion des neuen Heilmittels begonnen werden konnte. 1945 erhielt Fleming für seine bahnbrechende Forschung den Nobelpreis für Medizin.

Erfahrung und Vernunft: David Hume

1711–1776
Philosoph

Der Edinburgher Philosoph David Hume war vom Zeitalter der Aufklärung geprägt: Vorurteilen und dem Glauben an übernatürliche Phänomene wurde zunehmend die menschliche Vernunft entgegengestellt. Hume befasste sich vor allem mit der Frage, was wir über die Welt sagen und wissen können. Er rückte die Erkenntnis, die wir aus Beobachtungen und Erfahrungen durch unsere Sinne gewinnen, in den Mittelpunkt seiner Philosophie. Im Gegensatz zur calvinistischen Überzeugung sah er den Menschen nicht als sündhaft im ständigen Kampf mit dem Bösen, sondern als soziales Wesen und plädierte für Vernunft, Skepsis und Ausrichtung am gesunden Menschenverstand. Humes Hauptwerk »Eine Untersuchung über den menschlichen Verstand« gilt als eine der wichtigsten philosophischen Schriften des 18. Jh.s und prägte nicht nur maßgeblich die **Schottische Aufklärung**, sondern auch Immanuel Kants »Kritik der reinen Vernunft«. Kant selber hat Hume als denjenigen benannt, der ihn aus seinem »dogmatischen Schlummer« geweckt habe.

Engagierte Popikone: Annie Lennox

*1954
Sängerin

»Willst du mich heiraten?« Es war keine Bestellung, sondern gleich ein Antrag, den die kellnernde Annie 1976 bei ihrer ersten Begegnung von Dave Stewart bekam. Wenig später zogen sie zusammen und stürmten als Popduo **Eurythmics** mit »Sweet Dreams« und »Here comes the rain again« die internationalen Charts. Seit über 40 Jahren lebt die Sängerin, die ihr Haar immer noch so kurz wie damals trägt, in London. Geboren wurde sie im Arbeitermilieu von Aberdeen. Die Eltern förderten das musikalische Talent der Tochter. Mit 17 Jahren ging sie nach London, um klassische Musik zu studieren. Kurz vor dem Abschluss schmiss sie ihr Studium hin, hielt sich mit Jobs als Kellnerin über Wasser und machte abends in Clubs und Pubs Musik, bis sie Dave Stewart traf. Ende der 1980er trennten sich ihre Wege. Vier Grammys, ein Oscar und ein Golden Globe für den Song »Into the West«, den sie für die Filmsaga »Herr der Ringe« schrieb, sowie acht Brit Awards zeugen von der beachtlichen Solokarriere der Mutter zweier Töchter, die sich trotz Schicksalsschlägen und mehrjähriger Auszeit in die oberste Popliga zurückkämpfte. Ihr Album »Nostalgia« interpretiert einfühlsam Songs von Billie Holiday, George Gershwin und Duke Ellington. Für ihr weltweites soziales Engagement wurde die Sängerin mehrfach ausgezeichnet, für ihren Einsatz bei »Mothers2Mothers« für Kinder und Mütter, die an Aids erkrankt sind, als »Frau des Friedens« geehrt.

»
The poetic side of me is Scottish.
«
Annie Lennox

Lyrics mitten aus dem Leben: Amy Macdonald

*1987
Sängerin

Sie liebt Gin, Fußball und schnelle Autos und gehört zu den erfolgreichsten britischen Musikerinnen der letzten Jahre. Gerade mal 19 Jahre alt, wurde die sympathische Schottin aus Bishopbriggs bei Glasgow mit ihrem ersten Album »This Is The Life« 2007 über Nacht zum Star. Die Autodidaktin mit der ausdrucksstarken Stimme sorgte durch Leichtigkeit und wohldosierte **Folk-Elemente** für frischen Wind in der Musikszene. Ihren Song »The Green and the Blue« widmete der Rangers-Fan den rivalisierenden Fußballvereinen ihrer Heimatstadt, wo sie beim Old-Firm-Derby schon mal die Nationalhymne anstimmt. Dem steilen Aufstieg folgte eine Auszeit, bis 2017 ihr vierten Album »Under Stars« erschien. 2020 wurde ihr fünftes Studioalbum »The Human Demands« veröffentlicht. Mit Gute-Laune-Tracks wie »Dream On« und »We Could Be So Much More« ist Amy zurück und bleibt optimistisch »On Top Of The World«, wie sie selber singt.

Die Kraft der Fantasie: Joanne K. Rowling

*1965
Schriftstellerin

Für Tausende von Dollar wechselte 2017 eine Erstausgabe von »Harry Potter und der Stein der Weisen« den Besitzer – laut dem Auktionshaus Heritage in Dallas ein neuer Weltrekord für ein unsigniertes, fiktionales Buch der vergangenen 50 Jahre. Harrys Fangemeinde ist riesig. Rund um den Globus haben Millionen von Lesern die genialen Geschichten um den Zauberlehrling Harry Potter verschlungen, die Filme brachten Milliarden von Dollar ein. Mittlerweile gibt es Romanableger, ein Theaterstück, Themenparks ... die Saga nimmt kein Ende. Das erste Abenteuer ihres Helden schrieb Joanne K. Rowling in Edinburgh als Sozialhilfeempfängerin im Café Elephant House, das Finale verfasste sie, inzwischen reicher als die Queen, im Zimmer Nr. 652 des Edinburgher Grandhotels Balmoral. Die Filme haben den Glenfinnan-Viadukt und die West Highland (Harry-Potter-)Railway Line weltberühmt gemacht. Das Fettes College in Edinburgh lieferte Anregungen für Hogwarts. Neun Jahre nachdem sie der Reihe abgeschworen hatte, erschien 2016 der achte Band mit Harry Potter – nun ein erwachsener Mann und Vater.

Mister Romance: Sir Walter Scott

1771 – 1832
Schriftsteller

Er war der Gigant unter den Schriftstellern des 19. Jh.s – ein Bestsellerautor, der ein ganzes Genre begründete, und eine Persönlichkeit des öffentlichen Lebens mit immensem Einfluss auf das Bild, das wir bis heute von Schottland haben. Sir Walter Scott wurde in Edinburgh geboren und schlug wie sein Vater die Laufbahn des Rechtsanwalts ein, wurde später Sheriff von Selkirk und schließlich Richter.

Schon während seines Studiums befasste er sich mit Literatur, übersetzte Goethes »Götz von Berlichingen« und gab 1803 eine Sammlung alter **Grenzlandballaden** heraus. Es folgten epische Versromanzen, in denen Scott die Szenerie schottischer Volksballaden mit mittelalterlicher Ritterromantik verband: »The Lay of the Last Minstrel«, »Marmion« und »The Lady of the Lake« machten ihn zum populärsten Autor seiner Zeit. Auch seine 26 »**Waverley Novels**«

wurden alle Longseller und beeinflussten Schriftsteller wie Alexandre Dumas, Victor Hugo, Theodor Fontane und Charles Dickens. Scott inspirierte mehr Opern als jeder andere Schriftsteller – mit Ausnahme von William Shakespeare. Der Erfolg seiner Romane erlaubte es Scott, sich mit **Abbotsford House** einen Traum zu erfüllen. 1822 war er Zeremonienmeister des ersten königlichen Besuchs in Edinburgh seit 200 Jahren. Er war es, der für George IV. ein sensationelles Tartanspektakel inszenierte: der Hannoveraner im Highland Dress, Scotts Beitrag zur Versöhnung von Highland und Lowland, Schottland und England. 1826 geriet Scott durch den Bankrott des Verlags, an dem er beteiligt war, in finanzielle Bedrängnis. Um seine Schulden abzubezahlen, arbeitete er bis zum körperlichen Zusammenbruch, von dem er sich nicht wieder erholen sollte. Er starb im Herbst 1832 und wurde in **Dryburgh Abbey** beigesetzt.
Scott hielt die Union mit England für notwendig, setzte sich aber mit Nachdruck für Stolz und Nationalbewusstsein der Schotten ein. In der Nachfolge von Burns machte er die schottische Sprache und Dichtkunst weiter salonfähig. Seine »erfundenen Traditionen« sind bis heute die Grundlage des romantischen Schottlandbildes: noble Highlander, Hochlandehre, Tartan und Kilt. Unzählige Filme wurden nach Werken von Scott gedreht, von »Ivanhoe« bis »Rob Roy«. Mehr als 61 m hoch ragt das **Scott Monument** in den Princes Street Gardens von Edinburgh auf, im Writers' Museum der Hauptstadt ist ihm ein ganzes Stockwerk gewidmet.

Meister der Angst: Robert Louis Stevenson

1850 – 1894
Schriftsteller

Mitten in der Arbeit am Roman »Weir of Hermiston« raffte die Tuberkulose den nur 44-jährigen Robert Louis Stevenson dahin, der wegen seines Lungenleidens nach **Samoa** ausgewandert war. »Tusitala«, Geschichtenerzähler, wurde der studierte Sohn aus einer betuchten Edinburgher Leuchtturmbauer-Dynastie in der Südsee genannt. Seinen Eltern zuliebe studierte er Jura, war jedoch mehr in Bars als im Hörsaal unterwegs. Ab 1875 reiste er durch Europa und machte die Bekanntschaft der Witwe Fanny Osbourne, die er 1880 in Amerika heiratete. Seine Gesundheit zwang ihn zur Rückkehr nach Schottland, wo 1883 sein wohl meistgelesenes Buch **»Die Schatzinsel«** erschien. So brilliant wie bedrückend brachte er 1886 mit dem **»Seltsamen Fall von Dr. Jekyll und Mr. Hyde«** die Widersprüche seiner Heimatstadt zum Ausdruck. Inspiriert wurde er von Deacon Brodie, bei Tag ein ehrbarer Tischler, bei Nacht ein Dieb, der 1788 am Galgen endete. In Roberts Kinderzimmer stand ein Schrank des Tischlers – Vorlage für manche Gutenachtgeschichte von Stevensons Nanny Alison Cunningham. Der Schrank befindet sich heute im Writers' Museum in Edinburgh, wo auch Manuskripte von Stevenson zu lesen sind.

Heilige oder Hexe: Maria Stuart

1542-1587
Queen of
Scots
▸Abb. S. 387

»Mörderin, Märtyrerin, törichte Intrigantin und himmlische Heilige« – Stefan Zweigs Biografie fällt kein eindeutiges Urteil über die schöne Königin, die auch Schiller zu einer Tragödie inspirierte. Schon mit neun Monaten wurde die Tochter von James V. und Marie de Guise auf Stirling Castle zur **Königin von Schottland** gekrönt, einem Land, das von politischen Intrigen und religiösen Unruhen erschüttert und von englischen Machtansprüchen bedroht war. Am französischen Hof zur Prinzessin erzogen, heiratete Maria mit 16 Jahren Franz II. von Frankreich. Als dieser starb, kehrte die lebenslustige katholische Königin 1561 ins presbyterianische Schottland zurück, der Beginn einer erbitterten Feindschaft mit dem Reformator John Knox, die nach ihrer Hochzeit mit dem hübschen Taugenichts Lord Darnley offen zutage trat. Marias anfängliche Leidenschaft schlug in Hass um, als Darnley 1566 ihren Sekretär David Rizzio vor den Augen der schwangeren Königin ermorden ließ. Wenig später flog das Haus, in dem sich Darnley aufhielt, in die Luft, er selbst wurde erwürgt aufgefunden. Als Maria drei Monate später den Hauptverdächtigen Lord Bothwell heiratete, war sie für den schottischen Adel untragbar geworden. Am 24. Juli 1567 musste Maria zugunsten ihres in Stirling gekrönten einjährigen Sohnes abdanken und wurde nach Loch Leven verbannt. 1569 konnte sie zu ihrer Cousine Elizabeth nach England fliehen, wurde dort aber unter dem Vorwand der Beteiligung an Darnleys Ermordung in Fotheringhay inhaftiert. Der eigentliche Grund war, dass sie als Erzrivalin und potenzielle Gefahr für Elizabeths Thron galt. Während ihrer 18 Jahre Haft beteiligte sich Maria an mehreren Komplotten gegen Elizabeth, wurde schließlich wegen Hochverrat verurteilt und am 8. Februar 1587 auf Schloss Fotheringhay enthauptet. 2018 wurde die Rolle der todgeweihten Herrscherin mit Saoirse Ronan fürs Kino neu interpretiert.

Schottlands Regierungschefin: Nicola Sturgeon

*1970
First
Minister
of Scotland

Als »Nippy sweetie«, schlagfertig, selbstbewusst und kühl gilt die kleine Powerfrau und hippste Schottin seit Maria Stuart, die zur zentralen Gegenspielerin zunächst von Theresa May und dann von Boris Johnson wurde. Ihr politisches Ziel: **Independence**! Man sagt, Nicola Sturgeons Leben drehe sich nur um Politik. Ihr Ehemann und ihre Mutter sind Politiker. Kinder hat sie nicht. Eine andere Frau sorgte für Sturgeons Einstieg in die Politik mit zarten 16: Margaret Thatcher und ihre verhasste Kopfsteuer. Statt jedoch der etablierten Labour Party beizutreten, setzte der Teen auf die Nationalisten, die **SNP**. Sturgeon studierte Jura, arbeitete als Anwältin und versuchte, als Abgeordnete für Glasgow Fuß zu fassen. Als der charismatische Partei- und Regierungschef **Alex Salmond** nach dem verlorenen Unabhängigkeitsreferendum 2014 zurücktrat, hatte er Sturgeon längst protegiert: Nicola wurde über Nacht zur Frontfrau. Sie betrat die Bühne mit einem Feuerwerk von rasanten Wahlerfolgen auf schottischer, britischer und kommunaler Ebene. Der Brexit und die Corona-Pandemie bestimmten ihre Politik der letzten Jahre. Sie schaffte es, dass Schottland auf dem Kontinent als europafreundlich und eigenständig wahrgenommen wird. Innenpolitisch gilt sie als unangefochten und ist seit Sommer 2022 die am längsten amtierende Regierungschefin des Landes. Ein Platz in den Geschichtsbüchern ist ihr sicher, aber ob sie ihr Hauptziel »Unabhängigkeit« erreicht, ist fraglich.

Der Erfinder des Reiseführers: Karl Baedeker

1801 – 1859
Verleger

Als Buchhändler kam Karl Baedeker viel herum, und überall ärgerte er sich über die »Lohnbedienten«, die die Neuankömmlinge gegen Trinkgeld in den erstbesten Gasthof schleppten. Nur: Wie sollte man sonst wissen, wo man übernachten könnte und was es anzuschauen gäbe? In seiner Buchhandlung hatte er zwar Fahrpläne, Reiseberichte und gelehrte Abhandlungen über Kunstsammlungen. Aber wollte man das mit sich herumschleppen? Wie wäre es denn, wenn man all das zusammenfasste? Gedacht, getan: Zwar hatte er sein erstes Reisebuch, die 1832 erschienene »Rheinreise«, noch nicht einmal selbst geschrieben. Aber er entwickelte es von Auflage zu Auflage weiter. Mit der Einteilung in »Allgemein Wissenswertes«, »Praktisches« und »Beschreibung der Merk-(Sehens-)würdigkeiten« fand er die klassische Gliederung des Reiseführers, die bis heute ihre Gültigkeit hat. Bald waren immer mehr Menschen unterwegs mit seinen **»Handbüchlein für Reisende, die sich selbst leicht und schnell zurechtfinden wollen«**. Die Reisenden hatten sich befreit, und sie verdanken es bis heute Karl Baedeker. Schottland beschreibt er erstmals im 1896 erschienenen Band »Grossbritannien«.

»
Die Dampfboote, welche den Clyde und die Westküste von Schottland befahren, gehören zu den schönsten und besteingerichteten, die es gibt.
«

Baedekers Grossbritannien, 1. Auflage 1896

E

ERLEBEN & GENIESSEN

Überraschend, stimulierend, bereichernd

Mit unseren Ideen erleben Sie typische, tolle und ganz neue Seiten Schottlands.

Krönender Abschluss des Military Tattoo vor Edinburgh Castle ist ein riesiges Feuerwerk. ▶

BEWEGEN UND ENTSPANNEN

Sie lieben Sport? Den Schotten geht es genauso. Golf, wandern und klettern, reiten und radeln, segeln und im Kajak die Küste erkunden oder stundenlang am Meer spazieren gehen, was immer gerade gefällt. In der Heimat des Fair Play ist Sport natürlich auch immer ein geselliges und gesellschaftliches Ereignis.

Angeln Wer will in diesem Land nicht selber mal die Angel auswerfen? Die meisten Petrijünger stehen **mit Fliegenrute am Fluss**. Tay, Tweed, Spey und Dee sind für Forellen (Saison März – Sept.) und Lachse bekannt (Saison Jan. – Okt.), die Lochs im Nordwesten für die große Seeforelle. In den wärmeren Monaten werden vor der Westküste Makrele, Meeräsche, Lachs, Schellfisch und Wolfsbarsch gefangen.
www.visitscotland.com/de-de/see-do/active/fishing/

Golf Als Geburtsstätte des Golfs besitzt das Land jede Menge atemberaubender Plätze, ►Baedeker Wissen S. 350. Zu den schönsten zählt **St. Andrews Old Course**, die Wiege des Golfsports am Meer und Topziel für alle (►S. 348). **Gleneagles** begeistert mit Golfakademie und drei der besten Championshipplätze (►S. 446). In **Muirfield** wurden 1744 die ersten Golfregeln aufgestellt (►S. 226), **Trumps Turnberry** ist ein Traum von einem Küstenkurs mit Blick zur Insel Ailsa Craig (►S. 62), **Machrihanish** heißt der sensationelle Links Course in den Dünen der Kintyre-Halbinsel (►S. 261).
https://www.visitscotland.com/de-de/see-do/active/golf/

Jagd Jagen ist in Schottland deutlich teurer als in Deutschland – und anstrengender. Jagdführer (Stalker) und Jäger müssen gut zu Fuß sein und oft **mühsam durchs Heidekraut** kriechen, um auf Schussweite heranzukommen. Die Reviere sind nur eingeschränkt mit Geländewagen oder Quad befahrbar und das Wild muss nicht selten auf Pferden abtransportiert werden. Eine Reihe privater Landgüter veranstaltet professionelle Jagden. Rotwild wird Mitte Aug. bis Mitte Sept. geschossen, Fasan und Rebhuhn bis Mitte Dezember.
www.jagdreisen.de/schottland

Radfahren Schottland wird von 2600 km markierter »**National Cycle Route**« durchzogen, die aber vielfach nicht auf eigenen Radwegen verlaufen, sondern eher auf ruhigeren Nebenstraßen (www.sustrans.org.uk/national-cycle-network). Idyllisch, wenn auch nicht ohne Hügel, sind Radtouren durch die **Borders** (►S. 73).Die längste Downhillstrecke hat die **Nevis Range** bei Fort William. »7 Stanes« steht für sieben

OBEN: Traum vieler Golfer ist es, einmal vor dem Royal and Ancient Golf Club in St. Andrews auf dem legendären Old Course zu spielen.
UNTEN: Rauf aufs Rad und gemeinsam die Borders mit ihren Grenzlandabteien erkunden

Mountainbikezentren mit tollen Trails in den Borders und Dumfries & Galloway (https://forestryandland.gov.scot/visit/activities/mountain-biking/7stanes). Die besten Strecken der Highlands stehen unter www.dmbins.com, besonders beliebt ist die **Great Glen Cycle Route** (www.tickettoridehighlands.co. uk/great-glen-way-cycle.php). Spannende **Radreisen** finden Sie unter www.the-carter-company.com und www.schottland-radreisen.de. Unter www.cycle-n-sleep.co.uk sind Langstreckenradwege mit Tipps zum Übernachten aufgeführt. Bei **Nextbike** (www.nextbike.co.uk) können Fahrräder per App, online oder per Telefon gemietet werden.

Reiten

Wanderritte auf einsamen Wegen in herrlicher Natur machen Schottland zu einem Traumziel für Pferdefreunde. Und für jedes Niveau ist etwas dabei. Speziell in den Borders und Galloway hat Reiten aufgrund der Common Ridings eine lange Tradition. Unvergessliche Ausritte garantieren die renommierten Reitzentren von Gleneagles (www.gleneagles.com) und Blair Castle (www.blaircastletrekking.co.uk).

Ein Verzeichnis von Reiterhöfen, Reitschulen und ausgeschilderten Reitwegen finden Sie unter www.highlandsunbridled.co.uk, www.highlandhorseback.co.uk und www.ridinginscotland.com.

Trekkingtouren der Extraklasse

Wandern und Klettern

Wild und rau, unnachgiebig und doch lieblich – Schottlands Natur präsentiert sich gewaltig und verspricht Wanderungen und Kletter-

Paradies für Paddler: Schottlands Küsten sind ein vielseitiges Seekajak-Revier.

touren, wie man sie in Europa nur noch selten findet. Da die meisten Straßen um die beiden Nationalparks der Cairngorms und Loch Lomond & Trossachs herumführen, ist die Bergwelt dort weitgehend unberührt geblieben.Einsame Buchten und bizarre Basaltfelsen garantiert die Isle of Skye mit den majestätischen Gipfeln der Cuillins. Glen Affric und die Halbinsel Knoydart sind Klassiker für anspruchsvolle Trekkingfans! Erkunden Sie mit dem Rucksack die entlegenen Highlands oder die Küste der Halbinsel Fife, wandern Sie durch Rannoch Moor, das größte Hochmoor Großbritanniens, durch das legendäre Tal Glencoe oder über den Rob Roy Path auf den Spuren des schottischen Robin Hood. Anstiege von 700 bis 1350 m müssen Gipfelstürmer überwinden, um die **Munros** zu bezwingen (▶Baedeker Wissen S. 420). Aber die Anstrengung lohnt immer wieder, die Ausblicke von den Hängen, Graten und Gipfeln sind fantastisch. Vor allem in den Highlands und Mooren ist mit schnell aufziehenden Nebeln zu rechnen, die eine Orientierung wirklich schwer machen. Wetterfeste Kleidung und Mückenschutz, genügend Proviant, Kompass und gute Karten sind obligatorisch. Nicht überall gibt es fürs Handy Empfang!

Infos, Tipps und organisierte Wanderreisen:
www.walkhighlands.co.uk, www.scotlandsgreattrails.org
www.wandern-schottland.de

Fernwanderwege

Fast 40 Fernwanderwege stehen in Schottland zur Auswahl. Von Küste zu Küste führt der **Southern Upland Way** über 350 km in 10 bis 20 Tagen von Portpatrick in Galloway bis nach Cockburnspath in den Borders (https://dgtrails.org/southern-upland-way). Über 150 km verläuft der **West Highland Way** von Milngavie bei Glasgow bis Fort William. Abgesehen von Abschnitten am Loch Lomond und dem Devil's Staircase ist der meistbegangene Wanderweg des Landes nicht allzu schwierig, erfordert aber Kondition. Idealerweise gibt es einige Gepäck-Transporter (www.west-highland-way.org). Der anschließende, 117 km lange **Great Glen Way** am Caledonian Canal und Loch Ness entlang nach Inverness ist in einer Woche gut zu schaffen (www.walkhigh lands.co.uk). Leicht und ohne große Steigungen ist der 126 km lange **Speyside Way** zu berühmten Whiskybrennereien (www.speysideway.org).

Wildwasser, Tidenküste oder ein ruhiger See?

Kanu und Seekajak

Nach der Schneeschmelze im Frühjahr warten brodelnde Bergbäche auf Raftingakrobaten. Anfänger finden auf dem **River Tay** und **Loch Lomond** gute Paddelbedingungen, längst Kult ist das jährliche Kanutreffen am Tay Descent, den die Scottish Canoe Association veranstaltet (https://canoescotland.org). Alle Schwierigkeitsgrade bietet

WIE WIRD MAN MUNROIST?

BAEDEKER WISSEN

Klar ist, es hat etwas mit Bergen zu tun. Dabei handelt es sich allerdings weniger um Höhenrekorde, als um ein umfassendes Bergerlebnis. Jeder kann Munroist werden, vorausgesetzt, er hat alle 282 Munros erklommen, die Sir Munro 1891 aufgelistet hat. Wahrscheinlich werden Sie nicht alle schaffen, aber vielleicht bekommen Sie ja eine Handvoll hin.

Im Vergleich zu den Alpen mögen Schottlands Berge nicht gerade punkten, was ihre absolute Höhe angeht, dafür ist es umso eindruckvoller, wie sie sich auf 1000 m und mehr hinaufziehen. Munros heißen in Schottland alle Gipfel, die höher als **3000 Fuß bzw. 914 m** sind und eine gewisse Eigenständigkeit aufweisen. Und davon gibt es insgesamt **282**.

Über alle Berge

Aber warum Munros? **Sir Hugh Munro**, viktorianischer Offizier und Gentleman, erbte im 19. Jh. ein Familiengut mit Grundbesitz in den Highlands und erlag dort sofort der Faszination der Bergwelt. Zu jener Zeit ging man allgemein davon aus, dass etwa 30 Berge in Schottland die 3000-Fuß-Grenze überschreiten. Als der 1889 gegründete Scottish Mountaineering Club in seinem Vereinsblatt die Zahl 300 veröffentlichte, wollte es der passionierte Gipfelstürmer Sir Munro genau wissen. Ausgerüstet mit einem einfachen Höhenmessgerät machte er sich auf, um die Gipfel selber zu vermessen und zu katalogisieren. Seine Liste von 1891 umfasste 538 Gipfel, von denen heute noch gut die Hälfte als eigenständige Berge jenseits der magischen Grenze gelten. Verschiedene Nachmessungen reduzierten zwar die Zahl, aber seither tragen diese Berge – Sir Hugh zu Ehren – den Namen Munros.

Gipfel sammeln

Da das Herumkraxeln auf Bergen schnell zu einer Lieblingsbeschäftigung der Briten wurde und Wettbewerb und Spleen oft nahe beieinanderliegen, entwickelte sich »**Munro Bagging**« zum Volkssport. Mehr als 7000 Menschen dürfen sich inzwischen Munroist nennen, nachdem sie alle Gipfel der Liste bezwungen haben. Allerdings trug nicht, wie vielleicht vermutet, Sir Hugh als Erster den Ehrentitel. Für ihn blieb der auch für Profis anspruchsvolle Inaccessible Pinnacle auf der Isle of Skye unerreichbar – nomen est omen –, und bevor er den Carn Clioch-mhulinn in den Cairngorms erklimmen konnte, ereilte ihn 1919 der Tod. Erster Munroist wurde Reverend A. E. Robertson 1901. Vor dem Ersten Weltkrieg gab es acht Munroisten, in den 1980ern waren es 250, inzwischen gehören Tausende zum Club. Bei solchem Massenandrang scheint es wenig verwunderlich, dass neue Herausforderungen gesucht wurden: Hamish Brown erklomm 1974 alle Munros in einem Durchgang, wobei er mittels Fahrrad, zu Fuß und im Faltboot in 112 Tagen fast 2500 km zurücklegte. Vier Jahre später bezwang Charlie Ramsay 24 Munros in 24 Stunden. Ben Fleetwood ist der jüngste Klettermaxe. Er war gerade 10, als er 2011 alle erklomm. Wenn Sie den Rekord von Stephen Pyke aus dem Jahr 2010 schlagen möchten, haben Sie genau 39 Tage,

Munros sammeln können Sie wunderbar in den Torridon Mountains der Northwest Highlands.

9 Stunden und 6 Minuten Zeit für alle Gipfel! Mit 1345 m ist der Ben Nevis der höchste Munro, es gibt jedoch niedrigere, durchaus schwieriger zu erklimmende Munros wie die zwölf Black Cuillins auf Skye oder Großbritanniens schmalste Wanderung über den Bergrücken Aonach Eagach im Glencoe.

Mehr als eine Liste

Doch abgesehen von der britischen Rekordsucht – die Besteigung eines Munro gehört zu einem Besuch der Highlands wie der Schluck Highland Malt danach. Auch wer keine Ambitionen hat, gleich ein Munroist zu werden, wird ein unvergessliches Stück Schottland erleben: lange, einsame Hügelketten, die immer wieder beeindruckende Schönheit der schroffen, bizarren Gipfel und tiefgründigen Lochs, in deren klarem Wasser sich die Bergwelt auf atemberaubende Weise widerspiegelt. Viele Munros sind sogar relativ einfach zu erwandern, dennoch sollten Sie sich vorab über die Qualität der Wege, Schwierigkeitsgrad und das Wetter genau informieren. Nebel können böse Überraschungen bescheren. Beim Scottish Mountaineering Club und unter **www.walkhighlands.co.uk** erhalten sie wertvolle Tipps und ausgezeichnete Wegbeschreibungen. Sollten Sie tatsächlich alle 282 Munros erklommen haben, können Sie sich nach erfülltem Task beim Scottish Mountaineering Club online in der Liste der Munroisten verewigen: **www.smc.org.uk**.

OBEN: Segeln Sie zur Ginsterblüte durch die Hebriden und gehen Sie auf Skye im Loch Harport direkt vor der Talisker Distillery an die Boje.
UNTEN: Beliebt sind auf Orkney Tauchgänge zu den Wracks der versunkenen deutschen Flotte.

der River Orchy, anspruchsvolle Wasserfallstufen hat der River Etive, der Findhorn Gorge ist im Frühjahr nur echten Könnern zu empfehlen. Drei bis fünf Tage brauchen Sie für den **Great Glen Canoe Trail**. Der Bootswanderweg folgt von Fort William über 95 km dem Caledonian Canal nach Inverness. Übernachtet wird in B&Bs oder auf Bootswanderplätzen am Seeufer. Boot, Paddel, Schwimmwesten und wasserdichte Tonnen können vor Ort entliehen werden (http://greatglencanoetrail.info). Die weiten Lochs der North West Highlands und die Küsten der Äußeren Hebriden gehören zu den besten **Seekajakrevieren** der Welt (www.kayakscotland.com). Ebenfalls sehr abenteuerlich sind die Möglichkeiten für **Wildwasserfahrten** und **Canyoning** (www.visitscotland.com/de-de/see-do/active/watersports/).

Hausbootferien

Die industrielle Revolution bescherte Schottland ein Netzwerk von Kanälen, vom kurzen **Crinan Canal**, der einst gebaut wurde, um die Umschiffung der Kintyre-Halbinsel abzukürzen, über den **Edinburgh & Glasgow Union Canal**, der die beiden größten Städte verbindet, bis zum gewaltigen **Caledonian Canal**, der eine durchgehende Wasserstraße vom Atlantik zur Nordsee schuf. Heute schippern auf den Kanälen vor allem Freizeitkapitäne. Und wo könnte man sich besser entspannen als auf einem Hausboot? Geruhsam zieht die Landschaft vorbei. Hektik lohnt nicht. Die Schleusenwärter arbeiten bis 17 Uhr, danach geht nichts mehr. An zahlreichen Pontons, meist mit Sanitäreinrichtungen, können Sie vor und hinter den Schleusen für die Nacht festmachen. Abends sitzt man entschleunigt im Pub – mit echtem Ale und echten Charakteren. Wer ein Hausboot chartern möchte, braucht weder Führerschein noch Fahrpraxis. Eine kurze Einweisung des Vermieters – und schon kann's losgehen. Und wenn man es richtig einrichtet, gibt's auch was zu feiern: Am Union Canal findet im Juni, am Forth & Clyde Canal Ende August ein Kanalfestival statt. Wo und wie Sie ein Hausboot chartern können, erklärt **www.scottishcanals.co.uk** samt Kanalkarten mit Schleusen, Häfen, Restaurants, Shops, Highlights und Events am Kanalufer.

Segeln

Verträumte Häfen und einsame Ankerbuchten, feine Sandstrände und bizarre Steilklippen – Schottland ist ein raues, aber traumhaft schönes Segelrevier. Ebbe, Flut und Strom bestimmen den Takt im **anspruchsvollen Tidenrevier** zwischen Nordsee und Atlantik.
Wind weht an Schottlands Küsten eigentlich immer. Durch enge Passagen und Fjorde läuft zeitweise starker Gezeitenstrom. Wind gegen Tide kann zu hohem Seegang mit kabbeliger Welle führen. Felsen, Gründe und Riffe verlangen aufmerksame Navigation. Dazu kommen Meeresstrudel wie der berüchtigte Wasserwirbel Corryvreckan zwischen den Inseln Jura und Scarba – bei Sturm können sich dort meterhohe Wasserwände auftürmen, erreicht der Tidenstrom mehr als acht Knoten. Auch beim Anlanden mit dem Dingi sollte man die Gezeiten im

Kopf haben. Der Tidenhub von bis zu 4 m kann nach dem Pubbesuch für unangenehme Überraschungen sorgen. Die kleinen Häfen sind in der Regel gut ausgestattet, und den Gast erwartet ein herzliches Willkommen. Geankert wird frei, auch in den Naturschutzgebieten. In manchen Buchten liegen gebührenpflichtige Bojen. Ein kostenloses Verzeichnis von Häfen und Marinas gibt **Welcome Ancorages** alljährlich heraus (www.welcome-anchorages.co.uk). Segelkurse und Jachten bis 46 Fuß können nördlich von Oban bei **Alba Sailing** gebucht werden (www.alba-sailing.co.uk). Infos zu Segelrevieren, Häfen, Marinas und Jachtcharter bietet auch **www.sailscotland.co.uk**.

Surfen

Windsurfen empfiehlt sich für Anfänger auf dem Loch Lomond, für Fortgeschrittene auf der Insel Tiree. Die Hebriden haben reichlich Wellenpotential, allerdings bei Wassertemperaturen um die 5 °C. Einer der besten Surfspots von Europa ist das Riff von Thurso East – auf der steilen Riffwelle sind lange Tuberides möglich. Dunnet und Sango Bay versprechen gute Beachbreaks.
www.visitscotland.com/de-de/see-do/active/watersports/surfing

Tauchen

Hotspot sind die Wracks von **Scapa Flow** auf Orkney, wo sich 1919 die deutsche Flotte selbst versenkte (►S. 319). Spannende Tauchgänge versprechen außerdem der Moray Firth, Sound of Mull und das erste Meeresschutzgebiet Schottlands vor St. Abb's an der Ostküste. Die Tauchzentren verleihen auch Ausrüstung und geben Kurse.

Wintersport

www.skiinfo.de/schottland/skigebiete.html listet alle Skizentren der Cairngorm Mountains, von Glencoe, Glenshee und der Nevis Range auf, mit Bewertung der Pisten und Lifte, Skipasspreisen, Öffnungszeiten und Schneebericht. Geboten werden alle Schwierigkeitsgrade bis in 1000 m Höhe. Gute Chancen auf Schnee bestehen von Weihnachten bis März. Ski und Snowboard können überall vor Ort entliehen werden, In allen Skigebieten gibt es außerdem ausgeschilderte Loipen.
www.visitscotland.com/de-de/see-do/active/#snow

ESSEN UND TRINKEN

Ob Pubfood oder Haute Cuisine – Qualität besitzt heute in der schottischen Küche einen hohen Stellenwert. Statt Kalorienbomben und fetten Speisen serviert der Kochnachwuchs zunehmend gesunde Kost. Selbst im entlegenen Hochland und auf den Inseln finden Sie Slow Food, Gourmetkost und Bauernmärkte mit Bioprodukten aus erster Hand.

HÄUPTLING DER WÜRSTEWELT

Wenige Wochen nach der Ankunft von Robert Burns in Edinburgh erschien 1786 seine Ode »To a Haggis«. Der »Chieftain aller Würste« galt damals als kulinarischer Höhepunkt eines Festes, was er nicht zuletzt dem aufwendigen Rezept verdankte.

Zum trinkfreudigen **Burns Supper** am 25. Januar, dem rund um den Globus alljährlich gefeierten Geburtstag des Nationalbarden, gehört immer ein Haggis. Dieser wird beim Dinner, zu dem man im Kilt erscheint, mit Dudelsackbegleitung serviert und natürlich das ein odere andere Dram Whisky.

Ein Rezept von 1787 …

beschreibt die Zubereitung des **Haggis** wie folgt: Zuerst reinige man einen Schafsmagen gründlich, erhitze danach die Eingeweide und koche die Leber, bis sie körnig wird. Sodann trockne man etwas Hafermehl vor dem Feuer, hacke die Eingeweide und ein großes Stück Rindfleisch sorgsam fein, zerkleinere die halbe Leber, hacke einige Zwiebeln zusammen mit reichlich Nierenfett klein, rühre ein oder zwei Handvoll trockenen Hafermehls darunter und schmecke alles mit Salz und gemischten Gewürzen ab. Dann nehme man etwas gehacktes Rindfleisch und etwas Kochwasser von den Eingeweiden und bereite daraus eine kräftige Brühe. Nun stopfe man alles Haggisfleisch in den Schafsmagen, gieße die Brühe zu und nähe den Sack fest zu, nachdem alle Luft daraus entwichen ist. Kochzeit eines Haggis: gute zwei Stunden. Sollte gerade kein Schafsmagen zur Hand sein, hier die einfache Version.

Zutaten: 250 g Leber, 250 g gekochte Kutteln, 120 g feine Haferflocken, 120 g gehackter Pansen, 120 g klein gehackte Zwiebeln, Salz und schwarzer Pfeffer. Zunächst wird die Leber in der Pfanne angebraten, dann mit gerade so viel Wasser weitergeschmort, dass die Leber etwa 15 Min. bedeckt bleibt. Nun die gebratene Leber und die Kutteln durch den Fleischwolf drehen. Dann alle Zutaten mischen, mit Pfeffer und Salz abschmecken und mit etwas Sud aus der Leberpfanne zu einem Teig formen. In einem Leinentuch etwa zwei Stunden kochen. Dazu werden traditionell »**Tatties and Neeps**«, Kartoffelbrei und weiße Rüben gereicht. So kommt er in den meisten Pubs auf den Tisch. Auch gute Restaurants servieren gerne Haggis. Wer will, kann das Nationalgericht bestellen unter www.scottishhaggis.co.uk und www.macsween.co.uk (auch vegetarisch). Am besten schmeckt er aber frisch zubereitet.

TYPISCHE GERICHTE

Die traditionelle schottische Küche musste die Menschen vor allem satt machen. Sie liebt daher nahrhafte Hausmannskost, Eintöpfe und Kartoffelgerichte, die an kalten Wintertagen auf dem Feld und beim Fischen warm halten sollten – und unwiderstehlich leckere, kalorienreiche Nachspeisen.

Cook-a-Leekie: Bereits Ende des 16. Jh.s gab es erste Rezepte für diese Suppe. Zunächst werden Huhn, Lorbeerblatt, Petersilie, Thymian, Salz und Pfeffer ein Stunde lang gekocht. Während man das fertige Huhn zerteilt, garen in der Brühe noch eine Handvoll eingeweichter Backpflaumen und klein geschnittener Lauch, bevor alles zusammen auf den Tisch kommt – der perfekte Genuss für kalte Winterabende.

Cullen Skink: Sämig und gehaltvoll ist die berühmte Fischsuppe mit geräuchertem Schellfisch (Haddock), Milch, Butter und Sahne, Zwiebeln und Kartoffelbrei. Die herzhafte Spezialität stammt ursprünglich aus dem Fischerdorf Cullen an der Nordostküste Schottlands, wird heute aber vielerorts gern als erster Gang eines Menüs serviert. Idealerweise reicht man dazu Oatcakes.

Smoked Salmon: In den Lachsfarmen weit draußen vor der schottischen Westküste hält die Gezeitenströmung des Atlantiks die Lachse pausenlos in Bewegung, die sich von Krill aus den Nordmeeren ernähren – beste Voraussetzungen für gesunde, starke Fische. Die fangfrischen Lachse werden in einer Mischung aus braunem Zucker, dunklem Rum und Salz mariniert, bevor sie in Steinöfen über Spänen von alten Whiskyfässern, Lärche und Esche schonend geräuchert werden – etwas Besseres lässt sich kaum finden.

Roasted Scotch Lamb ist ein Klassiker, den Familien häufig am St. Andrew's Day essen, dem Tag des Nationalheiligen am 30. November. Die mit Rosmarin und Knoblauchzehen gespickte Lammkeule schmort gut eine Stunde mit Zwiebeln, Thymian, Lorbeerblättern und gerösteten Kartoffeln – ein wahres Festessen.

Scotch Beef Stew: Zwei Stunden muss der deftige Eintopf mit Angusrind oder Highland Cattle auf kleiner Flamme köcheln. Die in Olivenöl scharf angebratenen Rindfleischwürfel werden in einer Kasserolle mit Speck, Schalotten, Sellerie, Karotten, Kartoffeln, Knoblauch, Petersilie, Thymian, Tomatenmark und Balsamicoessig gemischt und mit Brühe und Rotwein oder etwas Ale aufgegossen.

Scottish Cheese: Die Schotten produzieren ausgezeichneten Käse: Der nussige Cheddar aus Kuhmilch wird in den Highlands über Eichenholz geräuchert. Seit dem Mittelalter wird im Hochland aus Kuhmilch und Double Cream der Caboc hergestellt, eine Art Frischkäse mit einem Mantel aus geröstetem Haferflockenschrot. Schon die Wikinger aßen den krümeligen Crowdie mit Hafermehlkeksen. Ein starkes Stück Schottland ist der Lanark Blue, ein würziger Blauschimmelkäse aus Schafsrohmilch.

Cranachan: Für die himmlische Versuchung werden im Dessertglas frische Beeren im Wechsel mit gerösteten Haferflocken und einer Honig-Whisky-Sahne-Mischung geschichtet. Wer will, kann das Ganze mit ein paar Minzblättchen garnieren. Dann »Gu'n cordadh ur biadh ruibh!«, »Guten Appetit« oder besser: »Lass es dir schmecken!«

Hopfenhelden: Probieren Sie an der Lothian Road 50 in Edinburgh die Biere von Brew-Dog. Seine beiden legendären Punk-Brauer verkaufen ihr Craft Beer heute weltweit.

Mehr als Haggis, Fish & Chips

Populäre TV-Köche wie Gordan Ramsay, Nick Nairn und Claire MacDonald – die Botschafterin der schottischen Küche – gaben schon vor Jahren kreative Anstöße und plädierten für eine Rückbesinnung auf **regionale Produkte**. Das Meer und die klaren Flüsse liefern Seafood vom Feinsten, von Lachs und Forelle bis zu Hummer, Muscheln und Krabben. Angusrinder, Shorthorn und Highland Cattle produzieren cholesterinarmes Fleisch, im rauen Grün der Highlands und auf den Weiden des Südens grasen über 6,5 Mio. Schafe. Moorhuhn, Fasan und Rotwild werden in köstlichen Variationen serviert, und im geschützten Mikroklima historischer Mauergärtchen gedeihen das ganze Jahr über frisches Gemüse, Obst und Kräuter. Im Tal von Strathmore bei Dundee laden weite Erdbeer- und Himbeerfelder auch zum Selberpflücken ein. Nicht wegzudenken ist der Hafer, ob beim Frühstück im Porridge, als Zutat zum **Nationalgericht Haggis** oder als Oatmeal-Plätzchen, fast kein traditionelles schottisches Gericht kommt ohne dieses Grundnahrungsmittel Nummer 1 aus. Die Gerste hingegen bleibt fast ausschließlich Bier und Whisky vorbehalten.

Opulentes Frühstück

Den Tag beginnen die Schotten mit einem reichhaltigen Frühstück. Den Auftakt zum **Breakfast** machen Cereals von Corn Flakes bis Müsli oder ein Porridge – der gekochte Haferbrei wird in Schottland gern gesalzen gegessen, wer Zucker bevorzugt, sollte entsprechend bestellen. Danach folgen Eier mit Speck oder Schinken (Bacon and

Eggs; Ham and Eggs), Würstchen (Sausages) und würzige Grützwurst, White bzw. Black Pudding genannt. Dazu können geschmorte Tomaten und Pilze, weiße Bohnen (Baked Beans), geräucherter Hering (Kipper) oder Schellfisch (Haddock) bestellt werden, kalorienreiche Butteries, die aussehen wie flache Croissants, und Scones. Toast mit Butter und Marmelade (jam) oder Bitterorangenkonfitüre (marmalade) runden das Frühstück ab, zu dem neben Tee mit Milch immer ein Glas Orangensaft gehört. Inzwischen können Sie fast überall auch ein leichteres Continental Breakfast wählen.

Mittags bis abends

Der **Lunch** zwischen 13 und 14 Uhr besteht meist nur aus einem kleinen Snack, einem Sandwich, Salat, Lasagne, Curry oder Stew. Viele Restaurants bieten zum Mittag ein preiswertes 2-Gänge-Lunch-Menü. Fast immer empfiehlt sich die hausgemachte Tagessuppe mit Brot. Fester Bestandteil der britischen Lebensart ist der **Afternoon Tea** zwischen 16 und 17 Uhr. Stilecht kommt er mit knusprigen Scones mit Erdbeermarmelade und Clotted Cream, hausgemachten Oatcakes, Shortbread, Fudge-Kuchen, Biskuit-Trifles, Crumbles und gehaltvollen Sandwiches. Hauptmahlzeit ist das Abendessen. Das **Dinner** beginnt zwischen 19 und 20 Uhr. Dresscode ist, anders als beim lässigen Lunch, smart casual oder elegant. Nach 21 Uhr werden in Pubs und Pub-Restaurants keine Bestellungen mehr entgegengenommen. Für den späten Hunger stehen viele internationale Restaurants zur Wahl, auch die Fish & Chips Shops sind häufig bis Mitternacht und länger geöffnet.

Was trinkt man?

Bier ist nicht gleich Bier

In einem sind sich die Schotten sogar mit den Engländern einig: Alle trinken gerne Bier, und zwar meist ein schaumarm bis zum Rand gefülltes **Pint** (0,568 l), weshalb im Pub auch nicht »ein Bier«, sondern »A Pint of Ale« bzw. »A Half Pint« bestellt wird, wenn der Durst nicht allzu groß ist. **Ales** sind obergärige Biere, die allesamt den spritzig-fruchtigen, manchmal leicht süßlichen Geschmack aufweisen, den man vom Kölsch kennt. **Real Ales** heißen Biere, die im Fass ein zweites Mal reifen und mit der Handpumpe ins Glas befördert werden. In Schottland wird gerne das kräftig-malzige, dunkle Scotch Ale getrunken, auch »Heavy« genannt. Eine Spezialität sind Heather Ales, Kräuterbiere mit Essenzen der schottischen Heide. »Strong Ales« heißen Starkbiere jenseits von 7 % – die **BrewDog**-Brauerei brachte mit »The End of History« das weltweit stärkste Bier auf den Markt – sein Alkoholgehalt: 55 %! Das stark hopfige India Pale Ale wurde im 19. Jh. erstmals für den Export nach Indien gebraut.
Kräftig, dunkel und malzbetont sind die obergärigen **Stouts** mit sahnig-weißem Schaum – bekannt ist vor allem das irische Guinness. Die untergärigen **Lagerbiere** kommen dem deutschen Exportbier am

nächsten. Das meistverkaufte Lager auf dem schottischen Markt wird seit 1885 von **Tennent Caledonian Breweries** in Glasgow produziert, die auch ein in alten Whiskyfässern gereiftes Premium-Bier brauen. Immer populärer wird auch in Schottland das **Craft Beer** junger Mikrobrauereien wie BrewDog (►S. 101). Probieren Sie auch das leicht nussige Red-Kite-Biobier der Black Isle Brewery, das sirupartige Orkney Dark Island Ale oder die erfrischenden Islay Ales mit Zitronengeschmack. Unter **www.scottishbrewing.com** erhält man eine umfassende Auflistung aller schottischen Brauereien.

Irn-Bru, Claret und Whisky

Irn-Bru heißt ein orangefarbener zuckersüßer Softdrink mit Koffein, der seit 1901 in North Lanarkshire nach einem Geheimrezept aus 32 Aromen produziert wird und sich in Schottland bislang erfolgreich gegen Coca Cola, Pepsi oder Red Bull behaupten kann. Auf den **Weinkarten** der Pubs und Restaurants finden Sie europäische Tropfen und Weine aus Übersee. Einige Lokale, die keine Ausschanklizenz haben, gestatten das Mitbringen von Wein zur Mahlzeit gegen eine Korkgebühr (**BYOB** – bring your own bottle, £ 1 – 5). Als Aperitif werden gerne **Sherry**, Sparkling Wine und Scotch getrunken, nach dem Essen meist Kaffee, Tee und als Digestif **Portwein** oder **Whisky** (►Das ist Schottland S. 20). Die »Auld Alliance« wird durch den umfangreichen Import von französischem Bordeaux bestätigt, hier **Claret** genannt. Laut einem Epigramm von 1870 wird der Claret sogar dem Port vorgezogen: Firm and erect the Caledonian stood, old was his claret and his mutton good. »Let him drink port!« the English statesman cried. He drank the poison, and his spirit died.

Restaurants, Chippies und Pubs

Taste Our Best!

2022 prämierte Michelin zehn Restaurants in Schottland mit Sternen. Diese und weitere Tipps listet der **Fine Dining Guide** auf (https://fine-dining-guide.com). Ausgezeichnete Gerichte aus heimischen Zutaten bieten Pubs, Restaurants und Gasthäuser mit der violetten »Taste Our Best«-Plakete, die VisitScotland alljährlich verleiht (www.visitscotland.com). Lieferanten original schottischer Produkte, Farmshops und Biomärkte finden Sie unter **www.taste-of-scot land.com**.

Fish & Chips

Die Fish & Chips Shops werden auch »**Chippies**« genannt. Als Erfinder des **britischen Nationalgerichts** aus paniertem Fisch und Pommes Frites gilt der jüdische Immigrant Joseph Malin, der um 1860 in London den ersten Shop eröffnete und seine Fish & Chips in Zeitungspapier einrollte – seit 1980 ist das wegen der Druckerschwärze aus gesundheitlichen Gründen verboten. Von Burgern, China Food und Pizza längst als beliebtestes Takeaways abgedrängt, erlebt das einstige Armeleuteessen seine Renaissance als Gourmet-Fast-Food.

BAEDEKER ÜBERRASCHENDES

6X GUTE LAUNE

Das hebt die Stimmung

1.

SIMPLY FRESH SEAFOOD

Holen Sie sich an der Theke fangfrische Austern, Jakobsmuscheln, Langusten oder Krabben und setzen Sie sich draußen vor die kleine **Kishorn Bar** mit Blick auf die See – was will man mehr? (▶**S. 285**)

2.

CEILIDHS

In jedem kleinen Ort hängen Ankündigungen für öffentliche **gälische Tanzfeste** – unterhaken, mitstompen und austoben. (▶**S. 433**)

3.

BODY & SOUL

Sie heißen »Lavender & Lemongrass«, »Just Grapefruit« oder »After the Rain«, sind längst ein Synonym für Schottland und und zaubern den **Duft von Urlaub** auf die Haut. (▶**S. 59**)

4.

EINEN PUB-ABEND

in Glasgows Scotia Bar oder Clutha Bar – nur 80 Meter liegen dazwischen – werden Sie nicht vergessen, weil sich hier Poesie, Witz und **Musikszene** der Trendcity treffen und man Sie nur allzugern integriert. Slainte! (▶ **S. 193**)

5.

ALLE LIKEN EDINBURGH

Es heißt, Edinburgh sei ein Schloss, das sich eine Stadt hält. Bummeln Sie durch die wahrhaft königliche **Royal Mile** mit Pubs, Kiltmakern und Whiskyshops, hier schlägt das Herz der Hauptstadt. (▶**S. 154**)

6.

AUFTANKEN

Nichts sorgt schneller für gute Laune, als sich am Meer richtig durchpusten zu lassen. Verbinden Sie den Besuch von **Dunrobin Castle** mit einem Spaziergang durch die **Dünen** von Dornoch. (▶ **S. 295, 296**)

Airds Hotel & Restaurant – »Taste Our Best« mitten im Hochland

Dafür nehmen die Chippies nicht mehr nur Kabeljau, Heilbutt, Schellfisch oder Scholle, sondern auch Seezunge und feinstes Seafood. Eine Portion Fisch mit Pommes – in Schottland auch »**Fish Supper**« genannt – ist oft bis Mitternacht zu haben.

Pubs

Pubs sind eine wahrhaft britische Institution: gemütlich, heimelig, so richtig geeignet, dem viel zitierten Regenwetter zu entrinnen. Hier trifft man sich beim Bier zum Schwatz oder zu Spielen wie Snooker und Darts. In allen Pubs ist Rauchverbot. Bestellt wird an der Theke, wo Sie das Getränk auch bekommen und sofort bezahlen, ohne Trinkgeld! Pubs bieten Speisen an, von einfachen Snacks bis zum traditionellen Angussteak, Scotch Lamm in verschiedensten Variationen, Venison (Wild) oder Steak & Kidney Pie. Zu vielen Pubs gehört ein Raum mit Restaurantplätzen, der aber erst abends öffnet. Hier werden Sie auch bedient. Die Öffnungszeiten regeln in Schottland Local Councils. In Edinburgh z. B. 11 – 1 Uhr früh, mit großzügigen Ausnahmen, sodass man fast rund um die Uhr etwas trinken gehen kann.

Coffee Houses, Tea Rooms

In den Coffee Houses und Tea Rooms wird neben Sandwiches, Gebäck und Kuchen meist auch ein einfacher Mittagsimbiss angeboten. Diese Häuser schließen jedoch am späten Nachmittag. Besonders die Sandwich Bars haben in den vergangenen Jahren eine wahre Renaissance erfahren und warten in der Regel mit einer fantasievollen Auswahl auf.

FEIERN

Die Schotten wissen, wie man feiert. Auch außerhalb vom festivalverrückten Edinburgh lassen sie Traditionen und Kultur gern und oft hochleben. Viele Events haben piktische, keltische oder skandinavische Wurzeln. Ganz offiziell bekommt jedes Jahr ein Festthema: 2018 stellt die junge Generation des Landes ins Rampenlicht, 2019 die schottischen Küsten und Seen.

Was, wann, wo?

In Kirkwall auf den Orkneys gibt es am ersten Weihnachtsfeiertag und Neujahr die **Ba' Games**, ein historisches Fußballspiel, das mit Beteiligung der Passanten auf den Straßen ausgetragen wird, Anstoßpunkt ist Kirk Green. **Hogmanay**, die Silvester- und Neujahrfeiern, sind in Edinburgh und Glasgow ein riesiges mehrtägiges Spektakel mit Live-Gigs, Fackelzügen, Vergnügungsparks und Riesenfeuerwerk. Das whiskyselige, weltweit von Schotten gefeierte **Burns Supper ist** ein Festschmaus zu Ehren des Nationaldichters Robert Burns (▶Interessante Menschen), der am 25. Januar Geburtstag hat.
Halb Shetland verkleidet sich mit Hörnerhelm und Streitaxt zum **Up Helly Aa** am letzten Dienstag im Januar in Lerwick – als Symbol für den Jahresanfang geht in einer ausgelassenen Feier ein Wikingerboot in Flammen auf. Zwischen Juni und August finden in den Border Towns wie Coldstream, Galashiels, Jedburgh und Selkirk die **Common Ridings** statt mit kostümierten Reitern, bunten Umzügen und Paraden zur Erinnerung an Zeiten, als die Markungsgrenzen noch jedes Jahr aufs Neue behauptet werden mussten. Das berühmteste Fest sind die **Highland Games**, die von Mai bis September im ganzen Land stattfinden (▶Das ist Schottland S. 24). Sieben Festivals bringen im Sommer Farbe und Spannung in die Hauptstadt und garantieren das unglaublichste Angebot an Kultur, das man sich vorstellen kann mit dem **International Festival**, **Festival Fringe** und der spektakulären Show des **Royal Edinburgh Military Tattoo** (▶Das ist Schottland S. 14). Bunte **Stadtfeste** gibt es im Juli und August auch in Dundee und Stirling, einer der ältesten Jahrmärkte ist die Lammas Fair von St. Andrews im August. »Big in Falkirk« fällt alljährlich auf die erste Maiwoche. Alle **Events in Scotland** finden sie unter www.visitscotland.com.

Lebendige Traditionen

Folkmusik

Volksmusik in Schottland ist mehr als nur der Dudelsack: eine reiche Balladentradition, regional ausgeprägter Fiddle Style und Ceilidhs. Traditionell sind die **Ceilidhs**, eine Mischung aus Storytelling, Gesang und Tanz, heute einfach eine rauschende Party mit stampfenden Formationstänzen und ein Heidenspaß!

WINDSACKWEISEN

BAEDEKER WISSEN

Laut, gewöhnungsbedürftig und typisch schottisch ist der Backpipe. Ein Dudelsackbläser im Kilt vor wildromantischer Hochlandkulisse gilt als »das« Postkartenmotiv schlechthin. Und wenn der »Lone Piper« am Ende des Military Tattoo in Edinburgh hoch oben auf der Burgmauer das »Amazing Grace« anstimmt, ist Gänsehaut garantiert.

Als erster weiblicher »einsamer Pfeifer« schrieb Megan Beveridge 2016 Geschichte. Zudem war sie der jüngste Piper, der je hoch über den Tribünen antrat. In Glasgow treffen sich die weltbesten Bands einmal im Jahr zur Dudelsack-WM. Ursprünglich kam die Sackpfeife als Hirteninstrument aus Asien mit den Römern nach Schottland. Gequetscht und geblasen wird im Stehen oder Gehen. Neben entsprechender Fingerfertigkeit ist vor allem Puste gefragt. Der Spieler klemmt sich den Windsack aus Ziegen- oder Schafsleder unter den linken Arm und presst die Luft in die Bordunpfeifen, die gleichbleibende Grundtöne erzeugen, und den Chanter, auf dem wie auf einer Flöte die Melodie gespielt wird. Der durchdringende Klang entsteht dadurch, dass die längste Bordunpfeife den Basston hält, während die beiden anderen eine Quinte höher gestimmt sind. Die Pfeifen sind aus Hartholz – je härter das Holz, desto besser der Ton –, die Schmuckringe aus Elfenbein, Silber oder Plastik. Um 1500 sollen die MacCrimmons auf Skye eine Pfeiferakademie betrieben haben. Heute bildet das **College of Piping** in Glasgow Meisterbläser aus. Ob Anfänger, Profi oder Souvenirjäger, **Bagpipes Galore** in Edinburgh berät professionell und wartet Instrumente (www.bagpipe.co.uk).

Ein unverwechselbarer Klang: Auch Frauen sind in den Dudelsackbands mit von der Partie.

Fiddle, Harfe, Pipes and Drums

Fiddler können Sie beim jährlichen **Fiddle Festival** Ende November in Edinburgh drei Tage lang hautnah erleben. **Folkbands** bereichern die Tradition mit neuen Elementen aus Pop, Rock oder Jazz. In den Highlands und auf den Inseln wird noch immer auf Gälisch gesungen, in den Lowlands gibt es jede Menge Lieder in Scots. Seit 1891 widmet sich das **Royal National Mod** der gälischen Kultur (www.ancomunn.co.uk). Hier ist die kleine **keltische Harfe** (Clarsach) zu hören, das im 9. Jh. eingeführte, älteste schottische Instrument. Heute arrangieren Mary und Patsy vom Harfenduo **Sileas** sehr erfolgreich traditionelle Songs modern. Am weitesten verbreitet ist die **Fiddle**, deren Spiel auf den Orkneys und Shetlands sogar in der Schule unterrichtet wird. Und natürlich die **Pipes** als Soloinstrument oder in der Band.

Pop, Rock, und Folk

Schottische Wurzeln haben Bon Scott, Angus und Malcolm Young, die mit der australischen Band **AC/DC** Weltkarriere machten. Groß geworden in Schottland sind die Bands Nazareth, Bay City Rollers und Simple Minds. Songs wie »Universal Soldier« machten den Glasgower **Donavan** berühmt. Mit Lyrics mitten aus dem Leben begeistern die musikalischen Multitalente **Annie Lennox** und **Amy Macdonald** (beide: ▶Interessante Menschen). Auch die Soulsängerin Emeli Sandé, die Indieband Franz Ferdinand und die Rockbarden von Snow Patrol stammen aus Schottland. Die gälische Folkmusik unter Strom gesetzt haben die sechs Recken von **Runrig**, die nach 45 Bühnenjahren 2018 auf einer bewegenden Abschiedstournee zum letzten Mal ihr legendäres »Loch Lomond« schmetterten. Aushängeschild der Szene ist seit rund 30 Jahren das **Celtic Connections Festival** ab Mitte Januar in Glasgow. Ein wichtiger Bestandteil der Folkmusik ist die Bewahrung der gälischen Sprache und Kultur. Runrig, aber auch **Capercaillie**, waren hier die Vorreiter. Schottische Folkmusik ist kein Nostalgieunternehmen, sie mischt sich ein und sie mischt mit – der Singer-Songwriter **Dougie MacLean** und der Fiddler **Aly Bain** setzten sich z. B. 2014 für die schottische Unabhängigkeit ein. Folkmusik ist mehr als nur der Dudelsack – aber mit **Fred Morrison** oder **Finlay MacDonald** spielt der Windsack eine mehr als angemessene Rolle auch in der zeitgenössischen Folkmusik. Eine gute Möglichkeit, traditionelle Musik zu erleben, sind die **Folkclubs**. Edinburghs Folk Club besteht seit 50 Jahren (https://efc1973.com). Eine Liste von Folkclubs und Sessions finden Sie unter **www.scottish-folk-music.com**. Beim Pint genießen sollten Sie Jamsessions auch in Pubs wie dem Sandy Bell's oder dem Royal Oak in Edinburgh, im Lismore in Glasgow, der Lounge Bar in Lerwick oder im Ceilidh Place in Ullapool.

Klassik

International große Erfolge feiert der Komponist und Dirigent **James MacMillan** mit seiner Oper »The Sacrifice«, einer Johannespassion und Kantaten. Ebenfalls ein internationaler Star ist die Violinistin **Nicola Benedetti**.

Sportevents

Cricket, der Nationalsport im Commonwealth, ist in Schottland weniger populär als in England. Cricket dauert bisweilen Tage, man sitzt am Spielfeldrand bei Tee und Sandwiches und pflegt Konversation, an der sich auch mancher Spieler beteiligt. Die wenigsten wissen, dass **Curling** in den schottischen Highlands erfunden wurde. Die kleine Insel Ailsa Craig liefert den Granit, mit dem die Curlingwelt sich auf kleinsten Zentimetern misst. Curlingsteine aus Schottland gelten als die besten und werden auch bei Olympia eingesetzt. Das populäre Kneipenspiel **Darts** wird von Profis gespielt und im Fernsehen übertragen. Aber auch Amateure können sich im Pub versuchen.

Wie England, Wales und Nordirland schickt auch Schottland sein eigenes Nationalteam zu **Fußball**-Welt- und Europameisterschaften – wenn sich das Team qualifiziert! – und trägt in landeseigenen Ligen Pokal- und Meisterschaftsspiele aus. Schottland leidet eher an seiner Nationalmannschaft, obwohl die Fans der »Tartan Army« zu den sympathischsten und begeisterungsfähigsten im ganzen Fußballzirkus zählen. Herausragende Vereine und erbitterte Rivalen sind Celtic Glasgow und Glasgow Rangers (►Magischer Moment S. 195).

Sehr beliebt sind Hunderennen mit den rassigen **Greyhounds**. Ein Besuch in Edinburgh lohnt allemal. Synonym für Exklusivität sind **Pferderennen**, bei denen sich der Hochadel gern trifft. In Schottland beliebt und im Ausland umstritten sind die »Steeplechases«, bei denen die Pferde im gestreckten Galopp einen Stadion-Hindernissparcours abreiten. Berühmte Pferderennbahnen gibt es in Hamilton, Musselburgh, Kelso und Ayr. Exklusiv ist auch der **Polo**-Reitsport in Dundee und Perth – Prinz William spielt mit Handicap +1!

In der **Rugby**-Saison von September bis Mai kommen zu Länderspielen mehr Zuschauer als zum Fußball. Hier wurden auch die Melrose Seven erfunden, eine Turnier-Kurzversion mit sieben Feldspielern, die seit den Sommerspielen 2016 olympisch ist. **Shinty** ist eine einfache Hockeyart, die in zwei Ligen (Nord und Süd) ausgetragern wird.

FEIERTAGE UND EVENTS

FEIERTAGE

Neujahr (New Year's Day)
Karfreitag (Good Friday)
Ostermontag (Easter Monday)
1. Montag im Mai (May Day Bank Holiday)
Letzter Montag im Mai (Spring Bank Holiday)
1. oder letzter Montag im August (Summer Bank Holiday)
30. November: St. Andrew's Day
25. Dezember (Christmas Day)
26. Dezember (Boxing Day)

Fallen gesetzliche Feiertage auf Samstag oder Sonntag, werden sie am darauffolgenden Montag nachgeholt. An Bank Holidays bleiben Banken und Institutionen geschlossen. Städte und Gemeinden genehmigen sich zusätzliche lokale Bank Holidays im Frühling und Herbst.

Wer kann, der darf: Die bestechende Idee des farbenfrohen Fringe Festival während der Augustwochen in Edinburgh ist seine Offenheit für alle.

EVENTS IM JANUAR

GLASGOW
2. Januarhälfte: Celtic Connection – Festival keltischer Musik
www.celticconnections.com

BURNS´ SUPPER
25. Januar: Überall im Land Geburtstagsfeiern zu Ehren des Nationaldichters mit Haggis, Whisky und seinen Gedichten

SHETLAND ISLANDS
Letzter Di. im Januar: Up Helly Aa – Feuerfestival der Wikinger
www.uphellyaa.org

MÄRZ

ST. ANDREWS
Mitte März: Scotland's International Poetry
www.stanzapoetry.org

APRIL

AYR
Mitte April: Scottish Grand National, das wichtigste Pferderennen in Schottland
www.scottish-grand-national.co.uk

EDINBURGH
Letzte Märzwoche bis Mitte April:

Ceilidh Culture Festival – keltische Musik und Literatur
www.edinburghguide.com/festival/ceilidhculture
Anfang April: Edinburgh Science Festival – neue naturwissenschaftliche Entdeckungen
www.sciencefestival.co.uk
30. April: Beltane Fire Festival auf dem Calton Hill, ein keltisches Fruchtbarkeitsfest mit Feuershow
www.beltane.org

SHETLAND ISLANDS
Ende April: Folk non stop mit norwegischer Beteiligung
www.shetlandfolkfestival.com

MAI

MALT WHISKY TRAIL
Ende April/Anfang Mai: Spirit of Speyside – Whisky Festival mit Scotchproben, Events und Brennereibesuchen
www.spiritofspeyside.com

ALLOWAY & CULZEAN CASTLE
Ende Mai: Burns and a' that – Festival zu Ehren von Robert Burns
www.burnsfestival.com

ORKNEY ISLANDS
Ende Mai: Orkney Folk Festival in Stromness – hier treten die Topstars der Folkszene auf, ein echter Genuss.
www.orkneyfolkfestival.com

DUMFRIES AND GALLOWAY
Ende Mai: Arts Festival
Junge Künstler und Musiker
www.dgartsfestival.org.uk

MAI BIS SEPTEMBER

HIGHLAND GAMES
►Das ist Schottland S. 24

JUNI

EDINBURGH
Ende Juni: Royal Highland Show
Größte Landwirtschaftsmesse
www.royalhighlandshow.org

ORKNEY ISLANDS
Ende Juni: St. Magnus Festival
Mittsommerfest der Künste
www.stmagnusfestival.com

JUNI BIS AUGUST

BORDERS
Common Ridings – spektakuläre Reiterfeste in 11 Borders Towns
www.thereiversroad.com/common-ridings.php

JULI

GLASGOW
Anfang Juli: Internation. Jazzfestival
www.jazzfest.co.uk

HEBRIDEN ISLE OF LEWIS STORNOWAY
Mitte Juli: Hebridean Celtic Festival
Keltische Musik und Künste
www.hebceltfest.com

AUGUST

GLASGOW
Mitte August: World Pipe Band Championship – Weltmeisterschaft der Dudelsackbands
www.theworlds.co.uk

EDINBURGH
Drei Wochen intensives Festivalspektakel in der ganzen Stadt mit dem International Festival, dem alternativen Festival Fringe, Buchfestival sowie dem Royal Edinburgh Military Tattoo – zum Abschluss ein spektakuläres Feuerwerk.
www.edinburghfestivalcity.com

SEPTEMBER

HIGHLANDS
Von Wick über Inverness bis Fort William: Blas (Folk) Festival und gälische Abende
www.blas.scot

WIGTOWN
Ende Sept./Anf. Okt.: Book Festival
www.wigtownbookfestival.com

OKTOBER

OBAN
Mitte Okt.: Royal National Mod – Festival gälischer Künste und Kultur
www.ancomunn.co.uk

NOVEMBER

GUY FAWKES NIGHT »BONFIRE NIGHT«
5. November: Mit Feuerwerk feiert man das gescheiterte »Gun Powder Plot« vom 5. Nov. 1605, als Guy Fawkes das britische Parlament in die Luft sprengen wollte.

ST. ANDREW'S DAY
30. November: Feiern zu Ehren des schottischen Schutzheiligen am Todestag des hl. Andreas

DEZEMBER

ORKNEY ISLANDS
25. Dez., 1. Jan.: The Ba' Game Historisches Straßenballspiel in Kirkwall mit über 200 Spielern
www.bagame.com

HOGMANAY
29. Dez. bis 1. Jan.: In der Hauptstadt und ganz Schottland Silvester- und Neujahrsfeiern mit Fackelzügen, Feuerwerk, Shows und Konzerten
www.hogmanay.net
www.edinburghfestivalcity.com/festivals/edinburghs-hogmanay

SHOPPEN

In den Malls und Einkaufsmeilen von Edinburgh und Glasgow können Sie stundenlang bummeln, gibt es alle Topmarken, Modeboutiquen und viele Souvenirshops. Aber es gibt auch jede Menge Hochwertiges direkt vom Hersteller, ob Kaschmir oder Kilt, junges Design und edle Düfte, formschöner Schmuck oder das hochprozentige Wasser des Lebens. Halten Sie Ausschau nach kleinen Läden nicht nur in den Hauptstraßen, sondern auch am Hafen, auf Märkten oder in Kunsthandwerkerateliers mitten auf dem Land. Finden Sie Ihr eigenes Stück Schottland, das Sie zu Hause an einen unvergesslich schönen Urlaub jenseits des Tweed erinnert.

Karo, Kilt & Kulinarik

Bei mehr als sechs Millionen Schafen stehen Wollwaren ganz oben auf der Shoppingliste. Gefilzt, gestrickt oder gewoben bekommen Sie alles vom superweichen Kuschelschal über legere Kleider bis zum molligen Pullover. The Edinburgh Woollen Mill, Lochcarron, Hawico oder Johnstons of Elgin stehen für edle Strickwaren und modisches Outfit. Vielleicht lassen Sie sich in Edinburgh einen Kilt nach Maß anfertigen

TREND MIT TRADITION

Spätestens seit König George IV bei seinem Besuch in Edinburgh 1822 im Kilt erschien, war der Siegeszug des Schottenkaros nicht mehr aufzuhalten. Heute prägen Tartanmuster Street Styles wie Online-Shops und sind aus der Mode nicht mehr wegzudenken.

BAEDEKER WISSEN

▶ **Highland-Dress**
Jedes Teil der schottischen Tracht hat eine Funktion oder Symbolik.

Bonnet
Ein Emblem aus Metall zeigt das Clanwappen. Der Clanchief trägt zusätzlich drei Federn am Bonnet.

Sporran
Beutel aus Leder oder Fell. Er dient als Geldbeutel, da der Kilt keine Taschen hat.

Kilt
Knielanger Wickelrock. Er muss bis zu den Knien reichen, darf aber beim Knien nicht den Boden berühren.

Kilt Socks
Schwere, knielange Wollstrümpfe, die unter dem Knie gefaltet werden.

Gillie Brogues
Halbschuhe, deren Schnürsenkel um die Waden gebunden werden.

▶ **Der Dudelsack**

Die drei Bordunpfeifen
spielen immer den gleichen Ton.

Luftsack

Melodiepfeife

Sgian Dubh
Dolch, der in einen Strumpf gesteckt wird.

Flashes
Kleine, bunte Stückchen Stoff, die an den Kilt Socks getragen werden.

▶ Tartans und Clans

Nirgendwo auf der Welt gibt es ein so vielseitiges Textildesign, dabei ist der Tartan nichts anderes als ein Webmuster, das »Schottenkaro«. Seit dem 16. Jh. ist es ein Zeichen der Zugehörigkeit zu einem bestimmten Clan. Heute kann das Tartanmuster sowohl traditionell und elegant als auch punkig gestylt sein. Moderebellin Vivienne Westwood interpretierte es im Laufe ihrer Karriere immer wieder neu. Außer den Clans sind auch Familen, Einzelpersonen oder Berufsstände berechtigt, einen Tartan zu führen. Neue Tartans können im 2008 per Parlamentsakte gegründeten Scottish Register of Tartans gemeldet werden und erhalten dann offiziellen Status (www.tartanregister.gov.uk).

Clan MacDonald

Clan MacLeod

Clan Campbell

www.tartansauthority.com
Tartansuche, Kilthersteller und die Geschichte des Schottenmusters

Harris Tweed Company: Auf den Western Isles bekommen Sie den authentischen Brit-Look – der handgewebte Harris Tweed besteht immer aus reiner Schurwolle.

(►Das ist Schottland S. 18). Harris Tweed ist zeitlos modern, aber inzwischen leichter, atmungsaktiv und weich im Griff. Die Robustheit des Stoffs garantiert Ihnen eine lange Lebensdauer – einen Laden nur für Ladies hat Walker Slater in Edinburghs Victoria Street (►S. 164). Überall im Land verkaufen kleine Shops und unabängige Boutiquen schottisches Kunsthandwerk wie am Orkney Craft Trail, wo auch die international erfolgreiche Schmuckdesignerin Sheila Fleet ihre Galerie hat (►S. 320). Tuchträume, Delikatessen, Wachsjacken und Wellies namhafter Hersteller gibt es im House of Bruar neben Blair Castle (►S. 333). Hochwertige schöne Mitbringsel aus ganz Schottland finden Sie in den Shops der Nationalmuseen. Jungen Lifestyle im Landhausstil entwirft Anta (►S. 295). Auch der Duft von Hochland-Heideseife oder »Arran – Sense of Scotland (►Magischer Moment S. 59) bringen das Gefühl von Urlaub nach Hause.
Scones, Shortbread und Oatcakes schmecken nach Schottland, ebenso wie Fudges und Karamellbonbons. Vielerorts werden Marmeladen (Jam), Orangenkonfitüre (marmalade) und Chutneys selbst

gemacht angeboten. »Love it or hate it«, wer auf den Geschmack des salzigen Marmite-Hefeextraktes kommt, kann ein Gläschen einpacken. Wahre Whiskyfreunde bringen gerne einen seltenen Single Malt mit, auch wenn der Scotch aufgrund der hohen Steuern daheim meist preiswerter ist. Royal Mile Whiskies in Edinburgh hat 300 der besten Single Malts zur Auswahl, bei Cadenhead's am Ende der königlichen Flaniermeile bekommen Sie Ihren Whisky vom Fass in Flaschen abgefüllt, mit persönlichem Etikett (►Das ist Schottland S. 20).

Öffnungszeiten und Mehrwertsteuer

Geschäfte dürfen in Schottland rund um die Uhr geöffnet sein, die meisten sind Mo. – Sa. 9 – 17.30 bzw. 18 Uhr offen, einige haben Samstagnachmittag zu, in kleinen Gemeinden auch an einem Nachmittag unter der Woche. In Touristenzentren bleiben viele Läden bis spätabends offen, im Sommer auch sonntags. In größeren Städten ist verkaufslanger Donnerstag bis 19.30 oder 20 Uhr. Die Erstattung der **Mehrwertsteuer (VAT)** von 20 % ist nur bei ausgewiesenen Geschäften möglich (Foreign Exchange Tax Free Shopping).

ÜBERNACHTEN

Hip, edel oder Budget? Schottland bietet Unterkünfte für jeden Urlaubsetat vom eleganten historischen Landschloss über junge Boutiquehotels und traditionsreiche reetgedeckte Gasthöfe bis zum familiären Bed & Breakfast oder Bauernhof mitten im Hochland.

Good Night!

Während der Hauptreisezeit von Mai bis September und in den Schulferien sollten Sie **Hotels und B & B-Unterkünfte** vorab buchen, zu Festivals müssen Sie unbedingt rechtzeitig reservieren! Wer sparen will, bucht **online** vorab, direkt beim Hotel kann es durchaus günstiger sein als über Buchungsportale. Nutzen Sie Wochenend-Rabatte oder Package-Angebote mit Extras wie einem 3-Gänge-Menü, Golfplatz oder Spa inklusive. Airbnb und Wimdu vermitteln preiswerte Zimmer und Ferienwohnungen von Privatanbietern (www.airbnb.de, www.wimdu.de). Auch der National Trust of Scotland und VisitScotland haben Online-Buchungsportale (►S. 449).

Klassifikation und Preise

Die Klassifikation durch den schottischen Tourismusverband reicht von **einem bis zu fünf Sternen**. Besonders umweltbewusste Unternehmen werden mit dem **Green Tourism** Award in Bronze, Silber oder Gold ausgezeichnet (www.green-tourism.com). Übernachtungen sind **teurer als in Deutschland**. Die im Reiseführer angegebenen Preise (►S. 4) sind Richtwerte für ein Doppelzimmer mit Frühstück. Festivals, Feiertage oder internationale Rugbyspiele können die Preise leicht verdoppeln. Wer auf die Websites der Hotels schaut, kann gute Last-Minute-Angebote entdecken.

Bed and Breakfast

Bed and Breakfast (B & B) heißt die preiswerte Alternative zum Hotel. Sie wohnen bei einer schottischen Familie, wobei zum **Zimmer** immer das gehaltvolle britische **Frühstück** gehört. Die Unterkunft kann ein rosenumranktes Cottage sein, ein gemütliches Farmhaus oder ein elegantes viktorianisches Stadthaus mit hohen Schiebefenstern und Ziergiebeln, je nachdem, wer anbietet. Die Häuser sind durch die Schilder »Bed and Breakfast«, »B & B« und »Vacancies/No Vacancies« gekennzeichnet. Reservierung ist nicht Pflicht, aber zu empfehlen, direkt beim Anbieter oder über eine Buchungsagentur. B & B-Übernachtungen kosten pro Doppelzimmer ab £ 65, in Edinburgh ab £ 75.

Inns

Weit verbreitet sind die Inns, Gasthöfe aus der Zeit der Postkutschen. Hier wurden die Pferde gewechselt, konnten Reisende übernachten. Viele der meist kleinen Häuser sind daher von beträchtlichem Alter, oft mit hübschen Fassaden und Strohdächern. Ein Inn ist bequem

Mit dem Thema Mensch und Natur spielt das elegante Edinburgher Radisson Collection Hotel in der Timorous Beasties Suite – nach einem Gedicht des Nationalbarden Burns.

ausgestattet, ohne luxuriös zu sein und hat nur wenige Gästezimmer. Die Küche bietet meist hervorragende regionale Speisen.

Camping Caravan und Wohnmobil

An jeder noch so abgelegenen Ecke des Landes finden Sie Camping- und Caravanplätze in unberührter Natur und traumhafter Lage. Die rund 500 Campingplätze haben von April bis Oktober geöffnet, sind in der Regel gut bis sehr gut ausgestattet, sauber und empfehlenswert. Allerdings gibt es nicht übermäßig viel Platz für individuelle Zelte, da man auf den typisch britischen Wohnwagen eingestellt ist. Stationäre Caravans, die Sie für 4 – 6 Personen mieten können, entsprechen einem normalen Ferienhaus. Die Preise variieren entsprechend der Reisezeiten. Wer nicht stört und seinen Müll mitnimmt, darf wild campen. Vorher ist aber die Erlaubnis des Grundbesitzers einzuholen. Dann steht einer Nacht unterm Sternenzelt nichts mehr im Wege – außer vielleicht die eine oder andere Mücke. Als Qualitätssymbol werden ein bis fünf Sterne an die **Holiday Parks** verliehen, von Standard bis Spitzenklasse. Zu den stationären Angeboten zählen auch »Pods« genannte einfache Holzhäuschen. Stark zugenommen hat der Urlaub im Wohnmobil. Diese können auch vor Ort gemietet werden. Visit Scotland hat zum Camping ein Onlineportal (►S. 449).

Selfcatering

Mehr als 3000 **Ferienwohnungen**, Cottages, Chalets, Crofts und Apartments sind über VisitScotland zu buchen. Coronabedingt haben viele B&B-Besitzer auf die Vermietung für Selbstversorger umgestellt, um den Aufwand zu reduzieren. Auch der National Trust of Scotland hat ausgesuchte Adressen für Selbstversorger vom schlichten Base Camp oder Bunkhouse ab £ 15 pro Person bis zum schicken Townhouse oder Castle Apartment (►S. 449).

Hostels

Schottland verfügt über eine große Anzahl an Hostels, die entweder privat geführt sind oder dem Herbergsverband **Hostelling Scotland** (ehem. SYHA) angehören. Dieser wiederum ist Mitglied im internationalen **Jugendherbergswerk**, sodass Mitgliedsausweise des DJH akzeptiert werden. Hostels bieten zumeist klassische Schlafsaal-Unterkunft, aber zunehmend auch Doppelzimmer. Generell sind Hostels nach skandinavischem Vorbild nicht nur primär für Jugendliche gedacht, sondern gerade in den Highlands auch für aktive Reisende jeder Altersklasse. Alle Hostels verfügen über eine eigene Küche, Essen wird nur zum Teil angeboten. Durch Corona haben manche Hostels ihre Schlafsäle vorübergehend zu Doppelzimmern umgewandelt, um die Ansteckungsgefahr zu reduzieren.

Studentenwohnheime

In der vorlesungsfreien Zeit zwischen Mitte Juni und Ende September, zu Ostern und Weihnachten werden die Studentenwohnheime der **schottischen Universitäten** günstig vermietet – am schönsten ist der Campus in St. Andrews direkt am Meer. Die Wohnheime sind

LOGIEREN WIE IHRE LORDSCHAFT

Schottlands prunkvolle Schlösser und elegante Herrenhäuser können nicht nur besichtigt werden. Wenn es das Urlaubsbudget erlaubt, sollten Sie eine oder zwei Nächte in einer der hochherrschaftlichen Unterkünfte mit exquisitem Service, erlesener Küche und gut bestücktem Weinkeller buchen – ein Erlebnis, das man nicht vergisst.

Wie im Märchen

Fünf Fahrminuten von Pitlochry erwartet Sie das bezaubernde rote Sandsteinschlösschen **Fonab Castle** mit verspielten Türmchen, Giebeln und Erkern im schottischen Baronialstil. Die luxuriösen Zimmer in Schloss und Lodge blicken auf den Loch Faskally und blühende Gärten. Die charmante Brasserie verwöhnt mit leichter Küche, das Sandemans mit exquisiten 7-Gänge-Menüs. Buchen Sie einen Wellness-Tag im Woodland Spa mit Hot-Stone-Massage mit Ishga-Meeresalgenöl von den Äußeren Hebriden (€€€€ Fonab Castle, Foss Rd, Pitlochry PH16 5ND. Tel. 01796 470140, www.fonabcastlehotel.com).

Ganz aristokratisch

»Nie sah ich einen lieblicheren oder romantischeren Ort«, schrieb Queen Victoria 1873 begeistert in ihr Tagebuch. Zehn Jahre nachdem der Lord Abinger das Märchenschloss mit Turm, Zinnen und Bädern am Fuß des Ben Nevis hatte erbauen lassen, verbrachte die Königin eine Woche auf **Inverlochy Castle**. Sobald Sie die große Halle betreten, in der venezianische Kristallüster die Eleganz unterstreichen, wissen Sie, warum das 17-Zimmer-Anwesen gern für Hochzeiten gebucht wird – Inverlochy organisiert alles vom Pfarrer bis zum Feuerwerk. Auf das Brautpaar wartet die Queen's Suite, in der auch Königin Viktoria nächtigte. Sternekoch Michel Roux Jr. sorgt für kulinarische Höhenflüge. Die Antiquitäten im Speisesaal waren ein Geschenk des Königs von Norwegen. Gerne werden Reiten, Rafting, Jagen, Golf und Bootsausflüge arrangiert (€€€€ Inverlochy Castle Hotel, Torlundy, Fort William PH33 6SN, Tel. 01397 70 21 77, https://inverlochycastlehotel.com).

Golf und Logis

Ein Porträt erinnert im 2-Sterne-Restaurant an den begnadeten Andrew Fairlie, der für seine kreative Küche in **Gleneagles** als einziger Schotte jahrelang zwei Michelinsterne erhielt. Das romantische Strathearn steht für Brasserie-Klassiker, zwanglose Atmosphäre versprechen Birnam und Dormy mit hausgemachter Pasta, Steinofenpizza und Tandoor-Curry. Nur eine Autostunde trennt Edinburgh vom mehrfach zum »Best Golf Resort in the World« gewählten Hotelpalast aus den 1920ern. Das Haus bietet exklusive Räumlichkeiten, ein herrliches Parkgelände und drei Championship-Golfplätze – 2014 Austragungsort des Ryder Cup. Außerdem Spa, Reitzentrum, Falknerei, Schießen, Angeln, geführte Radtouren und Offroad-Fahrschule. Wochenweise oder für Kurzurlaube werden die €€€ Glenmor Lodges für Selbstversorger vermietet (€€€€ The Gleneagles, Auchterarder PH3 1NF, Tel. 01764 66 22 31 www.gleneagles.com).

Schöner speisen: Schon Queen Victoria schwärmte von Inverlochy Castle.

Home from home

Im charmanten **Kinloch House** von 1840 heißt Sie Familie Allen im Herzen Schottlands willkommen. Das Relais & Chateaux-Hotel hat 18 zeitlos schöne Zimmer im Landhausstil. Den Aperitif nehmen Sie vor dem offenen Kamin, bevor im stuckverzierten Speisesaal von Chefkoch Steve McCallum Delikatessen wie geschmorte Rinderhüfte oder zarte Gressingham-Entenbrust an Kastanien und Rösti serviert werden – dazu gibt es auch glasweise passende Weine (€€€€ Kinloch House, by Blairgowrie, PH10 6SG, Tel. 01250 88 47 32 www.kinlochhouse.com).

Idylle pur

Mitten in den grünen Hügeln der Borders erwartet Sie bei Peebles ein herrlicher Landschaftspark und bezaubernder Garten mit **Cringletie Castle**. Das 1660 im schottischen Baronialstil erbaute Schlösschen besitzt 15 stilvolle Zimmer und Suiten. Lassen Sie sich im Sutherland Restaurant von Iain Gourlay mit exquisiten 5-Gänge-Menüs aus regionalen Zutaten verwöhnen. Probieren Sie zum Tee die warmen Scones und Blue Cheese Tart. Die Bar punktet mit tollen Weinen, schottischem Gin, lokalem Craft Bier und besten Single Malts. Ein Muss ist der Spaziergang über den Nature Trail (€€€€ Cringletie, Edinburgh Road, Peebles EH45 8PL, Tel. 01721 72 57 50, www.cringletie.com).

Weitere Empfehlungen sind auf den Infoseiten der ▶Reiseziele aufgeführt.

Reservierungszentralen:
www.luxuryscotland.co.uk
www.relaischateaux.com/de
www.hotels-of-distinction.com

OBEN: »Sing me a song of a lass that is gone ...« – das viktorianische Dunstane House in der Hauptstadt hat nicht nur wunderschöne Zimmer, sondern bietet auch romantische Outlander-Highland-Touren.
UNTEN: Ein sensationelles Frühstück erwartet Sie im Two Cambridge Street B & B mitten in Edinburgh.

als Einzelzimmer mit Etagendusche oder Dusche/WC auf dem Zimmer oder als Wohnungen mit vier bis sechs Einzelzimmern angelegt. Gegen Aufpreis ist B & B mit Frühstück am Mensabuffet eingeschlossen. Da das Sommersemester in Schottland schon Ende Mai endet, stehen dort bis Ende August einige Wohnheime als Hostels zur Verfügung.

Viele Höfe bieten **Urlaub auf dem Bauernhof** an als Farmhouse Holidays mit Übernachtung inklusive Frühstück, gelegentlich auch mit Halbpension. Oft sind Reitzentren und Angelreviere in der Nähe. Farmstay

HOTELS, B & B, CAMPING & HOSTELS

HOTELS
www.visitscotland.com/de-de/accommodation
www.booking.com
www.hrs.com
www.luxuryscotland.co.uk
www.nts.org.uk/holiday-accommodation

BED AND BREAKFAST
Scotland's Best B&Bs (persönlich geführte Häuser auf 4- oder 5-Sterne-Niveau)
www.scotlandsbestbandbs.co.uk

www.bedandbreakfastsguide.com
www.nts.org.uk/Holidays/Find-Accommodation

CAMPING, CARAVAN UND WOHNMOBIL
Verzeichnis aller schottischen Campingplätze
www.scottishcamping.com

www.visitscotland.com/de-de/accommodation/caravan-camping
www.ukcampsite.co.uk
www.caravanclub.co.uk
www.goexplorescotland.com

SELFCATERING/FERIENHÄUSER
www.chooseacottage.co.uk
www.discoverscotland.net
www.visitscotland.com/de-de/accommodation/self-catering
www.nts.org.uk/holiday-accommodation

HOSTELS
www.hostellingscotland.org.uk
https://scotlandstophostels.com,
www.scottish-hostels.com
https://independenthostels.co.uk/scotland-scottish-bunkhouses-hostels-bothies
www.visitscotland.com/accommodation/hostels

STUDENTENWOHNHEIME
www.student.com/uk/edinburgh
https://ace.st-andrews.ac.uk
www.green-tourism.com
www.uws.ac.uk/university-life/accommodation

URLAUB AUF DEM BAUERNHOF/ SCOTTISH FARMHOUSE HOLIDAYS
www.farmstay.co.uk
www.scotland-info.co.uk/farms.htm
www.visitscotland.com/de-de/holidays-breaks/farm-stays

P

PRAKTISCHE INFOS

Wichtig, hilfreich präzise

Unsere Praktischen Infos helfen in (fast) allen Situationen in Schottland weiter.

24/7 buchbar: Radeln Sie mit Leihrädern durch Glasgow. ▶

PEOPLE MAKE GLASGOW
PEOPLE MAKE GLASGOW

KURZ & BÜNDIG

ELEKTRIZITÄT
220/240 Volt/50 Hz. Stecker haben drei rechteckige Stifte. Einen Adapter können Sie schon von zu Hause mitbringen. Fast alle Dreipol-Steckdosen haben einen Extraschalter zum Einschalten!

GELD

WECHSELKURSE
1 EUR = 0,85 GBP
1 CHF = 0,88 GBP
1 GBP = 1,18 EUR
1 GBP = 1,13 CHF

SPERRNOTRUF
Bei Verlust von Bank- und Kreditkarten, Handys und Krankenkassenkarten:
Tel. 00 49 116 116 (D)
00 43 1204 88 00 (A)
www.sperr-notruf.de

BARGELDLOSES ZAHLEN
Die meisten internationalen Kreditkarten werden von Banken, Hotels, Restaurants, Autovermietern und vielen Geschäften akzeptiert.

NOTRUFE

EUROPÄISCHER NOTRUF
Tel. 112 (landesweit)

POLIZEI, FEUERWEHR, KRANKENWAGEN
Tel. 999 (landesweit)

PANNENHILFE
Tel. AA 0800 88 77 66
Tel. RAC 0333 2000 999
(oder von gelben Notrufsäulen)

ADAC NOTRUFZENTRALE
Tel. 00 49 89 22 22 22

DEUTSCHE RETTUNGSFLUGWACHT
www.drf-luftrettung.de

DRK-FLUGDIENST
www.drkflugdienst.de

VORWAHLEN/ AUSKUNFT
Von Deutschland, Österreich und der Schweiz nach Großbritannien:
Tel. 00 44

Aus Großbritannien:
nach Deutschland: Tel. 0049
nach Österreich: Tel. 0043
in die Schweiz: Tel. 0041

AUSKUNFT (DIRECTORY INQUIRIES)
Tel. 118 oder www.192.com

WAS KOSTET WIE VIEL?
Drei-Gänge-Menü ab 28 £
Einfache Mahlzeit ab 12 £
Espresso: ab 2,50 £
1 Pint Bier: ab 3,50 £
1 l Super-Benzin: ca. 1,80 £

Preise für Hotels und Restaurants: ► S. 4

ZEIT
Großbritannien folgt der Greenwich Mean Time (GMT) = MEZ – 1 Std., d. h. die Uhren müssen eine Stunde zurückgestellt werden. Die Stunden vor Mittag werden mit a.m. (ante meridiem), die nach Mittag mit p.m. (post meridiem) bezeichnet (z. B. 6 a.m. = 6 Uhr morgens; 6 p.m. = 18 Uhr).

ANREISE · REISEPLANUNG

Anreise mit dem Flugzeug

Die schnellste und günstigste Anreise nach Schottland ist per Flugzeug. Direkt nach **Edinburgh und Glasgow** fliegen easyJet, Eurowings, Lufthansa und Ryanair. Lufthansa fliegt **Aberdeen** nonstop von Frankfurt/M. an. Mit Zwischenstopp in Amsterdam bietet KLM Flüge nach Aberdeen, Edinburgh, Glasgow und Inverness. Von den Flughäfen in Glasgow und Edinburgh brauchen Sie etwa eine halben Stunde mit Zug, Bus und Tram (Edinburgh) in die jeweilige Innenstadt. Die meisten **Inlandsflüge** werden von British Airways, Loganair und Flybe angeboten. Sie bedienen auch Flugrouten zu den Äußeren Hebriden mit dem tidenabhängigen Flugfeld am Sandstrand von Barra, zu den Orkney und Shetland Islands.

Mit dem eigenen Auto

Wer mit dem eigenen Auto nach Schottland reisen möchte und die Fahrt durch ganz England scheut, kann von Ijmuiden (Amsterdam, Abfahrt 17.30 Uhr) **über Nacht bequem mit der Fähre** von DFDS nach Newcastle (Ankunft 9 Uhr) in Nordost-England reisen, von wo die Fahrt nach Edinburgh etwa 2 Stunden dauert. Für einen normalen Pkw, 2 Personen und eine Innenkabine kostet ein Weg ab 300 €.

FLUGGESELLSCHAFTEN

BRITISH AIRWAYS
www.britishairways.com

EASYJET
www.easyjet.com

EUROWINGS
www.eurowings.com

FLYBE
www.flybe.com/de

KLM
www.klm.com

LUFTHANSA
www.lufthansa.com

RYANAIR
www.ryanair.com

BAHN
in Großbritannien:
www.scotrail.co.uk
www.lner.co.uk
www.nationalrail.co.uk
www.thetrainline.com
Eurostar:
www.eurostar.com
www.bahn.de

FÄHRGESELLSCHAFTEN

DFDS SEAWAYS
Service in Deutschland:
Tel. 040 389 03 71
www.dfdsseaways.de

P & O FERRIES
Service in Deutschland:
Tel. 0621 379 090 35
www.poferries.com

Mit Bahn und Bus

Die Bahnanreise von Köln nach Edinburgh oder Glasgow bedeutet 9 bis 10 Stunden Fahrt, allerdings sehr bequem und aussichtsreich. Von Köln über Aachen fahren mehrfach täglich Verbindungen via Brüssel nach London/St. Pancras International (ca. 5 Std.). In Brüssel steigen Sie in den **Eurostar**, der in 35 Minuten den **Eurotunnel** unterm Ärmelkanal zwischen Calais und Folkestone quert. Ein Kurztrip mit Zug oder U-Bahn bringt sie zum Londoner Bahnhof King's Cross, wo täglich etliche Züge in rund 4,5 Stunden nach Edinburgh reisen. Bei entsprechender Vorbuchung kostet Köln-Edinburgh ab 110 €. Eine Busreise London-Edinburgh dauert bis zu 10 Stunden und kostet ab 15 €.

Fernbus und Mitfahrgelegenheit

Auf **www.checkmybus.de** finden Sie alle Fernbusanbieter, Ticketpreise und Verbindungen auf einen Blick. Unter **www.blablacar.de** werden preiswerte Mitfahrgelegenheiten angeboten.

Ein- und Ausreisebestimmungen

Reisedokumente

Für EU-Bürger und Schweizer Staatsangehörige ist seit 2021 ein **Reisepass** zur Einreise verpflichtend, der Personalausweis reicht nicht mehr. Auch Kinder brauchen einen eigenen Ausweis! Autofahrer müssen Führerschein, Kraftfahrzeugschein und die grüne Versicherungskarte dabeihaben.

Hunde

Den Hund mitzubringen, ist in Schottland kein Problem. Etliche Unterkünfte markieren die Aufnahme sogar durch »**Pets welcome**«. Das Tier muss einen Mikrochip implantiert haben und der Impfpass ist mitzuführen. Die letzte Tollwutimpfung muss mind. 21 Tage vor Abreise erfolgt sein, die Entwurmungskur darf höchstens 5 Tage zuvor durch einen Tierarzt erfolgt sein.
www.drivingwithdogs.co.uk

Zollbestimmungen

Durch den Austritt Großbritanniens aus der EU, dem Binnenmarkt und der Zollunion gelten seit 2021 neue Zollbestimmungen: Obergrenze auf der Rückreise in die EU sind nunmehr z. B. 200 Zigaretten, 4 l Wein, 2 l Sekt oder 1l Spirituosen über 22% Alkohol (z. B. Whisky oder Gin) sowie Geschenkartikel im Wert von max. 430 €. Jugendliche unter 17 Jahren dürfen keinen Tabak oder Alkohol einführen.
Weitere Infos: www.gov.uk/government/collections/brexit-guidance

Krankenversicherung

Auch nach dem Brexit gilt für deutsche Urlauber die Krankenversicherung zunächst weiter, werden notwendige Heilbehandlungen im Krankheitsfall von der heimischen Krankenkasse zumindest z. T. übernommen. Der Rücktransport nur selten, sodass es sich dringend empfiehlt, eine zusätzliche Auslandsreise-Krankenversicherung abzuschließen.

AUSKUNFT

Visit Scotland™
Das Fremdenverkehrsamt

AUSKUNFT

VISITSCOTLAND

Infos zu Reisezielen, Aktivitäten, Essen und Trinken, Kunst und Kultur, Events, Unterkünften und Transport
www.visitscotland.com/de-de

INFOZENTREN (I-CENTRES)

Im Allgemeinen Mo. – Sa. 9 –17 Uhr im Sommer oft auch So.
► Reiseziele von A bis Z
www.visitscotland.com/about/practical-information/vic

DIPLOMATISCHE VERTRETUNGEN

DEUTSCHES GENERALKONSULAT

16 Eglinton Cres., Edinburgh EH12 5DG, Tel. 0131 337 23 23
https://uk.diplo.de

ÖSTERREICHISCHES HONORARKONSULAT

15a Old Fishmarket Close, Edinburgh EH1 1AE, Tel. 0131 618 28 19, www.bmeia.gv.at/oeb-london

SCHWEIZER GENERALKONSULAT

11/2 Regent Terrace, Edinburgh EH7 5BN, Tel. 0131 55 89 40
www.eda.admin.ch

BRITISCHE BOTSCHAFT

Wilhelmstraße 70, D-10117 Berlin
Tel. 030 20 45 70, www.gov.uk

WWW.SCHOTTLANDBERATER.DE

Alles über Land und Leute, Reiseinfos, Gastroszene, ausgesuchte Unterkünfte und aktuelle Expertentipps

KULTUR, EVENTS, UNTERKÜNFTE, RESTAURANTS, OUTDOOR & SHOPPING

www.scotland.org.uk
www.travelinescotland.com

VERANSTALTUNGSHINWEISE UND TICKETS

www.scotsman.com
www.ticketmaster.co.uk
www.visitscotland.com/de-de/see-do/eventsk

SCHOTTLAND-FÜR-ALLE

Barrierefreies Reisen
Pinelea, West-Drumliah, Bonar Bridge, Tel. 01863 76 60 10
www.schottland-fuer-alle.com

HISTORIC ENVIRONMENT SCOTLAND (HES)

►S. 461

NATIONAL TRUST FOR SCOTLAND (NTS)

►S. 460

HOCHZEIT IN SCHOTTLAND

►Gretna Green, S. 116. Anwesen des NTS und HES, darunter Edinburgh, Stirling und Culzean Castle. Romantische Traumhochzeiten in luxuriösem Ambiente versprechen die Häuser von Luxury Scotland wie Inverlochy Castle (►S. 446).
www.schottland-heiraten.de
www.luxuryscotland.co.uk

WWW.REISEKULTOUREN.DE

Spezialist für Whiskyreisen

ETIKETTE

Höflichkeit Die Schotten sind ausgesprochen freundlich, höflich und humorvoll. Meist stellt man sich nur mit Vornamen vor, egal, wen man vor sich hat. Die Bedienung hinter der Theke, Ihr Taxifahrer oder der Mann am Kiosk verwenden ganz zwanglos Koseworte wie »Sweetheart«, »Love« und »Dear« als freundliche Anrede – man will einfach nur nett sein. Titel spielen eine eher untergeordnete Rolle, wird doch in allen Lebenslagen Understatement großgeschrieben. Auf das Intro »How are you?« erwartet niemand einen vollständigen Bericht, es ist eher höfliche Floskel. »Please« und »Thank you« gehören zum alltäglichen Umgangston. Rempeln Sie jemanden aus Versehen an, wird sich der oder diejenige sogar bei Ihnen entschuldigen – haben Sie am besten immer ein »Sorry« parat.

Pubetikette »What can I get you, hun?« Im Pub werden Getränke an der Theke bestellt, sofort bezahlt und auch gleich mitgenommen. Für Essen bekommen Sie eine Nummer, um sie auf den Tisch zu stellen. Kinder sind nur willkommen, wenn es einen Restaurantbereich, Garten oder »family room« gibt! Sind Sie mit Schotten unterwegs, sollten Sie sich an die »rounds«, das Rundenzahlen, gewöhnen. Als Resultat hat man meist zu viel getrunken und ist um einige Pfund leichter, gleichzeitig aber auch auf den Geschmack gekommen. Alle Pubs sind rauchfrei!

Schottischer Humor Besonders stolz sind die Schotten auf ihren Humor. Sie sind sich vollkommen sicher, dass ihnen keine andere Nation darin den Rang ablaufen kann. Gute und schlechte Situationen werden ironisch oder mit schlichtem Witz gewürzt, der kollektiv belacht und verstanden wird.

GÄRTEN

Zurück zur Natur Größter Gartenbesitzer ist der National Trust for Scotland (NTS), der auf seiner Homepage sämtliche Anlagen detailliert beschreibt. Nicht nur die herrlichen Parks der Schlösser, Burgen und historischen Stätten Schottlands können besichtigt werden, auch viele liebevoll angelegte Bauerngärten lohnen den Besuch. Ein jährlich aktualisiertes Verzeichnis vom königlichen Park bis zur privaten Blumenisel mit Öffnungszeiten und Preisen ist bei **Scotland's Gardens** erhältlich.
NTS | **Scotland's Gardens:** 23 Castle Street, Edinburgh EH2 3DN | Tel. 0131 226 37 14 | https://scotlandsgardens.org

GELD

Währung

Großbritannien gehört nicht zur Eurozone. Währung ist das **britische Pfund** (Pound Sterling; £) zu je 100 Pence (p, Einzahl Penny). Es gibt Banknoten zu 5, 10, 20 und 50 £ sowie Münzen zu 1 Penny, 2, 5, 10, 20, 50 Pence und zu 1 und 2 £ – Wechselkurse ►S. 452.

Banken und Geldautomaten

Um Kursverluste zu vermeiden, sollten Sie erst in Schottland in Pfund wechseln oder mit Ihrer Bank- bzw. Kreditkarte am Automaten (cashpoints, ATM) Geld abheben. Hotels, Restaurants und Geschäfte akzeptieren die gängigen Bank- und Kreditkarten. **Banken** sind Mo. – Fr. 9.30–15.30, in Hauptgeschäftsstraßen bis 17.30 Uhr, manche auch samstagvormittags geöffnet. **Geldwechselstellen** gibt es außer in Banken am Flughafen, an Bahnhöfen, in großen Hotels und Kaufhäusern. Die Bank of Scotland, Royal Bank of Scotland und die Clydesdale Bank dürfen wertgleiche eigene Banknoten drucken, die im übrigen Großbritannien nicht überall angenommen werden. **Schottische Banknoten** können bei jeder Bank kostenlos in englische Pfund umgetauscht werden.

GESUNDHEIT

Ärztliche Hilfe

EU-Bürger haben im Krankheitsfall Anspruch auf kostenlose ärztliche Behandlung und sollten daher die **Europäische Krankenversicherungskarte** dabeihaben. Zusätzlich sollten sie aber eine Auslandskrankenversicherung abschließen. **Apotheken** (chemist, pharmacy) sind oft nur Abteilungen einer Drogerie.

LESETIPPS

Klassiker, Krimis und Schmöker

Ralf Bernhardt & Hans-Georg Würsching: Jäger und Sammler. Cluaran 2018. Kurz vor einer privaten Auktion für zehn passionierte Scotch-Sammler findet der erste von ihnen den Tod. Intelligent, witzig und mit einer guten Portion Menschlichkeit ermitteln Alan Derringer und Graham Morrice zum sechsten Mal bei Mord im Whiskymilieu.

Robert Burns: Mit Whisky trotzen wir dem Satan! JMB 2018. Ein Porträt des Nationalbarden und lebenslangen Herzensbrechers (▶Interessante Menschen), neu übersetzt von Heiko Postma.

Matthias Eickhoff: Schottland – zwischen Brexit, Nationalismus und Europa. Kohlhammer 2022. Seit Jahren wird Schottlands Stellung im Vereinigten Königreich und in Europa heiß debattiert. Eickhoff geht facettenreich der Frage nach, woher der Wunsch nach mehr Eigenständigkeit kommt, was der Brexit bedeutet und ob es bald zu einem weiteren Unabhängigkeitsreferendum kommen wird.

Theodor Fontane: Jenseit des Tweed. Baltic Sea Press 2015. Fontane erfüllte sich 1858 einen Jugendtraum und reiste nach Schottland. Begeistert erzählt er von romantischen Landschaften und abenteuerlichen Begegnungen, verschweigt aber auch Enttäuschungen nicht.

Diana Gabaldon: Outlander – Feuer und Stein. Knaur Tb 2015. Als die junge Engländerin Claire in einen schottischen Steinkreis tritt, wird sie in die Zeit des Jakobitenaufstands von 1745 versetzt, wo sie den Highlander Jamie kennen und lieben lernt. Erster Titel der achtbändigen Highland-Saga, die als historische Zeitreiseserie »**Outlander**« mit Caitriona Balfe und Sam Heughan verfilmt wird – 2022 startete die sechste Staffel. Eine Karte aller schottischen **Outlander-Drehorte** finden Sie unter unter www.visitscotland.com.

Rachel Joyce: Die unwahrscheinliche Pilgerreise des Harold Fry. Fischer Tb 2013. Eigentlich wollte Harold nur kurz einen Brief an seine ehemalige Kollegin einwerfen, die im Sterben liegt. Doch dann läuft er von Südengland bis nach Schottland zu Queenies Hospiz. Ein außergewöhnlicher Roman über besondere Momente, Treue und Betrug, Liebe und Loyalität und ein schlichtes Paar Segelschuhe.

Reiner Luyken: Schotten dicht: Nachrichten aus Schottland und Achiltibuie. Ullstein Tb 2015. Schonungslos, sehr persönlich und mit einem Augenzwinkern erzählt ZEIT-Korrespondent Luyken, der mit seiner Frau seit über 40 Jahren in den Highlands lebt, von Land und Leuten und rückt gerne Klischees und romantische Vorstellungen gerade.

Ian Rankin: Ein Versprechen aus dunkler Zeit. Goldmann 2022. Seit mehr als drei Jahrzehnten ermittelt der ebenso geniale wie eigenwillige Kultkommissar Rebus in Edinburgh, wo unter der schönen Oberfläche stets das Böse schlummert. Ihr Bier trinken Rebus und Rankin übrigens gern in der Oxford Bar der Hauptstadt.

Douglas Stuart: Shuggie Bain. Hanser 2021. Ein großer Roman über die Tristesse und Armut einer Arbeiterfamilie im Glasgow der 1980er, eine intensive Mutter-Sohn-Beziehung und die zärtliche Beharrlichkeit der Liebe – prämiert mit dem renommierten Booker-Preis 2020.

Claudia Winter: Glückssterne. Goldmann 2016. Anwältin Josefine lebt strikt nach Plan, bis sie kurz vor der Hochzeit ihren Brautring retten und dafür nach Schottland reisen soll. Mehr als einmal muss der sympathische Konditor Adam ihr dabei aus der Patsche helfen.

Zur Einstimmung

Dr. Madeleine Reincke (Text) und **Peter Hirth** (Fotos): DuMont Bildatlas Schottland. DuMont 2023. Faszinierende Natur, pulsierende Städte und schottische Lebensfreude, die tollsten Events und außergewöhnliche Unterkünfte im Land jenseits des Tweed.

MASSE UND GEWICHTE

Metrisches System

Seit 1995 gilt in Großbritannien das metrische System für Maße und Gewichte. Beibehalten wurden das Pint für Bier und Milch, die Meile als Maß für Entfernungen und die eigenen Konfektionsgrößen.

ENGLISCHE MASSE

1 inch	= 2,54 cm	1 mile (mi)	= 1,61 km
1 foot	= 30,48 cm	1 pint (pt)	= 0,568 l
1 yard	= 91,44 cm	1 pound	= 453,59 g

PREISE UND VERGÜNSTIGUNGEN

Teures Reiseland

Generell gilt Schottland als eher teures Reiseland. Einiges ist aber auch günstiger als in Deutschland. So kommen Sie in alle **öffentlichen Museen und Galerien,** ohne einen Penny zu bezahlen. Lebensmittel und Sprit sind etwas teurer, öffentliche Verkehrsmittel kosten ungefähr gleich. Essen gehen ist teurer, viele Restaurants bieten jedoch mittags ein günstiges Menü. Pub Food, asiatische Lokale und Fish & Chips sind relativ preiswert. Wer sparen will, sollte seine**Tickets vorab online** kaufen. Auch die Hotels bieten häufig nur online buchbare Sondertariffe. Die meisten städtischen Busunter-

Kunst von Weltrang gibt es kostenlos in der Kelvingrove Art Gallery & Museum.

nehmen bieten günstigere Tageskarten an. Für Bahnfahrer erlauben die flexiblen **Spirit of Scotland Pässe** unbegrenzte Fahrten während einer festgelegten Zeitdauer (►S. 467). Sofern nicht bereits in der Rechnung enthalten, wird in Hotels und Restaurants ein **Trinkgeld** in Höhe von 10 – 15 % gegeben – in Pubs jedoch nur bei Tischbedienung, an der Theke gibt es kein Trinkgeld!

National Trust for Scotland (NTS)

Schottlands größte Denkmal- und Kulturerbeorganisation hat sich den Erhalt von Schlössern, Burgen, historischen Stätten, Bergen und Inseln zu Aufgabe gemacht, darunter das Schlachtfeld von Culloden, Bannockburn und Edinburgh Castle. Mehr als £ 15 Mio. gibt der Trust

jährlich für deren Erhalt aus, die über Spenden und Mitgliedsbeiträge finanziert werden. Die **National Trust Membership** (Erw. £ 5.25 pro Monat) gewährt freien Eintritt zu über 100 Sehenswürdigkeiten.
Membership: www.nts.org.uk/join

Historic Environment Scotland (HES)

Historic Environment Scotland kümmert sich um Erhalt und Pflege von mehr als 300 Schlössern, Abteien und prähistorischen Monumenten. Der **Explorer Pass** gewährt freien Eintritt zu über 70 historischen Highlights, darunter die Burgen von Edinburgh und Stirling, Jedburgh Abbey und Urquhart Castle am Loch Ness. Passinhaber sparen in der Fast Track Line lange Wartezeiten. Der 7-Tage-Pass kostet für einen Erwachsenen £ 35. Derzeit sind viele Bauwerke ganz oder teilweise gesperrt, um Arbeiten an der Bausicherheit durchzuführen. Aktuelle Schließungen finden Sie auf der Website von HES.
Explorer Pass: https://tickets.historic-scotland.gov.uk/webstore/shop/viewItems.aspx?cg=XPLR&c=EXP | **aktuelle Schließungen**: www.historicenvironment.scot/visit-a-place/check-for-closures/

Doors Open Days

An den Wochenenden im September können an »**Tagen der offenen Tür**« viele Sehenswürdigkeiten kostenlos besichtigt werden, darunter auch Gebäude und Anlagen, die sonst nicht zugänglich sind.
www.doorsopendays.org.uk

REISEZEIT

►Klimadiagramm S. 371

»There are two seasons in Scotland: June and Winter«, wie es der schottische Komiker Billy Connelly so gerne ausdrückt. Das kühlgemäßigte, ozeanische Klima profitiert vom Golfstrom, der es milder und ausgeglichener sein lässt, als nach der Breitenlage zu erwarten wäre. In den Sommermonaten liegt die Durchschnittstemperatur bei 21 °C. Selten steigt das Thermometer über 30°C, fast nie fällt es unter 14 °C. Frische 8 bis 10 °C herrschen im Frühling und Herbst. Die Winter sind kühl und niederschlagsreich, Minusgrade gibt es mit Ausnahme der Highlands kaum. Kurze Schauer oder plötzliche Wetterumschwünge sind jederzeit möglich, Regenjacke und festes Schuhwerk gehören daher unbedingt ins Gepäck.

Beste Reisezeit

Prima reisen lässt es sich in Schottland im **Mai, Juni** und **September**. Das Wetter ist meist recht gut, alle Attraktionen sind geöffnet, und es drängen sich nicht so viele Besucher vor den Sehenswürdigkeiten. Der Verkehr ist entspannt und die Preise sind niedriger. Farbenprächtig ist der Frühling, wenn die Ginster- und Rhododendronblüte ganze Landstriche in ein Blütenmeer verwandeln. Im Sommer gibt es vielerorts bunte Feste und Open-Air-Veranstaltungen, vom berühmten Edinburgh Festival bis zu den Highland Games. Warme Farbtöne überziehen im stillen Spätherbst die Wälder und Moore, die zu unvergesslichen Ausflügen in die Highlands anregen. Zwischen Ende Oktober und Anfang April lockt Schottland mit vielen wetterunabhängigen Attraktionen wie Kunstgalerien, Museen und natürlich den Whiskybrennereien, im frischen Mittwinter leuchten die schneebedeckten Gipfel der faszinierenden Bergwelt, die auf Skifahrer und Snowboarder warten. Das Angebot an Theater, Ballett und Konzerten ist wie bei uns im Winter besonders groß.

SPRACHE

Gälisch, Scots und schottisches Englisch

Bis zur Einigung Schottlands 843 und der Anglisierung ab dem 11. Jh. war das **keltische Gälisch** gemeinsame Sprache. Danach folgte die sprachliche Polarisierung zwischen Lowlands (Scots und Englisch) und Highlands (Gälisch). **Scots** wurde die vorherrschende Sprache der mittelalterlichen Literatur. Durch die Reformation verlor das Scots an Bedeutung, blieb aber Alltagssprache und Gegenstand wiederholter Bemühungen, es als Literatursprache zu erhalten. Beschleunigt durch die Niederlage von Culloden 1746 und die Highland Clearances im 18./19. Jh. ging mit dem Niedergang der Hochlandclans auch der des Gälischen einher. Laut Volkszählung 2011 sinkt die Zahl der Gälisch Sprechenden auch in den Highlands und auf den Hebriden. Insgesamt sprechen noch etwa 60 000 Menschen diese Sprache, die momentan von Glasgow bis zu den Western Isles eine Renaissance erlebt. Konsequente Unterrichtspolitik seitens der Regierung soll die Anzahl bis 2040 verdoppeln. Gälisch ist als Minderheitensprache anerkannt, während Scots (oder Lallans) um diese Anerkennung kämpft. Nicht nur Deutsche mit Englischkenntnissen, auch Englisch sprechende Besucher müssen sich erst mit der Aussprache des Scots vertraut machen. So rollen die lokal variierenden Dialekte des schottischen Englisch das »r« sehr betont und sprechen das »ch« wie im Deutschen aus, nicht wie im Englischen als »k«. Zudem besitzt das Schottische eine ganze Reihe eigener Wörter, die oft dem Gälischen entlehnt sind. Dies ist kein sprachliches Hindernis, sondern eine interessante Herausforderung, bei der man in der Regel überall auf Hilfsbereitschaft trifft. Da die Schotten, wie ihre englischen Nachbarn, meist nur ihre Muttersprache beherrschen, honorieren sie Kenntnisse in einer Fremdsprache besonders.

SPRACHFÜHRER ENGLISCH

AUF EINEN BLICK

Vielleicht.	**Perhaps./Maybe.**
Bitte.	**Please.**
Danke./Vielen Dank!	**Thank you./Thank you very much.**
Gern geschehen.	**You're welcome.**
Entschuldigung!	**I'm sorry!**
Wie bitte?	**Pardon?**
Ich verstehe Sie/dich nicht.	**I don't understand you**
Ich spreche nur wenig (Englisch) ...	**I only speak little (English) ...**
Können Sie mir bitte helfen?	**Can you help me, please?**
Ich möchte ...	**I'd like ...**
Das gefällt mir (nicht).	**I (don't) like this.**
Haben Sie ...?	**Do you have ...?**
Wie viel kostet es?	**How much is it?**
Wie viel Uhr ist es?	**What time is it?**

KENNENLERNEN

Guten Morgen!	**Good morning!**
Guten Tag!	**Good afternoon!**
Guten Abend!	**Good evening!**
Hallo! Grüß dich!	**Hello!/Hi!**
Mein Name ist ...	**My name's ...**
Wie ist Ihr/Dein Name?	**What's your name?**
Wie geht es Ihnen/dir?	**How are you?**
Danke. Und Ihnen/dir?	**Fine, thanks. And you?**
Auf Wiedersehen!	**Goodbye!/Bye-bye!**
Tschüs!	**See you!/Bye!**

AUSKUNFT UNTERWEGS

links/rechts	**left/right**
geradeaus	**straight on**
nah/weit	**near/far**
Bitte, wo ist ...?	**Excuse me, where's ..., please?**
... die Bushaltestelle	**... the bus stop**
... der Hafen	**... the harbour**
... der Flughafen	**... the airport**
Wie weit ist das?	**How far is it?**
Ich möchte ... mieten.	**I'd like to hire ...**
... ein Auto	**... a car**
... ein Fahrrad	**... a bike/bicycle**

EINKAUFEN

Wo finde ich ... eine/ein ..?	**Where can I find a ...?**
Apotheke	**chemist/pharmacy**
Bäckerei	**bakery**
Kaufhaus	**department store**

Lebensmittelgeschäft	**grocery store**
Markt	**market**
Was kostet ...?	**How much is ...?**

ÜBERNACHTUNG

Können Sie mir ... empfehlen?	**Could you recommend ... ?**
... ein Hotel/Motel	**... a hotel/motel**
... eine Pension	**... a guest-house**
Ich habe ein Zimmer reserviert.	**I have reserved a room.**
Haben Sie noch ...?	**Do you have ...?**
... ein Einzelzimmer	**... a single room**
... ein Doppelzimmer	**... a double room**
... mit Dusche/Bad	**... with a shower/bath**
... für eine Nacht	**... for one night**
... für eine Woche	**... for a week**
Was kostet das Zimmer	**How much is the room**
... mit Frühstück?	**... with breakfast?**
... mit Halbpension?	**... with half board?**

ARZT

Ich brauche einen Arzt/Zahnarzt.	**I need a doctor/dentist.**
Ich habe hier Schmerzen.	**I've got pain here.**

BANK/POST/KOMMUNIKATION

Wo ist hier bitte eine Bank?	**Where's the nearest bank, please?**
Ich möchte ... Euro (Franken) wechseln.	**I'd like to change ... Euro (Swiss Francs).**
Was kostet ...	**How much is ...**
... ein Brief ...	**... a letter ...**
... eine Postkarte ...	**... a postcard ...**
nach Deutschland?	**to Germany?**
nach Österreich?	**to Austria?**
in die Schweiz?	**to Switzerland?**
Handy, Mobiltelefon	**mobile phone**
Wo ist das nächste Internetcafé?	**Where is the next internet café?**
Ich brauche eine Speicherkarte für meine Kamera.	**I need a memory card for my camera.**

SPEISEKARTE

Breakfast	**Frühstück**
coffee (with cream/milk)	**Kaffee (mit Sahne/Milch)**
hot chocolate	**heiße Schokolade**
tea (with milk/lemon)	**Tee (mit Milch/Zitrone)**
scrambled eggs	**Rühreier**
poached eggs	**pochierte Eier**
bacon and eggs	**Eier mit Speck**
fried eggs	**Spiegeleier**

hard-boiled/soft-boiled eggs	**harte/weiche Eier**
(cheese/mushroom) omelette	**(Käse-/Champignon-) Omelett**
bread/rolls	**Brot/Brötchen/Toast**
brown/white toast	**Körnertoast/Weißbrottoast**
butter	**Butter**
honey	**Honig**
jam/marmalade	**Marmelade/Orangenmarmelade**
yoghurt	**Joghurt**
fruit	**Obst**
Starters and Soups	**Vorspeisen und Suppen**
clear soup/consommé	**(Fleisch-) Brühe**
cream of chicken soup	**Hühnercremesuppe**
cream of tomato soup	**Tomatensuppe**
mixed/green salad	**gemischter/grüner Salat**
onion rings	**frittierte Zwiebelringe**
seafood salad	**Meeresfrüchtesalat**
shrimp/prawn cocktail	**Garnelen-/Krabbencocktail**
smoked salmon	**Räucherlachs**
vegetable soup	**Gemüsesuppe**
Fish and Seafood	**Fisch und Meeresfrüchte**
cod	**Kabeljau**
crab	**Krebs**
eel	**Aal**
haddock	**Schellfisch**
herring	**Hering**
lobster	**Hummer**
mussels	**Muscheln**
oysters	**Austern**
plaice	**Scholle**
salmon	**Lachs**
scallops	**Jakobsmuscheln**
sole	**Seezunge**
squid	**Tintenfisch**
trout	**Forelle**
tuna	**Thunfisch**
Meat and Poultry	**Fleisch und Geflügel**
barbequed spare ribs	**gegrillte Schweinerippchen**
beef	**Rindfleisch**
chicken	**Hähnchen**
chop/cutlet	**Kotelett**
fillet	**Filetsteak**
duck(ling)	**(junge) Ente**
gammon	**Schinkensteak**
gravy	**Fleischsoße**
ham	**gekochter Schinken**
kidneys	**Nieren**
lamb (with mint sauce)	**Lamm (mit einer sauren Minzsoße)**
liver (and onions)	**Leber (mit Zwiebeln)**
minced meat	**Hackfleisch**
mutton	**Hammelfleisch**
pork	**Schweinefleisch**

rabbit	**Kaninchen**
sausages	**Würstchen**
sirloin steak	**Rumpsteak vom flachen Roastbeef mit Knochen**
turkey	**Truthahn**
veal	**Kalbfleisch**
venison	**Reh oder Hirsch**
Dessert and Cheese	**Nachspeisen und Käse**
apple pie	**gedeckter Apfelkuchen**
cheddar	**kräftiger Käse**
cottage cheese	**Hüttenkäse**
cream	**Sahne**
custard	**Vanillesoße**
fruit salad	**Obstsalat**
goat's cheese	**Ziegenkäse**
ice-cream	**Eis**
pastries	**Gebäck**
Vegetables and Salad	**Gemüse und Salat**
baked beans	**gebackene Bohnen in Tomatensoße**
baked potatoes	**gebackene Kartoffeln mit Schale**
cabbage	**Kohl**
carrots	**Karotten**
cauliflower	**Blumenkohl**
chips	**Pommes frites**
cucumber	**Gurke**
fritters/hash browns	**Bratkartoffeln**
garlic	**Knoblauch**
leek	**Lauch**
lettuce	**Kopfsalat**
mashed potatoes	**Kartoffelpüree**
mushrooms	**Pilze**
onions	**Zwiebeln**
peas	**Erbsen**
peppers	**Paprika**
spinach	**Spinat**
sweetcorn	**Mais**
tomatoes	**Tomaten**
Fruit	**Obst**
apples	**Äpfel**
apricots	**Aprikosen**
blackberries	**Brombeeren**
cherries	**Kirschen**
grapes	**Weintrauben**
lemon	**Zitrone**
oranges	**Orangen**
peaches	**Pfirsiche**
pears	**Birnen**
pineapple	**Ananas**
plums	**Pflaumen**
raspberries	**Himbeeren**
strawberries	**Erdbeeren**

Beverages	**Getränke**
beer on tap	**Bier vom Fass**
cider	**Apfelwein**
red/white wine	**Rot-/Weißwein**
dry/sweet	**trocken/lieblich**
sparkling wine	**Sekt**
soft drinks	**alkoholfreie Getränke**
fruit juice	**Fruchtsaft**
lemonade	**gesüßter Zitronensaft**
milk	**Milch**
mineral water	**Mineralwasser**

TELEKOMMUNIKATION · POST

Telefonieren, Simsen und Surfen

Das Mobilfunknetz in Schottland ist gut ausgebaut, nur auf den Inseln und im entlegenen Hochland kann es manchmal Probleme geben. Handy am Steuer ist ohne Freisprechanlage tabu. Trotz Brexit entfallen weiter die Roaminggebühren, Sie können also wie zu Hause surfen und telefonieren. Die berühmten **roten Telefonhäuschen** sind im Zeitalter von Smartphones selten geworden.

Post

Postkarten und Briefe bis 20 g nach Kontinentaleuropa müssen mit £ 1.85 frankiert werden – Portorechner auf www.royalmail.com. Briefmarken (stamps) erhalten Sie in Postämtern, Souvenirläden und an vielen Kiosken. Briefkästen sind rot.

VERKEHR

Bahnverkehr

Scotrail verbindet alle größeren Städte mit Intercityzügen, bedient aber auch entlegene Ziele in den Highlands. Wunderschön sind die die Strecken nach Mallaig, Kyle of Lochalsh und Thurso/Wick. Herzstück des Bahnverkehrs in Schottland ist die 50-minütige Verbindung zwischen den Metropolen Edinburgh und Glasgow. Von dort aus sind aber auch Stirling, Perth, Dundee, Aberdeen und Inverness gut zu erreichen (www.scotrail.co.uk). Von London aus sind es nach Edinburgh (www.lner.co.uk) und Glasgow (www.avantiwestcoast.co.uk) ca. 4,5 – 5 Std. Bei Fernzügen können frühe Buchungen viel Geld sparen. Der **Spirit of Scotland Pass** schließt Fahrten mit der Bahn, mit Bussen und Fähren ein. Sie brauchen nicht im Voraus zu buchen und entscheiden flexibel, wann und wohin Sie reisen möchten. 4 Reisetage innerhalb von 8 Tagen kosten £149, 8 Reisetage innerhalb von 15 Tagen £ 189. Vier Tage unbegrenztes Reisen durch die Highlands innerhalb von acht Tagen kosten mit dem **Highland Rover** £ 95.

Belmond Royal Scotsman

Stilvolles Reisen auf Schienen und romantische Stunden in einem exklusiven Ambiente verspricht der mit zwei Speise- und vier Schlafwagen ausgestattete **historische Zug**. Bis zu 40 Gäste können an den unvergesslichen Bahnfahrten von Edinburgh durch das schottische Hochland teilnehmen, die auch Besichtigungen von Schlössern, Burgen und Whiskybrennereien einschließen. Nach Einbruch der Nacht werden im Royal Scotsman Cocktails und Dinner bei Kerzenschein serviert. Zu später Stunde ziehen sich die Gäste in ihr komfortables Abteil mit eigenem Bad zurück. Ab £ 4000 p. P. im Doppelabteil für eine Taste-of-the-Highlands-Tour, alles inklusive.
www.belmond.com/de/collection/trains/the_royal_scotsman

Busdienste

National Express, Megabus, Scottish Citylink, First und Stagecoach fahren alle größeren Orte und Städte Schottlands mit **Fernbussen** an. Mit dem **Explorer Pass** sind unbegrenzte Fahrten mit Scottish Citylink erlaubt, drei Tage innerhalb von fünf Tagen kosten £ 52, acht innerhalb von 16 Tagen £ 106. Mit dem **National Express BritXplorer Pass** reisen Sie unbegrenzt durch Großbritannien.

Fähren innerhalb Schottlands

Schottland ist an drei Seiten vom Meer umgeben und hat über 90 bewohnte Inseln. Fähren stellen daher ein wichtiges Transportmittel dar. Die Reederei **Caledonian MacBrayne** läuft 22 Inseln vor der schottischen Westküste und im Firth of Clyde an. **Northlink Ferries** bedient die Strecken von Aberdeen und Scrabster auf die Orkney- und Shetland-Inseln. **Pentland Ferries** verbindet die Nordküste mit St. Margaret's Hope auf Orkney. Die meisten Fähren transportieren sowohl Fahrzeuge als auch Passagiere. Fährverbindungen zu den einzelnen Inseln stehen beim Stichwort in den Reisezielen.

Hebridean Princess

Stellen Sie sich ein elegantes, sehr gemütliches Landhaus vor, das täglich eine andere traumhafte Aussicht auf die Inseln vor der schottischen Westküste gewährt, und das vom Wasser aus! Auf dem **kleinsten britischen Kreuzfahrtschiff** »MV Hebridean Princess« können 49 Passagiere in stilvollen Kabinen reisen und sich mit exquisiten Menüs verwöhnen lassen. Bei täglichen Landgängen lernen Sie die Inseln kennen, darunter Islay, Staffa, die Äußeren Hebriden und St. Kilda. Vier bis neun Nächte dauern die Kreuzfahrten in der Zeit von März bis Mitte November. Start- und Zielhafen ist Oban – eigener Zubringer-

OBEN: Erste Klasse und Topservice: eine Reise im »Royal Scotsman«
UNTEN: Fußmüde? In Edinburghs Royal Mile warten nostalgische Black Cabs auf Fahrgäste.

BUS UND BAHN

BAHNTICKETS UND BAHNPÄSSE
www.visitbritainshop.com
www.scotrail.co.uk

ÖFFENTLICHER NAHVERKEHR
www.travelinescotland.com

NATIONAL EXPRESS
www.nationalexpress.com

SCOTTISH CITYLINK COACHES
www.citylink.co.uk

STAGECOACH
www.stagecoachbus.com

FÄHREN

CALEDONIAN MACBRAYNE
www.calmac.co.uk

NORTHLINK FERRIES
www.northlinkferries.co.uk

PENTLAND FERRIES
www.pentlandferries.co.uk

MIETWAGEN

ARNOLD CLARK
www.arnoldclarkrental.com

EUROPCAR
www.europcar.de

NATIONAL
www.nationalcar.de

TAXI

BLACK CABS IN EDINBURGH
www.citycabs.co.uk
www.taxis-edinburgh.co.uk

UBER
www.uber.com

LEIHRÄDER

NEXTBIKE
www.nextbike.co.uk

---

dienst vom Glasgower Flughafen und Bahnhof. Preis für eine Woche Vollpension pro Person in einer Doppelkabine ab £ 5450.
www.hebridean.co.uk

Im Auto unterwegs Um Schottland zu erkunden, wählen die meisten ein Auto, Motorrad oder einen Wohnwagen. Die Straßen sind oft schmal und einspurig mit Ausweichstellen. Höflichkeit ist erste Regel, ►unterwegs in Schottland S. 30. In ländlichen Gebieten ist erhöhte Vorsicht wegen frei laufender Schafe geboten, die gerne mal die Fahrbahn als Rastplatz wählen. Nicht überall ist Empfang für das Navi auf dem Smartphone. Die meisten Autovermieter bieten Navigationsgeräte gegen Aufpreis.

Linksverkehr! Auf den Britischen Inseln herrscht Linksverkehr, überholt wird rechts. Doch nicht automatisch hat der von links kommende Vorfahrt. »Vorfahrt gewähren« wird durch die Schilder »Stop« oder »Give Way« angezeigt. An Straßenmündungen mit doppelter Linie müssen Sie anhalten, an doppelt unterbrochene Linien langsam heranfahren. Im Kreisverkehr (roundabouts) haben Fahrzeuge im Kreis Vorfahrt.

Blitzkisten, Parken und Promille

Höchstgeschwindigkeit ist auf Autobahnen und Straßen mit zwei Spuren 70 mph (112 km/h), mit Anhänger 60 mph (96 km/h); auf anderen Straßen 60 mph (96 km/h), mit Anhänger 50 mph (80 km/h); innerhalb geschlossener Ortschaften 30 mph (48 km/h). In Großbritannien wimmelt es nur so von **Geschwindigkeitskontrollen** und Ampelüberwachungsanlagen – Blitzkästen von vorn und hinten, um auch Motorräder blitzen zu können – sowie **Parkwächtern**, die fleißig ihren Job machen. Ein Knöllchen kostet in Edinburgh schnell £ 60, nach weiteren 30 Minuten folgt die Parkkralle. Und Bußgelder werden inzwischen auch nach Rückkehr im Heimatland eingefordert. Es herrscht **Anschnallpflicht**, auch auf den Rücksitzen. Für Motorrad- und Mopedfahrer besteht **Helmpflicht**. Höchstgrenze für den Blutalkoholgehalt ist **0,5 Promille**. Gelbe Doppellinien bedeuten Parkverbot. An einer einfachen gelben Linie darf zu den Zeiten, die auf einem Schild angegeben sind, nicht geparkt werden.

Benzin

Es gibt bleifreies (unleaded) Super plus mit 98 Oktan und bleifreies Eurosuper mit 95 Oktan. Diesel (Derv) und Flüssiggas (LPG = Liquid Petroleum Gas) sind fast überall erhältlich. In abgelegenen Regionen sind Tankstellen seltener und nicht alle akzeptieren Kartenzahlung. Die Firma Celtic Renewables hat in Edinburgh damit begonnen, aus Whisky-Treber und dem »Pot Ale«, die bei der Destillation schottischen Whiskys anfallen, mittels thermischer Hydrolyse und Fermentation einen Biosprit namens Biobutanol herzustellen, der Benzin und Diesel ohne Modifikation der Motoren ersetzen soll. Wann der Kraftstoff aus der Whisky-Produktion tatsächlich auf den freien Markt kommt, ist aber noch unklar.

Mietwagen

Wer ein Auto mieten möchte, muss mindestens 21 (z. T. 25) Jahre alt sein, seit einem Jahr einen Führerschein besitzen und vor Ort eine Kaution hinterlegen – in bar oder per Kreditkarte. Spartipp: das Auto vorab in Deutschland buchen, die Autoversicherung aber vor Ort beim Vermieter abschließen, da man sonst oft mehr zahlt.

Taxi

Fast so berühmt wie das rote Telefonhäuschen sind die nostalgischen **Black Cabs** – früher ausschließlich schwarz, heute auch farbig unterwegs. Man kann ein Taxi einfach auf der Straße heranwinken. Ob es frei ist, erkennen Sie am erleuchteten Schild »Taxi« oder »For Hire«. Fahrpreise und Zuschläge sind im Taxi angeführt und nach Entfernung und Strecke gestaffelt. Sie können sich auch vorher die Black Cabs App runterladen und online buchen. Mit **Uber** können Sie in Edinburgh und Glasgow preiswert und bargeldlos per App Taxi fahren – der Fahrpreis wird immer vorab angezeigt.

Leihräder

Bei **Nextbike** können Fahrräder mit Zubehör in größeren Städten per App, online oder per Telefon gemietet werden.

REGISTER

F

G

H

L

M

N

O

S

T

U

V

W

Y

Z

BILDNACHWEIS

Airds Hotel S. 432
Baedeker-Archiv S. 252, 391
Crawick Multiverse/K. Romero S. 121
Diageo S. 23 l. u., 273
DuMont Bildarchiv S. 15, 30, 338, 410
DuMont Bildarchiv/Peter Hirth S. 8/9, 11 u. l. und u. r. , 12/13, 16/17, 19, 23 o., 24/25, 27 u., 35 u. r., 43, 45, 64/65, 72, 77, 78, 83 (2 x), 90, 102, 109, 116, 118, 136, 139, 141, 149 o.., 156 u., 165, 176, 179, 199, 210, 213, 227, 228, 238, 248 (2 x), 264 u., 291 o., 311, 312, 321, 331 u., 334, 353 o., 361 o., 360 u., 376 o., 417 u., 422 u., 442, 460
DuMont/Madeleine Reincke S. 380
Dieter Fischer S. 275
Dunstane House, Edinburgh S. 448 o.
fotolia/iagodina S. 306
fotolia/al62 S. 427 u.
fotolia/basaltnischl S. 346
fotolia/jansinasimone S. 293
fotolia, Maximilian Krä S. 29
Getty images/A. Acquadro S. 469 o.
Getty images/M. Anderson S. 328
Getty images/DEA/S. Vannini S. 101
Getty images/P. Dieudonne S. 351
Getty images/J. J Mitchell/Staff S. 203
Getty images/Andrea Pucci S. 301
Getty Images/Mark Runnacles S. 195
Getty images/P. Seaward S. 369 o.
Getty images/Travel Ink S. 159
Gettyimages/UniversalImagesGroup S. 95, 220/221
Getty images/VWB photos S. 86/87
Gettyimages/Wild Horizon S. 243
Glenapp Castle S. 122
Gleneagles S. 426
Radisson Hotel Collection Edinburgh, Royal Mile S. 444
Isle of Eriska S. 302/303
istock/ewg3D S. 365
istock/Joe Gough S. 427 o.
Hartmut Krinitz S. 93, 297 o.
Huber S. , 232, 282/283,
laif/Gerald Haenel S. 196 l. u.
Laif/Krinitz S. 105, 372
Mauritius images / age fotostock / Jordi Ferré Gicquel S. 259
Mauritius images /age fotostock/ Douglas Houghton S. 186
Mauritius images/Axiom Photographic S. 278/279
Mauritius images/Danita Delimont/ Martin Zwick S. 244/245, 337
Mauritius images/eye35.pix/Alamy S. 417 o.
Mauritius images/ Findlay / Alamy S.63
Mauritius images / imageBROKER / Stefan Auth S. 251
Mauritius images/imageBROKER / Matthias Graben S. 253
Mauritius images/J.Järva/Alamy S. 287
Mauritius images/Lawrence S. 11 o.
Mauritius images/markferguson2/ Alamy S. 261
Mauritius images/ E. Nägele S. 415
Mauritius images/Andrew Parsons/ Alamy Stock Photos S. 27 o.
Mauritius images/Pineter S. 133
Mauritius images / robertharding / Gary Cook S. 56 o.
Mauritius images / The Photolibrary Wales / Alamy S. 237
Picture Alliance S. 387 u., 407, 413
Dr. Madeleine Reincke S. 7, 20/21, 23 r. u., 35 l. u., 59, 60, 67, 72, 125, 130, 149 r. u. und l. u., 156 o., 168 u., 171, 173, 184, 189, 196 o. und r. u., 200, 207, 234, 271, 291 u., 294, 297 u., 314/315, 318 (2 x), 324, 331 o., 343 u., 350, 353 u., 356, 358, 361 u., 376 u., 387 o., 388, 394, 397, 398/399, 401 (2 x), 402, 431, 405, 422 o., 447, 448 u., 451, 469 u.

Royal Yacht Britannia/David Tomlins S. 174/175
Shutterstock S. 35 o., 50, 55, 56 u., 88, 92, 98, 113, 142/143, 159, 160, 168 o., 204, 218, 225, 256, 264 o., 284, 288, 341, 343 o., 418, 421, 428, 434, 437
V&A Dundee/Ross Fraser McLean S. 126/127

Titelbild: Getty Images / Doug McKinlay

VERZEICHNIS DER KARTEN UND GRAFIKEN

BAEDEKER VERLAGSPROGRAMM

Viele Baedeker-Titel sind als E-Book erhältlich.

A
Ägypten
Algarve
Allgäu
Amsterdam
Andalusien
Australien

B
Bali
Baltikum
Barcelona

Belgien
Berlin · Potsdam
Bodensee
Böhmen
Bretagne
Brüssel
Budapest
Burgund

C
China

D
Dänemark
Deutsche
Nordseeküste
Deutschland
Dresden
Dubai · VAE

E
Elba
Elsass · Vogesen
England

F
Finnland
Florenz
Florida
Frankreich
Fuerteventura

G
Gardasee

Golf von Neapel
Gomera
Gran Canaria
Griechenland

H
Hamburg
Harz
Hongkong · Macao

I
Indien
Irland
Island
Israel · Palästina
Istanbul
Istrien · Kvarner Bucht
Italien

J
Japan

K
Kalifornien
Kanada · Osten
Kanada · Westen

Kanalinseln
Kapstadt · Garden Route
Kopenhagen
Korfu · Ionische Inseln
Korsika
Kreta
Kroatische Adriaküste · Dalmatien
Kuba

L
La Palma
Lanzarote
Lissabon
London

M
Madeira
Madrid
Mallorca
Malta · Gozo · Comino
Marrokko
Mecklenburg-Vorpommern
Menorca
Mexiko
München

N
Namibia
Neuseeland
New York
Niederlande

Norwegen

O
Oberbayern
Österreich

P
Paris
Polen
Polnische Ostseeküste · Danzing · Masuren
Portugal
Prag
Provence · Côte d'Azur

R
Rhodos
Rom
Rügen · Hiddensee
Rumänien

S
Sachsen
Salzburger Land
Sankt Petersburg
Sardinien
Schottland
Schwarzwald
Schweden
Schweiz
Sizilien
Skandinavien
Slowenien
Spanien
Sri Lanka
Südafrika
Südengland
Südschweden · Stockholm
Südtirol
Sylt

T
Teneriffa
Thailand
Thüringen
Toskana

U
USA · Nordosten
USA · Südwesten

Usedom

V
Venedig
Vietnam

W
Wien

Z
Zypern

IMPRESSUM

Ausstattung:
197 Abbildungen, 38 Karten und grafische Darstellungen, eine große Reisekarte

Text:
Dr. Madeleine Reincke mit Beiträgen von Eberhard Bort, Helga Cabos, Matthias Eickhoff und Martin Müller

Bearbeitung:
Baedeker-Redaktion (Dr. Madeleine Reincke, Stuttgart)

Kartografie:
Christoph Gallus, Hoberg; Klaus-Peter Lawall, Unterensingen; MAIRDUMONT Ostfildern (Reisekarte)

3D-Illustrationen:
jangled nerves, Stuttgart

Infografiken:
Golden Section Graphics GmbH, Berlin

Gestalterisches Konzept:
RUPA GbR, München

15. Auflage 2023

Trotz aller Sorgfalt von Redaktion und Autoren zeigt die Erfahrung, dass Fehler und Änderungen nach Drucklegung nicht ausgeschlossen werden können. Infolge der Corona-Pandemie kann es darüber hinaus zu kurzfristigen Geschäftsschließungen und anderen Änderungen vor Ort gekommen sein. Dafür kann der Verlag leider keine Haftung übernehmen. Jede Karte wird stets nach neuesten Unterlagen und unter Berücksichtigung der aktuellen politischen De-facto-Administrationen (oder Zugehörigkeiten) überarbeitet. Dies kann dazu führen, dass die Angaben von der völkerrechtlichen Lage abweichen. Irrtümer können trotzdem nie ganz ausgeschlossen werden. Kritik, Berichtigungen und Verbesserungsvorschläge sind jederzeit willkommen. Schreiben Sie uns, mailen Sie oder rufen Sie an:

MairDumont: Baedeker Redaktion
Postfach 3162, D-73751 Ostfildern
Tel. 0711 4502-262
www.baedeker.com

Printed in Poland

FSC
www.fsc.org
MIX
Papier | Fördert gute Waldnutzung
FSC® C018236

Meine persönlichen Notizen

100 km
© BAEDEKER
ATLANT
OCEAN
St. Kilda
Outer Hebrides
Nah-Eileanan Siar
Port of Ness
Port Nis
Stornoway
Steornabhagh
Lewis
Leodhais
Tarbert
Rodel
Roghadal
Kinlochbervie
Cape
838
North Uist
Uachdar
South Uist
Lochboisdale
Loch Baghasdail
Ullapool
Gairloch
832
1062
Achnasheen
Garve
890
Kyle of Lochalsh
Skye
87
Inverness
Invermoriston
Loch Ness
Sea of the Hebrides
Inner Hebrides
Mallaig
Invergarry
Northwest Highlands
Fort William
Caledonian Canal
Kilchoan
1343
Ben Nevis
86
Calgary
Lochaline
Mull
828
Glencoe
Oban
Fionnphort
Dalmally
Scotl
Killin
816
819
Loch Lomond and The Trossac National Park
Lochgilphead
Jura
Islay
Cowal
82
Loch Lomond
Stirling
Port Askaig
Port Ellen
Bute
78
M9
M8
Glasgow
Malin Head
Ballyhillin
Malin
Dunfanaghy
IRELAND
EIRE
Gooth Dobhair
Kintyre
Brodick
Arran
Campbeltown
Kilmarnock
Clyde Valley
Ayr
Letterkenny
An Charraigh
Derry · Londonderry
Cumnock
Donegal
26
2
North Channel
77
76
M74
Ballymena
Northern Ireland
Newtown-abbey
N15
29
M22
Newton Stewart
Stranraer
Dumfries
Sligo
Sligeach
46
Lough Neagh
75
Galloway
Enniskillen
N16
4
M1
Belfast
Castle Douglas
Boyle
Armagh
Monaghan
Muineachán
N4
N15
Carlis